UTB 2241

Eine Arbeitsgemeinschaft der Verlage

Beltz Verlag Weinheim und Basel
Böhlau Verlag Köln · Weimar · Wien
Wilhelm Fink Verlag München
A. Francke Verlag Tübingen und Basel
Paul Haupt Verlag Bern · Stuttgart · Wien
Verlag Leske + Budrich Opladen
Lucius & Lucius Verlagsgesellschaft Stuttgart
Mohr Siebeck Tübingen
C. F. Müller Verlag Heidelberg
Ernst Reinhardt Verlag München und Basel
Ferdinand Schöningh Verlag Paderborn · München · Wien · Zürich
Eugen Ulmer Verlag Stuttgart
UVK Verlagsgesellschaft Konstanz
Vandenhoeck & Ruprecht Göttingen
WUV   Facultas · Wien

Dorothea Jansen
Einführung in die Netzwerkanalyse

Dorothea Jansen

Einführung
in die Netzwerkanalyse

Grundlagen, Methoden,
Forschungsbeispiele

2. erweiterte Auflage

Leske + Budrich, Opladen 2003

Gedruckt auf säure- und chlorfreiem, alterungsbeständigem Papier

Die Deutsche Bibliothek – CIP-Einheitsaufnahme
Ein Titelsatz für diese Publikation ist bei
Der Deutschen Bibliothek erhältlich.

ISBN: 3-8252-2241-1 (UTB)
ISBN: 3-8100-3149-6 (Leske + Budrich)

© 2003 by Leske + Budrich, Opladen
Einbandgestaltung: Atelier Reichert, Stuttgart
Satz: Leske + Budrich, Opladen
Druck und Verarbeitung: DruckPartner Rübelmann, Hemsbach
Printed in Germany

Inhalt

Vorwort zur zweiten Auflage

Das Interesse für Netzwerke und Netzwerkanalysemethoden hat sich in den vergangenen Jahren etabliert und das Buch erfährt nun seine zweite Auflage. Wesentliche Weiterentwicklungen zur Theorie sozialer Netzwerke (Kapitel 1), Beispiele zur Anwendung der Netzwerkanalyse in der Organisationsforschung (Kapitel 9.3) sowie ein Ausblick auf neue Entwicklungen zur Behandlung der Dynamik von Netzwerken (Kapitel 10) sind in dieser Auflage ergänzt worden. Des weiteren sind Fehlerkorrekturen vorgenommen und Hinweise auf neue Literatur integriert worden.

Mein Dank gilt an dieser Stelle den Lesern des Buches, die mich auf einige leider in der ersten Auflage noch vorhandene Fehler oder Unverständlichkeiten hingewiesen haben. Mein Dank gilt insbesondere den Teilnehmern der ersten POLNET Summer School im September 2001 an der Universität Konstanz, die das Buch einem kritischen Praxistest unterzogen haben. Noch verbliebene Fehler gehen natürlich zu Lasten der Autorin.

Speyer im August 2002   *Dorothea Jansen*

Vorwort zur ersten Auflage

Dieses Buch geht auf drei Hauptseminare zur Netzwerkanalyse zurück, die ich 1991, 1993 und 1997 an den Universitäten Bochum und Düsseldorf gehalten habe. Im Sommer 1997 ist auf dieser Grundlage dann zunächst ein Lehrbrief für die FernUniversität Hagen entstanden, der dort von Uwe Schimank betreut wird. Parallel hierzu entstand die Idee für ein Lehrbuch zur Netzwerkanalyse, da sich in den Seminaren immer wieder zeigte, dass es an einer einführenden deutschen Publikation in diesem Bereich mangelt.

An diesem Buch sind viele Personen an unterschiedlichen Orten und in vielerlei Arten beteiligt gewesen. Zunächst danke ich den Studierenden in den Seminaren, die durch Kopfschütteln und hartnäckiges Nachfragen Verständlichkeit und Stringenz der Darstellung erzwungen haben. Insbesondere möchte ich zwei Seminarteilnehmern danken, Rainer Diaz-Bone und Burkhardt Margies, die in Bochum und Düsseldorf die Seminare wesentlich mitgetragen haben.

Mein Dank gilt weiter Uwe Schimank, der als Betreuer des Lehrbriefes hartnäckig Verständlichkeit und soziologische Beispiele eingefordert hat. Anregungen zur Verbesserungen des Buches habe ich ferner von Rainer Diaz-Bone und Eva Nadai als „Testlesern" erhalten. Ferner danke ich Linton Freeman und David Krackhardt, die mir Grafiken aus ihren Forschungsarbeiten zur Verfügung gestellt haben. Noch verbliebene Fehler und Ungereimtheiten gehen wie immer zu Lasten des Autors.

Witten, Februar 1999   *Dorothea Jansen*

10

1 Netzwerkanalyse, soziale Strukturen und soziales Kapital

Der Netzwerkbegriff hat in der Diagnose von modernen Gesellschaften durch Soziologen, Politikwissenschaftler und Ökonomen Hochkonjunktur. Es ist die Rede von sozialer Unterstützung, die Personen aus ihren Netzwerken beziehen. Soziales Kapital wird als Voraussetzung funktionierender Gemeinwesen oder gar der demokratischen Entwicklung überhaupt diskutiert. Die Strukturen von Politiknetzwerken – so die Ergebnisse der Policyforschung – bestimmen mit über die politische Steuerbarkeit moderner Gesellschaften. Internationale Regime erleichtern Kooperation in der zwischenstaatlichen Bewältigung der ökonomischen und politischen Herausforderungen der Globalisierung. Ökonomen konstatieren neue Netzwerkformen von Unternehmen, die gegenüber bürokratischen Großorganisationen neue Leistungspotentiale aufweisen sollen. Politiker wollen regionale Netzwerke stimulieren, es geht um Innovationsnetzwerke oder Frauennetzwerke. Negativ ist von Netzwerken als Klüngel oder Seilschaften die Rede.

Was hat es mit dem Netzwerkbegriff auf sich? Was ist ein Netzwerk, wie kann man es beschreiben, und was leistet es?

Auf diese Fragen kann die moderne soziologische Netzwerkanalyse eine Antwort geben. Netzwerkanalyse ist gleichzeitig ein statistisches Instrumentarium zur Analyse eben dieser Netzwerke und eine Theorieperspektive. Diese Theorieperspektive behauptet die Bedeutsamkeit der Netzwerke, des Eingebettetseins von individuellen oder korporativen Akteuren für deren Handlungsmöglichkeiten. Netzwerke werden heute als eine zusätzliche Ebene der Handlungskoordination „neben" oder „über" den individuellen oder korporativen Akteuren verstanden. Netzwerkanalyse kann so auch ein Instrument sein zur Verbindung von Akteur- und Handlungstheorien mit Theorien über Institutionen, Strukturen und Systeme. Sie dient der Integration von Mikro- und Makroansätzen in den Sozialwissenschaften. Sie ermöglicht es, den sogenannten emergenten oder systemischen Eigenschaften von Sozialsystemen oder den sozialen Tatsachen Durkheims auf die Spur zu kommen.

Der Netzwerkbegriff der soziologischen Netzwerkanalyse unterscheidet sich von dem der Institutionenökonomik oder des soziologischen Institutionalismus. Er erlaubt eine spezifischere, systematische und quantifizierende Beschreibung von Netzwerken und steckt weniger Vorannahmen in den Begriff selbst hinein. Dadurch ist das Instrumentarium der Netzwerkanalyse theoretisch „neutral" und auch für eine vergleichende Analyse oder die Kombination verschiedener Ansätze geeignet.

Für die Institutionenökonomik und für den soziologischen Institutionalismus sind Netzwerke spezifische Formen der Handlungskoordination oder Governanceformen, die gegen andere Formen, z.b. den Markt oder die Hierarchie bzw. die Organisation abgegrenzt werden. Die zentrale Frage der Institutionenökonomik ist, wie man die Existenz verschiedener Governancetypen als rationale Wahl von Institutionen durch die Akteure erklären kann. Netzwerke ergeben sich dann als ein bestimmtes Koordinationsmodell, in dem Kooperation und Wettbewerb, nachträgliche ex post Anpassung an Marktparameter und vorherige Abstimmung von Akteuren miteinander gepaart sind (Williamson 1991, 1994). Eigenschaften von Transaktionen wie das Ausmaß der notwendigen Investitionen in die Beziehung zum Vertragspartner, die zu kontrollierenden Unsicherheiten und die Veränderlichkeit der Aufgaben bestimmen, welche Governancestruktur am effizientesten ist und von den Akteuren gewählt wird (Wolff/Neuburger 1995).

Auch der soziologische Institutionalismus teilt die Vorstellung, dass Netzwerke eine neue und unter bestimmten Bedingungen auftretende Form der Handlungskoordination darstellen (Sabel 1994, Powell/Smith-Doerr 1994, Powell 1990, Granovetter 1985). Soziologen betonen aber, dass Netzwerke wie sämtliche Formen der Handlungskoordination nicht notwendig effizient sind. Ferner bezweifeln sie eine wesentliche Verhaltensannahmen der neuen institutionellen Ökonomik, nämlich dass Menschen immer und überall eigennützig und ausbeuterisch handeln, wenn ihnen dies ohne eigenen Schaden möglich ist. Entstehen und Funktionieren von Netzwerken hängt dann nicht (nur) von bestimmten aufgabentypischen Problemen ab (z.B. hohe Unsicherheit über Qualitäten von Produkten und Dienstleistungen, hohe Volatiliät von Märkten, erhebliche spezifische Investitionen in die Beziehung zu Transaktionspartnern), sondern auch von der Interaktionsorientierung der Beteiligten. Dies führt zur Rolle von nationalen, regionalen und milieuspezifischen Kooperations- und Wettbewerbskulturen, die bestimmte Governanceformen als machbar oder nicht machbar für die Akteure erscheinen lassen. Als typisch für Netzwerke gelten eine relative Gleichrangigkeit und Autonomie der Akteure, eher horizontale als vertikale Beziehungen und die vertrauensvolle Kooperation der Akteure. Die zentralen Fragen sind, unter welchen Bedingungen diese netzwerkartige Kooperation zwischen den Akteuren möglich ist, wie Vertrauen aufgebaut und stabilisiert werden kann.

Die von der institutionalistischen Forschungstradition verschiedener disziplinärer Herkunft aufgeworfenen Fragen werden auch von Netzwerkanalytikern gestellt. So wird zum Beispiel die Verflechtung zwischen Unternehmen

12

und Banken als ein Grundmuster des „rheinischen Kapitalismus" (Windolf/ Nollert 2001), die Wirkung von FuE-Kooperationen auf den Erfolg von Unternehmen oder Forschungsgruppen (Ahuja 2000, Powell et al. 1999; Jansen 2000) oder die Bedeutung von privaten Netzwerken für den beruflichen Erfolg (Fernandez et al. 2000, Seidel et al. 2000) oder das Migrationsgeschehen (Haug 1999, Palloni et al. 2001) untersucht. Der Netzwerkbegriff wird dabei allerdings nicht im Sinne einer ganz bestimmten Governancestruktur benutzt. Vielmehr impliziert er noch keine Festlegung hinsichtlich der Struktur oder der Leistungsmerkmale des Netzwerks. Hierarchische Netzwerke – ein Unding in der Perspektive der Institutionenökonomik – sind also durchaus möglich.

Der Begriff des Netzwerks wird rein formal definiert als ein abgegrenzter Set von Knoten und ein Set der für diese Knoten definierten Kanten (ausführlicher Kapitel 3.3). Das sind die Verbindungslinien. Dies hat den Vorteil, dass mit dem gleichen Instrumentarium sowohl Wettbewerbsstrukturen als auch Kooperationsstrukturen beschrieben werden können. Alle anderen strukturellen Eigenschaften von Netzwerken ebenso wie ihre positiven oder negativen Leistungen können als empirische Fragen behandelt werden.

1.1 Netzwerkanalyse als strukturelle Analyse

Die netzwerkanalytische Forschungstradition nimmt die zentrale Aufgabe der Soziologie, Sozialstrukturen zu beschreiben, in ganz anderer Weise ernst als andere soziologische Traditionen. Strukturen werden als wesentliche soziale Eigenschaften begriffen und formal beschrieben. Ziel ist es, sie für die Erklärung individuellen Handelns heranzuziehen und die Entstehung bzw. Veränderung von Strukturen über individuelles Handeln zu erklären.

Ein Satz, der häufig zur Beschreibung der Durkheimschen sozialen Tatsachen herangezogen wird, kennzeichnet auch die Perspektive der Netzwerkanalyse auf Sozialstrukturen:

Das Ganze ist mehr als die Summe seiner Teile.

Man muss also das Ganze, das Netzwerk, untersuchen, um das Verhalten der Teile, der Netzwerkelemente (meist, aber nicht immer Individuen) verstehen und erklären zu können. Hiermit verbunden ist die Überzeugung, dass das Ganze Eigenschaften hat, die Individuen nicht haben können. Solche Eigenschaften nennt man auch emergent, sie entstehen erst auf der „höheren" Aggregierungsstufe. Das heißt aber nicht, dass sie von den Individuen der „unteren" Aggregierungsstufe unabhängig wären. Dieses Verhältnis zwischen den Individuen und ihrem Handeln und den Strukturen, Institutionen oder Systemen auf der Makroebene ist das zentrale Problem der soziologischen Theorie. Es geht zum Beispiel darum, wovon dass Ausmaß von Konflikten in einer Gesellschaft abhängt, ganz unabhängig von der Frage, ob einzelne Individuen aggressiv sind oder nicht. Es geht um die Frage, wie die Führungsstrukturen eines Unternehmens sowohl seine eigenen Erfolge als auch die Zufriedenheit der Mitarbeiter beeinflussen. Die Struktur von Politiknetzwerken, etwa, bestimmen sowohl die Interessenorientierung von Politikergebnissen, als auch ob der Staat eher reaktiv oder aktiv auf Problemlagen reagieren wird, ob er Steuerungspotentiale mobilisieren kann oder nicht.

Die Frage des Verhältnisses zwischen Individuen und Gesellschaft ist in der Soziologie auch als das Problem sozialer Ordnung bekannt. Sie ist in der Soziologie meistens recht einseitig angegangen worden. Mikrosoziologische Ansätze beschränken sich auf die Perspektive des individuellen Handelns. Sie erklären dann zwar, ob etwa ein einzelner Akteur sich für oder gegen die Teilnahme an einer Demonstration entscheidet. Aber das Entstehen sozialer Bewegungen können sie nicht erklären. Makrosoziologische Ansätze postulieren Entwicklungstendenzen für ganze Gesellschaften, z.B. einen Trend zu zunehmender funktionaler Differenzierung. Sie können diese Entwicklungen aber nicht mehr mit den Beweggründen und Handlungsweisen einzelner Individuen verbinden und greifen statt dessen häufig auf sogenannte funktionale Erfordernisse für die Gesamtgesellschaft zurück.

Als Vertreter des Makroansatzes lässt sich Parsons (1976) zitieren. Auch für ihn war die Frage, wie Akteure und Systeme zusammengedacht und -gebracht werden können, das Ausgangsproblem. Mit der Entwicklung seiner strukturfunktionalen Theorie hat er aber schließlich dem kulturellen und dem sozialen System den Vorrang vor dem Handeln einzelner Individuen gegeben. Über die Internalisierung von Normen und Werten, Sozialisation und soziale Kontrolle stellen sie seiner Ansicht nach das richtige Funktionieren der Akteure sicher. Woher die Normen aber letztlich kommen, bleibt in diesem Theoriegebäude unklar.

Als Vertreter der Mikroperspektive lassen sich Verhaltenstheorien (z.B. Homans 1972; Hummell/Opp 1972) heranziehen, die über die Betrachtung von Gruppenphänomenen als höchstem Aggregatniveau kaum hinauskamen. Ähnlich problematisch sind auch Ansätze aus dem Bereich des symbolischen Interaktionismus, die die mehr oder weniger freie Aushandelbarkeit und Definierbarkeit der Interaktionssituation – unabhängig von sozialen Zwängen/ Tatsachen – in den Vordergrund stellen.[1]

Im folgenden wird zunächst die Kritik von Coleman (1986) an der Vernachlässigung des Problems der Mikro-Makro-Integration in der Soziologie zum Ausgangspunkt genommen. Coleman selbst ist allerdings nicht zu den Netzwerkanalytikern zu rechnen, obwohl er mit seiner frühen Studie zur Diffusion medizinischer Neuerungen unter Ärzten und seinen Studien zur Wir-

---

1 Vgl. z.B. Wilson 1973 und kritisch hierzu Wilson 1982 und Esser 1987.

kung sozialen Kapitals auch hierzu einige Beiträge geleistet hat. Nichtsdestotrotz kann die von Burt (1982), einem amerikanischen Netzwerkanalytiker, in der Auseinandersetzung mit Parsons entwickelte strukturelle Handlungstheorie als eine Antwort auf das Mikro-Makro-Problem gesehen werden. Bei Coleman und Burt geht es vor allem um die Integration von Struktur/System und Akteur/Handlung. Dagegen befassen sich Wellman und Granovetter vor allem mit dem Typus der Handlungstheorie bzw. dem Menschenbild, das einem strukturorientierten, netzwerkanalytischen Ansatz zugrunde liegt. Wellman (1988) geht es hier zunächst einmal um das Verhältnis von Netzwerkanalyse zu Handlungstheorien überhaupt. Für viele Strukturalisten und Netzwerktheoretiker sind die Strukturen und nicht die Akteure die entscheidenden Variablen soziologischer Analyse. Wellman vertritt einen eher gemäßigten Strukturalismus (Relationalismus), der auch handelnde Individuen berücksichtigt. Andererseits geht es ihm aber auch um die Abgrenzung gegenüber Parsons Normen befolgenden Akteuren. Auch Granovetter (1985) versucht einen Mittelweg zu skizzieren zwischen übersozialisierten und untersozialisierten Akteurmodellen. Solche untersozialisierten Akteurmodelle kritisiert er bei Vertretern des Rational Choice-Ansatzes und in ökonomischen Ansätzen. Alle drei, Burt, Granovetter und Wellman sehen in der Beschreibung von Netzwerken und „Einbettungen" (embeddedness) des Akteurs einen erfolgversprechenden Weg, zu realistischeren und erklärungskräftigeren Handlungstheorien und einer Integration von Mikro- und Makroperspektive zu kommen. Damit dies jedoch gelingt, muss sich die netzwerkanalytische Forschungstradition öffnen und neben den relationalen Faktoren, die Handlungsorientierungen und Handlungschancen von Akteuren prägen, auch symbolische und kulturelle Faktoren und deren Institutionalisierung einbeziehen.

1.1.1 Das Verhältnis von Makro- und Mikro-Ebene in der empirischen Sozialforschung

Den Durchbruch der standardisierten Umfrageforschung in den USA der 40er Jahre bringt Coleman (1986) in seinem Aufsatz zu Sozialtheorie und Sozialforschung in einen Zusammenhang mit einem Wechsel der Theorieperspektive von makrosoziologischen hin zu individualistisch-behavioristischen Fragestellungen. Aber nicht die Erklärung individuellen Verhaltens, sondern des Verhaltens von zusammengesetzten Einheiten wie Gemeinden, Organisationen oder Gesamtgesellschaften ist die zentrale Aufgabe der Sozialwissenschaft. Es geht z.B. nicht darum, zu prognostizieren, ob ein bestimmtes Individuum kriminell werden wird oder nicht, sondern darum, Unterschiede in den Kriminalitätsraten verschiedener Gesellschaften zu erklären. Dies setzt ein Verständnis der Faktoren voraus, die einzelne Individuen in die Kriminalität treiben, aber es geht noch darüber hinaus. Coleman exemplifiziert das Problem an einem Beispiel von Max Weber: dem Zusammenhang zwischen eigentlich sehr privaten religiösen Überzeugungen, individuellem unternehmerischen Handeln und der Entstehung eines kapitalistischen Wirtschaftssystems.

Abbildung 1.1: Mikro-Makro-Modell von Coleman
(1991: 10, siehe Quellenverzeichnis)

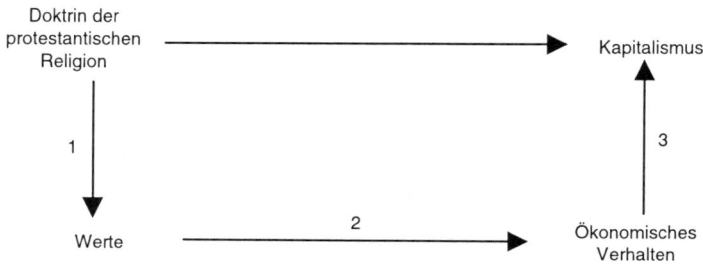

Für einen umfassenden Erklärungsansatz ist die Explikation von Situationslogiken und Aggregationsregeln erforderlich. Die Aggregationsregeln erklären, wie aus dem absichtsvollen Handeln der Individuen Eigenschaften und Dynamiken auf der Systemebene entstehen (Pfad 3 in der Grafik). Die Situationslogiken erklären, wie das absichtsvolle Handeln von Individuen durch Strukturen, Zwänge und Chancen geformt wird, die aus dem Systemverhalten resultieren (Pfad 1).

Die amerikanische empirische Sozialforschung der 20er und 30er Jahre untersuchte noch kleine Einheiten wie Städte, Schulen oder Jugendbanden mit dem Einsatz der verschiedensten qualitativen und quantitativen Verfahren und produzierte eine dichte Beschreibung des Gemeinwesens. Mit der Entstehung nationaler Märkte und nationaler Medien setzte sich dann aber das repräsentative, landesweite Sample aus isolierten Individuen als Merkmalsträgern durch. Abhängige Variablen waren nicht mehr Eigenschaften oder Verhalten auf Gemeinwesenebene, sondern individuelles Verhalten. Dabei ist der Erfolg der Surveyforschung auch dem Umstand geschuldet, dass in zentralen Anwendungsbereichen wie der Marktforschung und der Wahlforschung tatsächlich eine einfache Summation individuellen Verhaltens tragfähig ist. Dies ist aber keine generelle Regel von Sozialität, sondern einer ganz bestimmten Aggregationsregel geschuldet: der Mehrheitsregel in demokratischen Regierungssystemen und der additiven Zusammensetzung von Marktnachfragen. Statt von bloßer Aggregation der individuellen Handlungen sollte man deshalb besser auch von Kombination sprechen. Dies bringt schon sprachlich zum Ausdruck, dass es hier Interdependenzen zwischen den Handlungen der einzelnen geben könnte. Solche Interdependenzen sind durchaus auch im ökonomischen Bereich vorhanden. Sie werden von den Marketingstrategen bewusst eingesetzt, z.b. indem sie jugendliche Trendsetter in der Hoffnung auf den Nachahmungseffekt mit Geschenken und Einladungen für die eigene Markenware gewinnen.

Eine ähnliche Entwicklung wie in den USA fand, zeitlich versetzt, auch in der Bundesrepublik statt. Erste empirische Studien nach dem Krieg (z.B. Mayntz' Untersuchung von Euskirchen; Popitz' und Bahrdts Untersuchung einer Industriegemeinde) setzten noch eine Vielzahl auch qualitativer Untersuchungsmethoden ein und zogen Kontextdaten zu den relativ klar abgrenzbaren Untersuchungseinheiten heran. In den 60er Jahren setzten sich dann die repräsentative Umfrageforschung und das standardisierte Interview als empirische Forschungsmethoden durch.

Coleman (1986: 1315f) konstatiert in der Folge dieser Entwicklung eine wachsende Entfremdung zwischen Sozialforschung und soziologischer Theorie. Die soziologische Theorie gab im späten Strukturfunktionalismus ihren Anspruch einer Vermittlung von Handlungen und Systemverhalten auf und beschränkte sich auf Makro-Erklärungen. So wurde z.B. eine universelle Modernisierungstendenz für Gesellschaften postuliert, die zu mehr Universalismus, affektiver Neutralität und Orientierung an Leistung statt Herkunft führen sollte.

Die empirische Forschung konzentrierte sich auf individuelles Verhalten als abhängige Variable. Die Ergebnisse der empirischen Forschung waren für die soziologische (Makro-)Theorie von eingeschränktem Wert, weil sie Handeln durch Verhalten ersetzte und sich kaum für die Konsequenzen individuellen Handelns für Makrophänomene interessierte. So konnte z.B. die Wahlforschung zu recht guten Modellen für die Prognose der Wahlpräferenzen einzelner Individuen kommen. In der Summierung lässt sich dann auch noch vorhersagen, welche Partei welche Wahlchancen hat. Aber ob in einem Land Mehrheits- oder Verhältniswahlrecht gilt, oder ob die Parteien und Parlamente oder aber Verbände und Verwaltungen die entscheidende Rolle im Prozess der Politikdefinition spielen, lässt sich daraus kaum ableiten.

1.1.2 Strukturelle Handlungstheorien

Die Netzwerkanalyse weist eine natürliche Affinität zu Makroexplananda auf, d.h. zu Eigenschaften und Dynamiken auf der Ebene von zusammengesetzten Einheiten. Damit hat sie als Methode und als theoretische Perspektive ein Potential, um der Lösung des zentralen Problems der Soziologie – *der Integration von Strukturen und Handeln* – näherzukommen.

Ein entscheidender Unterschied zwischen Netzwerkanalyse und konventioneller Surveyforschung ist, dass nicht in erster Linie eine Ordnung von Variablen und deren Beziehungen wie in einem Kausaldiagramm angestrebt wird, sondern eine relationale Ordnung von Personen (oder anderen Netzwerkelementen z.B. Unternehmen), die oft auch graphisch dargestellt wird. Damit hängt zusammen, dass nicht die individuellen Merkmale von Personen, sondern deren relationale Merkmale im Zentrum der Analyse stehen. Nicht das Individuum als solches, sondern seine Beziehungen zu anderen und seine Einbettung in eine Struktur interessiert. Die einzelnen Individuen werden gerade nicht als unabhängig voneinander begriffen. Sozialstruktur ist nicht die Summe individueller Merkmale in einer Verteilung (z.B. Einkommensverteilung), sondern sie entsteht durch die Beziehungen zwischen realen Akteuren.

Allerdings handelt es sich bei einem Teil der Netzwerkanalytiker um strukturalistische Deterministen, die dem Individuum keine oder wenig Ausbruchsmöglichkeiten aus dem Zwang der Strukturen zubilligen (Wellman 1988: 25 und 34f). Ein in dieser Tradition stehendes Modell ist z.B. das von White entwickelte Vakanzkettenmodell. Sozialer Aufstieg von Personen ist in diesem Modell nicht Ergebnis individueller Aufstiegsbemühungen, sondern die Folge zufälliger oder biologisch bedingter Vakanzen in einer Sozialstruktur. Eine Vakanz zieht Folgevakanzen nach sich, wobei das Besetzungsmuster jedoch von der vorhandenen Sozialstruktur bestimmt wird (White 1970).

Erfolgversprechender für eine Integration von Mikro- und Makrosoziologie ist dagegen eine vermittelnde Position der *gemäßigten strukturellen Analyse*, wie sie von verschiedenen strukturellen Handlungstheoretikern vertreten wird. Hierzu gehören Netzwerkanalytiker wie Wellman, Granovetter, Burt und auch der späte White (1992).

1.1.2.1 Struktur und Handeln

In der Auseinandersetzung mit neoklassischen und voluntaristischen Akteurkonzepten und insbesondere mit Parsons *unit act* entwickelt Burt seine *strukturelle Handlungstheorie*. In diesem Ansatz werden Interessen und Ressourcen von Akteuren als von ihrer strukturellen Einbettung abhängig begriffen (strukturelle Komponente). Gleichzeitig wird den Akteuren aber die Möglichkeit der Rückwirkung auf die Strukturen gegeben (akteurbezogene Komponente).

Abbildung 1.2: Mikro-Makro-Modell nach Burt (1982: 9)

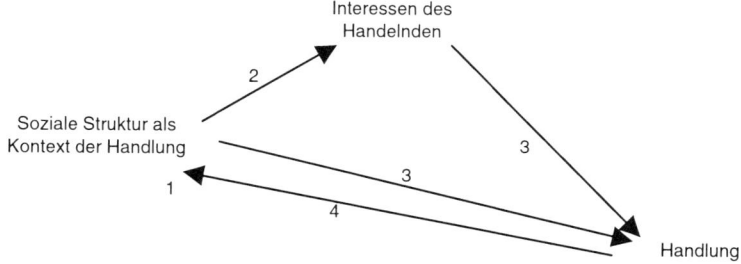

Das Modell beruht auf folgenden *Grundannahmen*, die sich in den entsprechend numerierten Kausalpfaden manifestieren:

1. Die Makroebene bildet die Gesellschaft als eine relationale und nach Positionen stratifizierte *Sozialstruktur*.
2. Die Entwicklung eigener *Interessen* durch einen Akteur wird durch seine Positon in der Sozialstruktur geformt.
3. Die Position in der Sozialstruktur und die bereits durch die Position bestimmten Interessen sind die *constraints* für die Handlung.
4. Die Handlungen der zweckorientierten Akteure *reproduzieren die soziale Struktur und verändern* sie unter Umständen auch.

Burts Konzept einer strukturellen Handlungstheorie entspricht dem Entwurf von Coleman weitgehend. Er nimmt lediglich zusätzlich einen direkten Pfad von der Sozialstruktur auf die Handlung eines Akteurs an. Sozialstruktur prägt also nicht nur die Interessen und Werte des Akteurs, sondern beeinflusst auch ihre Handlungsressourcen. Pfad 4 ist anders als bei Coleman als rückwärtsgewandter Pfad dargestellt. Würde man in Burts Darstellung eine Zeitachse einbauen und Sozialstruktur zum Zeitpunkt t_1 von Sozialstruktur zum Zeitpunkt t_2 unterscheiden, so entspräche das Modell auch in diesem Punkt dem Mikro-Makro-Modell von Coleman.

1.1.2.2 Embeddedness von Akteuren

Granovetter (1985) setzt sich in seinem programmatischen Aufsatz zur Bedeutung von *Embeddedness* mit zwei Akteurmodellen auseinander. Sein Ausgangspunkt ist das Hobbes'sche Problem der sozialen Ordnung und die von der Ökonomie und der Soziologie entwickelten Lösungsvorschläge:

1. Hobbes eigene Lösung setzte auf die Institutionalisierung eines starken Staates. An diese Alternative zur liberalistischen Lösung hat später Parsons angeknüpft. Er entschärft jedoch den bei Hobbes noch klaren Gegensatz zwischen Individuum und Staat/Gesellschaft. Wohlsozialisierte Ak-

teure funktionieren für Parsons im Einklang mit den Werten des kulturellen Systems. Aufgrund gelungener Sozialisation und Norminternalisierung verschwindet die „ärgerliche Tatsache der Gesellschaft" (Dahrendorf 1964, 1967) für die Individuen. Dieses Modell ist schon 1961 von Dennis Wrong als ein übersozialisiertes Akteurmodell kritisiert worden.

2. Die neoklassische Lösung in der Tradition des Liberalismus setzt auf den Markt und Adam Smith's „invisible hand". Diese Lösung arbeitet mit einem untersozialisiertem Akteurmodell. Individuen treffen ihre Entscheidungen aufgrund von eng definierten Eigeninteressen. Die einzigen relevanten Informationen sind Mengen- und Preisinformationen. Soziale Beziehungen zwischen den Marktteilnehmern sollen sich nicht auf Produktion, Verteilung und Konsum auswirken. Kein einzelner Akteur hat Einfluss auf die Preisbildung. Soziale Beziehungen sind im Gegenteil von Nachteil, da sie – über Preisabsprachen und Kartellbildung – geeignet sind, den Wettbewerb zu unterlaufen.

Beide Theorietraditionen fußen auf Akteurmodellen, die atomisierte Individuen unterstellen, die in sozialer Isoliertheit ihre Entscheidungen treffen. Das *untersozialisierte Akteurkonzept* tut dies, indem es ein eng am Selbstinteresse orientiertes Handeln unterstellt. Das *übersozialisierte Modell* des Strukturfunktionalismus muss sich diesen Vorwurf gefallen lassen, weil Verhalten als durch einmal internalisierte Normen determiniert gedacht wird, relativ unabhängig vom aktuellen sozialen Kontext. Einordnungen der Individuen in soziale Kategorien wie Geschlecht, Stellung im Beruf oder erworbene Schulbildung erlauben Verhaltensvorhersagen relativ unabhängig von den konkreten Beziehungen der Individuen zueinander.

„This procedure is exactly what structural sociologists have criticized in Parsonian sociology – the relegation of the specifics of individual relations to a minor role in the overall conceptual scheme, epiphenomenal in comparison with enduring structures of normative role prescriptions deriving from ultimate value orientations." (Granovetter 1985: 486)

Granovetter plädiert stattdessen für eine Handlungstheorie der Eingebettetheit, die die Atomisierungstendenzen der über- und untersozialisierten Akteurmodelle vermeidet. Akteure handeln nicht an eng definierten Eigeninteressen orientiert, sondern berücksichtigen soziale Kontexte. Solche Kontexte relativieren auch die Orientierung an Rollenvorschriften und Normen und die Bedeutung übergeordneter institutioneller Regelungen wie Markt und Hierarchie.

Vertrauen in die Interaktionspartner und Schutz vor Ausbeutung und Betrug hängen auch im Wirtschaftsleben vom konkreten sozialen Beziehungsgefüge ab. Akteure bevorzugen den Handel mit solchen Partnern, die sie aus eigener Erfahrung als ehrlich und zuverlässig kennen. Nur wenn eigene Erfahrungen nicht vorhanden sind, treten Informationen über die Reputation des potentiellen Partners an diese Stelle. Das Vertrauen auf institutionelle Absicherungen oder eine allgemeine Moralität ist offenbar nicht sehr ausgeprägt.

20

Die Erklärungskraft einer „allgemeinen Moralität" in einer Gesellschaft hält Granovetter somit für recht begrenzt. Er bezweifelt nicht, dass es allgemeine Moralität gibt, und damit ein Vertrauen auf rechtmäßiges Verhalten auch dann, wenn dies nicht durch glaubwürdige staatliche Sanktionen oder persönliche Netzwerke abgesichert ist. Auf sie muss man zur Erklärung moralischen Verhaltens im Wirtschaftsleben aber nur in wenigen Situationen zurückgreifen. Dies ist nur dann der Fall, wenn sich Fremde begegnen, deren Chance, einander erneut zu treffen, sehr gering ist und deren gegenseitiges Verhalten höchstwahrscheinlich nicht in den eigenen Netzwerken bekannt werden wird.

1.1.2.3 Abgrenzung von normativen Handlungstheorien

Barry Wellman (1988: 34f), ein kanadischer Netzwerkanalytiker und White-Schüler, plädiert für eine gemäßigte strukturelle Position, die die Analyse von individuellen Handlungsmotivationen nicht völlig ausschließt. Er wendet sich jedoch mit White gegen einen voluntaristischen Individualismus. Er wendet sich damit im Anschluss an seinen Lehrer White gegen den – wie White – in Harvard lehrenden Parsons.

„My personal *values* are voluntaristic individualism. I wish for myself, and others, as much freedom as possible, i.e. as much dignity as possible. This value becomes a mockery without facing the constraints of social structure. (...) Most sociology and social science, especially in the U.S., takes the *view* of voluntaristic individualism: basic reality is in individuals' values and choices, social structure being derived therefrom, being merely epiphenomenal. (...) The fruit of much sociology theory is this deception: social structure must be the sum of individual values so you can define it *a priori* out of your head. Or in recent version, you can find it by pooling responses of populations of questionnaires." (White 1968).

Wellman beschreibt das Paradigma struktureller Analyse über fünf *grundlegende Prämissen* (Wellman 1988: 20):

1. Individuelles Verhalten ist in erster Linie mit Blick auf *strukturelle Zwänge und Gelegenheiten* zu interpretieren statt durch innere Antriebe, internalisierte Normen oder Ziele, die die Akteure bewegen.
2. Die Analyse konzentriert sich auf die *Beziehungen zwischen den Akteuren* statt auf ihre persönlichen Merkmale.
3. Die strukturierten Beziehungsmuster zwischen den verschiedenen Akteuren sind *prägend für das Verhalten* der Netzwerkmitglieder.
4. Strukturen ergeben sich als ein *Netzwerk aus Netzwerken*. Netzwerke sind dabei nicht notwendig dicht und eng geknüpft.
5. Analytische Verfahren zielen auf die *Abbildung der Beziehungen*, Netzwerke, Strukturen. Sie ergänzen und ersetzen zum Teil die konventionellen statistischen Verfahren, die die Unabhängigkeit der Elemente voneinander voraussetzen.

Hinter diesen Prämissen steht ebenfalls eine Kritik an der traditionellen Sozialforschung. Diese ordnet die untersuchten Individuen nur nach individuellen Merkmalen wie Alter, Geschlecht oder Status in Gruppen. Sie wird dadurch blind für die Strukturen und Beziehungen, in die die einzelnen Individuen eingebettet sind. Unter der Hand bekommen so die Begriffe „soziale Struktur" und „sozialer Prozess" eine ganz andere Bedeutung. Es geht nicht mehr um ein Beziehungsmuster zwischen realen Einheiten und dessen Veränderungen, sondern um die Häufigkeitsverteilungen der persönlichen Merkmale der Individuen und ihre Veränderungen. Beziehungen werden nicht zwischen eben diesen Individuen, sondern zwischen den Variablen, d.h. den Merkmalen der Individuen untersucht. Solche Analysen, z.B. Tabellenanalysen oder Pfadanalysen, betrachten die Individuen als voneinander unabhängige, losgelöste Einheiten. Sie berauben sich damit einer wichtigen Erklärungsmöglichkeit.

Analysen, die die *strukturellen Einbettungen* der Akteure *als Erklärungsvariablen* verwenden, können – so die Grundannahme der strukturellen Handlungstheorien – individuelles Verhalten besser erklären. Auch die Erklärungskraft mancher nicht-strukturellen Merkmale wird auf das Zusammenfallen mit strukturellen Einbettungen zurückgeführt. Strukturelle Analyse muss dabei über die direkten Beziehungen der Akteure hinausgehen. Sie untersucht auch indirekte, weitläufige Beziehungsmuster, die sich erst in der Analyse des weiteren Kontextes um einen Ego-Akteur zeigen. Die Beziehung zwischen Ego und Alter in der jeweiligen betrachteten Dyade (= Zweierbeziehung) hängt von diesen Kontexten mit ab. Während der eine Akteur über einen Freund indirekt den Chef der EDV-Abteilung erreichen kann, der ihm eine gute Stelle anbietet, findet der andere vermittelt über seine Freunde nur andere Facharbeiter. Während die indirekten Beziehungen des einen Akteurs auf die eigene Ethnie, die eigenen soziale Schicht, die Region oder die Branche beschränkt sind, können andere Akteure über ihre indirekten Beziehungen soziale, regionale und Branchengrenzen überspringen.

Obwohl fast alle „Beziehungen" irgendwie gegenseitiger Natur sind, sind sie nicht notwendig als enge, positive und symmetrische Beziehungen zu verstehen. Sie können auch schwach sein, sie können antagonistisch sein, werden oft unfreiwillig eingegangen und sind selten völlig ausbalanciert. Sozialstruktur ergibt sich als Blick auf diese strukturierten Netzwerke. Sie weist eng miteinander verbundene Gruppen oder Cluster auf, Abgrenzungen zwischen verschiedenen Clustern und schwache Verbindungslinien zwischen den Gruppen. Solche Netzwerke prägen die Handlungsmöglichkeiten und Handlungszwänge der eingebetteten Individuen und Gruppen/Cluster. Sie kanalisieren in asymmetrischer Weise den Zugang zu hochbewerteten Ressourcen und prägen sowohl Kooperation als auch Konkurrenz zwischen den Akteuren.

Die *Auseinandersetzung mit Parsons' Handlungsmodell*, an dem sich schon Burt und Granovetter gerieben haben, findet sich auch in Wellman's struktureller Analyse. Es geht hier um eine Reihe von Thesen, die statt Normen strukturelle Einbettungen der Individuen als überlegene Erklärungsvariablen behaupten. Die Prämisse hierbei ist, dass sowohl der Erwerb von Normen als auch ihre Befolgung abhängig sind vom konkreten Ort eines Individuums in einem strukturierten Beziehungssystem (vgl. hierzu Pfad 1 bei Coleman und Annahme 2 bei Burt). Strukturell bedingte Chancen und Zwänge prägen das Verhalten der Akteure. Die Verwendung von gleichartigen, gemeinsamen Normen als Erklärung für Regelmäßigkeiten im individuellen Verhalten von Akteuren wird als psychologistisch und unsoziologisch kritisiert. Strukturelle Analyse setzt demgegenüber Normgeltung und Normbefolgung nicht a priori voraus. Normen und Verhalten können auseinanderfallen. Ob und wann dies geschieht, ist abhängig von Eigenschaften der Sozialstruktur und dem Ort des Individuums in dieser. Statt aus gleichartigen Normen und Werten auf Verhaltensregelmäßigkeiten zu schließen, soll das tatsächliche Verhalten studiert werden. Ursachen für Verhaltensregelmäßigkeiten werden nicht in den Motiven, Zielen und Normen der Akteure vermutet, sondern in deren struktureller Einbettung.

Der vorrangige Charakter der Sozialstruktur lässt sich daran zeigen, dass Eigenschaften der Sozialstruktur auch zur Erklärung von Nonkonformität, Innovation, Modernisierung und abweichendem Verhalten herangezogen werden können. Zwar überwiegen für die meisten Akteure die engen Beziehungen zu ihresgleichen. Aber es gibt zwischen den eng verbundenen Clustern in der Sozialstruktur auch Regionen mit Akteuren, die als Brücken zwischen verschiedenen Welten, sozialen Kreisen oder Denktraditionen fungieren. Die – wie ein Vordenker der strukturellen Analyse, Georg Simmel, es nannte – Kreuzung sozialer Kreise, lockert den Konformitätsdruck und sie führt zu Individualisierung, Modernisierung und Normwandel.

Beispielhaft sei die Verwendung struktureller statt normativer, wertbezogener Gruppenabgrenzungen an einer Auseinandersetzung mit der *These der sogenannten nivellierten Mittelstandsgesellschaft* (Schelsky 1979) illustriert. Diese These wurde in den 60er und 70er Jahren in der Auseinandersetzung mit marxistischen Klassentheorien vertreten. Die Nachkriegsgesellschaft wird hier als eine hochmobile Gesellschaft mit individuellen Aufstiegsmöglichkeiten gezeichnet. Mit dem sozialen Aufstieg der „Arbeiterklasse" und der Deklassierung des alten Besitz- und Bildungsbürgertums sei eine Gesellschaft ohne Klassenspannung entstanden. Statt mit Klassen habe es die Sozialstrukturanalyse heute mit sozialen Schichten zu tun, die sich nur noch im sozialen Ansehen (Prestige oder Status des Berufs) unterscheiden. Die dieser Rangordnung zugrunde liegenden Werte würden allgemein geteilt. Aus der Tatsache der ideologischen und normativen Identifizierung der „neuen" Mittelschichten der Angestellten und Beamten mit dem alten Mittelstand wird dann auf die Homogenisierung der mittleren Schichten und das Ende der Klassengesellschaft geschlossen.

Dagegen werden Status, Schicht oder Klasse in der strukturellen Analyse nicht als individuelles Merkmal einzelner Personen betrachtet, sondern als eine Eigenschaft, die die Beziehung zwischen mehreren Personen bzw. Personengruppen kennzeichnet. Mit dieser Herangehensweise kann Pappi (1981) in einer Netzwerkanalyse der Beziehungen zwischen Angehörigen verschiedener Berufsgruppen zeigen, dass es zwischen dem alten und dem neuen Mittelstand eindeutige Klassengegensätze gibt. Diese kommen in einem Muster sozialer Polarisationen zum Ausdruck, in dem jede Gruppe ihre Beziehungen auf die eigene Gruppe beschränkt (vgl. zu dem hier verwendeten Verfahren der Blockmodellanalyse Kapitel 8.2).

1.1.3 Zwischen methodologischem Individualismus und Relationalismus

Die frühen Netzwerkanalytiker (White et al. 1976, Wellman 1988, Nadel 1957, vgl. Kapitel 2) setzten sich mit ihrer Erklärungsstrategie dezidiert von dem in den 50er und 60er Jahren vorherrschenden Strukturfunktionalismus ab. Das Postulat von Strukturen als Erklärungsvariablen ging teilweise so weit, dass man aus den bloßen formalen Eigenschaften einer Struktur ohne Berücksichtigung der Relationsinhalte glaubte Schlüsse ziehen zu können (*Strukturalismus*). Auch heute finden sich unter Netzwerkanalytikern Positionen, die nicht nur die Notwendigkeit der Einbeziehung von relationalen Erklärungsgrößen, sondern ihre Überlegenheit gegenüber nicht-relationalen Erklärungsfaktoren vertreten (Wellman 1988: *Relationalismus, gemäßigter Strukturalismus*).

Mit der zunehmenden Verwendung von netzwerkanalytischen Theorieansätzen und Forschungsmethoden ist heute die Bereitschaft gewachsen, netzwerkanalytische Ansätze mit anderen Theorieansätzen zu verbinden. Netzwerkanalytisch arbeitende Wissenschaftler etwa aus der Forschung zu Organisationsnetzwerken oder zu sozialer Mobilität bauen komplexere Erklärungsmodelle, in denen auch nicht-relationale Eigenschaften und insbesondere auch kulturelle, kognitive und normative Erklärungsgrößen verwendet werden. Netzwerkbezogene Erklärungs- und Forschungsstrategien lassen sich so z.B. mit dem Strukturationsansatz von Giddens (1984) verbinden (vgl. z.B. Sydow et al. 1995, Windeler 2001), mit Rational Choice Ansätzen (Coleman 1988, 1990, Burt 1982, 1992; Lin 2000) oder mit evolutionstheoretischen Ansätzen (Kappelhoff 1993, 2000). Die Berücksichtigung von Prozessen der Symbolisierung und Legitimierung und den aus ihnen erwachsenden „sozialen Tatsachen" ist notwendig, um das komplexe Wechselspiel zwischen Interaktionen und Strukturen, deren Verfestigung und Auflösung und die Beziehung zwischen Interpretationsmustern, Machtverhältnissen und als geltend angenommenen Normen angemessen zu erfassen.

Kulturelle Deutungsmuster und Identitäten werden inzwischen in vielen empirischen netzwerkanalytischen Studien berücksichtigt (vgl. hierzu die Forderung von Emirbayer/Goodwin 1994, Emirbayer 1997). Ein zweites Desiderat für die Theorieentwicklung ist jedoch erst in Ansätzen erfüllt. Alle Modelle des Mikro-Makro-Prozesses von Interaktion und Strukturierung implizieren Dynamiken der Veränderung von Netzwerken. Hier beginnt die empirische Forschung erst mit der Entwicklung von Forschungsdesigns und Analysemethoden (Doreian/ Stokman 1997; Stokman/Doreian 2001, vgl. Kapitel 10).

Wenn man das dynamische Interdependenzverhältnis von (Inter-)Aktionen von Handelnden und den das Handeln ermöglichenden und begrenzenden kognitiven und sozialen Strukturen zu Ende denkt, dann wird meines Erachtens die teilweise erhitzt geführte Debatte um die Priorität von „individualistischen" oder „strukturalistischen" Erklärungsansätzen obsolet. Die Dynamik von Netzwerken kann man dann als eine Evolution von Tauschregeln (Kappelhoff 2000: 49ff.) begreifen. Aus einer Bottom-Up-Perspektive stellt sich der gleiche Sachverhalt als das größtenteils unbeabsichtigte Ergebnis von absichtsvollem Handeln von Akteuren dar. Diese handeln unter Unsicherheit und innerhalb eines strukturierenden Rahmens, der auch ihre Identitäten und Interessen endogen prägt und verändert. Von der weiteren Ausarbeitung der Dynamik von Netzwerken und entsprechenden Simulationsmodellen ist hier künftig eine Zunahme theoretischer Integration zu erwarten.

Als die beiden heute wesentlichen methodologischen Perspektiven in der Netzwerkanalyse stehen sich ein instrumenteller Relationalismus und ein relationaler Konstruktivismus gegenüber. Der instrumentelle Relationalismus verbindet Rational Choice als Handlungstheorie und relational begründete Constraints und Optionen im Sinne einer Situationslogik (z.B. Burt 1982, 1992, Esser 1999, insb. S. 387ff.). Der relationale Konstruktivismus (vgl. White 1992, Emirbayer/ Goodwin 1994, Emirbayer 1997, Kappelhoff 2000) betont die Konstruktion und Wirkung von Identitäten und Institutionen in sozialen Einbettungen. Diese Debatte spiegelt sich wider in der Frage, auf welcher Ebene das zentrale theoretische Konstrukt der Netzwerkanalyse, soziales Kapital, angesiedelt ist und welche Prozesse seine Produktion und Weitergabe prägen.

Die entscheidende Frage ist hierbei, ob soziales Kapital im wesentlichen als individuell anzueignende Ressource begriffen wird, oder ob soziales Kapital auch als Kollektivgut mit Konsequenzen für die Ausbildung von Institutionen und Identitäten begriffen wird, wie z.B. starken und partikularistischen Solidaritätregeln oder universalistischer „weak solidarity" (Lindenberg 1989) und allgemeinem Norm- und Systemvertrauen (Putnam 1993, 2000; Fukuyama 1995, 2000). Letzteres würde es nahe legen, Evolutions- und Selektionseffekte auch auf einer überindividuellen Ebene anzusiedeln.

Das derzeit noch vorherrschende Theoriemodell des Instrumentalismus fragt nach den Eigenschaften der Einbettung eines individuellen oder korporativen Akteurs in ein Netzwerk mit dem Ziel, die Chancen des Akteurs in der Interessendurchsetzung, seinen Erfolg, Profit, seine Macht, seinen Einfluss bzw. seine Steuerungsfähigkeit zu erklären. Neben dem einzelnen Akteur werden in der Netzwerkanalyse aber immer auch Gruppierungen von Akteuren strukturbezogen abgegrenzt, die als Gruppe gemeinsame Interessen durchzusetzen suchen oder aber durch gleichartige Netzwerkpositionen in eine Konkurrenzsituation zueinander geraten. Diese Differenzierung zwischen den Analyseebenen des Einzelakteurs, der strukturell abgrenzbaren Gruppe oder des Gesamtnetzwerks findet ihre Entsprechung in der Frage, ob die Netzwerkvorteile beim Einzelnen, bei einer Gruppe oder aber im Gemeinwesen des Netzwerks insgesamt zu Buche schlagen.[2]

1.2 Netzwerkanalyse und soziales Kapital

Die Netzwerkanalyse ist ein Instrument, das soziale Ressourcen oder soziales Kapital erfassen kann. Unter sozialem Kapital versteht man einen Aspekt der Sozialstruktur, der individuellen oder korporativen Akteuren breitere Handlungsmöglichkeiten eröffnet. Es eröffnet ihnen z.B. die Chancen für unternehmerische Profite oder zur Koordination ihrer Handlungsabsichten zu kollektiver Aktion. Erträge aus der Sozialstruktur eines Netzwerkes kann es auf verschiedenen Ebenen geben. Netzwerke sind damit ein Wettbewerbsfaktor auf der Ebene von Einzelakteuren, von Akteursgruppen oder ganzen Gesellschaften. Welche Netzwerkerträge das sein können, bei wem sie anfallen, und wie die entsprechenden Netzwerkstrukturen aussehen, darauf wird im Folgenden eingegangen. Auch die Ambivalenz zwischen Kooperation und Wettbewerb in Netzwerken soll angesprochen werden. Wie sieht ein unternehmerisches Netzwerk aus, das Wettbewerbsprofite verspricht? Was leistet es und was leistet es nicht? Und umgekehrt: wie sieht ein Kooperationsnetzwerk aus? Was leistet es und worin liegen seine Gefahren?

Der strukturelle Charakter von Sozialkapital bedingt, dass der Prozess seiner Produktion oft nicht bewusst ist. Es wird eher beiläufig gemeinsam mit anderen Handlungen produziert. Das hat zwar den Vorteil, dass soziales Kapital ohne Zusatzkosten produziert wird, aber auch den Nachteil, dass man es nur bedingt gezielt herstellen kann. Soziales Kapital hat eine positive Konnotation. Fehlendes oder negatives soziales Kapital sind dann strukturelle Zwänge und Barrieren, die Handlungsmöglichkeiten für Individuen oder Kollektive verbauen. Mit diesen beiden Dimensionen – Zwängen und Gele-

---

2 Gefordert wird hier die Entwicklung einer Art „Kontingenztheorie" für Netzwerke, die die Faktoren benennen soll, die in Abhängigkeit von Aufgaben und Zielen des Einzelnen, einer Akteursgruppe oder des Gesamtnetzwerks die „optimale" Netzwerkstruktur identifiziert (Leenders/ Gabbay 1999b, Salancik 1995). Damit werden allerdings die dynamischen Aspekte von Netzwerken, die Veränderung von Identitäten, Strategien und das Netzwerk treibende Tauschregeln noch nicht sinnvoll theoretisch verortet.

genheiten für Akteure – wird sowohl die prägende und einschränkende Wirkung von Sozialstruktur eingefangen, als auch der in diesen Grenzen vorhandenen Handlungsfreiheit von Akteuren Rechnung getragen.

Soziales Kapital hat im Vergleich zu ökonomischen und Humankapital die Eigenart, nicht völlig im Besitz eines einzelnen Akteurs zu sein: es ist abhängig von den direkten und indirekten Beziehungen, die ein Akteur zu anderen Akteuren in einem Netzwerk unterhält. Diese anderen Akteure, die gar nicht mit dem Akteur direkt verbunden sein müssen, haben ebenfalls Einfluss auf dessen soziales Kapital. Nichtsdestotrotz können Akteure versuchen, strategisch ihr soziales Kapital zu optimieren. Wegen seiner *Zwitterstellung zwischen Individuen und Sozialstruktur* ist das Konzept gut geeignet, die Lücke zwischen Mikro- und Makroebene zu schließen. Es kann die Mechanismen abbilden, über die soziale Strukturen von den Individuen – zum Teil absichtsvoll aber zum Teil auch der Not oder den Gelegenheiten gehorchend – reproduziert und verändert werden.

Ursprünglich geht der Begriff des sozialen Kapitals in der neueren soziologischen Diskussion auf Bourdieu zurück (Bourdieu 1983). Er stellt das soziale Kapital neben das ökonomische und das kulturelle Kapital und untersucht, welche Rolle die verschiedenen Kapitalien in der Reproduktion sozialer Ungleichheit haben. Bei Bourdieu selbst ist das soziale Kapital allerdings eher unterbelichtet. Sein Hauptthema ist das kulturelle oder symbolische Kapital, das in Titeln und Stellen institutionalisiert ist. Handlungs- und Netzwerktheoretiker haben den Begriff des sozialen Kapitals weiter ausformuliert. Diese soziologische Diskussion richtet sich auf die unterschiedlichen Grundlagen sozialen Kapitals, das Ausmaß des in einer Gesellschaft zirkulierenden sozialen Kapitals, seine differentielle Verteilung und die Brauchbarkeit der verschiedenen Kapitalformen in unterschiedlichen Kontexten und für unterschiedliche Probleme.

Die Scharnierfunktion des sozialen Kapitals zwischen den Akteuren und dem Netzwerk oder der Sozialstruktur erlaubt es, *Forschungsfragen auf verschiedenen Analyseebenen* zu stellen. Es geht zum einen um die Frage, welches soziale Kapital *einzelne Akteure* aus ihrem Netzwerk beziehen können und wie sie seine Verfügbarkeit strategisch beeinflussen können. Zweitens kann man fragen, ob einzelne *Gruppen oder Positionen in Netzwerken* über mehr oder weniger soziales Kapital verfügen. Unterschiede in der Ausstattung individueller Akteure mit sozialem Kapital könnten vielleicht weniger auf individuellen Anstrengungen und Unternehmergeist, als vielmehr auf ererbten Privilegien beruhen. Außerdem könnte es für einige Gruppen leichter sein, ihre Interessen schlagkräftig zu organisieren als für andere. Drittens kann man fragen, wie sich das Vorhandensein sozialen Kapitals auf die *Gesamtgesellschaft* auswirkt. Starkes Sozialkapital, das auf engen Beziehungen, den sogenannten *strong ties* beruht, kann z.B. zu Konflikten zwischen hoch integrierten Cliquen führen. Eine Sozialstruktur, in der die möglichen Konfliktlinien dagegen immer wieder durch *weak ties* und quer laufende Affiliationen unterbrochen werden, ist weniger konfliktanfällig. Wenn dagegen Klassenlage, ethnische Zugehörigkeit, Religion und kulturelle Traditionen in einer Gesellschaft in eins fallen (katholische, proletarische Iren mit Arbeiterhabitus), ist die Polarisierung zwischen den Gruppen vorprogrammiert. Hierauf hat schon Blau (1977) in seiner Analyse des Zusammenhangs von Heterogenität und Ungleichheit hingewiesen.

Soziales Kapital ist ein Aspekt der Sozialstruktur, aber die vermittelten materiellen und immateriellen Ressourcen sind selbst wieder andere Kapitalien, wie ökonomisches Kapital, Humankapital, Information, Macht oder gesellschaftliche und gruppenbezogene Werte wie Solidarität und Vertrauen in die Geltung einer Tauschmoral. Es lassen sich im wesentlichen sechs Ressourcen oder Werte unterscheiden, die soziales Kapital vermitteln kann:[3]

1. Familien- und Gruppensolidarität

Gruppenbezogene partikularistische Solidarität und Zugehörigkeit beruht auf sozialen Schließungsprozessen. Basis dieses sozialen Kapitals sind die strong ties. Das sind die starken, engen und häufigen Beziehungen mit hoher Überlappung und Reziprozität in kohäsiven, abgegrenzten Gruppen (vgl. zur Operationalisierung Kapitel 5.3 und 8.1). Die Bedeutung von strong ties und sozialer Schließung hat Coleman hervorgehoben. Ein Beispiel für ihre positive Wirkung ist ein von ethnisch homogenen Einwanderergemeinden in den USA organisiertes privates Kreditsystem. Hiermit wurden Existenzgründungen aus der eigenen Ethnie unterstützt. Dieses Kreditsystem funktioniert – sowohl was die Bereitschaft zur Einzahlung als auch was die Rückzahlungsmoral anbetrifft – auf der Basis sozialer Schließung. Die häufigen und engen Beziehungen unter den Gemeindemitgliedern sichern unaufdringlich und ohne teure Kontrollhierarchie die Sichtbarkeit und Sanktionierbarkeit von Abweichlern. Sie fördern die Kooperation aller Beteiligten und tragen zur Entstehung von Vertrauen bei (Coleman 1988; Portes/Sensenbrenner 1993; Sabel 1994). An die Erfolge solcher solidarischen, über gemeinsame Kulturen und Wissensbestände integrierten Kollektive knüpfen auch die Konzepte regionaler Netzwerke, innovativer Milieus oder von industrial districts an (Crouch et al. 2001, Braczyk et al. 1998; Saxenian 1994, Grabher 1993). Die Kehrseite von gruppenspezifischen Solidaritäts- und Hilfenormen ist aber nicht nur die starke soziale Kontrolle für den einzelnen, sondern auch die Gefahr der Polarisierung zwischen verfeindeten Gruppen in einer Gesellschaft. Eine weitere Gefahr der strong ties macht die Innovationsforschung

---

3 Vgl. Bourdieu 1983; Coleman 1988, 1990; Burt 1982, 1992; Portes/Sensenbrenner 1993; Portes 1998; Putnam 1993; Sandefur/Laumann 1998; andere Abgrenzung von Sozialkapital als identisch mit den Outcomes der Sozialstruktur: Gabbay/Leenders 1999: 10.

deutlich. So spricht Grabher (1990, 1993) von der Schwäche der starken Beziehungen zwischen den Industrien des Ruhrgebietes. Kohle, Stahl und Energiewirtschaft sowie die angegliederten Branchen waren so gut aufeinander eingespielt, dass die Chancen in den neuen Hochtechnologiebranchen von diesen Unternehmen verschlafen wurden. Im Extrem können eng begrenzte und nach außen geschlossene Netzwerke nicht nur Modernisierungsprozesse verschlafen (Grabher 1993, Glasmeier 1991, Kern 1998), sondern auch Mafiastrukturen aufbauen (Gambetta 1988).

2. Vertrauen in die Geltung universalistischer Normen

Gute Sitten, die Moral des ehrbaren Kaufmanns und die Minimalunterstellung des rechtstreuen Verhaltens von Kooperationspartnern sind eine weitere Form sozialen Kapitals einer Gesellschaft. Sie produzieren Verhaltenssicherheit, nicht nur im Umgang mit Meinesgleichen, sondern auch mit mehr oder weniger Fremden. Produktive und lukrative Kooperationen werden so möglich, die man anderenfalls aus Unsicherheit unterlassen hätte. Studien zu dieser Form sozialen Kapitals haben Coleman (1990), Putnam (1993, 2000) oder Fukuyama (1995, 2000) vorgelegt. Auch die Entstehung dieser Art von Sozialkapital ist nicht unabhängig von Sozialstrukturen. Putnams Studien zu Vereinen und soziale Grenzen überschreitenden Freizeitaktivitäten zeigen, dass es die schwachen Beziehungen, die weak ties sind, die eine Gesellschaft trotz funktionaler und sozialer Differenzierung integrieren und das Vertrauen in das Normen- und Rechtssystem unterstützen.

3. Information

Informationskanäle sind eine dritte Art von Sozialkapital, auf die vor allem Granovetter (1973) mit seiner These von der Stärke der schwachen Beziehungen hingewiesen hat. Wer in einer Gesellschaft so positioniert ist, dass er Informationen rasch und aus vielen verschiedenen Quellen erhält, dem eröffnen sich auch günstige Gelegenheiten.

4. Macht durch strukturelle Autonomie

Strukturelle Autonomie ist schließlich die vierte Basis sozialen Kapitals, auf die vor allen Dingen Burt (1982, 1992) immer wieder hingewiesen hat. Strukturelle Autonomie genießt ein Akteur, der als sogenannter Cutpoint strukturelle Löcher überbrücken kann. Als Makler zwischen voneinander getrennten und nur intern verbundenen Gruppen kann der Akteur Gewinne erzielen (vgl. zur Operationalisierung Kapitel 7.4 und 9.1.2). Diese Gewinne ergeben sich erstens aus einer strategisch guten Position für den Informationsprozess. Strukturelle Löcher erschließen den Akteuren aber nicht nur Informationen, sondern auch unternehmerische Handlungsmöglichkeiten, die sich aus der Position des „lachenden Dritten" ergeben. Ein strukturell autonomer Akteur kann die untereinander nicht koordinationsfähigen Akteure gegeneinander ausspielen. Aber auch hier gibt es Kehrseiten, sowohl für den einzelnen Akteur als auch für die Gesellschaft als Ganzes. Die Ausbeutung struktureller Löcher führt zu einer asymmetrischen Verteilung von Gewinnen, die normativ nicht gemildert wird. Weak ties sind kaum geeignet, starke normative Verpflichtungen zu produzieren. Eine Gesellschaft – nur mit solchen Burt'schen Unternehmern bevölkert – könnte daher dem von Hobbes befürchteten Naturzustand nahekommen. Auch für den einzelnen Akteur könnte sich eine Strategie der Ausbeutung struktureller Löcher als nachteilig erweisen. Seine geringe Bindung zu allen beteiligten Akteursgruppen könnte dazu führen, dass letztere diesen „unsicheren Kantonisten" ablehnen oder gar zu Gegenmaßnahmen greifen, die ihnen einen angemessenen Anteil an den Gewinnen versprechen (z.b. durch Zölle, Kartelle, Gewerkschaftsbildung usw.).

5. Selbstorganisationsfähigkeit von Kollektiven: Hierarchisierung und Stratifizierung

Neben den stark integrierten Strong-Tie-Netzwerken gibt es auch andere, weniger dichte Strukturen der Koordination zwischen Akteuren und der Sanktionierung von Abweichlern. Große Strong-Tie-Netzwerke sind aufgrund ihres hohen Aufwandes für die Mitglieder eher selten. Andere Netzwerkmuster wie z.B. hierarchische Muster oder Zentrum-Peripherie-Muster sind wahrscheinlicher. Die Koordinationsfähigkeit einer Teilgruppe in einem Netzwerk ist wichtig, wenn es darum geht, Ausbeutungsstrategien eines Dritten zu begegnen oder sich als Gruppe von potentiellen Konkurrenten so zu organisieren, dass man selbst die Position des lachenden Dritten ausnutzen kann. Netzwerkanalytische Maßzahlen zum Zentralisierungs- und Hierarchisierungsgrad von Netzwerken oder ihren Teilgruppen messen diese Koordinationsfähigkeit als kollektiven Wettbewerbsfaktor (vgl. Kapitel 6.1.2).

Wettbewerb und Konkurrenz in Netzwerken gibt es nicht nur im Sinne des Gegeneinanderausspielens, sondern auch im Sinne des Mehr-Habens und Mehr-Seins. Der Besitz von hochbewerteten knappen Ressourcen führt zu typischen asymmetrischen Beziehungsmustern, die sich auf individueller Ebene im netzwerkanalytischen Status oder Prestige der Akteure niederschlagen. Hohes Prestige, Ansehen und Einfluss bezieht ein Akteur nun gerade nicht aus strukturellen Löchern, sondern daraus, dass andere Akteure, möglichst selbst mit hohem Prestige, ihm ihr Ansehen bekunden. Akteure auf dem oberen Ende dieser Rangskala sind dann gut geeignet, um innerhalb von Teilnetzwerken Aufgaben der Koordinierung und Sanktionierung vorzunehmen. Netzwerkpositionen mit hohem Prestige und hoher Zentralität (vgl. Kapitel 6.1.1) werden dabei um ihrer selbst Willen zum Ziel von positiven Kooperations- und Tauschangeboten anderer Akteure. Es setzt ein sich selbst verstärkender Prozess ein, der zu einer Stratifizierung der Akteure führt. Die Position in einer Netzwerkstruktur bekommt Informationswert für die Teilnehmer und dieses Wissen senkt Such- und Verhandlungskosten in der Kooperation.

6. Macht durch sozialen Einfluss

In der Studie, in der Burt (1992) seine These von der Vorteilhaftigkeit struktureller Löcher entwickelt, gibt es einen wichtigen abweichenden empirischen Befund, der auf den Unterschied zwischen Macht im Sinne von sozialem Einfluss und Macht im Sinne struktureller Autonomie hindeutet.[4] Grundsätzlich erwiesen sich für die meisten Manager unternehmerische Netzwerke mit vielen weit ausgreifenden Beziehungen zu untereinander nicht oder nur schwach verbundenen Kontaktpersonen als vorteilhaft. Es gibt jedoch zwei Ausnahmen. Das sind Jung-Manager und Frauen. Für sie sind Netzwerke mit starken Beziehungen zu hochrangigen und einflussreichen Personen im Unternehmen günstiger. Während für Unternehmer-Manager ein chancenorientiertes Netzwerk mit vielen Kontakten außerhalb der eigenen Abteilung vorteilhaft ist, ist es für Frauen und Jung-Manager im Gegenteil besser, viele Kontakte aufgabenorientiert in der eigenen Abteilung aufzubauen. Hintergrund ist die problematische Legitimität von Neulingen und Frauen. Für die Absicherung von Loyalitäten und den Aufbau kollektiver Identitäten werden andere Netzwerkstrukturen gebraucht als für die Nutzung unternehmerischer Chancen.

Was Frauen und Jung-Manager für ihren beruflichen Aufstieg brauchen, ist nicht strukturelle Autonomie, also Freiheit von Zwängen, die andere für sie setzen, sondern sozialen Einfluss. Auch andere empirische Forschungsergebnisse belegen die Zweischneidigkeit von unternehmerischen Netzwerken mit hoher struktureller Autonomie der Akteure. Mehrere Studien zu kleinen und mittleren Unternehmen zeigen, dass Strong Ties hoher Dauer und Multiplexität sowie ein zwischen Chancenreichtum und sozialer Einbettung ausbalanciertes Ego-Netzwerk sich vorteilhaft auf den Kapitalzugang und -preis, die Profitabilität und die Überlebenschancen auswirken. Während strukturelle Löcher sich in der Anfangsphase von Unternehmen als vorteilhaft erwiesen, muss ein Unternehmen längerfristig auch seine Kooperationsfähigkeit und Legitimität unter Beweis stellen (Gabbay 1997, Uzzi 1996, 1997). Für die erste Wahrnehmung einer Innovationsmöglichkeit ist ein Netzwerk

---

4   Hierin scheint der gleiche Unterschied auf, den Weber mit der Differenzierung zwischen Herrschaft (legitime, anerkannte Macht) und bloßer Macht bezeichnet hat.

mit vielen strukturellen Löchern optimal, aber für ihre Realisierung ist man auch auf vertrauensvolle Kooperation angewiesen.

Die Netzwerkanalyse liefert für die strukturellen Grundlagen von Sozialkapital in allen diesen verschiedenen Ausprägungen Operationalisierungsmöglichkeiten. Diese beziehen sich im wesentlichen auf die drei oben schon angesprochenen Analyseebenen:

1. Auf den einzelnen Akteur im Netzwerk. Es geht hier um die Frage, wie zentral ein Akteur im Netzwerk ist, welches Prestige er genießt, welche Macht er hat und welche strukturelle Autonomie er genießt. Untersucht wird dann z.B., ob Akteure mit hoher Zentralität auch diejenigen sind, die Innovationen als erste umsetzen. Oder ob von Akteuren mit hohem Prestige eher Innovationen durch andere Netzwerkakteure übernommen werden als von anderen. Eine zweite Frage richtet sich darauf, ob unternehmerische Gelegenheiten, also hohe strukturelle Autonomie eines Akteurs, sich auch in tatsächlichen Erfolgen auszahlen. So wird z.B. die strukturelle Autonomie von Unternehmen als Ursache für deren Profithöhe untersucht (Burt 1983) oder die Zahl der strukturellen Löcher in den beruflichen Netzwerken von Managern mit deren Karrierefortschritten verglichen (Burt 1992, vgl. auch Kapitel 9.3).

2. Auf Gruppen in Netzwerken. Hier geht es einerseits um die Suche nach den eng miteinander vernetzten und nach außen abgegrenzten Cliquen. Des weiteren wird in der Tradition einer strukturellen Rollenanalyse nach den Positionen im Netzwerk gesucht. Akteure mit strukturell äquivalenten Positionen, die also das gleiche bzw. ein ähnliches Rollenmuster aufweisen, werden dabei zusammengruppiert. Diese Akteure können, müssen aber nicht auch untereinander vernetzt sein. Beide Gruppenkonzepte werden dann z.B. benutzt, um die Frage nach der Redundanz von Akteuren als Informationslieferanten zu stellen. Ein optimales Informationsnetzwerk eines Akteurs sollte möglichst keine Akteure enthalten, die aus der gleichen Clique stammen. Auch Akteure, die gleichartige Positionen bekleiden, sind in ihrem Informationswert für einen Ego-Akteur identisch. Die dahinterstehende Annahme ist jeweils, dass diese Akteure redundante Informationen liefern. Ego könnte sich also auf jeweils einen Akteur aus der Clique oder einen der Akteure aus einer strukturell äquivalenten Position beschränken. Damit hätte er das gleiche Informationspotential, aber geringere Kosten für die Kontakte zu seinen Netzwerkpersonen.

Die Gruppenkonzepte werden des weiteren gebraucht, um Sozialstrukturen modellhaft zu reduzieren und in übersichtlicher Art und Weise darzustellen und zu analysieren. Hier geht es dann nicht mehr um die Beziehungen zwischen Akteuren, sondern um die Rollen, die strukturell äquivalenten Positionen zugeordnet sind. Es geht nicht um die Beziehungen zwischen Individuen sondern zwischen Gruppen. Dies ist eine alte Vorgehensweise in der Soziologie, die schon Marx in seiner Analyse der Beziehungen zwischen

Proletariat und Bourgeoisie benutzte. Anders als marxistische Analysen entwickelt die Netzwerkanalyse diese Gruppenkonzepte allerdings nicht a priori, sondern aus den empirischen Beziehungen zwischen den Akteuren. Wichtige Fragen in der Analyse solcher Gruppen oder Positionen in der Sozialstruktur sind die nach der Über- und Unterordnung von Gruppen, nach dem Grad ihrer Polarisierung, oder nach der Durchsetzungsfähigkeit der verschiedenen Gruppen.

3. Auf gesamte Netzwerke oder Gesellschaften. Es kann nicht nur danach gefragt werden, ob ein Individuum oder eine bestimmte Gruppe oder soziale Position aus ihrem Sozialkapital Vorteile zieht oder unter sozialen Zwängen leidet. Auch die Leistungsfähigkeit von Netzwerken, im Extremfall von Gesamtgesellschaften, kann untersucht werden. Implizit ist hierbei immer die Vergleichsperspektive. Man untersucht also z.B., warum es in der einen Gesellschaft zu gewaltsam ausgetragenen Verteilungskonflikten kommt, in der anderen aber nicht. Man untersucht, warum die eine Gesellschaft technologische Innovationen produziert und umsetzt, die andere aber hinterherhinkt. Die Ursachen werden dabei gemäß der grundsätzlichen Theorieperspektive der Netzwerkanalyse in den verschiedenen Sozialstrukturen vermutet. Statt Gesamtgesellschaften können natürlich auch kleinere Kollektive untersucht werden, z.B. zwei Unternehmen, zwei Politikfelder, zwei Gemeinden oder zwei Schulklassen miteinander verglichen werden.

Als Grundlage solcher Analysen werden die Ergebnisse zu den ersten beiden Analyseebenen herangezogen. So kann man ein Netzwerk danach beschreiben, ob einige wenige Akteure in ihrer Zentralität oder in ihrem Prestige herausragend sind. Die Vermutung ist dann, dass solche herausragenden Akteure Koordinations- und Führungsfiguren in einem Netzwerk sein werden. Aufgrund ihrer klaren Überlegenheit gibt es kaum Konflikte um die Führungsrolle, gleichzeitig verfügen sie über die notwendige Zustimmung (Prestige) der anderen und/oder über die erforderlichen Beziehungen im Netzwerk (Zentralität). Wenn dann z.B. eine Gruppe mit einer solchen strukturell klar ausgezeichneten Führerfigur in der Bearbeitung einer Aufgabe schneller oder effektiver ist als eine andere, deren Beziehungsnetzwerk einen niedrigeren Grad an Hierarchisierung und/oder Zentralisierung aufweist, so führt man diese Unterschiede auf die verschiedenen Netzwerkstrukturen zurück.

Statt auf strukturelle Eigenschaften der Akteure und ihre Verteilung können solche Differenzen auch auf die Rollenmuster zwischen den im Netzwerk identifizierten Gruppen oder sozialen Positionen zurückgeführt werden. So kann eine Erklärung für harte Verteilungskämpfe ein polarisiertes Beziehungsmuster zwischen intern eng vernetzten Cliquen sein. Die relative Abwesenheit von Verteilungskämpfen kann dagegen aus Beziehungsmustern erklärt werden, in denen auch die Verlierer die Gewinner anerkennen. Ein Muster dieser Art ist das Zentrum-Peripherie-Muster, das für Wissenschaftlernetzwerke typisch ist. Der wissenschaftliche Erfolg einer Kerngruppe von Forschungseinrichtungen kann aus ihrer Stellung im Zentrum eines solchen Musters abgeleitet werden. Die Anerkennung der wissenschaftlichen Leistungen der Gruppe integriert das Fachgebiet. Auch die weniger erfolgreichen Forschungsgruppen zollen den führenden Gruppen Respekt, bestreiten ihre Ergebnisse nicht. Die Akteure im Zentrum der Sozialstruktur unterhalten auch Kontakte zu den peripheren Gruppen. Sie sitzen im Zentrum des Informationsaustauschs und der Kooperationen. Dies erlaubt es ihnen, verschiedene wissenschaftliche Ergebnisse, Methoden und Ansätze zu kombinieren und zu bewerten und trägt zu ihrem künftigen wissenschaftlichen Erfolg bei.

1.3 Anlage des Lehrbuches

Nach dieser theorieorientierten Einführung in die zentralen Forschungsfragen der Netzwerkanalyse wird in *Kapitel 2* zunächst ein Überblick über die Geschichte der Netzwerkanalyse und ihrer Forschungsfelder geliefert. *Kapitel 3* befasst sich noch einmal ausführlich mit den verschiedenen Analyseebenen der Netzwerkanalyse und den damit verbundenen unterschiedlichen Merkmalstypen. *Kapitel 4* gibt einen Überblick über die Besonderheiten der Erhebung von Netzwerkdaten, die sich aus der Verknüpfung der verschiedenen Analyseebenen und Merkmalstypen ergeben. Die Kapitel 5-8 stellen dann aufeinander aufbauend wesentliche Verfahren der Netzwerkanalyse vor. Die Anwendungsmöglichkeiten und theoretischen Hintergründe werden jeweils durch konkrete Forschungsbeispiele demonstriert. *Kapitel 5* führt ein in die Verfahren zur Darstellung und Aufbereitung von Netzwerkdaten und beschreibt grundlegende Maßzahlen. Bei diesen einfachen Maßzahlen werden kleine Modellbeispiele vorgeführt, die mit dem Taschenrechner nachgerechnet werden können. Hier ist auch ein Exkurs zur Matrixalgebra eingefügt, die für die Analyse von Netzwerkdaten unerlässlich ist. Die *Kapitel 6 und 7* befassen sich mit Maßzahlen, die einzelne Akteure in ihrem Sozialkapital charakterisieren. Es geht hierbei um die Konzepte der Zentralität, des Prestiges, der Macht und der strukturellen Autonomie von Akteuren. Auf der Basis der strukturellen Merkmale der Akteure können dann auch Maßzahlen für die Gesamtnetzwerke wie die Zentralisierung des Netzwerks oder seine Hierarchisierung berechnet werden. Um sich darüber zu orientieren, was die einzelnen Maßzahlen leisten können, welche theoretische Konstrukte sie also operationalisieren, ist die Typisierung der verschiedenen Grundlagen sozialen Kapitals nützlich.

Zentralitätsmaße messen z.B. vor allem die Einbindung in Informationskanäle. Sie unterscheiden sich darin, wie sie direkte und indirekte Beziehungen gewichten. Eines der Maße, das Betweenness-Maß stellt explizit auf die Frage ab, ob ein Akteur Maklerpositionen innehat, also Löcher überbrückt.

Verschiedene Machtmaße unterscheiden sich darin, ob sie Macht aus vielen Beziehungen zu anderen mächtigen Akteuren ableiten – das entspricht einer strong-tie-Konzeption von sozialem Kapital. Oder ob sie Macht aus der Überbrückung struktureller Löcher ableiten, wobei die ausgebeuteten Akteure gerade nicht mächtig sein dürfen. Das ist ein Konzept von sozialem Kapital als struktureller Autonomie.

Kapitel 8 befasst sich mit zwei Gruppenkonzepten der Netzwerkanalyse. Die Cliquenkonzepte (Kapitel 8.1) stellen die direkten Verbindungen und das strong-tie-Kapital in den Vordergrund. Verfahren zur Analyse struktureller Äquivalenz wie das Blockmodellverfahren (Kapitel 8.2) sind dagegen in der Lage, über die Analyse auch der indirekten Beziehungen die strukturellen Löcher in einer Sozialstruktur sichtbar zu machen. Während die Cliquenkonzepte nur die Abgrenzung zwischen verschiedenen Cliquen erlauben, also nur Polarisierungen messen, macht die Blockmodellanalyse auch andere Rollenmuster sichtbar. Insbesondere erlaubt sie auch das Erkennen von hierarchischen Mustern und von Ungleichheit zwischen den Positionen in der Sozialstruktur.

Während die einfacheren Maßzahlen aus den Kapitel 5 und 6 an kleinen Modellbeispielen vorgeführt und mit dem Taschenrechern nachvollzogen werden können, ist der Rückgriff auf *netzwerkanalytische Software* bei den komplexeren Verfahren notwendig. Eine kurze Einführung in einfache und preiswerte Software zur Netzwerkanalyse bietet der Anhang. Sämtliche Maßzahlen und Rechenverfahren aus dem Lehrbuch werden von einem einfach zu bedienenden und preiswerten Programm, UCINET, angeboten. Auch viele der verwendeten Beispieldatensätze sind dort, z.T. in kleineren Ausgaben, verfügbar und können zu Übungszwecken benutzt werden.

Neben den formalen Darstellungen der Verfahren und dem Hinweis auf die entsprechenden Routinen in UCINET werden immer auch qualitative Beschreibungen und Beispiele für die dahinterstehenden Konzepte und ihre Operationalisierung geliefert. Sie sollen es auch dem mathematisch weniger versierten Leser erlauben, *die Grundideen der Rechenprozeduren und ihren Bezug zu soziologischen Konstrukten zu erfassen.*

Hierzu dient schließlich auch das letzte *Kapitel 9*, in dem zwei zentrale Forschungsfelder der Netzwerkanalyse anhand von wegweisenden Studien ausführlich vorgestellt werden. Hierbei geht es zum einen um individuelles soziales Kapital und die Frage sozialer Ungleichheit. Dieser Zusammenhang ist in den verschiedenen Phasen der Entwicklung der netzwerkanalytischen Forschungsperspektive zentral gewesen. Auch hierbei scheinen die drei Grundlagen sozialen Kapitals auf: (1) die weak ties, ihre Informationsfunktion und die sozialstrukturelle Bedingtheit von Such- und Findemöglichkeiten bei Granovetter (1973, 1974), (2) die strukturelle Autonomie in den Ego-Netzwerken von Hochtechnologiemanagern bei Burt (1992), die diesen rasche Karrieren verspricht, und schließlich (3) die Bedeutung von strong ties zu mächtigen Personen im Unternehmen, wenn die eigene Rolle im Unternehmen erst noch zu legitimieren ist oder es um die Durchsetzung und Legitimierung unsicherer Projekte und neuer Ideen geht (Burt 1992; Podolny/Baron 1997).

Zweitens soll die netzwerkanalytische Perspektive in der Organisationsforschung vorgestellt werden und hier insbesondere auf die prekäre Balance zwischen Kooperation und Wettbewerb zwischen Organisationen und die verschiedenen Formen sozialen Kapitals eingegangen werden.

2 Geschichte der Netzwerkanalyse

Ein Vorläufer des netzwerkanalytischen Denkens um die Jahrhundertwende war *Georg Simmel* (1989). Simmel (1858-1918) sah in den sogenannten Wechselwirkungen den eigentlichen Gegenstand der Soziologie, der ihre disziplinäre Selbständigkeit begründen sollte. Soziologie sollte sich – statt den Inhalten – den *Formen der Vergesellschaftung* durch eben diese Wechselwirkungen widmen. Damit setzte er – wie die strukturelle Analyse es postuliert – die Analyse relationaler Merkmale, von Beziehungen zwischen Individuen, ins Zentrum der Soziologie. So verglich Simmel die Eigenschaften von Dyaden (Zweiergruppen und ihre Beziehungen) und Triaden (Dreiergruppen und ihre Beziehungen). Er betrachtete die Bedeutung der rein quantitativen Gruppengröße für die Kohäsion[5] in der Gruppe und für Prozesse der Über- und Unterordnung. In seinem Aufsatz über die „Kreuzung sozialer Kreise" untersuchte er die Bedeutung solcher sozialstruktureller Eigenschaften für Normbefolgung, Normenwandel und Individualisierung. Simmel wurde dabei von den Netzwerkanalytikern nicht auf dem Weg über seine Schüler aus der späteren Chicago-Schule rezipiert.[6] Vielmehr wurde seine formale Soziologie in den USA erst mit den Neu-Übersetzungen seines Werks nach dem zweiten Weltkrieg in den fünfziger Jahren einem größeren Kreis von Soziologen bekannt (Wellman 1988: 22f.).

Scott (1991: 8) datiert die *Entstehung der Netzwerkanalyse* als ausdifferenzierter methodischer und theoretischer Perspektive mit dem Durchbruch der Harvard-Strukturalisten um Harrison C. White zu einer algebraischen Analyse von Rollen- und Positionsstrukturen am Beginn der 70er Jahre (siehe Abbildung 2.1).[7]

---

5 Unter Kohäsion versteht man den Zusammenhalt eines Kollektivs. Kohäsion ist ein typisches strukturelles Merkmal. Sie beruht auf den Beziehungen zwischen den Mitgliedern des Kollektivs, ist aber selbst kein Merkmal eines dieser Mitglieder. Vgl. zu netzwerkanalytischen Operationalisierungen von Kohäsion Kapitel 5.3.
6 Park und Burgess haben bei Simmel in Berlin studiert.
7 Neben Scott setzen sich auch Berkowitz (1982: 1-7), Schenk (1984: 1-29), Wellman (1988; 21-30), Galaskiewicz/Wasserman (1993) und Wasserman/Faust (1994: 10-17) mit der Geschichte der Netzwerkanalyse auseinander.

Abbildung 2.1: Überblick über die Entwicklungslinien der
Netzwerkanalyse in Anlehnung an Scott (1991: 7)

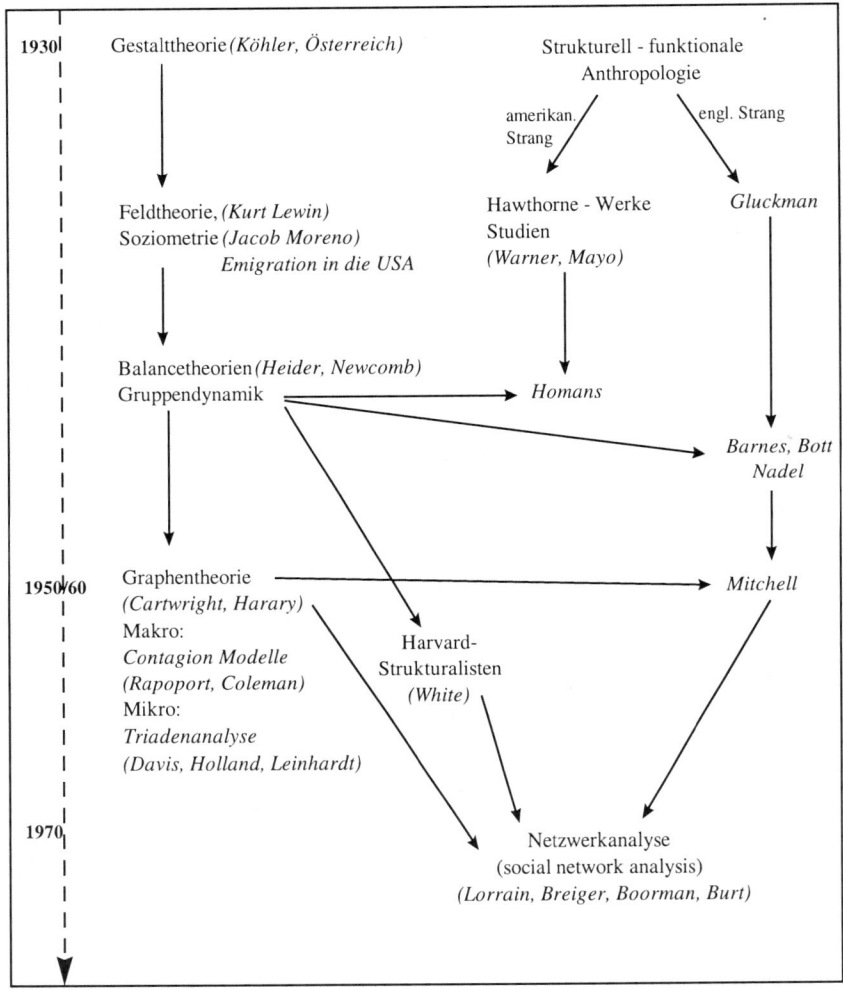

Diesem Durchbruch sind vielfältige Entwicklungen in verschiedenen Disziplinen und Forschungsfeldern vorangegangen. Wichtige Anstöße kamen aus
der Psychologie und Sozialpsychologie, aus der strukturfunktionalen Anthropologie und der Übertragung ihrer Konzepte und Methoden auf Kleingruppen, gemeinde- und industriesoziologischen Studien und Studien zu den
Auswirkungen von Migration und Verstädterung. Wichtige Orte der Entwicklung von netzwerkanalytischen Ideen und Konzepten waren in der *sozi-*

alpsychologischen Entwicklungslinie Deutschland und Österreich (*Köhler, Lewin, Heider, Moreno*). Die Träger dieser Linie emigrierten vor oder während der Zeit des Nationalsozialismus in die USA. Ihre Ideen blieben aber zunächst auf das sozialpsychologische Anwendungsfeld beschränkt. In der *anthropologischen Entwicklungslinie* gibt es einen britischen und einen amerikanischen Strang. Prägend für den britischen Entwicklungsast ist die *Sozialanthropologie an der Universität Manchester* mit Fragestellungen aus der Modernisierungs- und Stadtforschung gewesen. Im Zentrum des amerikanischen Entwicklungsastes standen *gemeinde- und industriesoziologische Studien an der Harvard Universität.* Zwischen den verschiedenen Entwicklungssträngen gibt es vielfach Berührungspunkte. Aber erst Anfang der 70er Jahre treffen sich die verschiedenen Entwicklungslinien.

2.1 Die sozialpsychologische Entwicklungslinie

Für die sozialpsychologische Entwicklungslinie ist der Blick auf das Ganze, auf die „Gestalt", die erst den einzelnen Elementen ihre Bedeutung zuweist, wesentlich. Insofern passt der *psychologische Gestaltbegriff* zum Strukturbegriff der strukturellen Analyse. Die psychologische Gestalttheorie und die hierauf beruhende Feldtheorie und die Balancetheorien wendeten sich gegen die seinerzeit dominanten behavioristischen Stimulus-Response-Modelle für Lernen und Verhalten. *Wolfgang Köhler* postulierte auf der Grundlage von Lernexperimenten mit Affen, dass Affen (und Menschen) Aufgaben oder Probleme als gesamte Gestalt erfassen und auch unabhängig von Verstärkungen lernen können. Sie können z.B. Beziehungen zwischen möglichen Werkzeugen und begehrten Handlungszielen herstellen.

Kurt Lewin (1890-1947) ist der Begründer der sogenannten *Feldtheorie für die Sozialwissenschaften* (Lewin 1936, 1951). Er wollte damit ein Analogon zur physikalischen Feldtheorie schaffen. Menschliches Handeln findet danach in „Feldern" statt und ist von ihnen mitgeprägt. Seine berühmte Gleichung für die Erklärung von Verhalten lautete: V= f (L), wobei L für Lebensraum steht, der die Person P und ihre Umwelt U umfaßt.

Auch hier findet sich also wieder ein strukturelles, auf die Einbettung von Akteuren Bezug nehmendes Argument. Allerdings handelt es sich dabei um psychologische Felder, also Vorstellungen der Akteure über die Umwelt. Diese müssen nicht mit der Realität übereinstimmen. Die Wirkung des Feldes versuchte Lewin mit Hilfe eines sogenannten hodologischen Raumes (Raum der Wege) zu visualisieren. Akteure und ihre Handlungsziele wurden als Punkte im Raum dargestellt, ihre Handlungen und wahrgenommene Kausalverbindungen zwischen Handlungen und Zielen als Linien bzw. Vektoren. Zwischen den Akteuren und ihren Zielen lagen Barrieren, die es zu umgehen galt. Diese Bilder muten heute merkwürdig und naiv an. Es gibt jedoch mit

Burt's Idee eines topologischen, sozialen Raumes (vgl. Burt 1977a und 1977b) sowie mit Verfahren der multidimensionalen Skalierung oder Smallest Space Analysis innerhalb der Netzwerkanalyse wieder Konzepte und Abbildungstechniken, die soziale Distanz und Nähe – allerdings zwischen Akteuren oder Akteurgruppen – in Grafiken umsetzen.

Die erste graphische Darstellung der Beziehung zwischen Individuen in Kleingruppen ist das von *Jacob Moreno* (1934; 1954) in den USA erfundene sogenannte *Soziogramm*. Er nannte seine Methode *Soziometrie*, Messung von sozialen Beziehungen. Die visualisierten Gruppenstrukturen galten als wesentlich für die psychologische Gesundheit und Leistungsfähigkeit der Gruppenmitglieder. Das Soziogramm war aber nur für kleine Gruppen praktikabel. Es diente vorrangig zur Darstellung von Strukturen und nicht als Analyseinstrument (vgl. hierzu auch Kapitel 5.1 mit einem Beispiel für ein Soziogramm).

Ebenfalls in der wahrnehmungspsychologischen Tradition stand *Fritz Heider* (1946, 1958). Sein Interesse galt der Frage, wie Personen ihre Einstellungen zu anderen Personen und Dingen in eine *kognitive Balance* bringen. Untersucht wurden dabei die positiven oder negativen Beziehungen in einem Triple. Hierunter versteht man eine Dreiergruppe. Die zentrale Frage war, welche Anordnungen von positiven und negativen Beziehungen in der Dreiergruppe kognitiv balanciert sind. Mangelnde kognitive Balance entsteht zum Beispiel, wenn Person P positive Beziehungen zu Person O unterhält, gleichzeitig aktives Kirchenmitglied ist, O aber die Kirche ablehnt. Dies sollte zu kognitivem Stress und zu Einstellungswandel führen. Diese Triples wurden – ähnlich wie in einem Soziogramm – als Punkte und ihre positiven oder negativen Beziehungen zueinander als positive oder negative Linien dargestellt. Die oberen vier Triples in der Abbildung 2.2 sind balanciert. Die unteren sind nicht balanciert, sie produzieren kognitiven Stress für die Person P. Ob eine solche Dreiergruppe balanciert ist, hängt von der Zahl der negativen Vorzeichen an den Linien ab. Nur Triples mit zwei negativen Vorzeichen oder ohne negatives Vorzeichen haben in der Multiplikation über alle drei Linien ein positives Vorzeichen und sind dann balanciert.

Ein weiterer amerikanischer Balancetheoretiker ist *Theodor Newcomb* (1961), der die strukturelle Balance in einer Gruppe von Collegeneulingen untersuchte. Anders als den Wahrnehmungs- und Einstellungstheoretikern ging es ihm nicht nur um die kognitive Balance (aus der Sicht von Person P), sondern auch um die objektive *strukturelle Balance* in der Gruppe.

Einen wesentlichen Durchbruch erlebte die sozialpsychologische Entwicklungslinie mit der Anwendung der *mathematischen Graphentheorie* auf das Balanceproblem durch *Cartwright und Harary* (1956; 1965). Die Abbildung von Netzwerkstrukturen in sogenannte Graphen (vgl. Kapitel 5.1) und die Analyse mit graphentheoretischen Modellen gehört heute zum Standardrepertoire der Netzwerkanalyse. Harary konnten nachweisen, was Heider erst

40

vermutet hatte: Falls ein mit Vorzeichen versehener Graph strukturell ausbalanciert ist, so ist es möglich die Punkte bzw. die hiermit symbolisierten Akteure in zwei Gruppen zu zerlegen. Diese Gruppen sind intern jeweils nur positiv verbunden. Zwischen den beiden Gruppen bestehen nur negative Beziehungen.[8]

Abbildung 2.2: Die acht möglichen bewerteten Triples zwischen Person P, Person O und einem Einstellungsobjekt X (Wasserman/Faust 1994: 224, siehe Quellenverzeichnis)

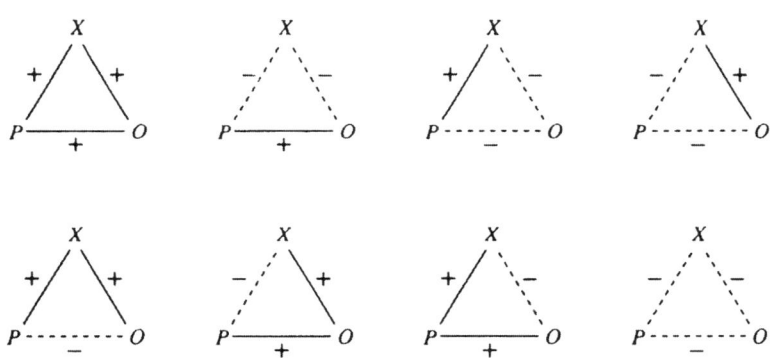

Eine eher makrosoziologische Fragestellung verfolgten die sogenannten „*Contagion*"-*Forscher* aus der mathematischen Soziologie um *Rapoport* (Rapoport/Horvath 1960; Foster et al. 1963) und *Coleman* (Coleman et al. 1966). Ihnen ging es nicht um strukturelle Balance in kleinen Gruppen, sondern darum, wie die Struktur eines großen Netzwerkes sich auf die *Ausbreitung von Informationen* oder Krankheiten und auf die *Diffusion von Neuerungen* auswirkte. So untersuchte die Gruppe um Coleman, wie ein neues Medikament sich in der Verschreibungspraxis von Ärzten in Abhängigkeit zu deren struktureller Position im Ärztenetzwerk durchsetzte. *Milgram* (1967) untersuchte in einer sogenannten „*Small Word*"-Studie, wie rasch ein Päckchen über interpersonelle Netzwerke von der Westküste zur Ostküste transportiert werden kann. End- und Zielpunkte wurden vom Forscher festgelegt. Bedingung war ferner, dass ein Versender jeweils die Nachfolgeperson in der Kette persönlich kennen musste. Der Transport verlief dann besonders schnell, wenn schon die ersten Kettenmitglieder über räumlich ausgedehnte Netzwerke verfügten und persönliche Bekannte an der Ostküste hatten.

---

8 Es kann vorkommen, dass eine der beiden Gruppen „leer" ist, d.h. alle Akteure sind positiv verbunden.

Die traditionelle Methode des Soziogramms erwies sich für die Analyse großer Netzwerke als untauglich. Statt dessen entwickelten Rapoport und Kollegen statistische *Methoden für die Analyse großer Netzwerke*. Anhand der Erhebung von Freundschaftsnetzwerken (1.-8. Freundschaftsnennung) für rund 1000 Junior High School Schüler ermittelten sie z.b. typische Verteilungsfunktionen für die Häufigkeit von Freundschaftswahlen und die Verbundenheit von kleineren Teilnetzen. Auf der Basis zufällig ausgewählter Startpunkte wurden Freundschaftswahlen über mehrere Schritte verfolgt. Jeweils wurde untersucht, ob das Netzwerk dabei zu neu Kontaktierten führte, oder aber eine bereits zuvor auf dem Pfad als Freund genannte Person erneut genannt wurde. Es zeigte sich, dass Freundschaftswahlen für den ersten und zweitbesten Freund in hohem Maße cliquenhaft sind. Es gibt viele gegenseitigen und transitive Wahlen[9], so dass wenig neue Personen erreicht werden. Die Chance, die gleiche Person erneut vorzufinden, war wesentlich größer, als man bei einer zufälligen Verteilung der Freundschaftswahlen erwarten würde. Dagegen führten die siebten und achten Freundschaftswahlen viel häufiger zu noch nicht kontaktierten Personen (Rapoport/Horvath 1960). Sie sind es demnach auch, die zur Ausbreitung von Informationen und Neuerungen beitragen.

Mit dieser Analyse wurde der Grundstein gelegt für die von *Granovetter* (1973, 1974) eingeführte Unterscheidung zwischen den sogenannten w*eak ties*, die neue Informationen und Ressourcen eröffnen und den s*trong ties*, die im eigenen Bekanntschafts- und Freundschaftsnetz verbleiben. Auf die Bedeutung derartiger weak ties wird in den in Kapitel 9 vorgestellten Forschungsbeispielen zum Zusammenhang zwischen sozialer Mobilität und Netzwerken noch ausführlicher eingegangen.

2.2 Die anthropologische Entwicklungslinie

2.2.1 Die britische Sozialanthropologie

Ausgangspunkt sowohl der britischen als auch der amerikanischen anthropologischen Entwicklungslinien ist die strukturfunktionale Anthropologie von *Radcliffe-Brown* (1881-1955). Zusammen mit Malinowski gilt er als einer der „Väter" der funktionalistischen Betrachtungsweise in der Soziologie, die von Parsons fortgeführt wurde. Die beiden Entwicklungsstränge unterscheiden sich von der sozialpsychologischen Entwicklungslinie dadurch, dass

---

9 Transitivität einer Wahl bzw. einer Beziehung allgemein bedeutet, dass aus der Tatsache, dass A den B wählt, und B den C, gefolgert werden kann, dass auch A den C wählt. Transitivität ist eine Verallgemeinerung des Konzepts struktureller Balance und wird wie diese vor allem in Triaden untersucht. Sie setzt jedoch vorzeichenlose, gerichtetet oder ungerichtete Graphen voraus.

sie weniger an kognitiven und sozialpsychologischen Prozessen in Kleingruppen interessiert waren, als vielmehr am *Funktionieren von größeren Einheiten* wie Gemeinden, formalen Organisationen, Dörfern oder Gesamtgesellschaften. Radcliffe-Brown, ein Brite, fand in Australien sein Forschungs-
feld. Er ist derjenige, der den Begriff des Netzwerkes als Metapher einführte:

„I use the term ‚social structure' to denote this network of actually existing relations."
(Radcliffe-Brown 1940, zitiert nach Schenk 1984: 3).

Die sogenannte „*Manchester-Gruppe*" der britischen Sozialanthropologie
(*Gluckman, Barnes, Bott, Nadel, Mitchell*) entwickelte den Netzwerkansatz in
den 50er und 60er Jahren als eine Alternative zur vorherrschenden normativen
Betrachtung des Strukturfunktionalismus weiter. Von Parsons' normativer Betrachtung unterscheiden sie sich durch ihr Interesse für konkretes Verhalten und
konkrete Beziehungen statt Normen. Konflikte und Macht waren für sie wesentliche Momente der sozialen Integration von Gesellschaften (Wellman 1988:
21; Mitchell 1989: 78f). *Max Gluckman* untersuchte z.B. afrikanische Stammesgesellschaften im Hinblick auf Macht und Konflikt. Nicht Normen und
Werte prägten für ihn Verhalten, sondern Konfigurationen von Beziehungen,
die aus Konflikten und Machtsuche entstehen (Gluckman 1955).

Die Anthropologen *John Barnes* (1954) und *Elizabeth Bott* (1957) übertrugen die anthropologischen Methoden der Feldforschung auf Gemeinden in
Norwegen und Großbritannien, die sie im Hinblick auf die Mechanismen sozialer Integration untersuchten. Elizabeth Bott, eine Kanadierin, hatte bei
Lloyd Warner (siehe amerikanische Entwicklungslinie) in Chicago studiert
und kannte dessen Gemeindestudien. Beide waren durch die Feldtheorie Le-
wins und die Soziometrie beeinflusst. Bott entwickelte in ihrer Analyse der
Geschlechtsrollendifferenzierung von 20 Londoner Ehepaaren die ersten
Konzepte zur Erhebung sogenannter *ego-zentrierter Netzwerke*. Hierzu befragte sie die Ehepartner nach ihren persönlichen, deshalb ego-zentrierten,
Netzwerken. Wellman (1993: 432) würdigt sie als deren Erfinderin:

„As best I can see, ego-centered network analysis began with Bott."

Barnes (1972) und *J. Clyde Mitchell* (1969) formulierten in Arbeiten Ende der
60er und zu Beginn der 70er Jahre den *Netzwerkbegriff* weiter aus und entwickelten unter *Nutzung der Graphentheorie* ein Instrumentarium zur Beschreibung von Netzwerkstrukturen (vgl. Kapitel 4.2 und 5.1). Mitchell (1969: 2)
versteht unter einem sozialen Netzwerk:

„a specific set of linkages among a defined set of persons, with the additional property
that the characteristic of these linkages as a whole may be used to interpret the social behavior of the persons involved."

Barnes, Bott und Mitchell ging es vor allem um die Erfassung der sogenannten „*personal order*", der persönlichen, durch direkte Kontakte geprägten
Lebenswelt von Individuen. Indirekte Beziehungen und Gesamtstrukturen

fanden wenig Interesse. Hinsichtlich der Möglichkeit zu einer umfassenderen strukturellen Soziologie waren sie eher skeptisch. Insbesondere wurden die theoretisch orientierten Arbeiten des Österreichers *Siegfried Nadel*, der ebenfalls zum Kreis der Manchester-Anthropologen gehörte, nicht weiterverfolgt. Barnes (1972: 2f) schreibt:

„Nevertheless there is no such thing as a theory of social networks; perhaps there will never be. The basic idea behind both the metaphorical and analytic uses of social networks – that the configuration of cross-cutting interpersonal bonds is in some unspecific way connected with the actions of these persons and with the social institutions of their society – this remains a basic idea and nothing more. It constitutes what Homans calls an ‚orientating statement‘ [...] rather than a theory with propositions that can be tested."

Nadel (1903-1956) kehrte demgegenüber zu den Ideen von Simmel über die Bedeutung der Form einer sozialen Beziehung im Gegensatz zum konkreten Inhalt zurück. Er entwarf als erster ein Konzept für eine strukturelle Soziologie, das immer noch lesenswert ist. Auch schlug er schon den später von den Harvard-Strukturalisten beschrittenen Weg einer Formalisierung der Analyse über Matrixalgebra vor. Aufgrund seines frühen Todes konnte er sein Programm nicht mehr selbst verwirklichen. Es wurde später von der Gruppe um *Harrison C. White* aufgegriffen.

Nadel (1957) lieferte in seinem Buch „*The theory of social structure*" eine nicht normative strukturalistische Rollentheorie, in der er die Begriffe der Beziehung, der Rolle, des Netzwerks und der Sozialstruktur ausformulierte. Er differenzierte zwischen den vielen konkreten Handlungen, in denen sich eine Beziehung manifestieren kann, und der *formalen Beziehung* selbst. Dies erläuterte er am Beispiel der Eltern-Kind-Beziehung. Hierzu gehören sehr viele, situationsartig verschiedene, oft auch widersprüchliche konkrete Handlungen. Was der Beobachter als konstant und konsistent erlebt, ist nicht das konkrete Handeln selbst, sondern sein allgemeiner Charakter als Ausdruck einer bestimmten Verbindung und Gegenseitigkeit. Beziehungen oder Relationen sind also bereits abstrakter, formaler als das konkrete beobachtbare Verhalten. Die Beziehung ist der Grund oder das einheitsstiftende Prinzip, das es erlaubt, eine Serie von Handlungen in einem Zusammenhang zu sehen. Solche Beziehungen sind nun nicht einmalig, sondern sie sind sich wiederholende und untereinander interdependente Formen, die von den Akteuren als Rollen aktiviert werden.

Nach dem Schritt von konkretem Verhalten zum Beziehungs- und Rollenbegriff setzte Nadel den *Strukturbegriff* auf einer noch höheren Abstraktionsebene an. Er versteht unter sozialer Struktur nicht das Beziehungsmuster zwischen den Akteuren, sondern die systematische Ordnung und Interdependenz zwischen den Beziehungen.

„Most writers on social structure seem content to indicate that it is composed, in some unspecified manner, of persons standing in relationships or the sum-total of these. Only Lévi-Strauss goes further, insisting that the mere ‚ensemble‘ of existing relationships does not yet

44

amount to ‚structure'. [...] Like myself, he thus stipulates a further ‚order', over and above the one implicit in the relationships, and interrelating the latter. Let us note that this is not merely a two-level hierarchy of say, first-order relations (linking and arranging persons) and second-order relations (doing the same with relationships). We are dealing here with differences in kind; the orderliness *of* a plurality of relationships differs radically from the ordering of a plurality *through* relationships. And whatever the precise nature of the former, we can see that it must correspond to something like the overall system, network or pattern. [...] We arrive at the structure of society through abstracting from the concrete populations and its behavior the pattern or network (or ‚system') of relationships obtaining between actors in their capacity of playing roles relative to one another." (Nadel 1957: 11f)

Unter *Netzwerken* versteht Nadel dabei noch spezifischer die Tatsache, dass Beziehungen miteinander verkettet sind, und dass diese Einbettung des einzelnen auch durch indirekte Beziehungen eine Auswirkung auf sein Verhalten haben wird. Nadel vertrat dabei anders als Lévi-Strauss (1967) keinen metaphysischen Strukturbegriff. Soziale Strukturen sind zwar dem individuellen Bewusstsein oft nicht präsent, aber sie sind empirisch in der Wirklichkeit vorliegend und können aus konkretem Verhalten abstrahiert werden. Dies ist ein wichtiges Moment für die Abgrenzung gegenüber einem deterministischen, Akteure ausschließenden Strukturalismus. Im Unterschied zu Parsons' Strukturfunktionalismus sah Nadel Sozialsysteme nicht als durch Normen integriert, sondern griff auf die empirisch beobachtbaren Regelmäßigkeiten zurück. *Parsons* (1976: 80) definierte dagegen Sozialstruktur als symbolisches Beziehungsgefüge zwischen den Elementen von Sozialsystemen: *Rollen* innerhalb von *Kollektiven*, deren Inhalt durch *Normen* geordnet wird, die von *Werten* begründet werden.

2.2.2 Die amerikanische Gemeinde- und Industriesoziologie

Der in Harvard arbeitende Anthropologe *Lloyd Warner* und der Psychologe *Elton Mayo* übertrugen in den 30er Jahren die Methoden der ethnographischen Feldforschung auf die Analyse von Gemeinden und Industriebetrieben. Sie versuchten im Sinne Radcliffe-Browns die konkreten sozialen Strukturen in diesen abgegrenzten Kontexten zu erfassen. Dabei stießen sie in einer Serie von *industriesoziologischen Studien in den Hawthorne-Werken* auf die Bedeutung informaler Gruppenorganisation. Die 1939 veröffentlichten Hawthorne-Studien (Roethlisberger/Dickson 1939) markieren den Beginn der Human Relations Bewegung in der Industriesoziologie. Im Zentrum der Studie standen die Arbeiter des sogenannten Bank Wiring Rooms, deren Interaktionsmuster von *George C. Homans* (1950/1960) später mit Morenos Technik reanalysiert wurden. Hierbei ging es um den Zusammenhang zwischen informellen Gruppenbeziehungen und dem Leistungsniveau in der Gruppe. In der Darstellung der Beziehungen zwischen den 14 Arbeitern verwandten schon die Erstautoren der Studie soziogrammartige Darstellungen, allerdings ohne Bezug auf Moreno und die Kleingruppenforschung. Diese Daten werden in Kapitel 5 für die Demonstration der grundlegenden Analyseverfahren der Netzwerkanalyse herangezogen.

Ein weiteres Arbeitsfeld der Gruppe waren *Gemeindestudien* wie die *Yankee City Studie* (Warner/Lunt 1941 und 1942). Nachdem informale Beziehungen sich in formalen Organisationen als erklärungskräftig erwiesen hatten, wurde ihr Potential für die *Integration von Menschen in lokale Gemeinschaften* untersucht. Neben den in der Anthropologie immer untersuchten Familienbeziehungen wurden Cliquenbeziehungen, d.h. informelle persönliche Beziehungen zu Nichtverwandten in ihrer Funktion für die soziale Integration betrachtet. Diese Cliquen wurden wiederum in Soziogrammen dargestellt und der Zusammenhang zwischen Cliquenzugehörigkeit und sozialer Klasse untersucht. Es ergaben sich dabei nur wenige tatsächlich besetzte Felder, die als soziale Positionen identifiziert wurden.

Abbildung 2.3: Soziale Beteiligung der Frauen in Old City und Gruppenzugehörigkeit (nach Homans 1960: 102)

Name	27.6.	2.3.	12.4.	26.9.	25.2.	19.5.	15.3.	16.9.	8.4.	10.6.	23.2.	7.4.	21.11.	3.8.
Evelyn	X	X	X	X	X	X		X	X					
Laura	X	X	X		X	X	X	X	X					
Theresa		X	X	X	X	X	X	X	X					
Brenda	X		X	X	X	X	X	X						
Charlotte			X	X	X		X							
Frances			X		X	X		X						
Eleanor			X		X	X	X							
Pearl					X	X	X							
Ruth					X		X	X	X					
Verne							X	X	X			X		
Myra								X	X	X		X		
Katherine								X	X	X		X	X	X
Sylvia							X	X	X	X		X	X	X
Nora						X	X		X	X	X	X	X	X
Helen							X	X		X	X	X		
Dorothy								X	X					
Olivia									X		X			
Flora									X		X			

Homans (1960) reanalysierte in seiner Theorie der Gruppe auch einen Datensatz aus einer anderen Gemeindestudie, der *Old City Studie* (Davis et al. 1941). Dort sind die Bekanntschaftsnetze von 18 Frauen aus einer Kleinstadt des amerikanischen Südens beschrieben. Homans ging es darum, Gruppenzugehörigkeiten anhand der Ereignisteilnahme zu erkennen. Er experimentierte mit einer Matrix-Anordnung der Beziehungen zwischen den 18 Frauen und 14 verschiedenen Kontaktgelegenheiten, an denen jeweils einige von ihnen teilgenommen hatten. Über die Umordnung von Zeilen und Spalten versuchte er eine Struktur zu entdecken, was ihm aber wegen der Komplexität der Aufgabe und der damals noch mangelnden Rechnerkapazität nicht zufriedenstellend gelang. Er war damit aber auf dem besten Weg, die von den Harvard-Strukturalisten formalisierte Blockmodellanalyse zu erfinden, die den Durchbruch zur Netzwerkanalyse markiert.

2.3 Die Harvard-Strukturalisten und die Blockmodellanalyse

Scott (1991: 33) bewertet die Entwicklung der oben genannten *Blockmodellanalyse* (siehe Kapitel 8.2) durch die Harvard-Strukturalisten um Harrison C. White als den entscheidenden Fortschritt, der zur Etablierung der Netzwerkanalyse als einer eigenen Forschungsrichtung führte. White hatte in den 60er Jahren graphentheoretische Modelle auf die Analyse von Verwandtschaftssystemen angewandt. Er und seine Forschungsgruppe ergänzten die graphentheoretischen Methoden in den 70er Jahren um algebraische Modelle der Gruppentheorie und verwendeten hierzu die *Matrixalgebra* (siehe Kapitel 5.2-5.4). Mit der Blockmodellanalyse entwickelten sie einen Algorithmus, der es erlaubt, aus den Beziehungsdaten auf der Ebene der Individuen auf gesamtgesellschaftliche Positions- und Rollenstrukturen zu schließen. Gleichzeitig war dieses Analyseverfahren anders als Soziometrie und Graphentheorie in der Lage, Daten über relativ große Netzwerke zu verarbeiten. Anders als die Contagion-Forschung und die Forschung zu den Balance- und Transitivitätsmodelle war es nicht notwendig, auf statistische Verfahren auszuweichen.

„We argue, instead, that sociological analysis needs explicit models of structures in the observed populations, not measures or statistical indices of deviations from some convenient ideal structure. Blockmodels were developed to meet this need" (White et al. 1976: 737).

Die Gruppe um White setzte sich dabei explizit von der Position von Barnes und Mitchell (siehe Kapitel 2.2) ab. Sie betrachten netzwerkanalytische Ansätze nicht als bloßes Methodeninstrumentarium, sondern als zentralen theoretischen Ansatz auf dem Weg zu einer Theorie der sozialen Strukturen, wie Nadel sie bereits in den 50er Jahren skizziert hatte.

„Insightful expositions of recent work on network interrelations are those by Mitchell (1969, chap. 1) and Barnes (1972). While we use them as central references, we want to state a fundamental disagreement. Both see network analysis to date as, at best, an eclectic bag of techniques (Barnes 1972, p. 3) for studying the details of individuals' variability around some ordering by categories and concrete organizations (Mitchell 1969, p. 10). We would like the reader to entertain instead the idea that the presently largely categorical description of social structure have no solid theoretical grounding, furthermore, network concepts may provide the only way to construct a theory of social structure. [...] In our view, the major problem with postclassical social theory has been that its concepts remain wedded to categorical imagery. [...] Nadel's The Theory of Social Structure (1957), one of the few pieces of sustained analytical exegesis in sociology, inspired the work (White 1963; Lorrain and White 1971) from which these papers grew. His focus was the interrelations of roles. [...] we do develop, in a limited context, two of Nadel's most important ideas. First, social structure is regularities in the patterns of relations among concrete entities; it is not a harmony among abstract norms and values or a classification of concrete entities by their attributes. Second, to describe social structure, we must aggregate these regularities in a fashion consistent with their inherent nature as networks" (White et al. 1976: 732ff.).

Wie Nadel setzte sich White damit dezidiert ab vom normativen Strukturfunktionalismus Parsons, der an der Harvard University und in der amerikanischen Soziologie White's Gegenspieler war.

2.4 Analyse sozialer Netzwerke heute

Die Analyse sozialer Netzwerke gilt heute als eine der vielversprechendsten Forschungsrichtungen in der Soziologie.[10] Selbst ausgewiesene methodologische Individualisten wie Homans oder Coleman sprechen ihr großes theoretisches Potential zu oder nutzen und entwickeln aktiv netzwerkanalytische Konzepte (Coleman et al. 1966; Coleman 1988). Zu den *Protagonisten der Netzwerkanalyse in USA und Kanada* gehören Stephen Berkowitz, Ronald Breiger, Ronald Burt, J.A. Davis, Joseph Galaskiewicz, Mark Granovetter, David Knoke, Edward Laumann, Samuel Leinhardt, Peter Marsden, Barry Wellman und Harrsion White. Sie gehören heute zum Zentrum der sozialwissenschaftlichen Profession und verfügen über hohe wissenschaftliche Reputation. In den USA und Kanada ist die Netzwerkanalyse inzwischen auch institutionell verankert. Ende der 70er Jahre gründetet der White-Schüler Wellman das *International Network for Social Network Analysis* (INSNA) mit einer jährlich stattfindenden Konferenz, der sogenannten *Sunbelt Social Networks Conference*. Wellman gibt auch das Organ der INSNA heraus, die Zeitschrift *Connections*. Sie hat im Gegensatz zur bedeutenderen Zeitschrift *Social Networks* einen eher informalen Charakter.

In der *Bundesrepublik* ist die Netzwerkanalyse vergleichsweise weniger etabliert. Bekannte deutschsprachige Netzwerkforscher sind in der Ethnologie Thomas Schweizer, in der Kommunikationsforschung Michael Schenk, in der Sozialpsychologie und der Forschung zu sozialer Unterstützung Bernd Röhrle und Anton Laireiter, in Soziologie und Politikwissenschaft Hans-J. Hummell, Peter Kappelhoff, Franz Urban Pappi, Volker Schneider, Wolfgang Sodeur, Thomas König, Paul Windolf und Rolf Ziegler.

Die *Forschungsfelder der Netzwerkanalyse* haben sich ausdifferenziert und erstrecken sich über ein Vielzahl von Disziplinen. So untersucht z.B. Schweizer (1989, 1996) mit netzwerkanalytischen Methoden Austauschprozesse in tradi-

10 Emirbayer und Goodwin (1994: 1412) zitieren hierzu einen Rückblick von Homans auf 50 Jahre Soziologie. Zur Organisationsforschung vgl. die Reviews von Perrow 2000 und Salancik 1995.

tionellen Gesellschaften. Schenk (1983, 1993, 1995, Schenk et al. 1997) untersucht die Bedeutung von interpersonellen Netzwerken für Meinungsbildung, öffentliche Meinung und Massenkommunikation. Die Gruppe um Wellman stellt die Frage nach den Folgen sozialer Modernisierung und Verstädterung für soziale Integration und soziale Unterstützung.[11] Granovetter (1973; 1974/1995), Marsden und Lin[12], und Breiger (1990) befassen sich mit dem Zusammenhang zwischen Netzwerken und sozialer Mobilität. Ähnliche Studien für Deutschland, Großbritannien und die Niederlande stammen von Bernd Wegener (1987; 1991) Windolf/Wood (1988), De Graaf und Flap (1988), Völker/ Flap (1999) und Flap/Boxman (1999, 2001).

Die balancetheoretische Forschungstradition in der Netzwerkanalyse wird von Autoren wie Davis und Leinhardt (1972), Holland und Leinhardt (1977, 1979) und in der Bundesrepublik Hummell und Sodeur (1984, 1987) fortgeführt. Die Forschungsgruppen um Kohler-Koch, Pappi, König, Laumann und Knoke untersuchen politische Entscheidungsprozesse in Gemeinden[13] und Politiknetzwerken.[14] Unternehmensverflechtungen untersuchen Stokman, Ziegler und Scott (1985; Ziegler 1984) und Windolf (Windolf /Nollert 2001) in Europa, Berkowitz (1982, 1988), Mizruchi und Galaskiewicz (1993, Galakiewiecz 1985, Mizruchi 1982) für die USA. Die Bedeutung von sozialer Einbettung zur Stabilisierung von Märkten, Entstehung und Nutzen strategischer Allianzen und das Verhältnis von Kooperation und Wettbewerb zwischen Unternehmen sind aktuelle Forschungsfragen der Organisations- und Interorganisationsfoschung.[15] Im Kapitel 9 werden zu zwei zentralen Fragen der Soziologie, dem Zusammenhang zwischen sozialer Mobilität und Netzwerken und ihrer Bedeutung für die Reproduktion sozialer Ungleichheit, sowie zur Bedeutung von Netzwerken für das Funktionieren von Märkten einige Forschungsbeispiele ausführlich vorgestellt.

---

11 Wellman/Carrington/Hall 1988; Wellman/Wortley 1990; Walker/Wasserman/Wellman 1993. Neuerdings ist die Analyse des „global village" und von Internetkommunikation hizugetreten (Kokku et al. 2001. Für Deutschland siehe Diewald 1991, Keupp/Röhrle 1987; Röhrle 1993, Laireiter 1993, Lang 1994, Kim 2001, Haug 2000 zur stabilisierenden Rolle von Netzwerken in gesellschaftlichen Modernisierungsprozessen.
12 Marsden/Lin 1982; Marsden /Hurlbert 1988; Marsden 2001, Lin/Emsel/Vaughn 1981, Seidel/ Polzeret al. 2000; Erickson 2001, Fernandez et al. 2000, Fernandez/Castilla 2001.
13 Laumann/Pappi 1976; Laumann/Galaskiewicz/Marsden 1978; Pappi/Melbeck 1984.
14 Schneider 1988; Schneider/Werle 1991; Laumann/Knoke 1989; Pappi/König 1995; Pappi/König/Knoke 1995.
15 Burt 1983, 1992; Uzzi 1996, 1997; Gulati 1995, Gulati/Gargiulo 1999, Hansen 1999, Ingram/Roberts 2000, Zucker/Darby 1997, White 1981, Baker 1984, Baker/Iyer 1992, Podolny 2001, und die Sammelbände Andrews/Knoke 1999, Leenders/ Gabbay 1999, Lin et al. 2001, Weyer 2000, Sydow/Windeler 2000 mit vielen weiteren Autorenbeiträgen.

3 Merkmalsträger, Merkmale und Analyseebenen

Die Netzwerkanalyse erlaubt es, zusammengesetzte und intern strukturierte Einheiten mit ihren emergenten, „systemischen" Eigenschaften zu beschreiben. Diese ergeben sich aus dem Beziehungsmuster der Elemente. Hieraus entsteht im Vergleich zur individuenorientierten, atomistischen Umfrageforschung eine Komplizierung. Es werden nämlich Daten im Hinblick auf verschiedene Analyseebenen untersucht. Hierbei gibt es nicht durchgängig ein und denselben Merkmalsträger – wie sonst das Individuum – sondern mehrere. Es gibt auch nicht nur eine Merkmalsart – in der Umfrageforschung herrschen die sogenannten absoluten Merkmale vor – sondern ebenfalls mehrere, die sich auch auf größere Einheiten als Individuen beziehen. Und es gibt Beziehungen zwischen den Merkmalen von Merkmalsträgern auf verschiedenen Ebenen.

Um diese Vermehrung der Ebenen, Merkmalsträger und Merkmalstypen analytisch in den Griff zu bekommen, soll in diesem Kapitel einige begriffliche Vorarbeit geleistet werden. Im ersten und zweiten Teil dieses Kapitels werden für zwei Typen von Merkmalsträgern – Individuum und Kollektiv – die verschiedenen Merkmalstypen und die Beziehungen zwischen diesen beiden Analyseebenen entwickelt. Im dritten Teil wird der Begriff des Netzwerks in eine formale Fassung gebracht und die möglichen Analyseebenen in der Netzwerkanalyse werden vorgestellt.

Trennscharfe Begriffe und eine einheitliche Terminologie sind erstens Voraussetzungen für wissenschaftliche Kommunikation. Zweitens erhellen sie hier auch die Ähnlichkeiten und Unterschiede zur Analyse von Umfragedaten. Netzwerkdaten können und sollen durchaus mit anderen herkömmlichen Datentypen kombiniert und mit weiteren statistischen Analyseverfahren ausgewertet werden.[16]

---

16 Die Notwendigkeit der Verbindung von Netzwerkdaten mit anderen Datentypen wird auch von Hummell und Sodeur (1992) vertreten. Scott (1991: 2ff) betont dagegen die Unterschiede zwischen der Netzwerkanalyse von relationalen Daten und der „Variablenanalyse" von Attributdaten. Zwar gebe es auch in der Netzwerkanalyse statistische, zählende Verfahren. Sie sei aber eher auf qualitative Eigenschaften von Netz-

Eine zentrale Hypothese der strukturellen Analyse ist es, dass die Einbettung von Individuen deren Verhalten und das Verhalten von größeren Einheiten beeinflusst. Zum Beispiel könnte man vermuten, dass das Muster der Informationsbeziehungen in einer Arbeitsgruppe sowohl die Produktivität und Zufriedenheit der Individuen als auch die Produktivität und Stabilität der Gruppe beeinflusst. Einer solchen Frage kann man nur nachgehen, wenn man nach der Analyse des Informationsaustauschs eine multivariate Analyse zur Erklärung der individuellen Produktivität und Zufriedenheit durchführt. Des weiteren kann man für verschiedene Gruppen deren Stabilität und Produktivität in Abhängigkeit von ihren Informationsaustauschstrukturen untersuchen. Hierbei werden netzwerkanalytisch gewonnene Merkmale der Individuen und der Gruppen als erklärende Variablen z.B. in einer multiplen Regression eingesetzt. Daneben können und sollen auch andere herkömmliche Merkmale als Erklärungsgrößen untersucht werden. So wird man vermuten, dass die individuelle Produktivität auch von den verfügbaren Arbeitsmitteln/Ressourcen, von der Lohnhöhe und dem Bildungsniveau abhängt. Auch die Gruppenproduktivität wird von den verfügbaren Ressourcen beeinflusst sein, und vielleicht auch von der Homogenität ihrer Mitglieder im Hinblick auf Entlohnung und Bildung.

Die theoretische Perspektive der Netzwerkanalyse will die Beziehungsnetzwerke abbilden und braucht hierfür ein Instrumentarium. Darüber hinaus impliziert strukturelle Analyse, dass man aus den Beziehungsnetzen der Individuen auf abstrakte Sozialstrukturen, Rollen- und Positionsgefüge auf der Ebene von Gruppen, Organisationen oder Gesellschaften schließen kann. Gebraucht werden deshalb Merkmalstypen, die die Beziehungshaftigkeit sozialen Lebens erfassen und Analyseebenen, die über die Ebene des Individuums hinausgehen.

Lazarsfeld und Menzel (1961/1969) haben eine *Typologie von Merkmalen und Merkmalsträgern* vorgeschlagen, die sich im wesentlichen auch für die Netzwerkanalyse als brauchbar erwiesen hat (Hummell/Sodeur 1992). Zu unterscheiden ist zwischen mindestens zwei Analyseebenen und Merkmalsträgern: den Individuen und den Kollektiven. Von Kollektiven zu reden, macht nur Sinn, wenn gleichzeitig die Mitglieder oder Elemente dieser Kollektive betrachtet werden. Ökonomische Analysen etwa des Bruttosozialprodukts von Ländern, die nicht gleichzeitig auf Elemente der Kollektive Bezug

---

werkstrukturen orientiert. Eine Integration beider Positionen ist jedoch unschwer möglich. Die qualitativen Struktureigenschaften erwachsen aus einer Analyse der Beziehungen zwischen den Netzwerkelementen. Als nominalskalierte Merkmale können sie anschließend in eine multivariate Analyse der Beziehungen zwischen Variablen eingehen. Entscheidend für die Vermeidung des Vorwurfs der bloßen „Variablensoziologie" (Esser 1987) ist es, dass die Beschränkung auf die Analyseebene des Individuums überwunden wird, und Beziehungen zu Merkmalen höherer Ebenen hergestellt werden (z.B. von Gruppen, Organisationen, Gemeinden, Gesellschaften).

nehmen (z.B. dort ansässige Unternehmen), untersuchen in diesem Sinn keine Kollektive. Erst wenn zwei (oder mehr Ebenen) untersucht werden, stellt sich auch die Frage nach dem Verhältnis zwischen den Merkmalen der Elemente und den Merkmalen der Kollektive.

3.1 Merkmale von Individuen

3.1.1 Absolute Merkmale

Auf der Ebene der Individuen oder der Elemente von Kollektiven sind vier Typen von Merkmalen zu unterscheiden. Absolute Merkmale hängen dem einzelnen Individuum (oder einem anderen Typ von Element, z.B. einem korporativen Akteur) an, ohne dass auf seine Einbettung in Beziehungsgeflechte oder in übergeordnete Kontexte geschaut werden müsste. Beispiele hierfür sind Alter oder Geschlecht. Diese Eigenschaften sind konstant in verschiedenen Kontexten. Sie sind nicht kontextspezifisch. In englischsprachigen Texten ist zur Charakterisierung dieses Merkmalstyps häufig auch von kategorialen Merkmalen oder Attributen die Rede.

Viele Sachverhalte können sowohl als absolute als auch als relationale Sachverhalte aufgefasst werden. Zum Beispiel kann man die Importquote eines Landes als zusammengesetzt aus den Beziehungen zwischen dem betrachteten Land und den Lieferländern betrachten. Den Familienstand „verheiratet" kann man als Beziehung zwischen der Person und ihrem Ehegatten sehen. Das Einkommen einer Person kann man als Transfer von Geld aus verschiedenen Quellen betrachten. Man kann dabei immer aus den relationalen Merkmalen auf die absoluten Merkmale schließen, aber nicht umgekehrt. Aus den Importströmen aus den verschiedenen Ländern in die Bundesrepublik kann im Verhältnis zum Bruttosozialprodukt die Importquote berechnet werden. Aus der Importquote kann man aber nicht auf die Lieferländer und ihre Rolle schließen. Aus den Einkommensströmen von Arbeitgeber, Zinsen bezahlenden Banken und Sozialkassen, die Kindergeld auszahlen, kann man das Einkommen einer Person zusammenstellen. Aber aus der einen Einkommensangabe einer Person kann man nicht auf ihre Einkommensquellen schließen. Da in der Umfrageforschung meist auch solche relationalen Sachverhalte nur als verkürzte absolute Eigenschaften der Individuen erhoben werden, sind solche Daten für Netzwerkanalysen in der Regel nicht brauchbar. Netzwerkdaten erfordern besondere Erhebungsverfahren, die im Kapitel 4 ausführlicher beschrieben werden.

3.1.2 Relationale Merkmale

Relationale Merkmale setzen zwei oder mehr betrachtete Individuen oder Elemente voraus und kennzeichnen die *Beziehung eines Elementes zu jeweils einem anderen Element*. Beispiele sind die Beziehung von Schüler A zu Schüler B der gleichen Schulklasse, oder die Handelsbeziehung von Unternehmen X mit Unternehmen Y. Relationale Merkmale sind streng genommen keine Merkmale des einzelnen Elementes mehr, sondern eine Eigenschaft von Paaren, also sehr kleinen Kollektiven. Sie sind die wesentlichen Erhebungsmerkmale in der Netzwerkanalyse. Auf ihnen beruhen dann weitere rechnerisch gewonnene Merkmale komplexerer Art, die auf höhere Analyseebenen abzielen.

Auch relationale Merkmale werden häufig an Individuen erhoben, indem man sie z.B. nach ihrem Beziehungsnetz fragt. Dies ist allerdings nicht unproblematisch. Das wird klar, wenn man die Angabe von A, dass eine Freundschaftsbeziehung zu B vorliegt, mit der entsprechenden Angabe von B in Bezug auf A vergleicht. B muss die Beziehung nämlich keinesfalls genau so sehen wie A. Relationale Merkmale sind also kontextabhängig.

3.1.3 Komparative Merkmale

Komparative Merkmale beruhen auf einem *Vergleich der Merkmalsausprägung des betrachteten Elementes mit einem analogen Merkmal des Kollektivs*. Sie setzen eine klare Abgrenzung des Kollektivs voraus. Möglich sind solche Vergleiche zwischen Kollektivmerkmalen und Individualmerkmalen sowohl auf der Basis absoluter Merkmale als auch auf der Basis einiger relationaler Merkmale. Der einfachere Fall ist der des absoluten Merkmals, z.B. des Einkommens. Eine Person wird dadurch gekennzeichnet, dass sie sich mit ihrem Nettomonatseinkommen von € 1000 (absolutes Merkmal des Individuums) im unteren Quartil (= unteren 25% der Verteilung) des betrachteten Kollektivs (analytisches Merkmal des Kollektivs) befindet. Es wird damit die Stellung der Person im Kollektiv untersucht, im Hinblick auf die Verteilungseigenschaften des Kollektivs für das gleiche Merkmal (z.B. Quartile oder Mittelwerte). Komparative Merkmale sind für verschiedene Personen des gleichen Kollektivs unter Umständen verschieden. Eine weitere Person mit € 5000 Nettomonatseinkommen hat einen anderen Platz in der Einkommensverteilung, z.B. im oberen Quartil (= oberen 25% der Verteilung).

Etwas komplizierter wird der Sachverhalt, wenn man nicht von absoluten, sondern von relationalen Merkmalen der Elemente ausgeht. Hier ist ein direkter Vergleich zwischen der Merkmalsausprägung eines Elementes, z.B. einer Person, und dem Merkmal im Kollektiv nur bedingt möglich. Das Problem tritt immer dann auf, wenn die betrachtete Maßzahl für das Kollektiv nicht als Mittelwert aus den Elementdaten hervorgeht. Ein Beispiel für die unproblematische Vergleichbarkeit zwischen Element und Kollektiv ist die Zahl der Freundschaftswahlen. Eine Person lässt sich in einem soziometrischen Netz durch die relative Zahl der auf sie entfallenden Freundschaftswahlen kennzeichnen, z.B. zwei erhaltene Wahlen bei zehn möglichen Wahlen. Dieses Maß kann für alle elf Personen des Netzes errechnet werden. Es ergibt sich eine durchschnittliche Zahl von Freundschaftswahlen im Netz, z.B. „drei Wahlen". Diese beiden Zahlen lassen sich nun vergleichen. In diesem Fall hat die betrachtete Person mit zwei Freundschaftswahlen in diesem Netzwerk unterdurchschnittlich viele Freundschaftswahlen erhalten.

Daneben gibt es auf der Grundlage relationaler Daten aber auch komplexere Maßzahlen für die Kollektive (siehe 3.2.2 zu strukturellen Merkmale). Bei ihnen „hinkt" die Entsprechung zwischen dem Merkmal des Individuums und dem Merkmal des Kollektivs regelmäßig. Für eine Arbeitsgruppe kann man z.B. den Grad der Zentralisierung des Informationsflusses berechnen. Es gibt auch die Möglichkeit, die einzelnen Elemente durch den Grad ihrer Zentralität im Netzwerk zu kennzeichnen (vgl. hierzu Kapitel 6). Das Kollektivmerkmal Zentralisierung ist aber kein Mittelwert aus den Individualdaten, sondern eher eine Art Streuungsmaß. Hohe Werte in der Zentralität der einzelnen Elemente können durchaus mit niedriger Netzwerkzentralisierung einhergehen, wenn keines der Elemente im Vergleich zu den anderen herausragend zentral ist. Ein direkter Vergleich zwischen individuellen Merkmalen und dem Kollektivmerkmal ist deshalb nicht möglich.

3.1.4 Kontextuelle Merkmale

Kontextuelle Merkmale können Individuen oder andere Elemente ebenso wie komparative Merkmale nur aufweisen, wenn sie gleichzeitig als Mitglieder eines Kollektivs gekennzeichnet sind. Ein kontextuelles Merkmal beruht darauf, dass man ein *Element aus dem Kollektiv dadurch beschreibt, welche Eigenschaften das Kollektiv, also der Kontext, aufweist.* Person A kann beschrieben werden als Bürger eines Landes, das viel oder wenig für Bildung ausgibt, mit oder ohne demokratische politische Institutionen, oder als Bürger eines Landes, in dem das Durchschnittseinkommen über oder unter € 2.000 liegt. Diese Kontexte können je nach Fragestellung gewählt werden. Möglich sind z.B. Gruppenzugehörigkeiten, Mitgliedschaften in Vereinen, Aufsichtsräten, Organisationen, Unternehmen, Gemeinden oder Gesamtgesellschaften. Kontextuelle Merkmale sind, anders als die komparativen Merkmale, für alle Individuen desselben Kontextes gleich. Sie beruhen auf analytischen, strukturellen oder globalen Merkmalen des Kollektivs (vgl. 3.2).

Eine Kennzeichnung eines Elementes über seine kontextuellen Eigenschaften macht allerdings nur dann Sinn, wenn wenigstens zwei verschiedene Kontexte, z.B. Land A und Land B oder Organisation X und Organisation Y untersucht werden. Sonst weisen alle Elemente die gleichen kontextuellen Eigenschaften auf – Unterschiede in Verhalten oder Einstellungen der Elemente lassen sich dann nicht auf den Kontext zurückführen.

3.2 Merkmale von Kollektiven

3.2.1 Analytische Merkmale

Auch Kollektive, also zusammengesetzte Einheiten, lassen sich durch Eigenschaften kennzeichnen. So wie bei komparativen und kontextuellen Eigenschaften von Elementen auf ein zugeordnetes Kollektiv zurückgegriffen wird, so wird bei der Kennzeichnung von Kollektiven häufig auf die Eigenschaften ihrer Mitglieder Bezug genommen. Es lassen sich drei Typen von Merkmalen für Kollektive unterscheiden. Analytische Merkmale von Kollektiven sind solche Merkmale, die sich *aus den absoluten Merkmalen der Kollektivmitglieder errechnen lassen*. Sie sind „analytisch" in dem Sinne, dass sie aus einer Analyse der Mitgliederdaten gewonnen werden. Sie sind aber auch im wissenschaftstheoretischen Sinne „analytisch", d.h. sie fügen den schon vorhandenen Informationen (den Mitgliederdaten) nichts Neues hinzu. Sie ergeben sich aus analytisch wahren, mathematischen Umformungen der Mitgliederdaten. Analytische Merkmale von Kollektiven sind die typischen Maßzahlen der beschreibenden Statistik wie Mittelwerte, Anteilswerte, Streuungsmaße, Konzentrationsmaße, Assoziations- und Korrelationsmaße. Ein Kollektiv, z.B. eine Gemeinde, lässt sich dadurch kennzeichnen, wie hoch das mittlere Nettoeinkommen der Gemeindebürger ist, welche Streuung das Einkommen aufweist, wie hoch der Grad der Einkommenskonzentration ist, wie hoch der Anteil der Hauptschüler in der Gemeinde ist, und welcher Zusammenhang zwischen dem von den Schülern besuchten Schultyp und dem Einkommen der Eltern besteht.

Es gibt zwei verschiedene Typen von analytischen Kollektivmerkmalen: solche, die es in ähnlicher Form auch auf der Ebene der Individuen oder Elemente des Kollektivs gibt, und solche die es nur für Kollektive gibt. Ähnlichkeiten zwischen Kollektivmerkmal und Individualmerkmal bestehen bei Mittelwerten oder Durchschnitten und bei Anteilswerten. Ein Individuum kann ein hohes oder niedriges Einkommen haben, so wie ein Kollektiv einen hohen oder niedrigen Einkommensdurchschnitt aufweisen kann. Ein Kollektiv kann einen hohen oder niedrigen Anteil an Katholiken oder Protestanten haben, und ein Individuum kann Mitglied des Mehrheits- oder Minderheitsbekenntnisses sein. Bei allen anderen oben genannten Maßzahlen hört die

Vergleichbarkeit aber auf. Ein Individuum kann keine Einkommensstreuung aufweisen, sein Einkommen besteht nur aus einem Wert. Es hat auch keine Einkommenskonzentration, auch hierzu ist eine Verteilung des Einkommens auf mehrere Merkmalsträger erforderlich. Ein Individuum kann zwar einen Wert für den besuchten Schultyp und das Einkommen der Eltern aufweisen. Hieraus lässt sich aber nicht auf eine vorhandene oder fehlende Assoziation dieser Merkmale schließen. Hierzu sind mehrere Merkmalsträger mit diesen Merkmalen nötig, also gibt es dieses analytische Merkmal nur für das Kollektiv.

Die Differenzierung zwischen analytischen Eigenschaften von Kollektiven, die es in ähnlicher Form für Individuen gibt, und solchen Eigenschaften, die es nur für Kollektive gibt, ist zum Verständnis der komparativen Merkmale für Individuen nützlich. Komparative Merkmale setzen die Ähnlichkeit bzw. Vergleichbarkeit von Individualmerkmalen und Kollektivmerkmalen voraus. Es gibt sie deshalb nur für den Vergleich mit Mittelwerten und Anteilswerten des Kollektivs. Elemente können deshalb komparativ dadurch gekennzeichnet werden, ob sie über oder unter dem Kollektivmittelwert liegen bzw. ob sie – bei Anteilswerten – der Mehrheits- oder Minderheitskategorie im Kollektiv angehören.

3.2.2 Strukturelle Merkmale

Strukturelle Merkmale sind solche Merkmale eines Kollektivs, *die sich aus den relationalen Eigenschaften der Kollektivelemente errechnen lassen.* Sie sind deshalb genauso „analytisch" wie die analytischen Merkmale. Die Terminologie ist hier eben Konvention. Ein Beispiel für ein strukturelles Merkmal eines Kollektivs ist die Dichte in einem Netzwerk von Freundschaftswahlen in einer Schulklasse. Dies ist ein relativ simples Maß, das auf der Aufsummierung aller Wahlen, bezogen auf die Zahl der möglichen Wahlen beruht. Hieraus ergibt sich die oben schon benutzte durchschnittliche Zahl der erhaltenen Freundschaftswahlen (Dichte * Zahl der Personen im Netzwerk).

Wirklich „strukturell" und „qualitativ" wird es, wenn auch indirekte Beziehungen betrachtet werden, mehrere Beziehungstypen parallel untersucht werden, und Cliquen, Rollengefüge oder Positionsstrukturen aus den relationalen Daten herausdestilliert werden. Hieraus ergibt sich auch, dass die Qualifikation der Rechenprozeduren als „analytisch" (= nichts Neues hinzufügend) nur im logischen Sinne zu verstehen ist. Es ist keinesfalls so, dass man mit einem Blick auf die Relationsdaten der Individuen auch schon wüsste, in welche Cliquen sie sich zerlegen lassen, welche Positionen es im Netzwerk gibt, und wie die Rollenverteilung zwischen den Positionen abläuft. Während die relationalen Merkmale das Rohmaterial sind, das für eine Netzwerkanalyse erhoben werden muss, sind die strukturellen Merkmale das eigentliche Ziel der Netzwerkanalyse.

3.2.3 Globale Merkmale

Globale Merkmale von Kollektiven sind solche Merkmale, die *nicht auf die Merkmale der Mitglieder zurückgeführt werden können*. Völlig eindeutig ist dies bei Merkmalen wie der Gebietsgröße eines Kreises oder der Ausstattung eines Landes mit Zugang zu Meeren oder Rohstoffen. Aber auch historisch durch die Mitglieder „bewirkte", aber nicht aktuell auf ihre Merkmale zurückführbare Eigenschaften wie der Anteil der landwirtschaftlichen Fläche einer Gemeinde, die demokratische Verfassung eines Gemeinwesens oder die Nutzung von Geld als Tauschmedium in einem Wirtschaftskollektiv sind für alle praktischen Zwecke als globale Merkmale zu betrachten.

3.3 Netzwerke, Relationen und Analyseebenen

Ein Netzwerk ist definiert als eine abgegrenzte Menge von Knoten oder Elementen und der Menge der zwischen ihnen verlaufenden sogenannten Kanten. Diese Definition orientiert sich an der graphischen Veranschaulichung von Netzwerken im Soziogramm oder dem Graph (vgl. Kapitel 5.1). Die Knoten oder Elemente sind die Akteure, z.B. Personen oder korporative Akteure wie Unternehmen, Ministerien oder Länder.[17] Die Kanten sind die zwischen ihnen verlaufenden Beziehungen oder Relationen.

Über die gleiche Menge an Knoten können *verschiedene Netzwerke* definiert sein. Das Freundschaftsnetzwerk für eine Gruppe wird sich vom Netzwerk der Ratsuche oder vom Netzwerk der gemeinsamen Vereinszugehörigkeit unterscheiden. Netzwerke sind daher beziehungsspezifisch oder technischer „relationsspezifisch". Eine andere Definition von Netzwerk lautet daher, dass es eine spezifische Relation ist, die über eine Menge von Elementen definiert ist.[18]

---

17 Knoten von Netzwerken müssen nicht notwendig Akteure sein. Es können auch Ereignisse oder Objekte sein. In sogenannten bipartiten Netzwerken werden die Beziehungen zwischen verschiedenen Knotentypen abgebildet, z.B. zwischen Akteurknoten und Ereignisknoten (vgl. Homan's Analyse der Frauen von Old City in Kapitel 2.2.2). Aus solchen bipartiten Netzwerken kann man sowohl reine Akteurnetzwerke konstruieren als auch reine Ereignis- oder Objektnetzwerke. Ereignisse oder Objekte sind dann dadurch verbunden, dass sich die gleichen Akteure für sie interessieren. Akteure sind dadurch verbunden, dass sie am gleichen Ereignis teilgenommen haben oder sich für das gleiche Objekt interessieren.

18 Sobald man mit Netzwerkdaten rechnet, ist diese Abgrenzung unerläßlich. In der Interpretation der Daten ist dann aber dennoch häufig wieder von „Netzwerk" auch dann

Gegenstand der Analyse ist meist nicht nur ein Netzwerk, sondern sind mehrere Netzwerke, die verschiedene Relationen/Beziehungen zwischen den Elementen des gleichen Kollektivs abbilden. *Relationen* lassen sich hinsichtlich ihres Inhaltes, ihrer Intensität und ihrer Form unterscheiden. Klassifikationen von Relationsinhalten liefern Mitchell (1969), Knoke/Kuklinski (1982) oder Wasserman und Faust (1994: 18). Einen sicherlich auch nicht vollständigen Überblick bietet Tabelle 3.1.

Tabelle 3.1:   Klassifikation von Relationsinhalten

– Transaktionen, bei denen begrenzte Ressourcen transferiert werden, z.B. Kauf, Geschenk.
– Kommunikationen, bei denen nichtmaterielle Einheiten wie Informationen, Normen usw. weitergegeben werden.
– Grenzüberschreitende Relationen, z.B. Mitgliedschaft einer Person in den Aufsichtsräten von zwei oder mehr Unternehmen. Über diese Person wird eine Verbindung zwischen den Unternehmen hergestellt.
– Instrumentelle Beziehungen.
– Gefühlsbeziehungen, Bewertungen von anderen hinsichtlich Freundschaft, Respekt, usw.
– Machtbeziehungen, formale Über- und Unterordnung.
– Verwandtschaftsbeziehungen.

Relationsintensitäten werden nach ihrer Häufigkeit, ihrer Wichtigkeit für den Akteur oder nach dem Ausmaß des Ressourcentransfers (in Geld oder anderen Einheiten) bestimmt. Oft sind Netzwerkdaten nur dichotom erhoben: Beziehung vorhanden oder nicht vorhanden. Hier spricht man von binären oder zweiwertigen Daten: die Relation zwischen A und B kann nur zwei Ausprägungen haben.

Bei der *Form von Relationen* geht es um die Frage der Gerichtetheit der Beziehung. Es gibt Relationen ohne Richtungsangabe wie z.B. „sich anlässlich eines Ereignisses treffen" und Relationen mit Richtungsangabe wie z.B. „helfen". Nur bei gerichteten Relationen ist die Frage der Reziprozität oder Gegenseitigkeit der Beziehung überhaupt sinnvoll zu stellen. Liegen gerichtete binäre Daten vor, so kann die Beziehung zwischen A und B eine von vier möglichen Ausprägungen haben.

---

die Rede, wenn eigentlich mehrere Relationen für den gleichen Akteurset untersucht worden sind.

Abbildung 3.1: Die drei Strukturtypen der Dyade (Wasserman/Faust 1994: 511, siehe Quellenverzeichnis)

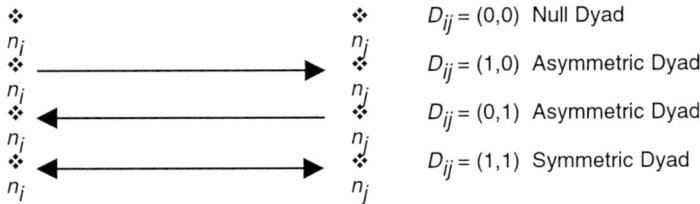

Ob eine Relation als gerichtet oder ungerichtet untersucht werden kann, hängt allerdings auch von der Erhebung der Daten ab. Die auf der Basis von Beobachtungen einer Arbeitsgruppe in der Hawthorne-Studie erstellten soziometrischen Daten enthalten zum Beispiel ein ungerichtetes Freundschaftsnetzwerk (vgl. Kapitel 5). Wenn Freundschaftsnetzwerke jedoch über Befragungen erhoben werden, so ergeben sich fast immer Abweichungen von totaler Gegenseitigkeit.

In der Netzwerkanalyse sind fünf typische *Analyseebenen* zu unterscheiden, die über die Ebene des Elementes bzw. des individuellen Akteurs hinausgehen. Für diese Ebenen bzw. Kollektive können strukturelle Merkmale berechnet werden. Diese Merkmale können dann als komparative oder kontextuelle Merkmale zur Kennzeichnung der Netzwerkelemente herangezogen werden. Bei den zwischen Individuum und Gesamtnetzwerk angesiedelten Ebenen ist es umgekehrt möglich, ihre strukturellen Merkmale zur Beschreibung des Gesamtnetzwerkes einzusetzen. Ein gerichtetes Netzwerk könnte also z.B. dadurch gekennzeichnet werden, dass asymmetrische Dyaden nicht auftreten. Alle möglichen Dyaden müssen dann entweder nicht miteinander verbunden sein, oder aber sich gegenseitig wählen.

3.3.1 Die Dyade

Die Dyade ist die kleinste mögliche Einheit der Netzwerkanalyse. Sie ist ein Netzwerk, das aus nur zwei Elementen besteht, d.h. sie besteht aus *zwei Elementen und den Beziehungen zwischen ihnen*. Dyaden werden meist nicht isoliert untersucht, sondern ein Gesamtnetzwerk wird in alle möglichen Dyaden zerlegt. Deren strukturelle Eigenschaften werden dann untersucht. Diese Vorgehensweise wird auch als lokale Analyse bezeichnet. Das Gesamtnetzwerk kann dann wieder über die Verteilung seiner Dyaden auf die möglichen Strukturkategorien gekennzeichnet werden (*Dyadenzensus*). Solche Analysen arbeiten mit Verteilungsmaßzahlen ganz ähnlich wie die konventionelle Sozialforschung. Sie zählen also z.B. aus, welchen Anteil gegenseitige Dyaden an allen möglichen Dyaden in einer Gruppe haben und schließen daraus auf den Kohäsionsgrad im Netzwerk.

Die möglichen Dyadenkonstellationen in einem gerichteten Netzwerk sind in Abbildung 3.1 schon aufgeführt worden: (1) keine Beziehung zwischen A und B, (2) Beziehung von A nach B, die nicht erwidert wird, (3) Beziehung von B nach A, die nicht erwidert wird, und (4) Erwiderte Beziehungen zwischen A und B. Diese werden zu drei Typen zusammengefasst:

1. M-Typ (M=mutual): das sind die Dyaden mit gegenseitigen Wahlen.
2. A-Typ (A=asymmetric): das sind die beiden asymmetrischen Konfigurationen. Sie unterscheiden sich nur dann, wenn die Benennung der Elemente in A und B berücksichtigt wird.
3. N-Typ (n=null): das ist die Dyade ohne Beziehung.

In einem Netzwerk mit N Akteuren gibt es

$$(3.1) \qquad \binom{N}{2} = \left(N^2 - N \right)\big/2$$

verschiedene Dyaden, die sich auf die drei strukturellen Dyadentypen verteilen.[19]

Das Interesse bei der Analyse von Dyaden gilt vor allem der Reziprozität von Beziehungen. So wird untersucht, ob gegenseitige (positive) Beziehungen häufiger auftreten, als rein zufällig zu erwarten wäre. Sofern man Daten über die Entwicklung der soziometrischen Wahlen im Zeitablauf hat, kann man untersuchen, ob asymmetrische Dyaden im Zeitablauf dazu tendieren, sich in Dyaden vom M-Typ oder vom N-Typ zu verwandeln. Mit der Strukturannahme der Reziprozität sind diese Dyaden ja nicht zu vereinbaren. Asymmetrische Beziehungen sind jedoch in vielen Netzwerken verbreitet. Sie deuten – worauf Wellman (1988: 36 und Wellman et al. 1988) hinweist – auf unterschiedlichen Ressourcenzugang in der Dyade.

---

19 Der Ausdruck n über k ist als ein Faktor in der Gleichung zur Binomialverteilung bekannt. $\binom{n}{k}$ berechnet sich als $\frac{n!}{(n-k)! * k!}$. Der Ausdruck n! (sprich n Fakultät) ist das Produkt n*(n-1)*(n-2)*(n-3)*...* 3*2*1. Entsprechend wird k! und (n-k)! berechnet. Der Ausdruck $\binom{n}{k}$ gibt an, wieviele Möglichkeiten es gibt, aus einer Gesamtzahl von n verschiedenen Elementen k Elemente (n>k) auszuwählen, wobei die Reihenfolge der k Elemente nicht beachtet wird (Zahl der Kombinationen).

3.3.2 Die Triade

Die Triade ist ein Netzwerk mit drei Knoten. Sie besteht aus diesen *drei Elementen und den Beziehungen zwischen ihnen.* Unterscheidet man die Identität der Elemente, so spricht man von einem Triplett. Wie bei Dyaden auch, werden Triaden im Rahmen eines Gesamtnetzwerks untersucht, das die eigentlich angezielte Analyseebene ist. Ein Netzwerk mit N Elementen weist insgesamt

(3.2) $$\binom{N}{3} = 1/6 * N * (N-1) * (N-2)$$

Abbildung 3.2: Triadentypen nach dem M-A-N-Schema (Wasserman/Faust 1994: 566, siehe Quellenverzeichnis)

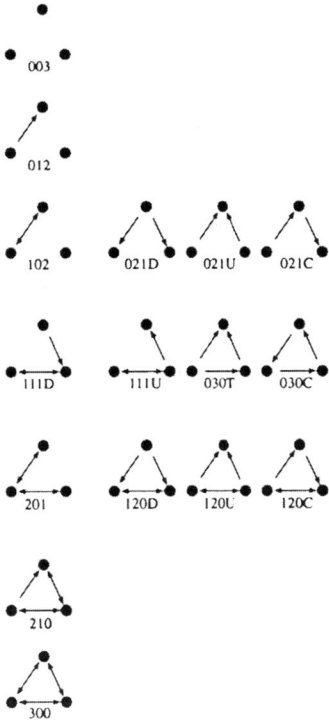

Triaden auf. In der Triadenanalyse werden ebenfalls verschiedene strukturelle Typen unterschieden, deren Häufigkeiten gezählt werden (*Triadenzensus*). In einer Triade gibt es drei Akteure, die jeweils zu zwei anderen

Akteuren Beziehungen haben können, also insgesamt sechs Beziehungen. Diese können entweder vorhanden sein oder nicht: das macht 2^6 = 64 verschiedene Möglichkeiten. Berücksichtigt man allerdings die Identität der Akteure nicht, so reduziert sich die Zahl der strukturellen Typen auf 16. Diese Typen werden wie die Dyaden nach dem M-A-N-Schema erfasst (vgl. Abbildung 3.2). Für jeden Typus wird in diesem Schema an erster Stelle notiert, wie viele gegenseitigen Wahlen die Triade aufweist, an zweiter Stelle steht die Zahl der asymmetrischen Wahlen, an dritter Stelle die Zahl der Null-Wahlen. An vierter Stelle steht ein Buchstabe. T symbolisiert eine transitive Triade, C einen Zyklus[20]. D steht für down, d.h. nach unten weisende asymmetrische Pfeile und U für up, d.h. nach oben weisende asymmetrische Pfeile.

Dyaden- und Triadenzensus sind Nachfolger der Forschung zu den Balancetheorien in der Kleingruppenforschung. An die Stelle des Interesses an struktureller Balance ist das Interesse an Reziprozität, Transitivität und hierarchischer Gruppierbarkeit in gerichteten Netzwerken getreten. Transitivität ist eine Verallgemeinerung von struktureller Balance. In etwa dazwischen liegt das Konzept der hierarchischen Gruppierbarkeit.

Abbildung 3.3: Strukturmodelle und kompatible Triadentypen
(nach Hummell/Sodeur 1987: 150)

Strukturhypothese	Kompatible „erlaubte" Triadentypen
Partielle Ordnung in Cliquen (positive Transitivität)	003, 012, 021U, 021D, 102, 030T, 120U, 120D, 300
Hierarchische Ebenen mit Gruppierung (ranked clusters)	003, 021U, 021D, 102, 030T, 120U, 120D, 300
Hierarchische Ebenen mit höchsten zwei Cliquen pro Ebene	021U, 021D, 102, 030T, 120U, 120D, 300
Multiple Gruppen	003, 102, 300
Polarisierung zwischen zwei Cliquen (Balance)	102, 300

Unter *Transitivität* versteht man dabei folgendes: wenn eine Beziehung von A nach B verläuft, sowie von B nach C, so sollte auch eine Beziehung von A nach C verlaufen. Wenn A also den B als Freund wählt, und B den C, so sollte auch A den C als Freund wählen. Genügt ein Netzwerk den Bedingungen der Transitivität, so können die Elemente zu sogenannten Cliquen gruppiert werden, die untereinander stark verbunden sind. Weitere Einschränkungen der erlaubten Triadentypen sind für die hierarchische Gruppierbarkeit in zwei oder mehr Cliquen sowie für die Polarisierung des Netzwerks in zwei intern stark verbundene und untereinander nicht verbundene Cliquen (= po-

---

20 Ein Zyklus ist ein Pfad in einem Graph, der an seinen Ausgangspunkt zurückkehrt. Wenn A den B wählt, und B den C, so wählt C in einem Zyklus den A.

larisierte, balancierte Strukturen) erforderlich. Die Existenz intransitiver Triaden in einem Netzwerk widerspricht allen diesen Strukturhypothesen.[21]

Auf der Basis der Häufigkeitsverteilung der verschiedenen Triadentypen können deshalb auch Aussagen über das gesamte Netz gemacht werden. Die Abbildung 3.3 zeigt, welche Triadentypen zu der Transitivitätshypothese, zur Hypothese der hierarchischen Gruppierbarkeit mit zwei oder mehr Gruppen und zur Hypothese der strukturellen Balance passen.

Die Analyse von Transitivität setzt sehr dichte Netzwerke voraus, die empirisch eher selten sind. Die Transitivitätshypothese kann nur getestet werden, wenn die Beziehungen von A nach B und von B nach C vorhanden sind. Da intransitive Triaden den Strukturhypothesen widersprechen, aber empirisch dennoch auftreten, konzentriert sich die Analyse auf statistische Signifikanztests. Die Frage ist, ob die nach den Hypothesen verbotenen oder die erlaubten Triadentypen überzufällig häufig auftreten im Vergleich zu einer Statistik T. Diese Statistik beschreibt, wie häufig die verschiedenen Triadentypen in Zufallsnetzen auftreten würden.[22]

Wichtigster Anwendungsbereich der Triadenanalyse ist nach wie vor die Untersuchung von Kleingruppen im Hinblick auf positive affektive Beziehungen wie Freundschaftswahlen oder Kooperation in Arbeit und Spiel. Für solche affektiven Beziehungen in Kleingruppen ist die Transitivitätshypothese recht gut bestätigt. Für andere Gegenstandsbereiche wie z.b. ökonomische oder politische Beziehungen ist sie jedoch weniger brauchbar.

---

21 Triaden sind in unterschiedlichem Maße „transitiv". Das hat seine Ursache darin, dass jede Triade sechs verschiedene sogenannte Tripletts enthält. Das sind die sechs Arten, in denen man die Akteure A, B und C in unterschiedlicher Reihenfolge gruppieren kann (ABC, ACB, BAC, BCA, CAB, CBA). Wenn auch nur eines der Tripletts intransitiv ist, so gilt die Triade insgesamt als intransitiv. Neben den explizit transitiven Tripletts, gibt es solche, die zwar nicht das Strukturbild der Transitivität zeigen, ihm aber auch nicht direkt widersprechen. Das ist dann der Fall, wenn die Voraussetzungen der Transitivität (Pfad von A nach B, und von B nach C) nicht vorliegen, also insbesondere dann, wenn viele Pfade nicht vorhanden sind. Triaden, in denen zwar nicht alle Reihenfolgen überprüfbar sind, in denen aber kein explizit intransitives Triplett vorkommt, heißen „leer transitiv". Es gibt aber auch gemischte Triaden mit transitiven und intransitiven Tripletts, z.B. der Strukturtyp 210 (siehe Abbildung 3.2). Numeriert man die Knoten unten links mit A, unten rechts mit B und oben mit C, und geht die möglichen Reihenfolgen (s.o.) durch so ergibt sich: (1) A wählt B; B wählt C und A wählt C, also transitives Triplett. (2) A wählt C, C wählt B und A wählt B, also transitiv. (3) B wählt A, A wählt C und B wählt C, also transitiv. (4) B wählt C, aber C wählt nicht A: keine Aussage über Transitivität möglich. (5) C wählt nicht A, A wählt B, keine Aussage möglich. (6) C wählt B und B wählt A, aber C wählt A nicht, also intransitiv.

22 Im Rahmen dieser Einführung kann auf diese stark mathematisch orientierte Forschungstradition nicht weiter eingegangen werden. Für ein weiteres Studium dieser Forschungsrichtung wird auf das ausführliche Lehrbuch von Wasserman und Faust (1994: Kapitel 6 und Part V) sowie auf die Beiträge von Hummell und Sodeur in Pappi (1987) verwiesen.

3.3.3 Das ego-zentrierte Netzwerk

Das sogenannte ego-zentrierte Netzwerk ist eine besondere Form des persönlichen Netzwerkes, das mittels Umfrageforschung erhoben werden kann. Es geht um eine fokale, im Interview befragte Person Ego. Diese wird mit einem sogenannten Namensgenerator aufgefordert, Personen zu nennen, zu denen sie soziale Beziehungen unterhält. Für diese sogenannten „Alteri" werden dann zusätzliche Angaben erfragt, z.B. ihr Alter, ihr Geschlecht, ihr Bildungsniveau und ihre Einstellung. Damit das Netz als „Netzwerk" qualifiziert werden kann, ist es insbesondere erforderlich, dass auch die Beziehungen zwischen den Alteri (also nicht nur von Ego zu Alter) erfragt werden. Die Analyse von Ego-Netzwerken ist geeignet für Forschungsfragen, in denen es um Ausmaß, Typus und Folgen der (Des-)Integration von Akteuren in ihre soziale Umwelt geht.

Dieser Ansatz der Netzwerkforschung weist einerseits ein großes Potential auf, weil die Daten mit herkömmlichen Umfragemethoden erhoben werden können und die Methoden der Stichprobenziehung zur Gewährleistung der Repräsentativität übernommen werden können. In methodischer Hinsicht ergeben sich allerdings daraus, dass man die persönlichen Netzwerke nur aus der Perspektive der Egos erhebt, eine Reihe von Gültigkeitsproblemen. Dass Ego behauptet, die beiden Alteri A und B seien auch untereinander befreundet, muss ja nicht richtig sein.

Über die Erhebungsmethoden der ego-zentrierten Netzwerkanalyse informiert Kapitel 4.2. Wichtige Maßzahlen der ego-zentrierten Netzwerkanalyse werden in Kapitel 5.3.2 vorgestellt. Die Anwendungsbereiche ego-zentrierter Netzwerkanalyse reichen von medizinsoziologischer Forschung zur schützenden Wirkung persönlicher Netzwerke gegen Krankheiten (Kadushin 1982; Lin/Ensel 1986; Keupp/Röhrle 1987; Laireiter 1993) über die Debatte der Frage „community lost" oder „community liberated" in der Diskussion der Folgen gesellschaftlicher Modernisierung für die soziale Integration (Wellman/Wortley 1990, Wellman et al. 1988; Diewald 1991; Diaz-Bone 1997, Kim 2001), weiter über Fragen der Bedeutung von Netzwerken für den Wirkungsweg von Medien, für Wahlentscheidungen oder die Bereitschaft zu politischen Protesten (Schenk 1995, Ohlemacher 1993, Pappi 1987a), bis hin zur Analyse der Bedeutung von persönlichen Netzwerken für berufliche Mobilität, Statuserwerb und Karriere (siehe Kapitel 9.1).

3.3.4 Gruppen innerhalb von Netzwerken

Eine vierte Analyseebene ist die Analyse von Gruppen in den Netzwerken. Dyaden oder Triaden (dies lässt sich fortsetzen für Quadrupel, Quintupel; allgemein: k-Tupel) bestehen aus allen denkbaren Zweier-, Dreier-, Vierer-

oder Fünferkombinationen der Elemente des Netzwerks und ihren Beziehungen. Im Gegensatz dazu impliziert der *Begriff der sozialen Gruppe* eine inhaltliche Abgrenzung, *Zusammengehörigkeit oder Ähnlichkeit* der zur Gruppe gehörigen Elemente. Hierfür werden in der Netzwerkanalyse vorrangig die relationalen Merkmale der Individuen bzw. Elemente herangezogen.

Es gibt zwei grundlegende Herangehensweisen an das Problem der Gruppenabgrenzung. Erstens kann man Akteure oder Elemente zusammengruppieren, die untereinander enge Beziehungen unterhalten. Dies ist der Gruppenbegriff, der dem *Cliquenkonzept* in der Netzwerkanalyse zugrunde liegt. Zweitens kann man solche Akteure zusammengruppieren (hier spricht man allerdings meist nicht von Gruppen, sondern von Blöcken oder Positionen), die *ähnliche Außenbeziehungen* zu allen anderen Akteuren im Netzwerk haben. Zum Beispiel könnten die Nachrichtenredaktionen verschiedener Zeitungen zu einer oder mehreren Nachrichtenagenturen Beziehungen unterhalten. Nachrichtenagenturen sind deshalb strukturell äquivalent, weil sie alle Akteure eines anderen Typus, die Nachrichtenredaktionen, mit Material beliefern. Die Nachrichtenredaktionen sind deshalb strukturell äquivalent, weil sie gleichartige Beziehungen zu den Agenturen haben. Ihre wechselseitigen Rollen bestimmen die Gleichartigkeit ihrer Positionen. Dabei müssen weder die Zeitungen untereinander noch die Agenturen untereinander Informationen austauschen. Dieses Konzept leitet die *Blockmodellanalyse und die Analyse struktureller Äquivalenz* von sozialen Positionen in Netzwerken. Anders als in der Cliquenanalyse werden hierbei zumeist mehrere Relationen, also verschiedene Beziehungstypen für das gleiche Akteurset, für die Gruppenabgrenzung herangezogen. Werden nebeneinander mehrere Relationen über das gleiche Akteurset untersucht, so spricht man auch vom totalen Netzwerk. Entsprechend beschränkt sich die Analyse von partiellen Netzwerken auf nur eine Relation. Einen Überblick über Cliquenkonzepte und die Blockmodellanalyse gibt das Kapitel 8.

Für die so abgegrenzten Gruppen, Cliquen, Blöcke oder Positionen können in weiteren Schritten netzwerkanalytische Maßzahlen wie z.B. die Dichte innerhalb der Gruppe, ihr Hierarchisierungsgrad, Autonomie- oder Machtindizes berechnet werden. Darüber hinaus wird man die gefundenen Gruppen auch mit anderen nicht-relationalen Merkmalen beschreiben, z.B. mit ihrer Fähigkeit, Probleme zu lösen oder ihre Interessen durchzusetzen, ihren Alters- und Bildungsstrukturen oder ihrer geographischen Verteilung.

3.3.5 Gesamtnetzwerke

Schließlich kann der Focus der Analyse auch auf dem Gesamtnetzwerk liegen. Auch hier gibt es einfache Maßzahlen wie z.B. die Netzwerkdichte und komplexe Strukturmuster. Die Analyse komplexer Strukturmuster setzt in der

Regel eine vorherige Analyse auf der Ebene von Gruppen oder Blöcken voraus. Des weiteren werden mehrere Relationen, die für das gleiche Akteurset definiert sind, parallel untersucht. Das Verhältnis zwischen solchen Gruppen wird z.B. als Sozial- und Rollenstruktur im Rahmen der Blockmodellanalyse beschrieben. Ein Beispiel hierfür findet sich im Kapitel 8.2.3.

Verschiedene Autoren haben Typisierungen der verschiedenen netzwerkanalytischen Forschungsstrategien vorgelegt (Pappi 1987; Burt 1980: 80; Johnson 1994). Hierbei wird neben der Analyseebene die Analyserichtung als Einteilungskriterium verwendet. Unter *relationaler Analyse* ist hierbei ein Vorgehen zu verstehen, das den Schwerpunkt auf die Analyse direkter oder indirekter Verbundenheit der Akteure legt. *Positionale oder strukturelle Analysen* suchen dagegen nach gleichartigen Mustern direkter oder verketteter Beziehungen. Des weiteren kann man die Ansätze danach unterscheiden, ob ein partielles Netzwerk oder mehrere Netzwerke (totales Netzwerk) untersucht werden. Das untenstehende Schema orientiert sich an Burt's Übersicht, die mit einer Sechs-Felder-Tafel die wesentlichen Differenzierungen am sparsamsten erfasst.

Abbildung 3.4: Verschiedene Formen der Netzwerkanalyse nach Burt (1980: 80)

Analyse-richtung:	Analyseebene: Einzelner Akteur	Subgruppen	Gesamtnetzwerk
Relational	Ego-zentriertes Netzwerk	Primärgruppe/Clique, die durch kohäsive, dichte Beziehungen verbunden ist	Struktur des Gesamtnetzes als dicht, balanciert oder transitiv
Positional	Inhaber einer Netzwerkposition als zentral oder prestigereich	Statuspositionen und zugehörige Rollensets als Netzwerkpositionen: ein Set von strukturell äquivalenten Akteuren	Struktur des Gesamtnetzes als eine Stratifikation von Statuspositionen und Rollensets

4 Erhebung von Netzwerkdaten

Netzwerkdaten müssen wie alle Daten in der Sozialforschung erhoben werden. Da die grundlegende Analyseeinheit in der Netzwerkanalyse die Beziehung zwischen Akteuren ist, sind hiermit einige *Besonderheiten im Vergleich zur traditionellen Methodik der Sozialforschung* verbunden. Dies bezieht sich zunächst auf die Definition und Abgrenzung der Untersuchungspopulation. Es muss gewährleistet werden, dass die zu untersuchenden Strukturen und Netzwerke auch erfasst werden und nicht etwa wesentliche Teile der Struktur durch falsche Abgrenzungen „vergessen" werden. Immer dann, wenn es sich nicht wie bei einer Schulklasse oder einem Betrieb um klar abgegrenzte Einheiten handelt, entsteht dieses *Abgrenzungsproblem*.

Hat man eine brauchbare Abgrenzung des Untersuchungsgegenstandes entwickelt, so stellt sich die Frage nach dem geeigneten *Erhebungsverfahren*. Relationale Daten können mit verschiedenen Erhebungsverfahren erfasst werden. Beziehungen zwischen Akteuren in kleinen Gruppen können zum Beispiel durch *Beobachtung* erhoben werden. Dieses Verfahren wurde in der Analyse der Arbeiter des Bank Wiring Rooms in den Hawthorne-Werken (Roethlisberger/Dickson 1939; Homans 1950/1960) verwendet. Durch Beobachtung lässt sich – für relativ überschaubare Gruppen – ebenfalls gut erfassen, welche Akteure sich anlässlich verschiedener gesellschaftlicher Ereignisse treffen. Auf solchen Beobachtungen beruht z.B. die Analyse der gesellschaftlichen Netzwerke zwischen 18 Frauen aus Old City (Davis et al. 1941 und 1942; Homans 1950/1960). Beobachtung ist die zentrale Methode der anthropologischen Feld- und Netzwerkforschung. Sie kann auch auf nichtmenschliche Akteure, z.B. Affen, angewandt werden (Sade/Dow 1994).

Eine weitere Quelle von Daten sind statistische Datensammlungen, Archive und Handbücher. Daten zu den Handelsbeziehungen zwischen Ländern können aus Import- und Exportdaten, die von den statistischen Ämtern veröffentlicht werden, über *Sekundäranalysen* gewonnen werden. Austauschbeziehungen zwischen Branchen können auf ähnliche Art aus Daten der Wirtschaftsstatistik abgeleitet werden. Die Wirtschaftsstatistik stellt eine wichtige Quelle für Netzwerkdaten im ökonomischen Bereich dar (Burt 1983c). Eine weitere wichtige Datenquelle sind Mitgliederverzeichnisse aller Art. In vielen Ländern müssen große Unternehmen die Besetzung ihrer Leitungsgremien (in Deutschland: Aufsichtsräte und Vorstände von Aktiengesellschaften) veröffentlichen. Auch die Vorstände und Gremien von Vereinen, Verbänden, Parteien und Kirchen lassen sich zumeist über Sekundärdatenanalyse ermitteln. Aus diesen Mitgliedschaftsdaten lassen sich sowohl Informationen über die Vernetzungen zwischen Unternehmen oder anderen korporativen Akteuren als auch über die Beziehungen zwischen den Personen ableiten, die gemeinsam im gleichen Aufsichtsrat oder Parteigremium sitzen. In der Forschung über ökonomische und politische Eliten und Netzwerke werden solche Datenquellen häufig herangezogen (Ziegler 1984; Pappi et al. 1995). Eine weitere wichtige Quelle der Interorganisationsforschung sind Datenbanken zu Unternehmens- und Forschungsallianzen oder Patentdaten (Haagedorn et al. 2000; Smith-Doerr et al. 1999). Besonders erfinderisch in der Nutzung von Sekundärdaten ist die historische Netzwerkforschung (Mohr 1998, Franzosi/ Mohr 1997).

Das wichtigste Erhebungsverfahren für die Gewinnung von Netzwerkdaten in der Soziologie stellt die *Befragung* der Akteure zu ihren Beziehungsnetzen dar. Akteure können hierbei individuelle Akteure (Personen) oder korporative Akteure (Verbände, Unternehmen, usw.) sein. Auch wenn es um korporative Akteure geht, können selbstverständlich nur Individuen in der Rolle des Verbands- oder Unternehmensvertreters befragt werden. Man muss sich klar machen, dass in beiden Fällen Beobachtungseinheit und Analyseeinheit auseinanderfallen. Befragt wird der einzelne Akteur, aber Untersuchungsgegenstand sind (auch) die Beziehungen zu seinen Alteri, also die Dyaden. Hieraus ergeben sich vor allem dann *Messprobleme*, wenn nicht auch die Alteri befragt werden. Dies ist z.B. bei dem Untersuchungsdesign der ego-zentrierten Netzwerkanalyse der Fall, das im zweiten Abschnitt dieses Kapitels ausführlich vorgestellt wird.

Nach der Abgrenzung der Netzwerkakteure muss der Forscher entscheiden, ob eine *Totalerhebung* des Netzwerks möglich ist oder aber ob eine *Auswahl* getroffen werden muss. Dies ist im wesentlichen eine Kosten- und Zeitfrage, die auch von der Wahl des Erhebungsinstrumentes abhängt. Beschaffung der Daten über mündliche Interviews ist teurer als die Sekundäranalyse von Daten über Handelsströme oder Aufsichtsratsverflechtungen, insbesondere dann, wenn solche Daten schon EDV-lesbar vorliegen. Nichtsdestotrotz kann man nicht jede Untersuchungsfrage mit Sekundärdatenanalyse bearbeiten. Nicht nur aus ökonomischen Gründen, sondern auch zur Absicherung der Validität der Ergebnisse ist es sinnvoll, verschiedene Erhebungsverfahren möglichst zu kombinieren. So werden etwa im Bereich der Eliteforschung und der Politiknetzwerkforschung Befragungsmethoden und Sekundäranalysen von Gremienmitgliedschaften häufig parallel eingesetzt.

Totalerhebungen mittels Befragung sind nur für relativ kleine Gesamtheiten möglich. Sie werden in der Kleingruppenforschung, in der Eliteforschung und in der Forschung zu Politiknetzwerken oder Wissenschaftlernetzwerken eingesetzt. Einen Überblick über die *Abgrenzung von Netzwerken* und die im Rahmen von Totalerhebungen verwandten *Befragungsmethoden* bietet das Kapitel 4.1. Das wichtigste Erhebungsdesign, in dem Netzwerke anhand von *Stichproben* untersucht werden, ist die *ego-zentrierte Netzwerkanalyse*. Sie wird in Kapitel 4.2 genauer beschrieben. Kapitel 4.3 informiert über die Reliabilität und Validität von Netzwerkdaten.

Kann nur eine Auswahl des Gesamtnetzwerkes untersucht werden, so muss eine Stichprobe gezogen werden. Es stellt sich dann die Frage, ob die an der Stichprobe gefundenen Ergebnisse für die Grundgesamtheit repräsentativ sind. Können die Stichprobenergebnisse verallgemeinert, auf das Gesamtnetzwerk hochgerechnet werden? Auf die Probleme einer *Stichprobentheorie für Netzwerkdaten* geht der letzte Abschnitt 4.4 dieses Kapitels ein.

4.1 Gesamtnetzwerke

4.1.1 Methoden der Netzwerkabgrenzung

Die Abgrenzung des Netzwerks ist das zentrale Problem in der Analyse von Gesamtnetzwerken. Die Analyse von Strukturen ist nur möglich, wenn die im Hinblick auf die Fragestellung relevanten Beziehungen (und mangelnde Beziehungen) sowie Akteure auch erfasst worden sind. Solche Fragestellungen können z.B. sein der Einfluss der Netzwerkstruktur auf:

- eine politische Entscheidung in einem Gemeinwesen,
- die Verteilung öffentlicher Gelder in einem Politiknetzwerk,
- Überleben und Profit eines Unternehmens,
- die Produktivität eines Mitarbeiters oder einer Abteilung in einem Unternehmen, oder
- die psychische Verarbeitung einschneidender Lebensereignisse wie Verlust des Arbeitsplatzes, Scheidung oder Tod des Partners.

Der erste Schritt zur Abgrenzung des Netzwerkes ist die Beantwortung der Frage, welche Akteure dazugehören und welche nicht. In einem zweiten Schritt ist dann zu entscheiden, welche Relationen oder Beziehungstypen für das abgegrenzte Akteurset untersucht werden sollen. Beide Fragen lassen sich nur im Hinblick auf die Fragestellung entscheiden. Mögliche *Kriterien für die Abgrenzung* der zugehörigen Netzwerkakteure sind:

- Organisations- oder Gruppengrenzen,
- geographische Grenzen,

- Teilnahme an einem oder mehreren Ereignissen,
- Eigenschaften der Akteure/Knoten, oder
- Beziehungen der Akteure zueinander.

Für die Produktivität von Mitarbeitern könnte die Abgrenzung entlang der Organisationsgrenzen eine sinnvolle Strategie sein, für die Prognose einer kommunalen Entscheidung die Orientierung an den Gemeindegrenzen. Dass dies aber auch problematisch sein kann, zeigt sich, wenn die Mitarbeiterproduktivität von dessen Außenbeziehungen zur Konkurrenz abhängt, oder Gemeindeentscheidungen vom Veto des Regierungspräsidenten beeinflusst werden. Für die Abgrenzung eines nicht formal organisierten Netzwerks von Jugendlichen könnte man sich an der gemeinsamen Teilnahme an einer Fete oder einer Pausenrunde orientieren. Statt Ereignissen kommen unter Umständen auch Orte in Frage, z.b. Bahnhofsvorplätze oder Kneipen, wenn es um Netzwerke unter Drogenabhängigen oder Prostituierten geht. Eigenschaften von Akteuren können z.b. in formalen Entscheidungsbefugnissen des Akteurs in einem Unternehmen oder in einem politischen Gemeinwesen liegen, die sie als relevant für Entscheidungsprozesse ausweisen. Hierdurch können jedoch Personen mit informellem Einfluss nicht entdeckt werden. Dies ist eher möglich durch die Analyse der Beziehungen der Akteure zueinander. Auch hier ist jedoch wieder eine Einschränkung angebracht. Strukturen entstehen durch das Muster von Beziehungen und fehlenden Beziehungen. Fehlende Beziehungen, etwa von jungen Unternehmen zu Kreditinstituten, können nicht entdeckt werden, wenn das Netzwerk nur über vorhandene Beziehungen bestimmt wird. Da keines der Abgrenzungskriterien mit Sicherheit alle relevanten Akteure erfasst, empfiehlt es sich, mehrere Kriterien zu berücksichtigen. Ausgehend von einem Kriterium wird die Liste der relevanten Akteure mit Hilfe weiterer Kriterien überprüft und gegebenenfalls ergänzt. Große Divergenzen sollten Anlass zur weiteren Präzisierung der Forschungsfrage sein. Grundsätzlich ist eher eine großzügige als eine zu knappe Abgrenzung des Netzwerkes anzustreben. Nicht-relevante Akteure können in der späteren Analyse erkannt werden. Auf der Basis eines unzureichend abgegrenzten Netzwerkes besteht dagegen die Gefahr, ein falsches Bild der Netzwerkstruktur zu entwerfen.

Laumann, Marsden und Prensky (1983; 1989) unterscheiden sogenannte *nominalistische Methoden* der Abgrenzung der Netzwerkakteure von *realistischen Methoden*. Im nominalistischen Ansatz definiert der Forscher aufgrund seines Forschungsinteresses, wer aufgrund eines bestimmten Merkmals zum Netzwerk gehört. Die Netzwerkakteure müssen sich nicht als eine Gruppe empfinden. In einer Untersuchung der Nutzung von elektronischer Post (Email) in Wissenschaftlernetzwerken könnte ein Forscher z.b. alle diejenigen Wissenschaftler als Netzmitglieder festlegen, die in den letzten fünf Jahren Artikel in den fünf angesehensten Zeitschriften der Disziplin publiziert haben. Coleman et al. (1966) definierten in ihrer Untersuchung der Diffusion eines neuen Medikamentes als Netzwerkmitglieder alle Ärzte der Untersuchungsgemeinde, die aufgrund ihrer fachlichen Ausrichtung das neue Medikament möglicherweise verschreiben konnten. Abgrenzungen, die sich an geographischen Kriterien oder formal abgrenzbaren Gruppen orientierten, gehören ebenfalls zum nominalistischen Ansatz. Ein weiteres Beispiel ist die sogenannte *Positionsmethode* aus der Elite- und Politiknetzwerkforschung. Hierbei werden die Akteure in das Netzwerk aufgenommen, die aufgrund ihrer institutionellen Position Anhörungs-, Mitsprache- oder Entscheidungsrechte haben.

Realistische Methoden setzten im Vergleich dazu an der Perzeption oder dem Verhalten der Akteure selbst an: wer dazugehört oder als dazugehörig betrachtet wird, soll zum Netzwerk gehören. Die Zugehörigkeit der Akteure kann man an Einladungslisten, Lobbylisten oder konkreter Teilnahme an relevanten Ereignissen und Entscheidungen beobachten (*Entscheidungsmethode*). Allerdings verschiebt sich das Problem damit auf die Auswahl des oder der relevanten Ereignisse. Welche Entscheidung ist relevant, wenn es um die Abgrenzung eines kommunalen Elitenetzwerkes geht? Geht es um die Perzeption als zugehörig, so muss erst einmal ein Kern von Akteuren definiert werden, deren Urteil über die Zugehörigkeit anderer Akteure ausschlaggebend sein soll. Hierbei verlässt sich die Forschung regelmäßig auf Informanten und Experten des Untersuchungsfeldes (*Reputationsmethode*). Es ist jedoch möglich, die Netzwerkabgrenzung mit Hilfe von Netzwerkdaten selbst (*relationale Methode*) zu validieren. Dies geschieht dadurch, dass jeder Akteur für alle anderen Akteure angibt, ob diese für ihn zum Netzwerk gehören oder nicht. Die Zusammengehörigkeit der abgegrenzten Akteure kann so – allerdings erst nachträglich – empirisch überprüft werden.

Abbildung 4.1: Das Schneeballverfahren zur Netzwerkabgrenzung (nach Knoke/Kuklinski 1982: 24)

(a)

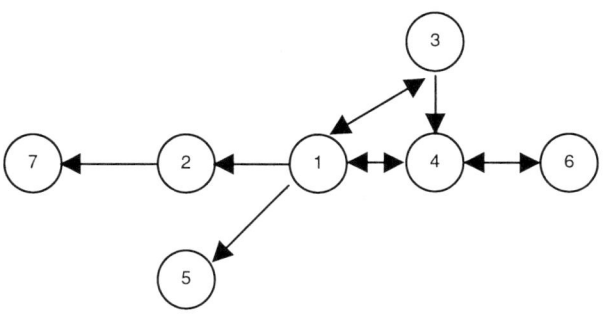

(b)

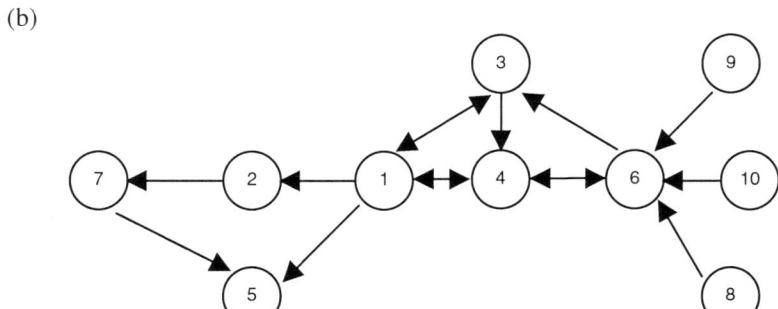

Eine besondere Form der realistischen Abgrenzung eines Netzwerkes ist das sogenannte *Schneeballverfahren*. Hierbei handelt es sich eigentlich um eine besondere Methode der Stichprobenziehung (Gabler 1992). Ausgehend von einer Stichprobe wird die sogenannte erste Zone der Stichprobenpersonen, mit denen diese z.B. politische Informationen austauschen, festgestellt. Diese Personen werden dann als zweite Zone ihrerseits nach denjenigen Kontakten befragt, mit denen sie politische Dinge besprechen. Auch die Personen in der dritten Zone können wieder befragt werden usw. An welcher Stelle der Ziehungsprozess abzubrechen ist, ist nicht einfach zu beantworten, aber entscheidend für die Strukturerkennung. Dies zeigt der Vergleich zweier Strukturen. Das Netzwerk (a) in Abbildung 4.1 ist ein Zwei-Zonen-Netzwerk um die Person 1. Die von Person 1 genannten Personen 2, 3, 4 und 5 sind ihrerseits befragt worden. In diesem Netzwerk erscheint Person 4 als ein zentraler Empfänger von politischen Informationen. Erweitert man das Netzwerk jedoch um eine dritte Zone (Netzwerk b), d.h. befragt auch die zusätzlich in der zweiten Runde genannten Personen 6 und 7, so übertrifft Person 6 mit vier Informationslieferanten Person 4 mit drei Informanten.

4.1.2 Methoden der Datenerhebung

Bei der Datenerhebung für Netzwerkstudien ist aufgrund des komplexen Forschungsgegenstandes große Sorgfalt und Hartnäckigkeit vonnöten. So wie eine fehlerhafte Netzabgrenzung die Strukturerkennung vereiteln kann, so sind auch Ausfälle für Netzwerkstudien höchst problematisch. Mit einem verweigernden Akteur oder einzelnen nicht beantworteten Fragen fehlt ja nicht nur eine absolute Information über diesen spezifischen Akteur, sondern das gesamte Muster seiner Außenbeziehungen zu allen anderen Akteuren.

Voraussetzung der Datenerhebung für das Gesamtnetzwerk ist erstens eine Liste mit allen zugehörigen Akteuren, die interviewt oder schriftlich befragt werden sollen. Zweitens muss man sich für die Datenerhebung klar machen, welche Relationen man erheben will. Netzwerke sind relationsspezifisch, und für jede Relation muss ein eigenes Netzwerk mit einem eigenen Set von Fragen erhoben werden. Mögliche Relationen sind:

– Informationsaustausch (Wer beeinflusst wen? Wer liefert wem vertrauliche Informationen?),
– Ressourcenaustausch (Geld, Material, Personal),
– Reputation für Exzellenz oder Einfluss,
– Mitgliedschaftsbeziehungen (Gremien, Parteien, Interessenverbände, Aufsichtsräte etc.),
– Verwandtschafts-, Abstammungsbeziehungen,
– Affektive Beziehungen (z.B. Wahl als Freund, Ratgeber, usw.),
– Konkrete Interaktionen (zusammen ausgehen, Freizeit verbringen, Besuche).

Wenn die zu untersuchenden Relationen feststehen, ist über die *Skalierung der Relationsintensität* zu entscheiden. Soll der jeweilige Beziehungstyp binär skaliert erhoben werden, oder ist eine ordinale oder sogar metrische Angabe zur Intensität der Relationen möglich und sinnvoll? Bei einer binären Erhebung der Daten wird nur unterschieden, ob die Beziehung vorhanden ist oder nicht. Zum Beispiel könnte man – auch zur nachträglichen Überprüfung der Abgrenzung der Netzwerkakteure – feststellen, ob sich die Akteure untereinander kennen oder nicht. Eine typische ordinale Skalierung wäre, wenn man die Akteure bittet, die drei oder fünf einflussreichsten Akteure des Netzwerkes in ihrer Rangordnung anzugeben. Metrische Skalierungen sind dann möglich, wenn man den Zeit- und Ressourcenaufwand für die Beziehung (z.B. in Stunden oder in Geldeinheiten) detailliert erfassen kann. Meist wird man hierdurch allerdings die Erinnerungsfähigkeit der Befragten überfordern. Falls nicht auf Archivdaten zurückgegriffen werden kann, ist eher von einer ordinalen Messung von Relationsintensitäten auszugehen.

Viele netzwerkanalytische Auswertungsprozeduren können nur binäre Daten verarbeiten. Ordinal oder metrisch skalierte Daten müssen dann wieder dichotomisiert werden. Allerdings bestimmt dann der Forscher und nicht der Befragte, an welcher Stelle der Skala der Schnittpunkt gelegt werden soll. Eine sehr feingliedrige Erfassung von Relationsintensitäten ist jedoch in vielen Fällen nicht sinnvoll.

Neben der Frage der Skalierung muss die *Form der Relation* berücksichtigt werden. Hierzu gehört, ob die Beziehung gerichtet ist oder nicht. Eine Abstammungsbeziehung ist z.B. gerichtet. Sie kann auch gar nicht symmetrisch sein: wenn A der Sohn von B ist, kann B nicht gleichzeitig der Sohn von A sein. Untersucht man statt dessen die Verwandtschaftsbeziehung zwischen A und B, so ist die Beziehung ungerichtet: wenn A mit B verwandt ist, so ist auch B mit A verwandt. Alle Relationen, die auf gemeinsamen Mitgliedschaften beruhen, sind ungerichteter Natur. Ressourcen- und Informationsflüsse, affektive Beziehungen oder Bezeugungen von Respekt oder Einflusszumessungen können dagegen gerichtet erhoben werden. Beziehungen, die gerichteter Natur sind, sollten möglichst auch so erhoben werden. Gerichtete Beziehungen sind die Voraussetzung dafür, dass Asymmetrien und Hierarchien in Netzwerken überhaupt untersucht werden können.

Beziehungen sind eine Eigenschaft von Dyaden und nicht von einzelnen Akteuren: das wird klar, wenn man die Angaben von A und B über einen Informations- oder Ressourcenfluss zwischen ihnen miteinander vergleicht. Hier geht es nicht nur darum, ob A und B sich auch gegenseitig informieren, also ob die gerichtete Informationsbeziehung symmetrisch oder asymmetrisch ist. Weitergehend kann man sich auch versichern, ob die von A gesendeten Informationen bei B auch angekommen sind, bzw. so bedeutsam waren, dass B sich an den Informationsbezug bei A erinnern und diesen in der Befragung bestätigen kann. Dies bedeutet, dass Akteure nicht nur als Sender, sondern auch als Empfänger von Relationen befragt werden können. Pappi und König (1995; Pappi et al. 1995) benutzen ein solches Netzwerk des vom Empfänger bestätigten Informationsflusses zwischen Akteuren eines Politiknetzwerkes als einen Indikator dafür, welche Akteure als Sender einflussreich sind – da sie relevante Informationen zu bieten haben – und welche nicht. Eine solche Abfragemethode erlaubt es auch eher, mit dem für Netzwerkanalysen besonderen Problem von Ausfällen umzugehen, indem ggf. Angaben von A über seine Beziehung zu B für die fehlenden Angaben von B eingesetzt werden können. Diese Entscheidung kann abhängig vom Grad der Übereinstimmung von Sender- und Empfängerangaben im Netz begründet getroffen werden (Stork/ Richards 1992).

Eine weitere Eigenschaft der Relationen, über die man sich bei der Konstruktion des Erhebungsverfahrens klar werden muss, ist die Frage der Reflexivität.[23] Darunter versteht man, ob ein Akteur die Beziehung nur zu anderen haben kann oder auch zu sich selbst. Informationen sendet ein Akteur typischerweise nur an andere; auch Vater sein kann er nur im Verhältnis zu anderen. Selbstliebe ist aber ebenso möglich wie Nächstenliebe. Auch bei allen Reputationsbeziehungen, die nach Einfluss oder Exzellenz von Akteuren fragen, kann der Akteur sich selbst und andere einstufen.

Bei der konkreten Formulierung von Netzwerkfragen für Gesamtnetzwerke sind nun drei Entscheidungen über die Art der Abfrage der Relationen zu treffen:

1. Vollständige Akteurliste oder freie Abfrage von Beziehungspersonen

Den Befragten kann im Fragebogen oder im Interview eine Liste mit allen Netzwerkakteuren vorgelegt werden. Sie werden gebeten, für jeden Akteur anzukreuzen, ob sie die erfragte Relation ggf. in welcher Intensität unterhal-

---

23 Man unterscheidet reflexive Beziehungen, die immer auch in Bezug auf das Selbst gegeben sind, von irreflexiven Beziehungen, die in Bezug auf das Selbst nicht möglich sind. Eigentlich interessant sind die nicht reflexiven Beziehungen: Selbstwahlen sind möglich, aber nicht notwendig gegeben.

ten. Alternativ werden die Befragten ohne Vorgabe einer Liste gebeten, diejenigen Akteure frei zu nennen, zu denen sie die jeweilige Beziehung unterhalten. Auf die Nicht-Beziehung zu den nicht genannten Akteuren wird dann einfach geschlossen. In beiden Fällen muss die Netzwerkabgrenzung vom Forscher deshalb zuvor geleistet worden sein. Mit der Präsentierung einer Liste aller Netzwerkakteure versichert der Forscher sich allerdings nochmals, dass seine eigene Abgrenzung dieselbe ist, die der Befragte bei seiner Antwort im Kopf hat. Die Listenabfrage ist vor allem dann, wenn keine klare formale Netzwerkabgrenzung möglich ist, notwendig. Sie braucht allerdings deutlich mehr Platz im Fragebogen. Die freie Abfrage der Akteure, zu denen eine bestimmte Relation besteht, ist nur dann zu empfehlen, wenn Forscher und Befragter sich anhand eines formalen Abgrenzungskriteriums (z.B. eigene Schulklasse oder Schule, eigener Betrieb oder Verein) sicher über den relevanten Akteurset verständigen können.

Abbildung 4.2: Listenabfrage einer Relation (nach Jansen 1995)

Bitte geben Sie für jede der folgenden Forschungsgruppen, Unternehmen und forschungspolitischen Einrichtungen an, (1) ob Sie sie gar nicht im Bereich X kennen, oder (2) ob Sie von ihnen gehört haben, aber keine Kontakte im Zusammenhang mit X-forschung oder -politik mit ihnen in den letzten vier Jahren hatten, oder (3) ob Sie in den vergangenen vier Jahren selten mit ihnen zu tun hatten oder (4) häufiger (mindestens viermal pro Jahr)?

Kontakt	(1) nie von gehört	(2) kenne ich, aber nichts mit zu tun gehabt	(3) seltene Kontakte	(4) häufige Kontakte
Universitäten:				
Universität A Prof. XX	( )	( )	( )	( )
Universität B Prof. YY	( )	( )	( )	( )
....				
Unternehmen:				
Unternehmen X Dr. MM	( )	( )	( )	( )
Unternehmen Y Dr. KK	( )	( )	( )	( )
.....				
Forschungspolitische Akteure:				
Cabinet Office Dr. BB	( )	( )	( )	( )
.....				
Andere For-schungsgruppe/ anderer Akteur: .... Bitte nennen!	( )	( )	( )	( )

Abbildung 4.3: Freie Abfrage eines Freundschaftsnetzwerks in einer weiterführenden Schule (nach Rapoport/Horvath 1961)

Bitte trage auf dieser Karte Deinen Namen, Dein Alter, und Deine Klasse ein und fülle die folgenden Angaben aus:

Mein erstbester Freund an der XX Schule ist:....

Mein zweitbester Freund an der XX Schule ist ....

....

Mein achtbester Freund an der XX Schule ist .....

---

2. Free choice oder fixed choice

Die zweite Entscheidung betrifft die Frage, ob dem Akteur vorgegeben wird, wie viele Beziehungen er nennen darf. Wird er nach den drei oder acht besten Freunden gefragt oder den drei einflussreichsten Akteuren, so ist die mögliche Zahl der Wahlen begrenzt (*fixed choice*). Kann er so viele Akteure als Freunde oder als einflussreich benennen, wie ihm einfallen, so handelt es sich um eine Netzwerkfrage vom Typ *free choice*. Unter messtheoretischen Gesichtspunkten ist das free choice-Design vorzuziehen (Wasserman/Faust 1994: 58f). Über die Vorgabe der Zahl der abzugebenden Wahlen verzerrt der Forscher schon die Struktureigenschaften des Netzwerkes. So kann es durchaus sein, dass viele Personen gar keine drei oder acht engen Freunde haben, aber durch die Befragungsanweisung dazu gedrängt werden, so viele Freunde zu nennen. In der Untersuchung von Rapoport und Horvath (1961) gab es z.B. bei den siebten und achten Freundschaftswahlen (147 und 173) schon deutlich höhere Ausfälle als bei der ersten und zweiten Freundschaftswahl (98 und 101). Bei Überprüfungen der Reliabilität von Netzwerkfragen ergab sich, dass fixed choice-Fragen weniger zuverlässig sind als Fragen vom Typ free choice.

3. Bewertung der Relationsintensitäten

Die dritte Entscheidung betrifft die Frage, wie die Relationsintensität gemessen werden soll. Der einfachste Fall ist, dass der Befragte nur angeben muss, ob die Beziehung vorhanden ist oder nicht. Komplexere Rating-Verfahren geben mehr als zwei Alternativen vor, z.B. die Abstufung in Abbildung 4.2 zwischen (1) kenne ich gar nicht, (2) bekannt, aber kein Kontakt, (3) seltener Kontakt und (4) häufiger Kontakt. Im Vergleich dazu deutlich aufwendiger ist es, eine komplette Rangordnung abzufragen. Die Messung der Relationsintensitäten über Rating-Verfahren oder Rangordnungen führt zu ordinal skalierten, sogenannten bewerteten Relationen. Metrische Messungen von Relationsintensitäten sind in Befragungen eher selten, sie beziehen sich meist auf ökonomische Daten, die aus anderen Quellen zusammengetragen werden können.

Die Abfrage kompletter Rangordnungen verlangt vom Befragten, alle Akteure in eine Rangordnung vom unbekanntesten Akteur bis zu dem Akteur, mit dem man am meisten zu tun hat, zu bringen. Innerhalb von schriftlichen Befragungen ist es nicht praktikabel, Rangordnungen über mehr als drei bis fünf Objekte zu erfragen. In persönlichen Interviews kann die Ordnungsaufgabe durch „Kartenspiele", in denen jeder Akteur mit einer Karte symbolisiert wird, unterstützt werden. Der Befragte kann das Kartenspiel sortieren und auch mehrfach umsortieren. Verbindet man das fixed choice Design (siehe Punkt 2) mit der Rangordnungsidee, so können aber auch in schriftlichen Befragungen Rangordnungen abgefragt werden. Ein Beispiel ist die Erhebung der wissenschaftlichen Reputation in dem oben schon eingeführten Forschungsnetzwerk. Hierzu wurden alle Befragten aufgefordert, diejenigen fünf Forschungsgruppen zu benennen, die nach einer wissenschaftlichen Entdeckung die bedeutendsten weiterführenden Forschungsbeiträge geliefert haben.

4.2 Ego-zentrierte Netzwerke

4.2.1 Vor- und Nachteile des Forschungsansatzes

Die ego-zentrierte Netzwerkanalyse geht auf die Forschungstradition der Manchester-Anthropologen zurück. Sie stellt einen minimalen netzwerkanalytischen Zugang zur Realität dar, insofern nur Daten über einzelne fokale Akteure, nicht aber über Gruppen oder Gesamtnetze erhoben werden. Ein wesentlicher Nachteil der ego-zentrierten Netzwerkanalyse ist es daher, dass Analysen von Positionen und Rollenverflechtungen nicht möglich sind (Burt 1980: 131). Ihr nicht zu unterschätzender Vorteil ist jedoch die *Einsetzbarkeit im Rahmen konventioneller Auswahl- und Befragungsverfahren*. Hierauf hat schon Coleman (1958/1969) in einem Review über die Möglichkeiten, Sozialstrukturanalyse mittels Umfrageforschung zu betreiben, hingewiesen.

„But, in this different approach, an individual interview is seen as a *part* of some larger structure in which the respondent finds himself: his network of friends, the shop or office where he works, the bowling team he belongs to, and so on. Thus, as a part of a larger structure, the individual is *not* treated independently. The analysis must somehow tie together and interrelate the attributes of these different parts of the structure." (Coleman 1969: 518f)

Schon in den siebziger Jahren experimentierte Edward O. Laumann (1973) in seiner Studie „Bonds of Pluralism" mit einer Art ego-zentriertem Netzwerk. Er befragte eine Zufallsauswahl von Personen nach ihren drei besten Freunden. Analyseziel war, den Zusammenhang zwischen Ego-Netzwerken und der Ausbildung von Parteipräferenzen zu beleuchten. Diese Studien wurden zu Beginn der achtziger Jahre von Pappi (1987a) in der Bundesrepublik repliziert.

In die sozialwissenschaftliche Standardumfrage in den USA, den General Social Survey (GSS), wurden Fragen nach ego-zentrierten Netzwerken Mitte der achtziger Jahre auf Initiative von Burt (1984) eingeführt. In der Bundesrepublik sind Ego-Netzwerke Ende der achtziger Jahre in den sogenannten Allbus eingeführt worden, der beim Zentrum für Umfragen und methodische Analysen (ZUMA) in Mannheim betreut wird (Hoffmeyer-Zlotnik et al. 1986; Pfenning/ Pfenning 1987; Hill 1988; Pfenning et al. 1989 und 1991; Schenk et al. 1992, Pfenning 1995).

In der Typologie zur Einordnung der verschiedenen netzwerkanalytischen Forschungstraditionen (siehe Abbildung 3.4) ist die Analyse von Ego-Netzwerken unter den *relationalen Ansätze* zu verorten. Die Forschung zu Ego-Netzwerken hat sich im Unterschied zu anderen relationalen Forschungsansätzen stark mit der Frage der *Multiplexität* der Ego-Netzwerke beschäftigt und insofern auch mehrere Beziehungen gleichzeitig untersucht. Eine Beziehung zwischen Ego und Alter ist dann multiplex, wenn sie nicht nur in einer Beziehungsdimension gegeben ist, sondern in mehreren. Ein Beispiel hierfür wäre, dass Ego den Alter nicht nur als Ratgeber in persönlichen Fragen nennt, sondern auch mit ihm im gleichen Betrieb arbeitet und mit ihm zusammen kegeln geht. Die Multiplexität eines Ego-Netzwerkes kennzeichnet den Grad der Überlappung zwischen den verschiedenen relationsspezifischen Netzwerken.

4.2.2 Methoden der Netzwerkabgrenzung und der Datenerhebung

Unter einem ego-zentrierten Netzwerk versteht man das um eine fokale Person, das Ego, herum verankerte soziale Netzwerk. Zu diesem Netzwerk gehören die sogenannten Alteri, die Beziehungen zwischen Ego und den Alteri, und die Beziehungen zwischen den Alteri. Des weiteren werden zusätzlich absolute Eigenschaften Egos und seiner jeweiligen Alteri erhoben.

Ego-Netzwerke werden in Umfragen mit Hilfe sogenannter Namensgeneratoren und Namensinterpretatoren erhoben. Aufgabe des *Namensgenerators* ist es, eine umfassende Liste von Alteri zu produzieren, die zu Egos Netzwerk gehören. Die *Namensinterpretatoren* liefern dann weitere Informationen über die Alteri und die Beziehungen zwischen Ego und Alteri sowie zwischen den Alteri.

Der Namensgenerator leistet die Abgrenzung des Netzwerkes. Er besteht aus einem oder mehreren Beziehungstypen, zu denen Ego seine Netzwerkpersonen nennen soll. Welche Beziehungen dabei zur Netzwerkabgrenzung relevant sind, muss inhaltlich begründet werden. Insofern sind verschiedene Namensgeneratoren nur die Konsequenz von verschiedenen Forschungsfragen bzw. von verschiedenen theoretischen Konzepten. Forschungsfragen, die

80

mit ego-zentrierter Netzwerkanalyse untersucht worden sind, sind die Ausbildung von Parteipräferenzen bzw. die politische Meinungsbildung in der Wahl- und Medienforschung sowie Untersuchungen zum Konzept sozialer Unterstützung in der Stadtsoziologie, der Familiensoziologie und der Medizinsoziologie. Ein weiterer Forschungsbereich ist die Analyse von sozialer und beruflicher Mobilität in Abhängigkeit von den Netzwerkressourcen der Personen (umgangssprachlich auch als „Vitamin B" bezeichnet).

Burt (1984: 314f) hat für den General Social Survey der USA folgenden Namensgenerator entwickelt:

„From time to time, most people discuss important personal matters with other people. Looking back the past six month – that would be back to last August – who are the people with whom you discuss an important personal matter?"

Ego kann auf diese Frage hin so viele Alteri nennen, wie ihm beliebt. Nur für die fünf erstgenannten Personen werden allerdings anschließend über die Namensinterpretatoren weitere Informationen eingeholt. Hintergrund für diese auch in anderen Verfahren übliche Begrenzung ist der mit der Größe des Netzwerkes überproportional steigende Aufwand für die Erhebung der Beziehungen zwischen den Alteri. Für jede Beziehung Ego-Alter wird die Enge der Beziehung erhoben. Für jedes Pärchen der Alteri wird erhoben, ob diese einander überhaupt kennen oder nicht, und ob es sich um eine enge Beziehung handelt. Die weiteren Informationen, die eingeholt werden, sind Geschlecht, Alter, Beruf, Religion, Parteipräferenz, ethnische Zugehörigkeit, Bildung und Einkommen aller Netzwerkpersonen. Für jede Beziehung von Ego zu allen Netzwerkpersonen wird die Dauer der Beziehung, die Kontakthäufigkeit, die Rolle Alters im Verhältnis zu Ego und die Art der mit ihm besprochenen Themen festgestellt.

Abbildung 4.4: Ego-zentriertes Netzwerk

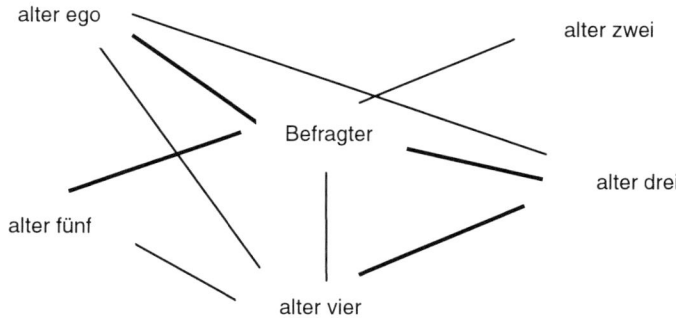

So erhobene Ego-Netzwerke beruhen eigentlich auf gerichteten Beziehungen: Ego nennt die Alteri als für ihn wichtige Diskussionspartner. Ob die Alteri Ego ebenfalls als wichtigen Diskussionspartner nennen würden bzw. sich selbst als Diskussionspartner von Ego empfinden, ist damit nicht gesagt. Da die Alteri selbst – mit Ausnahme von Studien zur Methodenevaluation und einigen Studien zu sozialer Unterstützung – nicht befragt werden, werden die Beziehungen meist als symmetrische Beziehungen betrachtet und analysiert. Dies wird in dem von Burt (1984: 297) konstruierten Beispielgraph eines ego-zentrierten Netzwerks (Abbildung 4.4) deutlich. Die Kanten oder Beziehungen sind nicht als gerichtete Pfeile dargestellt sondern als Linien. Fehlende Kanten zwischen den Alteri bedeuten, dass diese sich nicht kennen, eine breitere Kantenlinie bedeutet, dass sich die Personen nahe stehen. Aufgrund des Erhebungsverfahrens müssen alle Alteri mit Ego verbunden sein.

Der Burt-Namensgenerator ist mehrfach kritisiert worden, weil er das Ego-Netzwerk auf nur eine Beziehungsdimension – „wichtige Angelegenheiten besprechen" – begrenzt. Schenk (1995: 34) moniert, dass das Burt-Instrument weitläufigere Beziehungen, die wichtige Informationen und Ressourcen erschließen können, außer acht lässt. ZUMA hat ein vergleichendes Methodenexperiment mit verschiedenen Namensgeneratoren durchgeführt. Hierbei zeigte sich, dass der Burt-Namensgenerator in der Lage ist, relativ rasch und damit preiswert Netzwerkinformationen in Interviews zu gewinnen. Auch die aufwendigeren Generatoren führen im Hinblick auf die wichtigsten Netzwerkpersonen zu durchaus vergleichbaren Ergebnissen (Pfenning/Pfenning 1987).

Auch Wellman (1993: 426) verwendete in einer stadtsoziologischen Studie in einem Stadtteil von Toronto (erste East York-Studie) nur einen Namensgenerator. Er fragte nach Personen außerhalb des Haushaltes, denen sich der Befragte sehr nahe fühlte. Diese könnten Freunde sein, Nachbarn oder Verwandte. Erfasst wurde für die ersten sechs genannten Personen, ob die sich untereinander ebenfalls sehr nahe stehen, sowie die Rollenbeziehung zwischen Ego und den Alteri, deren Geschlecht, die Häufigkeit und Art des Kontaktes (telefonisch, persönlich) sowie die Entfernung zwischen den Wohnorten von Ego und den Alteri. Für eine Nachfolgestudie, in deren Zentrum die Bedeutung von Netzwerken als Lieferanten von sozialer Unterstützung stand, wurde das Erhebungsdesign ausdifferenziert. Wellman (Wellman et al. 1988; Walker et al. 1994) bemängelte an anderen Studien, dass zwischen Netzwerken und sozialer Unterstützung praktisch nicht differenziert werde, wenn Unterstützungsbeziehungen zur Identifikation des Netzwerks benutzt werden. Seine Forschungsgruppe ermittelte die ego-zentrierten Netzwerke diesmal über die Frage, über welche Personen man „aktiv nachdenke" und mit welchen man „aktiv Beziehungen unterhalte". Diese Beziehungen wurden hinsichtlich ihrer Intimität und Kontakthäufigkeit weiter charakterisiert. Auch die Beziehungen zwischen den Alteri wurden erfragt. Erst anschließend wurden 15 verschiedene gerichtete Unterstützungsbeziehungen sowie vier ungerichtete Unterstützungsdimensionen (Gesellität, Dinge diskutieren, gemeinsame Unternehmungen, Interaktion in formalen Organisationen) für alle Alteri erhoben.

Der für den deutschen Allbus übernommene Namensgenerator ist eine abgewandelte Form des sogenannten Fischer-Namensgenerators. Claude Fischer (1982) untersuchte in den siebziger Jahren Urbanisierungs- und Modernisierungsprozesse mittels Umfrageforschung und ego-zentrierter Netzwerkanalyse. Er verwendete zehn sehr spezifische Namensgeneratoren, die auch weitläufigere Beziehungen und verschiedene Formen der sozialen Unterstützung abfragen (vgl. Abbildung 4.5).[24]

Zu jeder Frage kann der Befragte beliebig viele Personen und zwar auch mehrfach dieselben Personen benennen. Damit erlaubt das Fischer-Instrument eine Analyse der Multiplexität, d.h. des Ausmaßes von Mehrfachbeziehungen zu den gleichen Personen im Ego-Netzwerk. Für die Erhebung der Beziehungen zwischen den Alteri werden anschließend fünf zentrale, nicht im gleichen Haushalt wie Ego lebende Personen, ausgewählt. Hierbei handelt es sich um die Personen, die auf die Fragen 1, 4, 5, 7, 8 und evtl. 9 zuerst genannt wurden. Personen aus dem Haushalt des Befragten sowie schon genannte Personen werden übersprungen. Für alle Pärchen von Alteri wird dann erhoben, ob diese sich kennen oder nicht. Dieses Netzwerk wird in der Literatur auch als das *kleine Fischer-Netzwerk* bezeichnet. Für den deutschen Allbus wurde das Fischer-Instrument dahingehend modifiziert, dass die Auswahl der Personen für das kleine Fischer-Netzwerk nicht vom Forscher

---

24 Ardelt und Laireiter (1993) unterscheiden in ihrem Überblick über die Messung sozialer Beziehungen drei Typen von Teilnetzwerken: (1) Austausch- und Unterstützungsnetzwerke, (2) Netzwerke wichtiger und nahestehender Personen, und (3) Interaktions- und Kontaktnetzwerke.

getroffen wird, sondern der Befragte selbst gebeten wird, die wichtigsten Personen zu benennen.

Abbildung 4.5: Fischer-Instrument zur Erhebung ego-zentrierter Netzwerke: Namensgeneratoren

1. Wer kümmert sich um die Wohnung, wenn der Befragte abwesend ist?
2. Mit wem bespricht der Befragte Arbeitsangelegenheiten?
3. Wer hat in den letzten drei Monaten bei Arbeiten im und am Haus geholfen?
4. Mit wem hat der Befragte in den letzten drei Monaten gemeinsame Aktivitäten wie Ausgehen, Einladungen etc. unternommen?
5. Mit wem spricht der Befragte gewöhnlich über gemeinsame Hobbys oder Freizeitbeschäftigungen?
6. Mit wem ist der (unverheiratete) Befragte liiert?
7. Mit wem bespricht der Befragte persönliche Dinge?
8. Wessen Ratschlag holt der Befragte bei für ihn wichtigen Entscheidungen ein?
9. Von wem würde sich der Befragte Geld leihen?
10. Wer lebt als erwachsene Person im Haushalt des Befragten?

Alle auf die zehn Namensgeneratoren insgesamt genannten Personen werden in einer zweiten Liste zusammengefasst und dem Befragten zum Ende des Interviews nochmals vorgelegt mit der Frage, ob eine wichtige Person fehle. Für alle dann auf der Gesamtliste vorhandenen Personen wird unter Verwendung von Namensinterpretatoren die Rollenbeziehung zwischen Ego und Alter (Verwandter, Kollege, Nachbar, Freund, Bekannter) und das Geschlecht von Alter erhoben. Weitere Fragen betreffen die Intimität der Beziehung, die Entfernung zwischen den Wohnorten (bis zu fünf Autominuten, mehr als eine Autostunde), die Verfügbarkeit von in kurzer Zeit erreichbaren gemeinsamen Treffpunkten, sowie die Ähnlichkeiten zwischen Ego und den Alteri bezüglich Beruf, Ethnie, Nationalität, Religion und ausgeübter Freizeitbeschäftigung. Dies ist dann das *große Fischer-Netzwerk*, für das sich allerdings relationsgebundene Maßzahlen mangels Angaben über die Beziehungen zwischen allen Alteri nicht berechnen lassen.

Der Namensgenerator für Fischers großes Netzwerk ergab in einem vergleichenden Methodenexperiment von ZUMA (Pfenning/ Pfenning 1987, Pfenning 1995) im Durchschnitt Netzwerke von knapp acht Personen. Dagegen lieferten der Burt-Generator, der Generator für Fischers kleines Netz und der abgewandelte ZUMA-Generator zwischen 2,6 und 3,2 Netzpersonen. Die geringe Zahl der vom Burt-Generator ermittelten Netzwerkpersonen – fast 60% der erhobenen Netzwerke enthielten weniger als drei Netzwerkpersonen (ohne den Befragten) – führte allerdings zu Problemen. Die Berechnung von Strukturmaßen für die Netzwerke ist erst bei drei und mehr Personen sinnvoll. Ein großer Teil der mit dem Burt-Generator erhobenen Daten fiel damit für solche Analysen aus. Beide Fischer-Netzwerke enthalten mit 39% bzw. 41% Verwandten und Familienmitgliedern deutlich weniger verwandtschaftliche Beziehungen als das Burt-Netzwerk und das ZUMA-Netzwerk (49 bzw. 56%). Ein Vergleich der Bedeutung verschiedener Beziehungstypen ist nur für die auf Fischer basierenden Generatoren möglich. Hierbei zeigte sich, dass Geselligkeit im großen Fischer-Netzwerk auf Kosten von praktischer Hilfe deutlich wichtiger ist als im ZUMA-Netzwerk, in dem der Befragte die wichtigen Personen selbst auswählt. Wohl aufgrund des höheren Anteils von Verwandten ist der Grad der Multiplexität im ZUMA-Netzwerk größer als im Fischer-Netzwerk. Desgleichen beeinflusst der Anteil der Verwandten die Netzwerkdichte positiv. Die Zahl der im Ego-Netzwerk vorhandenen Kontexte (Familie, Freunde, Nachbarschaft, Arbeitskontext) beeinflusst den Grad der Dichte dagegen negativ.

Eine interessante neue Form des Einsatzes von ego-zentrierter Netzwerkanalyse schlagen Lin et al. (2001: 62ff., Lin/ Dumin 1986) vor: statt die persönlichen Netzwerke mit Namensgeneratoren zu untersuchen, wollen sie sogenannte Positionsgeneratoren einsetzen. Mit diesem Instrument soll die strukturelle Erreichbarkeit von Netzwerkbereichen und –positionen gemessen werden. Den Befragten wird dazu eine geordnete Liste von Berufsgruppen, Organisationstypen oder gesellschaftlichen Sektoren vorgelegt und sie sollen angeben, ob sie jemanden aus diesen Gruppen/ Bereichen persönlich kennen. Anders als Namensgeneratoren ist dieses Erhebungsinstrument eher in der Lage, auch die weak ties zu erfassen. Zudem ist es unabhängig von bestimmten Relationen (wie z.B. sich verbunden fühlen, wichtige Dinge besprechen, Blumen gießen), die als Namensgenerator eingesetzt werden. Es liefert Daten zu Fragen wie der nach dem Range der erreichbaren Positionen, der Zahl und Heterogenität der erreichbaren Positionen, den höchsten erreichbaren Positionen und den typischerweise dafür benutzen Beziehungstypen (direkt/ indirekt, strong oder weak ties).[25]

4.3 Zuverlässigkeit und Gültigkeit

Die Methode ego-zentrierter Netzwerke steht und fällt mit der Fähigkeit und Bereitschaft der Ego-Akteure, die Alteri und deren Beziehungen zueinander zutreffend zu beschreiben. Auch bei Totalerhebungen wird davon ausgegangen, dass der jeweilige Befragte seine Beziehung zu anderen Netzwerkakteuren richtig beschreiben kann. Zweifel hieran sind vor allem durch verschie-

---

25 Vgl. hierzu auch die Idee von Burt (1983b) die typischen Beziehungen zwischen sozialen Positionen zu erheben und so mittlere Kontaktdichten zwischen gesellschaftlichen Bereichen und Positionen zu ermitteln. Siehe Kapitel 4.4.

dene Studien von Bernard et al. (1982, 1985) über die Qualität von Informanten aufgekommen. Die Autoren beobachteten die Interaktionen in verschiedenen Gruppen (Radioamateure, eine Blindengruppe, Studenten, Manager, Mitarbeiter eines Sozialforschungsinstituts) und befragten parallel die Gruppenmitglieder. Nur etwa die Hälfte der Angaben erwiesen sich als korrekt. Durch diese Studien ausgelöste weitere Forschungen von Hammer (1985) und Freeman und Kollegen (1987) zeigen jedoch auf, dass es aus der Perspektive der Netzwerkanalyse nicht auf eine detailgetreue Schilderung einzelner Interaktionen ankommt. Von Interesse ist die tatsächliche und langfristige soziale Struktur. Diese und nicht einzelne Interaktionssequenzen werde jedoch von den Befragten im Interview erinnert und wiedergegeben.[26]

Auch bei Netzwerkdaten ist zwischen der Reliabilität oder Zuverlässigkeit der Messung und ihrer Validität oder Gültigkeit zu unterscheiden. Unter *Reliabilität* eines Messinstrumentes versteht man die intertemporale, interpersonelle und interinstrumentelle Konstanz der Messergebnisse. Sie kann zum Beispiel in einem Test-Retest-Design überprüft werden. Dabei muss allerdings unterstellt werden, dass sich der wahre Wert des zu messenden Objekts zwischenzeitlich nicht verändert hat. Alternativ können verschiedene Datenquellen bzw. Instrumente (z.B. Befragung von Ego und von Alter) herangezogen werden. Die *Validität* eines Instrumentes kann dagegen nur im Zusammenhang mit der zugrundeliegenden theoretischen Konzeption beurteilt werden. Validität bedeutet, dass das gemessen wurde, was theoretisch angestrebt wurde. Validität impliziert die Abwesenheit systematischer Verzerrungen, Reliabilität die Abwesenheit zufälliger Messfehler (Schnell et al. 1992: 158).

Verschiedene Methodenexperimente haben durch *Kontrollbefragungen der Alteri* die Reliabilität der Verfahren zur Erhebung von Ego-Netzwerken überprüft. Hierbei werden z.T. stichprobenartig auch die von Ego genannten Netzpersonen interviewt und nach ihrer Beziehung zu Ego sowie nach soziodemographischen und Einstellungs-Variablen befragt. Problematisch ist, dass als Indiz für eine reliable Messung die Übereinstimmung von Ego und Alter hinsichtlich ihrer Wahlen, also die Symmetrie der Beziehung angesehen wurde. Freundschaftswahlen müssen aber keineswegs symmetrisch sein. Sie hängen zudem von der Extrovertiertheit der Personen ab. Es ist durchaus möglich, dass ein zurückgezogener Ego-Akteur unter seinen wenigen Freunden eine eher extrovertierte Person mit vielen Freunden nennt. Diese Alter-Person wird ihrerseits unter ihren vielen Freunden den Ego möglicherweise nicht als wichtigen Freund benennen (Marsden 1990).

Ein weiteres und hiermit verbundenes Problem ist die Frage, ob tatsächliche soziale Beziehungen und Netzwerke gemessen werden sollen, oder aber

---

26 Vgl. hierzu auch den im Kapitel 2 als Vorläufer der Netzwerkanalyse vorgestellten Sozialanthropologen Siegfried Nadel (1957). In seiner Theorie der Sozialstruktur sind Relationen oder Beziehungen abstrakte Konzepte, die aus konkreten Interaktionen abgeleitet werden.

sogenannte kognitive, subjektiv wahrgenommene oder „eingebildete" Netzwerke. Welcher Netzwerktyp der entscheidende ist, hängt selbstverständlich von der Fragestellung ab. Für die Erklärung von sozialer Beeinflussung und Meinungsbildung durch das umgebende Netzwerk sind wahrgenommene Beziehungen wichtig (vgl. Krackhardt 1992 und das Forschungsbeispiel in Kapitel 6.3). Für die Frage, ob Ressourcen mobilisiert werden, ist dagegen die reale Tragfähigkeit von Beziehungen relevant.

Einen Überblick über die Ergebnisse verschiedener Reliabilitätsstudien liefern Pfenning (1995) und Diaz-Bone (1997: 67-83). Hierbei zeigt sich, dass unspezifische Fragen nach Freundschaftsbeziehungen eher geringe Übereinstimmungsquoten liefern (Pappi/Wolf 1984). Spezifische Fragen nach emotionaler Unterstützung, Anleitung und materieller Hilfeleistung weisen dagegen Übereinstimmungen zwischen 70 und 90% auf. Kontakthäufigkeiten und die Dauer der Beziehung können zu rund 80-90% übereinstimmend angegeben werden. Marsden (1990) kommt in seinem Überblicksartikel zur Messung von Netzwerkdaten zu dem Schluss, dass insbesondere konkrete und spezifische Beziehungsformen und -eigenschaften reliabel und valide über die Methode der Ego-Netzwerke erhoben werden können. Die Angaben über Attribute der Alteri sind bei soziodemographischen Daten wie Bildung und Beruf valider als bei Einstellungen wie z.B. der Parteipräferenz (Pappi/Wolf 1984). Hier findet sich häufig eine Verzerrung zugunsten eigener Präferenzen.

Die Reliabilität der Netzwerkstrukturmerkmale von Ego-Netzwerken (z.B. Dichte, Heterogenität) ist im wesentlichen davon abhängig, ob es gelingt, in der Kontrollerhebung das Netzwerk mit den gleichen Personen als Alteri zu erheben. Werden dagegen unterschiedliche Personengruppen genannt, so weisen alle Maßzahlen zur Struktur des Netzwerkes niedrige Reliabilitätskoeffizienten auf. Dies ist nicht weiter verwunderlich, denn wenn statt der Personen aus der Nachbarschaft die aus dem Beruf bekannten Personen genannt werden, werden die Beziehungen zwischen den Alteri und die Netzwerkzusammensetzung nach Geschlecht, Alter, Bildung und Beruf höchstwahrscheinlich nicht identisch sein. Deshalb sind spezifische Netzwerkgeneratoren (Fischer-Instrument) unspezifischen Generatoren in der Reliabilität überlegen (Pfenning et al. 1991).

4.4 Stichprobentheorie

Stichproben sind in der konventionellen Sozialforschung seit den sechziger Jahren ein leistungsfähiges Instrument, wie die Erfolge der Marktforschung oder der Wahlforschung belegen. Zufallsauswahlen und hierauf basierende Auswahldesigns erlauben es, auf der Basis der Daten für eine relativ kleine Stichprobe Rückschlüsse auf die sogenannte Grundgesamtheit zu ziehen.

Es läge nun nahe, zu vermuten, dass eine zufällige Auswahl der Elemente des Netzwerkes, wie sie in der Umfrageforschung üblich ist, auch die Repräsentativität für die relationalen Eigenschaften sicherstellt. Dies ist aber leider nicht so. Ursache hierfür ist, dass zwischen repräsentativ und voneinander unabhängig ausgewählten Netzwerkelementen Beziehungen sehr selten sind (Scott 1991; Alba 1972). Im Extremfall kann die Netzwerkdichte berechnet an einer über die Bundesrepublik verstreuten Repräsentativstichprobe Null sein: keine der gezogenen Personen kennt irgendeine andere gezogene Person. Daraus zu schließen, dass die Bevölkerung der Bundesrepublik keinerlei Bekanntschaftsnetze hat, wäre aber sicherlich falsch.

Das *Problem von Stichproben für relationale Daten* liegt darin, dass nur zwischen den Stichproben-Personen relationale Daten erhoben werden können. Alle Relationen der Stichproben-Personen zu Nicht-Stichproben-Personen werden nicht erhoben. Burt (1983b) schätzt, dass eine Stichprobe vom Umfang k% der Grundgesamtheit etwa (100-k)% der Netzwerkdaten der Stichprobenpersonen ignoriert. Also: eine einprozentige Stichprobe vernachlässigt 99% der Beziehungsdaten für die Stichproben-Personen. Leider gibt es keinen vernünftigen Grund anzunehmen, dass die in der Stichprobe repräsentierten Beziehungsdaten einer ausgewählten Person eine Zufallsauswahl aus der Gesamtheit ihrer Beziehungen darstellen.

Abbildung 4.6: Hypothetische Netzwerkgrundgesamtheit
(Erickson 1978, siehe Quellenverzeichnis)

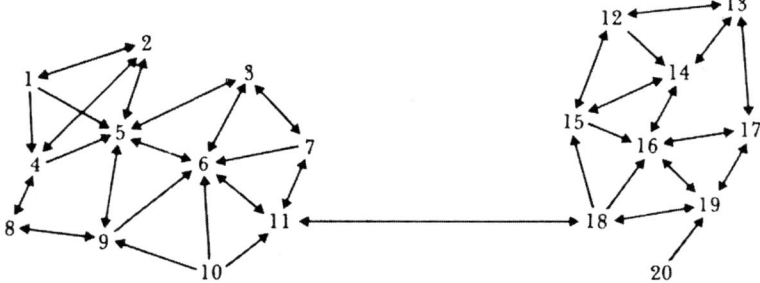

Zöge man aus der in Abbildung 4.6 gegebenen Netzwerkgrundgesamtheit in einer Zufallsstichprobe die Personen 4, 8, 13 und 15 und fragte nach der Bekanntschaft aller anderen Stichproben-Personen, so ergäbe sich eine Bekanntschaft zwischen 4 und 8 und umgekehrt. Von allen möglichen Beziehungen in einer Stichprobe vom Umfang 4, das sind – wenn man eine Bekanntschaft mit sich selbst nicht zählt – 4*3 = 12, sind 2 realisiert. 2 bezogen auf 12 ergibt eine Netzwerkdichte von 0,166. Im Gesamtnetzwerk sind 20*19 Beziehungen möglich und 59 realisiert. Das ergibt eine mittlere Dichte von 0,155. Hätte man allerdings bei der Stichprobenziehung 2, 10, 13 und 18 gezogen, so wäre die Netzwerkdichte in der Stichprobe 0. Die Verbundenheit der beiden Gruppen (1-11) und (12-20) kann in der Stichprobe überhaupt nur entdeckt werden, wenn die Personen 11 und 18 in die Stichprobe gelangen. Eine Möglichkeit, auch indirekte Beziehungen in Stichproben von Netzwerkdaten zu erfassen, könnte in der Weiterentwicklung der Stichprobentheorie für das Schneeballverfahren liegen. Die Bekanntschaftsnetzwerke von Individuen lassen sich besser über die Methode der Ego-Netzwerke erheben.

Die Stichprobentheorie für Netzwerkdaten ist noch in den Anfängen. Es gibt nur für wenige Netzwerkparameter Prozeduren, die ausgehend von einem in der Stichprobe gefundenen Wert eine Schätzung des Wertes für die Grundgesamtheit erlauben. Insbesondere alle komplexeren Strukturmaßzahlen, die neben den direkten Beziehungen auch die indirekten Beziehungen der Elemente auswerten, sind auf eine vollständige Erhebung des Gesamtnetzwerkes angewiesen. Stichproben würden ja alle diese Informationen über indirekte Beziehungen verlieren.

Punktschätzwerte und Angaben für den Stichprobenfehler für einige Netzwerkmaßzahlen sind von dem skandinavischen Mathematiker Frank (1971, 1981, 1988) entwickelt worden. Hierzu gehören Angaben über die Verteilung der Dyaden und Triaden auf die verschiedenen Typen (siehe Kapitel 3.2), hieraus ableitbare Schätzungen für die Verteilung des Innen- und Außengrades der Akeure (siehe zum Begriff des Innen- und Außengrades Kapitel 5.3.1) und die Netzwerkdichte, sowie Angaben über den Zerfall des Netzwerkes in verschiedene Komponenten und deren Größe. Für Schlussfolgerungen von den Komponenten einer Stichprobe auf die der Grundgesamtheit sind allerdings Zusatzannahmen über die Struktur des Gesamtnetzes (Transitivität) notwendig.

Praktische Umsetzungen haben sich vor allem mit der Frage der *Abschätzbarkeit der Netzwerkdichte* befasst, zu der verschiedene Vorschläge gemacht worden sind. Granovetter (1976) hat basierend auf der Arbeit von Frank (1971) vorgeschlagen, die Netzwerkdichte zu schätzen auf der Basis des Bekanntschaftsvolumens in einer Stichprobe. Eine größere Stichprobe wird in mehrere Teilstichproben zerlegt. Jede Person in den Teilstichproben wird mit einer Liste der (n-1) anderen Personen in ihrer Teilstichprobe konfrontiert und gebeten, diejenigen anzukreuzen, die sie kennt. Es lassen sich dann Schätzwerte für die Netzwerkdichte und ihre Varianz ausrechnen. Erickson und Kollegen (1981, 1983) haben dieses Design unter recht günstigen Bedingungen in einer Untersuchung von Mitgliedern kanadischer Bridgeclubs getestet und auf eine Reihe von Problemen hingewiesen. Hierzu gehört die Kooperationsbereitschaft und Ermüdung der Befragten beim Durchgehen von umfangreichen Namenslisten, die Existenz und Eindeutigkeit solcher Listen und die Abschätzung von Verzerrungen aufgrund von Ausfällen und Verweigerungen. Es muss des weiteren betont werden, dass ein solches Design keinen Schluss auf die individuellen Bekanntschaftsnetze der Individuen erlaubt, sondern nur auf die Aggregateigenschaft Netzwerkdichte.

Weitere Ansätze setzen an den höher aggregierten Einheiten selbst an. McPherson (1982) kombiniert mit seinem *Hypernetzwerk* Granovetters Idee der Berechnung von Netzwerkdichten über Stichproben mit Breigers Beobachtung des Zusammenhangs zwischen Individuen und Gruppen. Über die gemeinsame Mitgliedschaft in Vereinen und Verbänden lassen sich strukturelle Beziehungen zwischen den Individuen und zwischen den Organisationen untersuchen (vgl. Kapitel 5.3.4). Die Mitgliedschaft in Vereinen und Verbänden lässt sich in Standardumfragen ohne Probleme erheben. Selbst auf der Grundlage der bloßen Zahl der Mitgliedschaften lassen sich einige strukturelle Maßzahlen für die Organisationsverflechtung oder die gesellschaftliche Einbindung etwa von Schwarzen und Weißen errechnen.

Burt (1983b) schlägt vor, in Umfragestudien die typischen Sozialmerkmale von Personen zu erheben, zu denen der Befragte in bestimmten Relationen steht, und zwar unabhängig davon, ob diese Personen auch für die Stichprobe ausgewählt wurden. Er unterstellt dabei, dass Personen, die strukturell äquivalente Positionen in der Sozialstruktur besetzen, auch ähnliche Sozialmerkmale (Alter, Geschlecht, Ethnie, Schicht, Bildung) haben. Hat der Forscher den „richtigen" Variablensatz ausgewählt, der tatsächlich die Schichtungsstruktur des Sozialsystems beschrieb, so können auf der Basis der Berechnung der Kontaktdichten etwa von jungen, gebildeten Schwarzen zu jungen wenig-gebildeten Weißen strukturelle Positionen identifiziert werden.

5 Einfache Analyseverfahren

5.1 Soziogramme und Graphentheorie

Die erstmals von Moreno (1934, 1954) eingeführten Soziogramme stellen Netzwerke als sogenannte Graphen dar, auf die die mathematische Graphentheorie anwendbar ist. Hierbei werden N Akteure oder Knoten als Punkte und die zwischen ihnen bestehenden Relationen oder Beziehungen als Linien dargestellt. Diese Linien können ungerichtet sein, dann spricht man auch von Kanten. Sie können auch eine Richtung aufweisen, dann spricht man von Pfeilen bzw. im Englischen von „arcs". Der Graph ist dann ein gerichteter Graph, ein sogenannter Digraph (directed graph).

Ein solcher Graph bzw. ein *Soziogramm* unterscheidet sich von den sonst in der soziologischen Modellbildung üblichen Grafiken zur Abbildung von Kausalbeziehungen. In solchen Kausalmodellen sind die Punkte nicht Akteure, sondern Variablen. Die Linien repräsentieren Kausalbeziehungen oder Korrelationen. Im Soziogramm repräsentieren sie dagegen Beziehungen zwischen den Akteuren.

Abbildung 5.1: Soziogramm der Hilfebeziehungen unter den Arbeitern des Bank-Wiring-Rooms (Roethlisberger/Dickson 1964: 506, hier entnommen aus Homans 1960: 87, siehe Quellenverzeichnis)

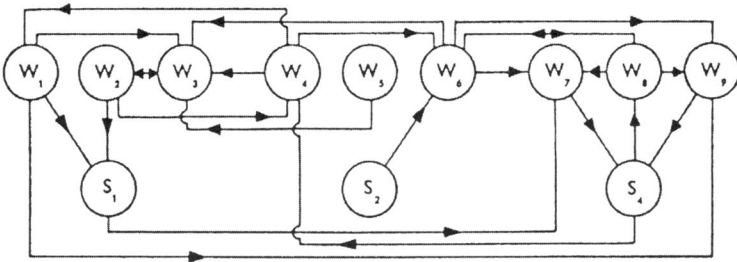

Abbildung 5.2: Soziogramm der Freundschaftsbeziehungen unter den Arbeitern des Bank-Wiring-Rooms (Roethlisberger/Dickson 1964: 507, hier entnommen aus Homans 1960: 90, siehe Quellenverzeichnis)

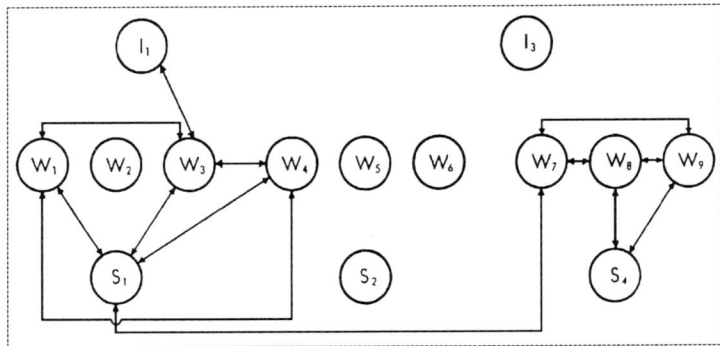

Die *Anordnung der Punkte* im Soziogramm ist nicht durch Regeln festgelegt. Das gleiche Netzwerk kann verschieden abgebildet werden. Die Anordnung der Punkte und ihre Distanzen zueinander auf dem Papier bzw. die Länge der Linien haben keinerlei netzwerkanalytische Bedeutung. Das entscheidende Merkmal in Soziogrammen oder Graphen ist das Muster der Beziehungen zwischen den Punkten. Hieraus werden auch Konzepte von Nähe und Distanz bzw. Weglänge abgeleitet. Sie entsprechen aber nicht den physikalischen Distanzen und Weglängen im Soziogramm.

In den Abbildungen 5.1 und 5.2 sind die Drahtarbeiter mit dem Symbol W (worker) und einer Numerierung gekennzeichnet. Darüber hinaus gibt es zwei Inspektoren I_1 und I_3 und drei Löter, die mit dem Buchstaben S (solderman) notiert sind. Die Inspektoren sind im Hilfenetz nicht berücksichtigt. Die Relation „Hilfebeziehung" bezieht sich nur auf die beiden Arbeitertypen. Sie ist asymmetrisch, während die Relation „Freundschaft" symmetrisch ist.

Die beiden vorgestellten Soziogramme haben die Besonderheit, dass die Funktion der Akteure auch in ihrer Plazierung im Diagramm berücksichtigt ist. Die Inspektoren sind oben angeordnet, die Löter unten und die Drahtarbeiter dazwischen. Außerdem haben die Autoren die räumliche Anordnung der Arbeitsgruppen im Bank-Wiring-Room in das Soziogramm übernommen. Verschiedene Forscher können jedoch durchaus den gleichen Sachverhalt im Soziogramm unterschiedlich darstellen. Für die Übersichtlichkeit der Darstellung ist es z.B. am günstigsten, Personen mit vielen ausgehenden und eingehenden Linien in der Mitte der Grafik anzuordnen.

Bereits ein kleines Netzwerk mit nur zwölf Akteuren wie das Hilfenetzwerk kann in der graphischen Darstellung recht unübersichtlich werden, wenn die Beziehungsdichte hoch ist. Es gibt viele sich kreuzende Linien.

Man kann auch verschiedene Relationen im gleichen Soziogramm darstellen, z.B. durch Verwendung verschiedener Farben für die Linien. Hierdurch wird allerdings die Darstellung noch unübersichtlicher.

Diese Probleme mit dem Soziogramm haben dazu geführt, dass die Methode sehr zum Ärger Morenos in den 40er und 50er Jahren immer seltener benutzt wurde (Wasserman/Faust 1994: 77f). Mit der Entwicklung der Rechnerkapazitäten in den letzten Jahren ist aber auch das Interesse und die Möglichkeit zur visuellen Darstellung von Netzwerken wieder gestiegen. Intuitiv zieht jeder Betrachter einer graphischen Darstellung eines Netzwerkes aus der Distanz der Punkte zueinander und ihrer Anordnung Schlüsse. Dem entsprach in den frühen Soziogrammen aber gar keine Information bzw. jeder Forscher konnte beliebig verschiedene Kriterien verwenden. Mit modernen Methoden der Visualisierung ist es heute möglich, wichtige Netzwerkeigenschaften mit der Distanz und Anordnung der Punkte zu verbinden. Beispiele hierfür bieten die Web-Pages von Linton Freeman und Lothar Krempel (http://eclectic.ss.uci.edu/~lin/gallery.html und http://www.mpi-fg-koeln. mpg.de/~lk/netvis.html).

Soziogramme basieren auf einer Konzeption von Netzwerken als sogenannten Graphen. Mathematisch sind *Graphen* definiert als ein Set von Akteuren oder Knoten N (N steht für nodes = Knoten) und einem zweiten Set der zwischen ihnen definierten Beziehungen, Kanten, Linien L (L steht für line = Linie). Der Akteur-Set N besteht aus den Knoten $\{n_1, n_2, n_3 \ldots n_g\}$. Jede vorhandene Linie l_k zwischen diesen Akteuren wird als Paar der beiden betreffenden Knoten auch in den Set L der Relation aufgenommen. Handelt es sich um gerichtete Beziehungen, so werden die Paare als geordnete Paare notiert. Wenn z.B. das geordnete Paar (n_1, n_2) im Set L vertreten ist, bedeutet dies, dass eine gerichtete Linie von Punkt n_1 zu Punkt n_2 führt. Ist die umgekehrte Linie auch vorhanden, so ist auch das geordnete Paar (n_2, n_1) im Set L vertreten. Der Graph ist dann ein *Digraph* (directed graph). Das Freundschaftsnetzwerk in der Abbildung 5.2 ist ein ungerichteter Graph, das Hilfenetzwerk in Abbildung 5.1 ein gerichteter Digraph. Graphen können auch bewertet sein. Dann haben die gerichteten oder ungerichteten Linien eine Intensität, z.B. Häufigkeit der Kontakte, Ausmaß des Ressourcenflusses, Anzahl der Heiratsverbindungen zwischen verschiedenen Familien. Im folgenden werden jedoch nur gerichtete und ungerichtete Graphen ohne Bewertung behandelt. Auch auf die Komplikation von Beziehungen der Akteure zu sich selbst wird verzichtet.

Die Darstellung eines Netzwerkes als Set von Knoten N und von Linien L ist sehr sparsam, weil alle diejenigen Beziehungen, die nicht vorhanden sind, nicht in L aufgenommen werden. Außerdem erlaubt diese Notation es, Daten über die Intensität der vorhandenen Beziehungen für bewertete Graphen sowie auch Daten über absolute Merkmale der Knoten/Akteure aus dem Set N im gleichen Datenformat zu organisieren. Eine Reihe von Softwareprogrammen zur Netzwerkanalyse (SONIS, GRADAP) benutzen diese Darstellungsweise. Andererseits ist diese Notation auch unübersichtlich. Um sich zu verdeutlichen, was ein über die beiden Listen der Knoten und der Linien gegebener Graph beschreibt, muss man sich im Prinzip das Soziogramm aufzeichnen. Leichter zu erfassen ist dagegen die *Darstellung von Netzwerken in Matrizenform*, die im Kapitel 5.2 vorgestellt wird. Sie ist auch der Ausgangspunkt für die Berechnung der meisten netzwerkanalytischen Maßzahlen per Hand oder mit dem matrixorientierten Softwarepaket UCINET.

Graph oder Matrix beschreiben denselben Sachverhalt! Allerdings lassen sich netzwerkanalytische Maßzahlen oft besser graphentheoretisch deuten. Viele elementare Maßzahlen der Netzwerkanalyse sind graphentheoretisch entwickelt worden und sollen deshalb hier zunächst anhand der beiden Soziogramme in den Abbildungen 5.1 und 5.2 vorgestellt werden. Auf die Möglichkeiten einer einfachen Berechnung der Maßzahlen auch für größere Netzwerke wird dann in Kapitel 5.2 eingegangen.

Wie schnell sich eine Neuigkeit, etwa eine technologische Innovation oder ein Gerücht, innerhalb eines Netzwerks verbreiten wird, hängt von der *Verbundenheit des Netzwerks*, seiner Dichte ab. Akteure in zentralen Positionen werden dabei frühzeitig von der Neuigkeit erfahren oder aber eine Innovation ausprobieren, Akteure in Randlagen dagegen erst spät. Dichtemaßzahlen und Maßzahlen zur Messung des Grades der Einbettung einzelner Akteure stellen daher wichtige Strukturmerkmale des Netzwerks und seiner Akteure dar.

Ein Graph ist komplett oder vollständig, wenn alle möglichen Linien vorhanden sind. Alle Paare oder Dyaden sind dann im Set L vorhanden. Bei N Punkten ergibt – wenn Selbstwahlen nicht möglich sind – das Produkt $[N*(N-1)]/2 = (N^2-N)/2$ die Zahl der möglichen nicht geordneten Paare. Wenn ein Graph vollständig ist, dann hat das Netzwerk die Dichte 1. Allgemein ist die *Netzwerkdichte* definiert durch das Verhältnis zwischen der Zahl der vorhandenen Linien zur Zahl der grundsätzlich möglichen. Zwischen jedem Paar eines ungerichteten Graphen gibt es nur zwei mögliche Ausprägungen der Beziehung: vorhanden oder nicht vorhanden. Dies wird durch Vorhandensein oder Fehlen von Linien zwischen den Punkten symbolisiert.

Zwei Punkte heißen benachbart oder adjazent, wenn sie durch eine direkte Linie verbunden sind. Ein Punkt ist unverbunden, wenn auch kein indirekter Weg ihn mit anderen Punkten des Netzwerkes verbindet. Jeder Punkt hat eine sogenannte Nachbarschaft: das sind die Punkte, zu denen er benachbart ist, die mit ihm durch eine direkte Beziehung verbunden sind. Die Zahl der Punkte in der Nachbarschaft des Punktes bestimmt seinen sogenannten *Degree* (degree of connection: Grad der Verbundenheit). Ein unverbundener Punkt hat folglich den Degree 0. Alternativ kann man den Degree eines Punktes auch über die Zahl der Linien definieren, die ihn berühren. Unverbundene Punkte deuten in Netzwerken mit positiven Beziehungen wie hier dem Freundschaftsnetzwerk auf Außenseiter hin. Punkte mit hohem Degree wie z.B. W_3 [$d(w_3) = 4$] sind solche Punkte, die im Netzwerk einen hohen

Aktivitätsgrad aufweisen, in vielen Beziehungen beteiligt sind. Der Degree ist gleichzeitig schon ein einfaches Maß für die *Zentralität* eines Akteurs im Netzwerk (vgl. hierzu ausführlicher Kapitel 6).

Im Freundschaftsnetzwerk ist z.B. der Inspektor I_3 unverbunden. Er hat den Degree 0. Die Punkte W_8 und W_7 sind direkt benachbart, d.h. adjazent. In der Nachbarschaft von W_8 liegen drei andere Punkte, W_7, W_9 und S_4. W_8 hat deshalb einen Degree von 3 [$d(W_3) = 3$]. Es gibt (14 * 13)/2 = 91 verschiedene mögliche Paare. Davon sind aber nur 13 realisiert. Die Netzwerkdichte „Delta" beträgt daher $\Delta = 13/91 = 0{,}143$.

Ein *Digraph* ist ein gerichteter Graph. Der Pfeil an der Linie symbolisiert die Richtung der Beziehung. Digraphen weisen drei Arten von Beziehungen zwischen zwei Punkten auf: 1. erwiderte, 2. asymmetrische, und 3. keine (M-A-N = mutual, asymmetric, none). Weil die Beziehung oder Relation eine Richtung hat, gibt es auch mehr mögliche Linien bzw. Pfeile, nämlich N*(N-1) – wieder vorausgesetzt, Selbstwahlen sind nicht möglich. Da die Beziehungen gerichtet sind, müssen die Konzepte des Degrees und der Netzwerkdichte etwas anders gefasst werden. Dies lässt sich am Hilfenetzwerk demonstrieren.

Im Hilfenetzwerk in Abbildung 5.1 gibt es 12*11 = 132 geordnete Paare bzw. mögliche gerichtete Linien. Davon sind 24 Linien realisiert. Die Netzwerkdichte beträgt daher $\Delta = 24/132 = 0{,}182$. Für ein kleines Netzwerk wie dieses ist dies ein relativ geringer Wert. Kleine kohäsive Netzwerke können durchaus Dichtewerte um 0,4 und höher aufweisen.

Mit der Größe der Netzwerke muss allerdings die Dichte grundsätzlich abnehmen. Ursache ist, dass die Beziehungskapazität der einzelnen Akteure begrenzt ist. In einem Netzwerk mit 10 Personen kann ein Akteur durchaus noch mit allen neun anderen Akteuren direkte Beziehungen unterhalten. Ein Netzwerk von 100 Personen würde aber 99 direkte Beziehungen für einen Akteur bedeuten. Dies übersteigt seine zeitlichen und sozialen Ressourcen. Große Netzwerke sind deshalb weniger dicht geknüpft. Ein weiterer Faktor, der die Netzwerkdichte beeinflusst, ist der Gegenstand des Netzwerks. Verwandtschafts- und Freundschaftsnetzwerke sind in der Regel dichter als berufsbezogene Netzwerke. Ein weiteres Moment ist gemäß dem Argument der begrenzten Beziehungskapazität die Aufwendigkeit der betrachteten Beziehungen. Kontaktnetzwerke sind deshalb eher dichter als Hilfenetzwerke.

In der Nachbarschaft von W_1 liegen S_1, W_3, W_9 und W_4. An W_1 setzten vier Linien an, drei davon gehen von W_1 aus (S_1, W_3 und W_9), eine geht bei ihm ein (von W_4). W_1 hat deshalb einen sogenannten Indegree (eingehende Linien oder Hilfebeziehungen) von 1 und einen Outdegree von 3 (ausgehende Linien oder Hilfebeziehungen).

Die Degrees der Akteure informieren über ihre Eingebundenheit in ein Netzwerk. Stark eingebundene Akteure sind in vielerlei Hinsicht in einer günstigen Situation. Sie können Ressourcen über ihr Netzwerk mobilisieren, sie erfahren Achtung im Netzwerk, sie können unter Umständen den Informationsfluss im Netzwerk beeinflussen und Macht gewinnen.

Degrees beruhen auf ungerichteten Beziehungen, *Indegrees* und *Outdegrees* beruhen auf gerichteten Beziehungen. Hier ist die Beziehung so notiert, dass Pfeile von W_1 nach S_1, W_3 und W_9 bedeuten, dass W_1 diesen Kollegen hilft. W_1 ist also ein begehrter Hilfeleistender im Netzwerk. Viele Akteure nutzen seine Kooperationsbereitschaft. Er selbst nimmt dagegen nur von W_4 Hilfe in Anspruch. Hilfe zu geben, ist positiv. Von daher kann hier der Outdegree als Maß angesehen werden, wieviel Kompetenz einem Akteur im Netzwerk zugemessen wird. Der Indegree misst hier einerseits, wie sehr ein Akteur auf Hilfe angewiesen ist, aber auch wieviel soziale Unterstützung er über sein Netzwerk mobilisieren kann. Indegrees und Outdegrees sind bereits einfache Maßzahlen für *Prestige*, Popularität oder Reputation sowie von sozialer Unterstützung von Akteuren in Netzwerken (vgl. hierzu Kapitel 6). Indegrees messen, wie häufig ein Akteur von anderen „gewählt" wird, Outdegrees messen, wie häufig ein Akteur „Wahlen" vergibt.

In Graphen gibt es sogenannte *Wege* (walks) und *Pfade* (paths). Einen Weg durchläuft man über durch Linien direkt verbundene Punkte. Hierbei dürfen auch Punkte und Linien mehrfach begangen werden. Ein Pfad existiert zwischen zwei Punkten, wenn sie durch eine Reihe von Linien indirekt verbunden sind, ohne dass dabei ein Punkt mehrfach berührt wird. Die netzwerkanalytisch relevante Maßzahl ist der Pfad. Die Wege sind nur von rechentechnischer Bedeutung. Die Pfade zwischen zwei Akteuren werden auf dem Umweg über die Berechnung der Wege ermittelt. Die Länge eines Pfades misst, ob ein Akteur in seinem Informations- und Ressourcennetzwerk nur auf lokale Quellen zurückgreifen kann oder auch weit entfernte Regionen erreichen kann. Gleichzeitig bedeutet hohe Pfadlänge natürlich auch ein Risiko für Verfälschungen und Verluste auf dem Transportweg.

Bei nichtgerichteten Graphen ist die Richtung ohne Belang, bei gerichteten Digraphen muss die Weg- oder Pfadrichtung „stimmen". Im Hilfenetzwerk besteht z.B. zwischen W_1 und S_1 ein indirekter Pfad über W_3 und W_2. Außerdem sind die beiden Punkte auch direkt verbunden, d.h. adjazent.

Ein *Zyklus* ist ein geschlossener Pfad, der zum Ausgangspunkt zurückkehrt. Ein solcher Zyklus besteht im Hilfenetz zum Beispiel zwischen W_7, S_4 und W_8. W_7 hilft S_4, dieser hilft W_8 und W_8 hilft wiederum W_7. Netzwerke mit vielen Zyklen sind in hohem Maße sozial geschlossen. Sie sind einerseits zu generalisierter Reziprozität fähig: die Entlohnung für die erhaltene Hilfe erfolgt nicht durch den Hilfeempfänger direkt, sondern durch ein anderes Netzwerkmitglied. Solche Ringtauschverfahren haben in vormodernen Gesellschaften eine wesentliche Rolle für die soziale Integration gespielt. Netzwerke mit vielen Zyklen sind andererseits aber nicht in der Lage, Informationen schnell und über weite Strecken in andere Netzwerkregionen zu transportieren. Dies kann man sich nochmals am „Small World" Experiment oder den Unterschieden in den Freundschaftsnetzwerken für den besten Freund und den achtbesten Freund (vgl. Kapitel 2. 1) verdeutlichen.

Pfade zwischen zwei Punkten können durch ihre *Länge* gekennzeichnet werden. Sie bemisst sich nach der Anzahl der Linien, die man auf dem Pfad passieren muss. Zwischen zwei Punkten kann es viele verschiedene Pfade geben. Zwischen W_1 und W_7 im Hilfenetz gibt es zum Beispiel einen Pfad über S_1. Dieser Pfad hat die Länge 2. Aber es gibt auch einen Pfad von W_1 über W_3, W_2, W_4, W_6 und W_8 zu W_7. Dieser Pfad hat die Länge 6. Die Nähe zwischen zwei Punkten kann man durch die sogenannte kürzeste *Pfaddistanz* ausdrücken. Das ist die Länge des kürzesten Pfades zwischen zwei Punkten. Dieser kürzeste Pfad heißt mit dem englischen Terminus *geodesic*. Statt von Pfaddistanz ist in der Literatur daher auch von „geodesic distance" die Rede. Je kürzer die Pfadlänge zwischen zwei Punkten, desto weniger störungsanfällig ist ihre Beziehung und desto schneller werden Ressourcen oder Informationen übertragen. Auch die Frage, ob es mehrere Pfade gibt, ist für die Robustheit der Beziehung zwischen zwei Akteuren von Belang. Je mehr Pfade, desto unwahrscheinlicher ist es, dass Informationen oder Ressourcen überhaupt nicht ankommen. Auch werden die „Kosten" des Transportes, z.B. eine Provision, die an die Vermittler auf dem Pfad zu zahlen ist, um so geringer ausfallen, je mehr Pfade existieren. Sollte ein Vermittler unverschämte Forderungen stellen, verfügt der Akteur noch über andere Vermittler, auf die er ausweichen kann.

Im Hilfenetz sind zum Beispiel die Drahtarbeiter W_1 und W_4 nicht direkt verbunden. Der kürzeste Weg von W_1 zu W_4 läuft über W_3, von dort zu W_2 und dann zu W_4. Die Pfaddistanz zwischen W_1 und W_4 beträgt deshalb 3. Dabei gibt es auch die Möglichkeit, dass Punkte sich gegenseitig nicht erreichen können. Die Pfaddistanz ist dann unendlich. W_1 kann z.B. W_5 nicht erreichen. Außerdem kann man anhand des Soziogramms auszählen, aber auch ausrechnen (siehe Kapitel 5.3.4), wie viele Wege der Länge 2 oder der Länge 3 es zwischen zwei Punkten gibt. Es kann auch mehrere verschiedene Wege der gleichen Länge zwischen zwei Punkten geben, ebenso auch mehrere geodesics.

In der Graphentheorie sind auch Konzepte für den *Grad der Verbundenheit* von ganzen Graphen bzw. Netzwerken entwickelt worden. Graphen, die nicht verbunden sind, zerfallen in verschiedene sogenannte *Komponenten*. Zwischen den Punkten aus verschiedenen Komponenten bestehen keine Pfade. Innerhalb einer Komponente kann aber jeder jeden zumindestens indirekt erreichen. Dies lässt sich am einfachsten an ungerichteten Graphen demonstrieren. Das Freundschaftsnetzwerk weist zum Beispiel fünf Komponenten auf: vier davon bestehen aus den isolierten Akteuren I_3, W_5, W_6 und S_2. Die fünfte Komponente ist das restliche Netzwerk, in dem jeder jeden zumindest indirekt erreichen kann (als Freund eines Freundes...).

Man kann auch die Bedeutung von einzelnen Akteuren und Linien im Netzwerk für den Zusammenhalt des Netzwerkes oder einer seiner Komponenten untersuchen. Unter einem sogenannten *Cutpoint* wird ein Akteur verstanden, der für den Zusammenhalt des Netzwerkes so wichtig ist, dass seine Eliminierung zum Zerfall in verschiedene Komponenten führen würde. Im Freundschaftsnetzwerk ist S_1 ein solcher Akteur. Würde man ihn und alle ihn berührenden Linien entfernen, so zerfiele die fünfte Komponente in zwei unverbundene Teile. Auch W_7 ist eine solche Cutpoint-Person. Eine sogenannte *Brücke* ist eine Linie, deren Entfernung den gleichen Effekt hat, aus einer Komponente mindestens zwei zu machen. Hier ist die Linie zwischen S_1 und W_7 eine solche Brücke. Cutpoint-Personen können erhebliche Vorteile aus ihrer strukturellen Positionierung in Netzwerken ziehen. Sie können Informationen aus verschiedenen Netzwerkregionen zusammenführen. Sie stehen im Schnittpunkt verschiedener sozialer Kreise (siehe die Ausführungen zu Simmel in Kapitel 2) und sind deshalb auch die typischen Innovateure, Modernisierer und Wanderer (vgl. hierzu Kapitel 6 und 9).

Die Verbundenheit oder Anfälligkeit eines Graphen für den Zerfall in verschiedene Komponenten steht in Beziehung zu den anderen schon behandelten Konzepten. Graphen sind um so weniger anfällig, je höher ihre Dichte und je größer der durchschnittliche Degree der Akteure. Je mehr Pfade es zwischen Akteurpaaren gibt, je kürzer diese sind und je kürzer die geodesics sind, um so robuster ist ein Graph gegenüber der Blockierung einzelner Akteure oder Pfade.

Die Verbundenheit zwischen Punkten (= individuelle Ebene bzw. Ebene von Dyaden) und innerhalb von Netzwerken (= Ebene des Gesamtnetzwerks) ist für Digraphen etwas komplizierter zu erfassen. Ungerichtete Graphen können nur verbunden oder unverbunden sein. Digraphen weisen wegen der Berücksichtigung der Richtung der Verbindung mehrere Varianten auf. Bei Punkten in *Digraphen* werden vier verschiedene *Status der Verbundenheit* unterschieden.

Tabelle 5.1: Verbundenheit zwischen Punkten in Digraphen

0-Verbundenheit	Keine Verbindung zwischen den Punkten. In beiden Richtungen nicht füreinander erreichbar.
1-Verbundenheit	Punkte sind gegenseitig erreichbar, wenn die Richtung des Pfades nicht beachtet wird.
2-Verbundenheit	Punkte sind durch einen gerichteten Pfad in der einen Richtung, aber nicht in der anderen verbunden.
3-Verbundenheit	Punkte sind in beiden Richtungen durch einen gerichteten Pfad verbunden.

Im Beispiel des Hilfenetzes gibt es kein völlig unverbundenes Punktepaar. Es gibt allerdings ein Punktepaar, W_5 und S_2, zwischen denen weder in die eine noch in die andere Richtung ein durchlaufender Pfad besteht. Sie sind nur 1-verbunden. Dabei werden Pfade mit unterschiedlicher Richtung aneinandergesetzt, hier von S_2 nach W_6, dann von W_6 nach W_3 und schließlich – sozusagen gegen die Einbahnstraße – von W_3 zu W_5. Man spricht dann auch von sogenannten Semipfaden.

Wegen der Beschränkung auf jeweils nur einen ausgehenden Pfeil sind W_5 und S_2 auch die richtigen Kandidaten, um nach 2-Verbundenheit zwischen Punktepaaren zu suchen. Beispielsweise kann S_2 W_6 erreichen, aber nicht umgekehrt. W_5 kann W_2 auf einem gerichteten Pfad der Länge 2 erreichen, aber nicht umgekehrt. Gegenseitige Erreichbarkeit von Punktepaaren besteht natürlich immer dann, wenn Punkte mit Doppelpfeilen direkt miteinander verbunden sind, z.B. zwischen W_2 und W_3. 3-Verbundenheit ist aber ein schwächeres Verbundenheitskonzept, auch indirekte Verbindungen zählen. W_6 kann etwa W_1 in vier Schritten ohne Verletzung der Einbahnstraße erreichen (über W_7, S_4, W_4). Auch W_1 kann W_6 in vier Schritten erreichen (über W_3, W_2, W_4). Sie sind deshalb 3-verbunden.

Mit Hilfe dieses Verbundenheitskonzeptes für Paare lassen sich auch ganze Netzwerke charakterisieren. Hierbei untersucht man die Frage, welcher Grad der Verbundenheit zwischen allen möglichen Paaren des Netzes besteht.

Tabelle 5.2:   Verbundenheit von Digraphen

– Stark verbunden	Jedes Paar des Graphen ist 3-verbunden.
– Einseitig verbunden	Jedes Paar des Graphen ist 2-verbunden.
– Schwach verbunden	Jedes Paar des Graphen ist 1-verbunden.
– Nicht verbunden	Mindestens ein Punkt des Graphen ist nicht erreichbar.

Das Hilfenetzwerk ist schwach verbunden. Es gibt ein Punktepaar, W_5 und S_2, zwischen denen nur eine 1-Verbindung besteht. Nimmt man allerdings die beiden im Soziogramm weggelassenen Inspektoren hinzu, die weder einander noch irgend einem anderen Arbeiter helfen und auch keine Hilfe empfangen, so wäre der Graph nicht verbunden.

5.2 Soziomatrizen und Affiliations-Matrizen

Netzwerkdaten können auch als Matrizen dargestellt werden. Auch andere Umfragedaten werden in der Form von Matrizen organisiert, im Rechner abgelegt und in den statistischen Prozeduren verarbeitet. Solche Datenmatrizen sind rechteckige Anordnungen von Zahlen e_{ij} in n Zeilen und m Spalten. Der Index i bezieht sich dabei auf die Zeilen, j bezieht sich auf die Spalten. In den üblichen Datenmatrizen der Sozialforschung sind in den Zeilen der Matrix die n verschiedenen Merkmalsträger untereinandergesetzt. Die Daten in einer Zeile beziehen sich immer auf denselben Befragten. Im Kopf der Matrix bzw. in den Spalten stehen die m Attribute oder Merkmale, die für die Befragten erhoben worden sind. So steht z.B. in der zweiten Spalte nach einer

Identifikationsnummer das Alter des Befragten, in der dritten Spalte ist sein Geschlecht vercodet (1 = weiblich, 2 = männlich), usw. In aller Regel werden wesentlich mehr Befragte als Merkmale untersucht, die Matrix hat deshalb viel mehr Zeilen als Spalten.

Tabelle 5.3:   Beispiel einer herkömmlichen Datenmatrix

Identifikationsnr.	Alter	Geschlecht	Einkommen
1	20	1	2500
2	43	2	5600
3	60	1	1200
n-ter Befragter	...		

In der Netzwerkanalyse wird das gleiche formale Instrument, die Matrix, zur Abbildung von Beziehungen innerhalb eines Akteursets oder zwischen einem Akteurset und einem Set von Ereignissen oder Organisationen eingesetzt. Der einfachere Fall ist die Abbildung der Beziehungen innerhalb eines Akteursets in der *Soziomatrix*. In der Netzwerkanalyse repäsentieren die Zeilen und Spalten die Akteure des Netzes, d.h. die Matrix ist eine quadratische n*n-Matrix. Bei gerichteten Beziehungen gilt die Konvention, dass die Akteure in der Zeile die Sender, die in der Spalte die Empfänger der Beziehung sind. Entsprechend bezeichnet der Index i den Sender, der Index j den Empfänger einer Beziehung. Jeder Akteur kommt sowohl als Sender als auch als Empfänger in der Matrix vor, wechselweise mit dem Index i oder j versehen. Alle Daten des Akteurs Nr. 1 als Sender von Beziehungen stehen in der ersten Zeile. Ein Eintrag in der ersten Zeile in der vierten Spalte symbolisiert dann eine Beziehung von Akteur Nr. 1 an Akteur Nr. 4. Alle Daten von Akteur Nr. 1 als Empfänger von Beziehungen stehen entsprechend in der ersten Spalte. Die Zeile gibt an, von wem die Beziehung ausgeht.

Bei gerichteten Beziehungen ist die Matrix asymmetrisch, d.h. $e_{ij} \neq e_{ji}$. Bei ungerichteten Beziehungen ist die Matrix symmetrisch, also $e_{ij} = e_{ji}$. Das bedeutet, dass die sogenannte obere und untere Dreiecksmatrix identisch sind. Sie ergeben sich, wenn man die Matrix entlang der Hauptdiagonale von oben links nach unten rechts in zwei Dreiecke aufteilt. In der Hauptdiagonale stehen – falls dies zugelassen ist – die Beziehungen der Akteure zu sich selbst. Zur Vereinfachung wird bei symmetrischen Matrizen häufig auch nur die untere Dreiecksmatrix dargestellt.

Wenn für die untersuchte Relation nur unterschieden wird, ob sie vorhanden oder nicht vorhanden ist, wird dies durch die Zahlen 0 und 1 symbolisiert. Eine solche Matrix ist binär und heißt auch Adjazenzmatrix oder *Berührungsmatrix*. Bei bewerteten Matrizen symbolisiert e_{ij} die Häufigkeit oder Intensität der Beziehung.

Die beiden folgenden Tabellen sind Matrizendarstellungen der Daten des Hilfenetzes und des Freundschaftsnetzes. Matrizen werden abgekürzt mit großen Buchstaben bezeichnet, die frei wählbar sind. Die Elemente der Matrix werden mit entsprechenden kleinen Buchstaben und den Indizes für Zeile und Spalte bezeichnet. Soziomatrizen oder Netzwerkmatrizen enthalten eine zusätzliche Information, nämlich in der Vorspalte und der Kopfzeile die Angaben über Sender und Empfänger der Beziehung. Diese sind hier einfach durchnumeriert, beginnend mit den Arbeitern W, dann die Arbeiter S und schließlich die beiden Inspektoren. Abweichend von der Darstellung im Soziogramm des Hilfenetzes sind die beiden Inspektoren hier auch aufgenommen worden. Da sie keine Hilfe leisten oder bekommen, weisen die ihnen zugehörigen Zeilen und Spalten nur Nullen auf. Falls die Beziehung nicht reflexiv sein kann, ist die Hauptdiagonale (= Beziehung der Akteure zu sich selbst) eigentlich nicht definiert. Praktisch wird ihr jedoch für Rechenzwecke dann meist eine Null zugewiesen. Ist die Beziehung reflexiv, d.h. in Bezug auf das Selbst immer gegeben, so werden der Hauptdiagonale Einsen zugewiesen.

In der Mathematik wird die Tatsache, dass eine Anordnung von Zahlen eine Matrix sein soll, dadurch angezeigt, dass man sie in runde Klammern setzt. Darauf wird bei der Darstellung von Soziomatrizen verzichtet. Einen Überblick über die mathematische Notation von Matrizen und über die Regeln des Rechnens mit Matrizen gibt das Kapitel 5.4.

Tabelle 5.4:   Soziomatrix des Hilfenetzwerks

	01	02	03	04	05	06	07	08	09	10	11	12	13	14
01	0	0	1	0	0	0	0	0	1	1	0	0	0	0
02	0	0	1	1	0	0	0	0	0	1	0	0	0	0
03	0	1	0	0	0	0	0	0	0	0	0	0	0	0
04	1	0	1	0	0	1	0	0	0	0	0	0	0	0
05	0	0	1	0	0	0	0	0	0	0	0	0	0	0
06	0	0	1	0	0	0	1	1	1	0	0	0	0	0
07	0	0	0	0	0	0	0	0	0	0	0	1	0	0
08	0	0	0	0	0	1	1	0	1	0	0	0	0	0
09	0	0	0	0	0	0	0	0	0	0	0	1	0	0
10	0	0	0	0	0	0	1	0	0	0	0	0	0	0
11	0	0	0	0	0	1	0	0	0	0	0	0	0	0
12	0	0	0	1	0	0	0	1	0	0	0	0	0	0
13	0	0	0	0	0	0	0	0	0	0	0	0	0	0
14	0	0	0	0	0	0	0	0	0	0	0	0	0	0

Der Eintrag 1 im Hilfenetz in der zweiten Reihe und der dritten Spalte bedeutet, dass Akteur 02 (= W_2) dem Akteur 03 (=W_3) hilft. Es ist nicht impliziert, dass auch Akteur 03 dem Akteur 02 hilft. Dafür müsste in der dritten Reihe und zweiten Spalte ebenfalls eine 1 stehen, was hier der Fall ist. Der Hilfepfeil aus dem Soziogramm von W_1 (Akteur 01) auf S_1 (Akteur 10) findet sich in der Matrix als eine 1 in der ersten Zeile und der zehnten Spalte. An der korrespondierenden Stelle, zehnte Zeile/erste Spalte steht hier keine 1, sondern eine Null, weil Akteur 10 dem Akteur 01 nicht hilft.

Tabelle 5.5: Soziomatrix des Freundschaftsnetzes

	01	02	03	04	05	06	07	08	09	10	11	12	13	14
01	0	0	1	1	0	0	0	0	0	1	0	0	0	0
02	0	0	0	0	0	0	0	0	0	0	0	0	0	0
03	1	0	0	1	0	0	0	0	0	1	0	0	1	0
04	1	0	1	0	0	0	0	0	0	1	0	0	0	0
05	0	0	0	0	0	0	0	0	0	0	0	0	0	0
06	0	0	0	0	0	0	0	0	0	0	0	0	0	0
07	0	0	0	0	0	0	0	1	1	1	0	0	0	0
08	0	0	0	0	0	0	1	0	1	0	0	1	0	0
09	0	0	0	0	0	0	1	1	0	0	0	1	0	0
10	1	0	1	1	0	0	1	0	0	0	0	0	0	0
11	0	0	0	0	0	0	0	0	0	0	0	0	0	0
12	0	0	0	0	0	0	0	1	1	0	0	0	0	0
13	0	0	1	0	0	0	0	0	0	0	0	0	0	0
14	0	0	0	0	0	0	0	0	0	0	0	0	0	0

Soziomatrizen sind immer *quadratische Matrizen*. In der Vorspalte und in der Kopfzeile stehen exakt die gleiche Anzahl von Akteuren. Außerdem ist die Reihenfolge der Akteure in Vorspalte und Kopfzeile dieselbe. Ein zweiter Typ von Matrizen in der Netzwerkanalyse sind *Affiliations-Matrizen*. Affiliationen können Organisationen oder Verbände sein, aber auch Ereignisse oder Gelegenheiten verschiedenen Typs, z.B. Anhörungen, Familienfeiern, Konferenzen. Solche Matrizen sind nur im Ausnahmefall quadratisch, wenn es genauso viele Akteure wie Affiliationen gibt. Die Matrizen sind ebenfalls binär. Auch hier gibt eine Eins an der entsprechenden Stelle an, dass die Person Mitglied der Organisation ist oder an dem Ereignis teilgenommen hat. Eine Null bedeutet entsprechend keine Mitgliedschaft oder Teilnahme. Solche Beziehungsmuster zwischen Personen und Affiliationen nennt man auch *bipartite Netzwerke*. Bipartit heißen sie deshalb, weil die Linien hier zwei verschiedene Typen von Elementen miteinander verbinden.

Für die Matrixnotation von bipartiten Netzwerke gilt die Konvention, dass die Akteure in der Vorspalte notiert werden, und die Affiliationen in der Kopfzeile. Solche Affiliations-Matrizen sind wichtige Lieferanten von „richtigen" Netzwerkdaten, die aus dieser Ausgangsinformation gewonnen werden können (siehe Kapitel 5.3). Ein Beispiel für ein solches Netzwerk ist das bereits im Kapitel 2 erwähnte Netzwerk zwischen Frauen von Old City, die durch die gemeinsame Teilnahme an gesellschaftlichen Ereignissen miteinander vernetzt sind. Diese Daten sind von Homans (1960/1950) und später von Breiger (1974) netzwerkanalytisch untersucht worden. Die folgende Tabelle präsentiert einen kleinen Ausschnitt der Gesamttabelle.

Tabelle 5.6:   Affiliations-Netzwerk: Sieben Frauen in Old City und ihre Teilnahme an drei gesellschaftlichen Ereignissen

	Ereignis 1	Ereignis 2	Ereignis 3
Eleanor	0	1	0
Brenda	0	1	0
Dorothy	0	0	0
Verne	0	0	0
Flora	1	0	0
Olivia	1	0	0
Laura	0	1	1

5.3 Netzwerkanalytische Maßzahlen

Im folgenden wird für die bereits vorgestellten Maßzahlen und einige weitere Maßzahlen erläutert, wie sie sich aus den Soziomatrizen errechnen lassen. Hierbei sind zwei bzw. drei Analyseebenen zu unterscheiden. Die erste Gruppe von Maßen bezieht sich auf die Ebene des einzelnen Akteurs. Eine zweite Gruppe von Maßzahlen charakterisiert dagegen das gesamte Netzwerk. Hierbei ist noch zwischen dem Ego-Netzwerk, das einige Besonderheiten aufweist, und einem „richtigen" Gesamtnetzwerk zu unterscheiden. Schließlich gibt es eine Reihe aus den Soziomatrizen ableitbare Matrizen, aus denen sich Maßzahlen zur Kennzeichnung von Dyaden ergeben, z.B. die Matrix aller Wege der Länge 2 oder der Länge 3, oder die sogenannte Pfaddistanzmatrix, die die „Entfernung" zwischen den Akteuren in der Länge des kürzesten Pfades angeben. Im Zusammenhang mit diesen abgeleitete Matrizen wird dann auch das Verfahren vorgestellt, mit dem aus Affiliations-Matrizen Soziomatrizen gebildet werden können. Bei der Vorstellung der Maßzahlen muss teilweise auf die Regeln zum Rechnen mit Matrizen zurückgegriffen werden. Eine kurze Einführung dazu bietet Kapitel 5.4.

5.3.1 Beschreibung von Akteuren

Die grundlegendste Maßzahl zur Charakterisierung der Qualitäten eines Akteurs, die er aus seiner Netzwerkeinbettung gewinnt, ist der im Kapitel 5.1 bereits beschriebene Degree. Der Degree jedes Akteurs im Netzwerk ergibt sich als Summe der Einträge in seiner Zeile in der Berührungsmatrix. Im Freundschaftsnetzwerk beträgt der Degree des ersten Akteurs 3, der des zweiten Akteurs ist Null. Bei ungerichteten Graphen bzw. symmetrischen Matrizen kann der Degree ebenfalls über die Summe der Einträge in der jeweiligen Spalte des Akteurs berechnet werden. Wegen der Symmetrie kommen beide Prozeduren zum gleichen Ergebnis. Formal kann man den Degree mit dem kleinen Buchstaben d bezeichnen. In einer Berührungsmatrix X berechnet sich der Degree des i-ten Akteurs wie folgt:

$$(5.1) \qquad d_i = \sum_{j=1}^{N} x_{ij} = x_{i.} \qquad\qquad für\ i \neq j$$

Man summiert also in der Zeile des Akteurs i, für den der Degree berechnet werden soll, über alle Spalten von j = 1 bis zur letzten Spalte die Elemente der Matrix X auf. Dabei lässt man die Spalte des betrachteten Akteurs, also den Wert in der Hauptdiagonale, aus. Hier ist ja i = j. Diese Summe kann man auch mit dem Symbol für die Randsumme $x_{i.}$ darstellen. Der Punkt an der Stelle im Index, wo sonst j stehen würde, bedeutet, dass man über alle j Akteure summiert.

Entsprechend sind der *Indegree* und der *Outdegree* von Akteuren in Netzwerken mit gerichteten Beziehungen zu berechnen. Für den Indegree summiert man die Spalte des jeweiligen Akteurs auf, für den Outdegree die Zeile des Akteurs. Beim Indegree ist der betrachtete Akteur ein Empfänger von Wahlen und wird mit j indiziert. Beim Outdegree ist er Sender von Wahlen und wird mit i gekennzeichnet. Im Beispiel des Hilfenetzwerkes hat der zweite Akteur einen Indegree von 1 und einen Outdegree von 3.

$$(5.2) \qquad id_j = \sum_{i=1}^{N} x_{ij} = x_{.j} \qquad\qquad für\ i \neq j$$

$$(5.3) \qquad od_i = \sum_{j=1}^{N} x_{ij} = x_{i.} \qquad\qquad für\ i \neq j$$

$$(5.2') \qquad id_2 = \sum_{i=1}^{10} x_{i2} = x_{.2} = 1$$

$$(5.3') \qquad od_2 = \sum_{j=1}^{10} x_{2j} = x_{2.} = 3$$

Man kann den Degree, Indegree und Outdegree von Akteuren auch standardisieren. Hierdurch macht man die Maßzahl über verschieden große Netzwerke vergleichbar. Ein absoluter Indegree von 3 in einem Netzwerk von 10 Akteuren ist nicht vergleichbar mit einem Indegree von 3 bei 100 Akteuren. Um diesen Größeneffekt des Netzwerks zu neutralisieren, dividiert man den Degree durch die Zahl der möglichen Wahlen. Bei irreflexiven Beziehungen (keine Selbstwahlen möglich) ist dies (N–1).

Eine weitere Maßzahl für den einzelnen Akteur ist sein *Multiplexitätsgrad*. Hohe Multiplexität deutet wie auch ein hoher Degree auf eine starke Eingebundenheit in das Netzwerk hin. Multiplexität macht ebenso wie die Existenz vieler Pfade zwischen zwei Akteuren die Beziehung zwischen diesen weniger störungsanfällig. Ein Akteur mit vielen multiplexen Beziehungen hat gute Möglichkeiten zur Mobilisierung von Hilfe, aber er unterliegt auch einem hohen Grad sozialer Kontrolle. Eine Beziehung ist ja dann multiplex, wenn sie in mehr als einer Relation besteht. Ein Akteur, zu dem der betrachtete Akteur sowohl als Nachbar als auch als Arbeitskollege Beziehungen unterhält, kann also leicht feststellen, ob der Akteur tatsächlich wegen Krankheit im Betrieb gefehlt hat oder aber „blau macht", um seine Wohnung zu renovieren.

Ausgangspunkt für die Berechnung des Multiplexitätsgrades sind mindestens zwei oder mehr Soziomatrizen. Die betrachteten Soziomatrizen addiert man elementweise (vgl. Kapitel 5.4 zu den Rechenregeln für Matrizen). Dann gibt jedes Element der Ergebnismatrix an, in wie vielen Relationen die Beziehung zwischen Akteur i und Akteur j besteht. Mit der Festlegung eines Grenzwerts (2 Relationen, 3 Relationen) wird festgelegt, wann die Beziehung als multiplex gelten soll. An diesem Grenzwert wird die Matrix dichotomisiert, also wieder in eine binäre Matrix verwandelt. Ein Element von 1 bedeutet dann, dass die Beziehung von i zu j multiplex ist, ein Element von Null, dass sie es nicht ist. In ungerichteten Netzwerken kann dann analog zum Degree ein Akteurmultiplexitätsmaß berechnet werden. Man dividiert die Anzahl der multiplexen Beziehungen in der Zeile eines Akteurs, durch die Zahl seiner Beziehungen zu anderen Akteuren (N-1). Dabei lässt man wieder den Wert in der Hauptdiagonale aus. Bei gerichteten Beziehungen misst die Zeilenmultiplexität die Netzwerkbeteiligung des Akteurs, die Spaltenmultiplexität die Beliebtheit des Akteurs im Netzwerk.

5.3.2 Beschreibung von ego-zentrierten Netzwerken

Die Maßzahlen für Ego-Netzwerke zielen auf zwei verschiedene theoretische Konstrukte, die in der Literatur mit dem Begriff des *sozialen Kapitals* verbunden werden (vgl. auch Kapitel 1.3). Dahinter steht die Vorstellung, dass Individuen sich Handlungschancen nicht nur durch materiellen Kapitalbesitz oder durch ihre eigenen Fähigkeiten und Fertigkeiten (Humankapital) eröffnen, sondern auch aus ihrer Einbettung in soziale Systeme Gewinn ziehen können. Bourdieu (1983) benutzt diesen als Metapher schon oft in der Soziologie verwendeten Begriff (neben ökonomischen und kulturellem Kapital), um die Mechanismen der Produktion und Reproduktion sozialer Ungleichheit zu fassen.

Soziales Kapital können Akteure sowohl aus dicht geknüpften und nach außen klar abgegrenzten Netzwerken beziehen, als auch aus einer Position als „Cutpoint" zwischen diesen eng vernetzten Cliquen. Soziales Kapital auf der Grundlage sozialer Schließung (Parkin 1983) beruht darauf, dass die Netzwerkakteure auf hohe Solidaritäts- und Hilfepotentiale aus dem Netzwerk zurückgreifen können. Gleichzeitig unterliegen sie allerdings auch starker sozialer Kontrolle. Gruppenspezifische Normen sind klar definiert und werden strikt sanktioniert. Ein Cutpoint-Akteur entzieht sich jedoch der starken Vernetzung mit nur einer Clique. Er steht im Schnittpunkt mehrerer sozialer Kreise, gehört aber keinem so richtig an. Er kann sich den Erwartungen der verschiedenen Gruppen entziehen und eine individualisierte Identität ausbilden. Er ist der typische Abweichler, Modernisierer und Innovateur, der Ideen aus mehreren voneinander getrennten Kontexten zusammenfügt. Und er ist auch der typische Unternehmer, der aus seiner Stellung zwischen den homogenen Cliquen Profite beziehen kann. Er kauft Waren preiswert in Übersee, um sie zu Hause teuer zu verkaufen. Er taktiert geschickt zwischen mehreren Abteilungsleitern eines Unternehmens mit verschiedenen Prioritäten, um seine eigenen Vorstellungen durchzusetzen und Karriere zu machen. Er spielt in der Verbandspolitik die eine Fraktion gegen die andere aus. Er ist ein Chamäleon, das heute so und morgen so agiert.

Diese beiden Grundtypen des sozialen Kapitals beruhen auf verschiedenen, ja gegensätzlichen Netzwerkstrukturen. Sie sind eng mit dem auf Granovetter (1973; 1974/1995) zurückgehenden Begriffspaar der *strong ties* und *weak ties* verbunden. Granovetter stieß in einer der ersten Netzwerkstudien zur beruflichen Mobilität auf die sogenannte Stärke schwacher Beziehungen. Es ging um die Frage, über welche Informationskanäle Personen Informationen über offene Stellen bekommen. Ein Ergebnis der Studie war, dass die Chancen, eine neue Information über eine offene Stelle zu erhalten höher sind, wenn die Information von einem weak tie stammt. Ein solcher weak tie ist eine relativ schwache Beziehung, z.B. ein nur flüchtiger Bekannter. Ein strong tie ist dagegen eine Person, mit der man enge Beziehungen unterhält.[27] Auch strong ties lieferten Unterstützung bei der Jobsuche. Allerdings vermittelten sie eher Informationen, die der Befragte aus seinem engeren Umfeld ohnehin bereits bekommen hatte. Weak ties führten auch oft zu statushöheren Kontaktpersonen. Diese konnten um so attraktivere Stellen vermitteln, je höher ihr eigener Status war (vgl. Kapitel 9.2).

Die These von der Bedeutung der weak ties gilt nicht nur für den Prozess der Arbeitsplatzsuche.[28] Größere und differenzierte Gesellschaften sind vielmehr inhärent auf weak ties für ihre Integration angewiesen. Die Zahl der strong ties, die ein Akteur unterhalten kann, ist recht begrenzt, denn strong ties verlangen viel Zeit und Aufmerksamkeit. Durch strong ties verbundene

---

27 Marsden (1990: 455) berichtet in seinem Überblick über neue Methoden der Messung relationaler Daten, dass Intensität oder Nähe besser als die Dauer oder Häufigkeit die Stärke einer Beziehung messen. Eine Operationalisierung über Dauer führt zu einer Überbetonung von verwandtschaftlichen Beziehungen, über Häufigkeit zu einer Überbetonung von Routinebeziehungen zu Nachbarn oder Arbeitskollegen.

28 Man könnte sagen, dass die strong ties und das in ihnen enthaltene soziale Kapital der mechanischen Solidarität bei Durkheim entsprechen und die weak ties und das in ihnen enthaltene soziale Kapital eine Integration der Gesellschaft über organische Solidarität erlauben.

Cliquen können nicht beliebig wachsen, weil die Beziehungskapazitäten der einzelnen Akteure begrenzt sind. Mehrere strong ties führen tendenziell zu einer Gruppe untereinander ohnehin vernetzter Akteure. Das hat seine Ursache auch darin, dass die Akteure ihre strong ties in ökonomischer Art und Weise pflegen. Mit dem Besuch einer Familienfeier oder einer Fete lassen sich gleichzeitig viele Beziehungen zu Verwandten bzw. Freunden bekräftigen. Solche strong-tie-Cliquen tendieren dann intern zu sozialer Schließung. Normen und Identitäten werden immer wieder bestätigt. Abweichler und Neuartiges werden ausgeschlossen. Das wird aber mit Informationsdefiziten bezahlt. Von den verschiedenen strong-tie-Kontakten bekommt man meistens dieselben Neuigkeiten erzählt. Weak ties dagegen sind weniger redundant, sie liefern neue Informationen. Den Klatsch aus dem eigenen Unternehmen hört man von den Arbeitskollegen in vielen verschiedenen Versionen. Interessante Entwicklungen in den Konkurrenzunternehmen bekommt man dagegen eher auf einer Messe oder Weiterbildungsveranstaltung von Fachkollegen in anderen Firmen zu hören, die man nur sporadisch sieht. Solche weak ties sind in der Lage, auch große Distanzen in Netzwerken zu überbrücken. Sie sind für alle Mobilitäts-, Modernisierungs-, Innovations- und Diffusionsprozesse von Bedeutung, denn sie vermitteln verschiedenartige und oft auch neue Informationen und Normen. Sie sind es auch, die verhindern können, dass Ausschließungsprozesse absolut werden und die verschiedenen stark integrierten Gruppen einer Gesellschaft (Clans, ethnische Gruppen, Klassen, religiöse oder regionale Gruppen, usw.) sich gegenseitig die Lebensberechtigung absprechen und bekriegen.

Wie lässt sich nun die Eigenschaft von Ego-Netzwerken messen, heterogene Informationen zu liefern oder verschiedene Sphären einer Gesellschaft zu verbinden? Es gibt eine Reihe von Maßzahlen, von denen man begründet annehmen kann, dass sie diese Fähigkeit von Ego-Netzwerken beschreiben. Im Prinzip messen sie alle so etwas wie die *„Streuung"* in den *Ego-Netzwerken*. Je größer das Netzwerk ist, je mehr Alteri darin vertreten sind, die sich nicht kennen, und je verschiedenartiger die Alteri in Bezug auf ihre sonstigen Merkmale sind, desto leistungsfähiger ist ein Ego-Netzwerk als Informationslieferant und desto stärker ist seine mobilisierende, verändernde Wirkung auf das Individuum (Burt 1983a).

Soziales Kapital kann sich aber auch in den *strong ties* manifestieren. Ein Beispiel ist ein von ethnisch homogenen Einwanderergemeinden in den USA organisiertes privates Kreditsystem. Hiermit wurden Existenzgründungen aus der eigenen Ethnie unterstützt. Dieses Kreditsystem funktioniert – sowohl was die Bereitschaft zur Einzahlung durch die Gemeindemitglieder als auch was die Rückzahlungsmoral anbetrifft – auf der Basis sozialer Schließung. Ethnisch spezifische Normen konnten innerhalb der kleinen und nach außen abgegrenzten Gemeinschaft durchgesetzt werden. Die häufigen und engen Beziehungen unter den Gemeindemitgliedern sichern die unmittelbare Beobachtbarkeit und Sanktionierbarkeit von Abweichlern (Coleman 1988; Portes/Sensenbrenner 1993). Weitere Beispiele liefern die stadtsoziologische Forschung zu nachbarschaftlichen und verwandtschaftlichen Hilfesystemen und die medizinsoziologische Forschung zur Bedeutung sozialer Unterstützung als Schutzschild gegen psychische oder somatische Erkrankungen.

Welche Maßzahlen können nun das Solidaritäts- und Hilfepotential von Ego-Netzwerken beschreiben? Im Prinzip werden hierzu die gleichen Maßzahlen wie zur Beschreibung der Informationsfunktion herangezogen, allerdings sozusagen mit umgekehrtem Vorzeichen (bis auf die Netzwerkgröße, die ebenfalls positiven Einfluss hat). Dichte Netzwerke mit vielen Alteri, die einander aus mehreren Kontexten kennen, Netzwerke mit hoher Multiplexität und homogenen Akteuren sind die Lieferanten von sozialer Unterstützung für Ego.

Das grundlegendste Maß zur Charakterisierung eines Ego-Netzwerkes ist neben der Zahl der Alteri (=*Netzwerkgröße* für Ego-Netzwerke) die Dichte. *Dichte* ist definiert als das Verhältnis der vorhandenen Beziehungen im Netzwerk zur Zahl der möglichen Beziehungen. Ego-Netzwerke werden nun aber dadurch erhoben, dass Ego aufgefordert wird, Alteri zu benennen. Die Beziehung von Ego zu seinen Alteri ist also sozusagen ein „Artefakt", durch das Erhebungsverfahren notwendig bedingt. Die Konsequenz ist, dass die Dichte im Ego-Netzwerk nicht mehr zwischen den theoretisch möglichen Werten Null und Eins variiert, sondern in Richtung dichter Netzwerke verzerrt ist. Mit dieser Tatsache wird unterschiedlich umgegangen. Viele Analytiker von Ego-Netzwerken schließen die Ego-Alter-Beziehungen aus der Dichteberechnung aus (Scott 1991: 75f; Walker et al. 1994). Schenk (1995) will das übliche Dichtemaß durch ein Maß der Netzgeschlossenheit ergänzen, dass nur die Alter-Alter-Beziehungen erfasst.

Ein weiteres Problem stellt der Umgang mit der Multiplexität in Ego-Netzwerken dar. Wenn das Netzwerk mit mehreren Namensgeneratoren erhoben wird, entsteht für jeden Beziehungstyp ein eigenes Netzwerk. Die Beziehungen zwischen den Alteri werden dagegen weniger differenziert erhoben (vgl. Kapitel 4.2.2). Von der sonst üblichen Regel, verschiedene Netzwerke durch verschiedene Graphen bzw. Matrizen abzubilden, wird daher in der Analyse der Dichte von Ego-Netzwerken abgewichen.

Tabelle 5.7:   Soziomatrix eines Ego-Netzwerkes

	Ego	Alter 1	Alter 2	Alter 3	Alter 4	Alter 5
Ego	0	1	1	1	1	1
Alter 1	1	0	1	0	1	1
Alter 2	0	1	0	0	0	0
Alter 3	0	0	0	0	1	0
Alter 4	1	1	0	1	0	1
Alter 5	1	1	0	0	1	0

Mit Bezug auf die Ego-Alter-Beziehung handelt es sich in Tabelle 5.7 um eine gerichtete Beziehung, Asymmetrien kommen vor. Die Alteri sind hier also auch zu ihrer Beziehung zu Ego befragt worden. Die Beziehungen zwischen den Alteri sind dagegen symmetrisch vercodet, da die meisten Instrumente nur danach fragen, ob die Alteri sich kennen, ggf. noch ob sie sich gut kennen. Es wird für die Berechnung hier für das Gesamtnetzwerk von gerichteten Beziehungen ausgegangen: die Zahl der möglichen Beziehungen beträgt demnach 6*5 = 30. Davon sind 18 Beziehungen realisiert.

$$(5.4) \qquad Dichte\ \Delta_{Ego} = \frac{\sum_i \sum_j x_{ij}}{n*(n-1)} \qquad\qquad für\ i \neq j$$

$$(5.4') \qquad Dichte\ \Delta_{Ego} = \frac{18}{30} = 06$$

Alternativ kann die Dichte nur für die Alteri-Beziehungen berechnet werden, was hier zur Unterscheidung als Δ_{Alteri} notiert wird. Das Summenzeichen läuft dann, wenn man Ego jeweils als ersten Akteur notiert, erst ab i = 2, bzw. j = 2.

$$(5.5) \qquad Dichte\ \Delta_{Alteri} = \frac{\sum_{i=2}^{n} \sum_{j=2}^{n} x_{ij}}{(n-1)*(n-2)} \qquad\qquad für\ i \neq j\ und\ i/j \neq 1$$

$$(5.5') \qquad Dichte\ \Delta_{Alteri} = \frac{10}{20} = 0,5$$

Für die Berechnung der *Multiplexität* der Beziehungen in Ego-Netzwerken kann nur auf die Beziehungen zwischen Ego und seinen Alteri zurückgegriffen werden. Die Beziehungen zwischen den Alteri müssen mangels Informationen vernachlässigt werden. Die Akteurmultiplexität Egos kann durch eine Teilmatrix abgebildet werden, in der jeweils für alle Alteri eingetragen wird, wie viele der untersuchten Beziehungen (Haus hüten, Geld leihen, Freizeit verbringen) zwischen den jeweiligen Dyaden gegeben sind. Ab einem bestimmten Grenzwert m der Multiplexität von Beziehungen gilt die Beziehung zwischen Ego und Alter als multiplex, hier z.B. ab dem Grenzwert 2. Für diese Fälle wird der Wert dann auf 1 (=multiplex) festgelegt; für alle anderen Spalten auf Null. Man könnte hierbei theoretisch auch noch die Richtung der Beziehung berücksichtigen. Dies ist deshalb nicht üblich, weil hierzu häufig Daten fehlen. Statt aus den als Namensgeneratoren verwendeten Relationen kann die Multiplexität der Ego-Alter-Beziehungen auch aus den Angaben zur Rolle der Alteri (z.B. Verwandter und Nachbar, oder Arbeitskollege und Nachbar) berechnet werden.

Tabelle 5.8:   Beziehungsmultiplexität zwischen Ego und seinen Alteri bei drei Beziehungen und m=2

	Ego	Alter 1	Alter 2	Alter 3	Alter 4	Alter 5
Anzahl m	3	1	1	2	3	
$X_{ij(m)}$ m=2	1	0	0	1	1	

Als Maß für die Multiplexität gilt dann die Zahl der Ego-Alter-Beziehungen, die den Grenzwert übersteigen, bezogen auf die Zahl aller Ego-Alter-Beziehungen.

$$(5.6) \qquad \textit{Multiplexität des Akteurs i } M'_i = \frac{\sum_{j=1}^{n} x_{ij(m)}}{(n-1)} \qquad \textit{für } i \neq j$$

$$(5.6') \qquad M'_i = 3/5 = 0,6$$

Eine weitere Gruppe von Maßzahlen für Ego-Netzwerke bezieht sich nicht auf relationale Merkmale, sondern auf die absoluten Attribute der Alteri. Es sind Maße, die die Verschiedenartigkeit der Alteri messen. In der netzwerkanalytischen Literatur werden sie als Maße für den „*Range*" des Netzwerks bezeichnet. Das einfachste Range-Maß ist die Netzwerkgröße, d.h. die Zahl der Alteri. Hierbei wird die Verschiedenartigkeit der Alteri einfach unterstellt. Diversitätsmaße wie der IQV-Index (Index qualitativer Variation) von Mueller und Schuessler (1977: 175ff), der A_w-Index von Lieberson (1969: 851ff) oder Simpsons D (Diekmann 1991: 569) messen die Verschiedenartigkeit der Alteri in nominalskalierten Merkmalen wie z.B. Geschlecht oder Rollenkontext des Alteri. Alle Maßzahlen variieren zwischen Null (keinerlei Streuung über die Ausprägungen des qualitativen Merkmals, alle Alteri gehören derselben Kategorie an) und 1 (maximale Verschiedenartigkeit). Heterogenitätsmaße für metrisch skalierte Merkmale sind die Standardabweichung oder der Variationskoeffizient. Die Standardabweichung hat allerdings den Nachteil, dass sie nicht normiert ist. Der Variationskoeffizient bezieht die Standardabweichung auf das arithmetische Mittel, kann aber ebenfalls Werte größer 1 annehmen. Sowohl die Standardabweichung als auch der Variationskoeffizient sind Null bzw. nahe Null, wenn die Verschiedenartigkeit im Netzwerk klein ist.

5.3.3 Beschreibung von Gesamtnetzen

Die Merkmale für Gesamtnetzwerke unterscheiden sich nur in Details von den Maßzahlen für Ego-Netzwerke. Die *Dichte* der Beziehungen entspricht dem Verhältnis aus der Zahl der realisierten Beziehungen zur Zahl der möglichen Beziehungen. Völlig analog ist ein *Multiplexitätsmaß* für ein Gesamt-netzwerk definiert: Zahl der multiplexen Beziehungen bezogen auf die Zahl der möglichen Beziehungen. Multiplexität setzt – wie schon mehrfach er-wähnt – mindestens zwei Relationen voraus. Ein drittes Maß ist das Ausmaß der Kohäsion im Netzwerk. Dieses lässt sich nur in gerichteten Netzwerken feststellen. *Kohäsion* ist definiert als Zahl der gegenseitigen Wahlen bezogen auf die Zahl der Dyaden im Netzwerk. Alle Maßzahlen für Gesamtnetzwerke variieren zwischen Null und Eins. Werte nahe Null bedeuten geringe Dichte, Multiplexität oder Kohäsion im Netzwerk, also ein weak-tie-Netzwerk. Werte nahe Eins bedeuten hohe Dichte, Multiplexität oder Kohäsion, also ein strong-tie-Netzwerk.

Für Gesamtnetzwerke wird die Dichte grundsätzlich relationsspezifisch erhoben. Teilweise wird in der Literatur deshalb der Index k für die betrach-tete Relation hinzugesetzt.

$$(5.7) \qquad Dichte\ \Delta_k = \frac{\sum_{i=1}^{N}\sum_{j=1}^{N} x_{ijk}}{N(N-1)} \qquad\qquad i \neq j$$

$$(5.8) \qquad Netzwerkmultiplexität\ M = \frac{\sum_{i=1}^{N}\sum_{j=1}^{N} x_{ij(m)}}{N*(N-1)} \qquad\qquad i \neq j$$

$$(5.9) \qquad Netzwerkkohäsion\ G = \frac{\sum_{i=1}^{N}\sum_{j=1}^{N}(x_{ij} + x_{ji})}{\big([N(N-1)]/2\big)}$$

für $i \neq j$, $i<j$ und $(x_{ij} + x_{ji}) = 1$, falls beide Werte 1, sonst 0

Technisch lässt sich die *Netzwerkmultiplexität* durch Addition der beteiligten Netzwerkmatrizen errechnen. Bei der Matrizenaddition werden jeweils die korrespondierenden Elemente der Matrix addiert. Zur besseren Unterschei-dung ist hier das Hilfenetz mit H und seine einzelnen Elemente mit h, und das Freundschaftsnetzwerk mit F und seine einzelnen Elemente mit f be-zeichnet. Das Ergebnisnetzwerk sei M mit den Elementen m. Dann ergibt sich das neue Element m_{11} als Summe von h_{11} und f_{11} (0 + 0 = 0), das neue Element m_{13} als Summe aus h_{13} und f_{13} (1 + 1 = 2), usw.

Tabelle 5.9:   Multiplexitätsmatrix M: Addition von H- und F-Matrix

	01	02	03	04	05	06	07	08	09	10	11	12	13	14
01	0	0	2	1	0	0	0	0	1	2	0	0	0	0
02	0	0	1	1	0	0	0	0	0	1	0	0	0	0
03	1	1	0	1	0	0	0	0	0	1	0	0	1	0
04	2	0	2	0	0	1	0	0	0	1	0	0	0	0
05	0	0	1	0	0	0	0	0	0	0	0	0	0	0
06	0	0	1	0	0	0	1	1	1	0	0	0	0	0
07	0	0	0	0	0	0	0	1	1	1	0	1	0	0
08	0	0	0	0	0	1	2	0	2	0	0	1	0	0
09	0	0	0	0	0	0	1	1	0	0	0	2	0	0
10	1	0	1	1	0	0	2	0	0	0	0	0	0	0
11	0	0	0	0	0	1	0	0	0	0	0	0	0	0
12	0	0	0	1	0	0	0	2	1	0	0	0	0	0
13	0	0	1	0	0	0	0	0	0	0	0	0	0	0
14	0	0	0	0	0	0	0	0	0	0	0	0	0	0

Die Ergebnismatrix M in Tabelle 5.9 enthält dann in ihren Zeilen und Spalten dort die Zahl 2, wo Beziehungen in beiden Netzen vorliegen, 1 wo nur eine der beiden Beziehungen vorliegt, und Null, wo keine vorliegt. Eine Auszählung der „Zweien" und ihre Division durch die Zahl der möglichen Beziehungen ergibt das Multiplexitätsmaß.[29]

(5.8')   *Multiplexität M = 9/(14*13) = 0,049*

Die *Kohäsion* im Hilfenetzwerk lässt sich ebenfalls matrix-algebraisch berechnen. Hierzu symmetrisiert man die Hilfematrix exklusiv. Das bedeutet, dass man aus der asymmetrischen Hilfematrix eine symmetrische Matrix macht. In dieser Matrix hat ein Element nur dann den Wert 1, wenn sowohl h_{ij} als auch h_{ji} 1 sind. In allen anderen Konstellationen wird der Wert 0 zugewiesen. Die weiteren Berechnungen beziehen sich dann nur auf die untere Dreiecksmatrix. Die Anweisung i < j in der Gleichung (5.9) bewirkt, dass alle Elemente der oberen Dreiecksmatrix, bei denen j > i ist, nicht mehr betrachtet werden. Die untere Dreiecksmatrix enthält für symmetrische Matrizen ja bereits alle Informationen. Die Zahl der Einsen in dieser Matrix entspricht der Zahl der gegenseitigen Wahlen. Die Zahl der möglichen gegenseitigen Wahlen ist die Anzahl der Dyaden ([N*{N-1}]/2). Man sieht hier, dass es nur zwei gegenseitige Wahlen gibt, zwischen den Akteuren 2 und 3 und den Akteuren 6 und 8. Insgesamt wären aber 91 gegenseitige Wahlen möglich. Es gibt 91 verschiedene Dyaden.

---

29 Rechentechnisch würde man die Multiplexitätsmatrix an der gewünschten Stelle m dichotomisieren und dann die „Dichte" ausrechnen.

Tabelle 5.10: Exklusiv symmetrisierte Matrix des Hilfenetzwerks H
(untere Dreiecksmatrix)

	01	02	03	04	05	06	07	08	09	10	11	12	13	14
01														
02	0													
03	0	1												
04	0	0	0											
05	0	0	0	0										
06	0	0	0	0	0									
07	0	0	0	0	0	0								
08	0	0	0	0	0	1	0							
09	0	0	0	0	0	0	0	0						
10	0	0	0	0	0	0	0	0	0					
11	0	0	0	0	0	0	0	0	0	0				
12	0	0	0	0	0	0	0	0	0	0	0			
13	0	0	0	0	0	0	0	0	0	0	0	0		
14	0	0	0	0	0	0	0	0	0	0	0	0	0	

(5.9')   *Kohäsion G = 2/91 = 0,021*

5.3.4 Beschreibung indirekter Beziehungen

Die bisher besprochenen Maßzahlen sind für kleine Netzwerke oft besser
dem Soziogramm als der Soziomatrix zu entnehmen. Die Analyse der indirekten Beziehungen ist aber selbst in kleinen Soziogrammen kaum über bloße visuelle Inspektion zu leisten. Hier bieten die Matrixdarstellung und die
Matrixalgebra erhebliche Analysevorteile.

Indirekte Beziehungen der Länge 2, 3, ... T können festgestellt werden, indem die betreffende Adjazenzmatrix in die jeweilige Potenz gesetzt wird. In
der Matrix H^2 steht, wie viele Wege der Länge 2 jeweils die Akteure i und j
im Hilfenetz miteinander verbinden. H^3 gibt entsprechend an, wie viele Wege
der Länge 3 existieren, usw. Wege in Graphen dürfen anders als Pfade auch
Akteure oder Linien mehrfach begehen. Was eigentlich von Interesse ist, sind
die Pfade in der Matrix. Sie können über die Potenzmatrizen ermittelt werden. Jeder Pfad ist ja auch ein Weg und die kürzesten Wege müssen die gesuchten Pfade sein. Die maximale Pfadlänge in einem Netzwerk beträgt N-1.
Sonst müsste der Pfad einen Akteur zweimal berühren.

Die Potenzen der Berührungsmatrix werden benutzt, um zwei wichtige
abgeleitete Matrizen zur Beschreibung des Netzwerks zu berechnen. Das ist
zum einen die *Erreichbarkeitsmatrix.* Sie gibt an, ob Akteure füreinander erreichbar sind, und wie viele alternative Wege die Akteure benutzen könnten.
Erreichbarkeit bedeutet, dass ein Pfad zwischen zwei Akteuren besteht. Zerfällt ein Netzwerk in zwei oder mehr Gruppen von Akteuren, die füreinander
nicht erreichbar sind, so handelt es sich um ein polarisiertes Netzwerk, in
dem es schnell zu Konflikten kommen kann. Netzwerke, in denen die Er-

reichbarkeit der Akteure füreinander von wenigen Netzwerkpersonen abhängt, sind von diesen Cutpoints abhängig. Mit ihrem Abwandern bricht der Austauschprozess ab bzw. die Cutpoints können sich ihre Maklerdienste ggf. gut bezahlen lassen. Netzwerke, in denen dagegen hohe Erreichbarkeitswerte zwischen allen Akteuren bestehen, weisen viele alternative Verbindungsmöglichkeiten auf. Sie sind gegenüber dem Zusammenbrechen einzelner Wege robust.

Die Erreichbarkeitsmatrix R (reachability) addiert die verschiedenen Potenzen der Ausgangsmatrix K über die verschiedenen Weglängen. Sie erfasst, auf wie vielen Wegen ein Akteur einen anderen erreichen kann. Die Anzahl der Schritte T kann maximal N-1 groß werden.

(5.10)   *Erreichbarkeitsmatrix* $R^T = K^1 + K^2 + K^3 + ... + K^T$

Die Erreichbarkeitsmatrix gibt mit k_{ij} an, ob Akteur i Akteur j erreichen kann. Das Matrixelement k_{ij} gibt die Zahl der Wege mit maximaler Länge T zwischen i und j an. 0 bedeutet, i kann j in T Schritten nicht erreichen. Häufig wird statt der ausführlichen Erreichbarkeitsmatrix auch eine dichtotome Version benutzt. Sie beruht auf R^T. Die Matrix wird hierfür so dichotomisiert, dass alle Elemente größer oder gleich 1 den Wert 1 zugewiesen bekommen. Sie wird üblicherweise nur mit R oder X^R bezeichnet. 0 bedeutet dann, Akteur i kann Akteur j nicht erreichen, 1 bedeutet entsprechend Akteur i kann Akteur j erreichen.

Aus den Potenzen der Berührungsmatrix lässt sich auch die sogenannte *Pfaddistanzmatrix* gewinnen. Die Pfaddistanz ist schon eingeführt worden als die Länge des kürzesten Pfades zwischen zwei Akteuren. Der kürzeste mögliche Pfad zwischen zwei Akteuren hat die Länge 1. Dann steht an der entsprechenden Stelle in der Berührungsmatrix selbst eine 1. Nur für die Matrixelemente, die in der Berührungsmatrix den Wert Null haben, wird anhand der Potenzmatrizen geprüft, ob ein Pfad der Länge 2, der Länge 3 usw. zwischen den Akteuren besteht. In der Distanzmatrix wird dann entsprechend eine 2, 3 usw. für die Pfadlänge zwischen den Akteuren notiert.

Für die technische Berechnung der Pfaddistanzmatrix werden die einzelnen Wegmatrizen ab der Länge 2 einer weiteren Prozedur unterzogen. Alle Elemente, die nicht in Wegmatrizen kürzerer Länge schon besetzt waren, werden auf den Wert der jeweiligen Potenz T (T = Pfadlänge) gesetzt. Alle schon mit kürzeren Wegen belegten Elemente bekommen in der jeweils höheren Potenzmatrix den Wert 0 zugewiesen, um beim Addieren nicht überschrieben zu werden. Dass es sich um die so veränderten Matrizen handelt, wird durch einen Strich neben der Potenzzahl angezeigt. $K^{2'}$ entspricht also K^2, wobei alle Nichtnullelemente auf 2 gesetzt werden, außer bei den Elementen, die in K schon besetzt sind. Hier gibt es ja einen kürzeren Pfad der Länge 1. Sie werden in $K^{2'}$ auf Null gesetzt.

$$(5.11) \qquad \textit{Pfaddistanzmatrix } D^T = K + K^{2'} + K^{3'} + \ldots + K^{T''}$$

Tabelle 5.11: Matrix H^2 – Wege der Länge 2 im Hilfenetzwerk

	01	02	03	04	05	06	07	08	09	10	11	12	13	14
01	0	1	0	0	0	0	1	0	0	0	0	1	0	0
02	1	1	1	0	0	1	1	0	0	0	0	0	0	0
03	0	0	1	1	0	0	0	0	0	1	0	0	0	0
04	0	1	2	0	0	0	1	1	2	1	0	0	0	0
05	0	1	0	0	0	0	0	0	0	0	0	0	0	0
06	0	1	0	0	0	1	1	0	1	0	0	2	0	0
07	0	0	0	1	0	0	0	1	0	0	0	0	0	0
08	0	0	1	0	0	0	1	1	1	0	0	2	0	0
09	0	0	0	1	0	0	0	1	0	0	0	0	0	0
10	0	0	0	0	0	0	0	0	0	0	0	1	0	0
11	0	0	1	0	0	0	1	1	1	0	0	0	0	0
12	1	0	1	0	0	2	1	0	1	0	0	0	0	0
13	0	0	0	0	0	0	0	0	0	0	0	0	0	0
14	0	0	0	0	0	0	0	0	0	0	0	0	0	0

Tabelle 5.12: Matrix H^3 – Wege der Länge 3 im Hilfenetzwerk

	01	02	03	04	05	06	07	08	09	10	11	12	13	14
01	0	0	1	2	0	0	0	1	0	1	0	1	0	0
02	0	1	3	1	0	0	1	1	2	2	0	1	0	0
03	1	1	1	0	0	1	1	0	0	0	0	0	0	0
04	0	2	1	1	0	1	2	0	1	1	0	3	0	0
05	0	0	1	1	0	0	0	0	0	1	0	0	0	0
06	0	0	2	3	0	0	1	3	1	1	0	2	0	0
07	1	0	1	0	0	2	1	0	1	0	0	0	0	0
08	0	1	0	2	0	1	1	2	1	0	0	2	0	0
09	1	0	1	0	0	2	1	0	1	0	0	0	0	0
10	0	0	0	1	0	0	0	1	0	0	0	0	0	0
11	0	1	0	0	0	1	1	0	1	0	0	2	0	0
12	0	1	3	0	0	0	2	2	3	1	0	2	0	0
13	0	0	0	0	0	0	0	0	0	0	0	0	0	0
14	0	0	0	0	0	0	0	0	0	0	0	0	0	0

Im Folgenden sollen die Berechnung der Erreichbarkeitsmatrix und der Pfaddistanzmatrix bis zur Länge 3 am Beispiel des Hilfenetzwerkes demonstriert werden. Hierzu benötigt man die Matrizenmultiplikation, die im Abschnitt 5.4 an einem einfachen Beispiel ausführlich erklärt ist. Die Multiplikation einer Soziomatrix mit sich selbst ergibt die zweite Potenz K^2. Multipliziert man das Ergebnis nochmals mit der Soziomatrix, erhält man die dritte Potenz K^3. Die Addition der Matrizen erfolgt, wie oben schon erläutert, elementweise. Da die Matrixmultiplikation größerer Matrizen per Hand sehr mühsam ist, sind die beiden Potenzmatrizen H^2 und H^3 in den Tabellen 5.11 und 5.12 gegeben. Für die Addition zur Erreichbarkeitsmatrix E und die Ableitung der Distanzmatrix D per Hand macht man sich am besten zu jeder Zeile ein Schema wie in Tabelle 5.13.

Tabelle 5.13: Hilfstabelle für die Berechnung der Erreichbarkeits- und Pfaddistanzmatrix im Hilfenetzwerk: Erste Zeile

H	0	0	1	0	0	0	0	0	1	1	0	0	0	0
H²	0	1	0	0	0	0	1	0	0	0	0	1	0	0
H³	0	0	1	2	0	0	0	1	0	1	0	1	0	0
Σ=E³	0	1	2	2	0	0	1	1	1	2	0	2	0	0
D³	0	2	1	3	0	0	2	3	1	1	0	2	0	0

E ergibt sich einfach als Summe aus den drei oberen Zeilen H, H² und H³. Aus diesen lässt sich auch die Pfaddistanz D ablesen. Falls in der oberen Zeile H eine 1 steht, so wird dem Element der Wert 1 zugewiesen. Steht dort eine Null, aber in der zweiten Zeile H² ein von Null verschiedener Eintrag, so bekommt das Element den Wert 2. Der kürzeste Pfad hat dann die Länge 2. Für Spalten mit Nullen in Zeile 1 und 2, wird noch Zeile 3 geprüft. Steht dort ein von Null verschiedener Eintrag, so bekommt das Element den Wert 3. Die Distanzen der Akteure zu sich selbst, werden auf Null gesetzt. Die Ergebnisse für alle Zeilen entnimmt man den Tabellen 5.14 und 5.15. Zur Kennzeichnung der Tatsache, dass nur Pfade bis zur Länge 3 berücksichtigt wurden, fügt man die Potenzzahl 3 an die Symbole für die entsprechenden Matrizen an.

Tabelle 5.14: Erreichbarkeitsmatrix R³ für das Hilfenetzwerk

	01	02	03	04	05	06	07	08	09	10	11	12	13	14
01	0	1	2	2	0	0	1	1	1	2	0	2	0	0
02	1	2	5	2	0	1	2	1	2	3	0	1	0	0
03	1	2	2	1	0	1	1	0	1	0	0	0	0	0
04	1	3	4	1	0	2	3	1	3	2	0	3	0	0
05	0	1	2	1	0	0	0	0	0	1	0	0	0	0
06	0	1	3	3	0	1	3	4	1	1	0	4	0	0
07	1	0	1	1	0	2	1	1	1	0	0	1	0	0
08	0	1	1	2	0	2	3	3	3	0	0	4	0	0
09	1	0	1	1	0	2	1	1	1	0	0	1	0	0
10	0	0	0	1	0	0	1	1	0	0	0	1	0	0
11	0	1	1	0	0	2	2	1	2	0	0	2	0	0
12	1	1	4	1	0	2	3	3	4	1	0	2	0	0
13	0	0	0	0	0	0	0	0	0	0	0	0	0	0
14	0	0	0	0	0	0	0	0	0	0	0	0	0	0

Pfaddistanzen zwischen Akteuren können ähnlich wie die Degrees der Akteure standardisiert werden. Normalisierte Pfaddistanzen oder andere normalisierte Maßzahlen der Nähe nehmen bei direkter Verbundenheit zwischen zwei Akteuren den Wert 1 an. Je weitläufiger die Akteure verbunden sind, desto mehr nähert sich die Maßzahl dem Wert Null an. Bei Unverbundenheit zwischen zwei Akteuren ist ihr Wert Null. Solche Nähemaße werden auf der Basis von Pfaddistanzen in unterschiedlicher Weise konstruiert. Sie sind die Grundlage für verbundenheitsorientierte Gruppierungen von Netzwerkakteuren. Im folgenden werden zwei dieser Maßzahlen erläutert: die normalisierte Pfaddistanz und das „Normalized Linkage Relation"-Maß von Burt.

Tabelle 5.15: Pfaddistanzmatrix D³ für das Hilfenetzwerk

	01	02	03	04	05	06	07	08	09	10	11	12	13	14
01	0	2	1	3	0	0	2	3	1	1	0	2	0	0
02	2	0	1	1	0	2	2	3	3	1	0	3	0	0
03	3	1	0	2	0	3	3	0	0	2	0	0	0	0
04	1	2	1	0	0	1	2	2	2	2	0	3	0	0
05	0	2	1	3	0	0	0	0	0	3	0	0	0	0
06	0	2	1	3	0	0	1	1	1	3	0	2	0	0
07	3	0	3	2	0	3	0	2	3	0	0	1	0	0
08	0	3	2	3	0	1	1	0	1	0	0	2	0	0
09	3	0	3	2	0	3	3	2	0	0	0	1	0	0
10	0	0	0	3	0	0	1	3	0	0	0	2	0	0
11	0	3	2	0	0	1	2	2	2	0	0	3	0	0
12	2	3	2	1	0	2	2	1	2	3	0	0	0	0
13	0	0	0	0	0	0	0	0	0	0	0	0	0	0
14	0	0	0	0	0	0	0	0	0	0	0	0	0	0

Als Bezugsgröße für die normalisierte Pfaddistanz wird die maximal beobachtete Pfaddistanz eines Netzwerkes benutzt. Ergebnis dieser Normalisierung ist ein Indikator für Nähe zwischen zwei Akteuren i und j.

$$(5.12) \qquad p_{ij} = 1 - \frac{d_{ij} - 1}{d_{max}}$$

Der Ausdruck d_{ij} ist die beobachtete Pfaddistanz zwischen i und j, d_{max} ist die größte beobachtete Pfaddistanz im Netzwerk. Die Werte p_{ij} geben entgegen dem Wortlaut nicht mehr Distanzen, sondern eine normalisierte Nähe zwischen den Akteuren an. Sie nehmen den Wert 1 an, falls zwei Akteure direkt miteinander verbunden sind. Sind sie unverbunden, so ist ihre Pfaddistanz unendlich und p_{ij} wird auf 0 gesetzt. Diese Normalisierung dient dazu, Daten aus unterschiedlich großen und unterschiedlich dichten Netzwerken miteinander vergleichbar zu machen. So bedeutet eine Verbindung über zwei Schritte in einem Netzwerk, in dem die maximale Pfaddistanz bei drei Schritten liegt, eine relativ größere Distanz zwischen den Akteuren [1 – (2 – 1)/3 = 2/3] als die gleiche beobachtete Distanz in einem Netzwerk mit maximaler Pfaddistanz von acht Schritten [1 – (2 – 1)/8 = 7/8].

Um zum Beispiel die normalisierte Nähe zwischen den Akteuren 1 und 4 im Hilfenetzwerk zu berechnen, braucht man zunächst die maximale beobachtete Pfaddistanz. Theoretisch ist bei 14 Akteuren eine maximale Distanz von 13 Schritten möglich. Dies wäre realisiert, wenn die Akteure eine Kette bilden. Beobachtet wird aber nur eine maximale Pfaddistanz von 5.[30] Die

---

30 Zwischen folgenden Akteurpaaren: (11, 1), (10,2), (5, 8), (5, 9), (10,10) und (5, 12).

Pfaddistanz d_{14} zwischen 1 und 4 beträgt 3 Schritte. Die normalisierte Nähe beträgt dann 0,6.

$$(5.12') \qquad p_{14} = 1 - \frac{3-1}{5} = 0,6$$

Im Vergleich dazu beträgt die Pfaddistanz zwischen Akteur 5 und Akteur 1 vier Schritte. Die normalisierte Nähe ist entsprechend geringer.

$$(5.12'') \qquad p_{51} = 1 - \frac{4-1}{5} = 0,4$$

Das von Burt (1976, 1982:28f) eingeführte Nähemaß zwischen Akteuren ist das *NLR-Maß* (normalized linkage relation). In das Maß gehen zwei Größen ein. Erstens, die Anzahl von Personen f_{ji}, die j in der gleichen Pfaddistanz d_{ji} erreichen kann, in der er auch i erreicht. Zweitens, die Gesamtzahl der von j erreichbaren Personen n_j. Das Maß wird von Burt mit z_{ji} bezeichnet.

$$(5.13) \qquad z_{ji} = \begin{array}{ll} 1 & \textit{falls } j=i, \\ 1 - (f_{ji}/n_j) & \textit{falls } j \textit{ den } i \textit{ erreichen kann,} \\ 0 & \textit{falls } j \textit{ den } i \textit{ nicht erreichen kann.} \end{array}$$

Hinter dieser Maßzahl steht die Überlegung, dass die Nähe von Akteur j zu Akteur i davon abhängt, wie viele andere Akteure dem j näher oder genauso nahe wie i sind. Damit wird den begrenzten Kapazitäten des Akteurs j für die Unterhaltung von Beziehungen Rechnung getragen. Ein Akteur i sollte also weniger von Akteur j's Beziehungskapazität erhalten, je größer die Anzahl der für Akteur j in dieser Umgebung ebenfalls erreichbaren Akteure ist. Die Anzahl der Akteure, die in dieser Umgebung für j ebenfalls erreichbar sind, wird mit f_{ji} notiert. Der Ausdruck n_j symbolisiert alle für j erreichbaren Personen inklusive sich selbst, unabhängig von der Pfaddistanz. Während die normalisierte Pfaddistanz also auf die maximalen Nähen bzw. Distanzen im Gesamtnetzwerk abstellt, verwendet das NLR-Maß akteurspezifische Normalisierungen.

Zur Illustration seien einige NLR-Werte für das Netzwerk (a) in der Abbildung 4.1 berechnet: Akteur 4 kann Akteur 2 in zwei Schritten erreichen. Also kommt die mittlere Formel in Gleichung (5.13) zum Einsatz. Die Anzahl f_{42} der Akteure, die Akteur 4 innerhalb von zwei Schritten erreichen kann, beträgt fünf. Das sind Akteur 1 und 6 direkt, und die Akteure 3, 2 und 5 indirekt über den Akteur 1. Die Anzahl für Akteur 4 überhaupt erreichbaren Akteure, inklusive er selbst, beträgt sieben. Es ergibt sich eingesetzt in Gleichung (5.13):

$$(5.13') \qquad p_{42} = 1 - 5/7 = 0,286$$

118

Im Vergleich dazu stehen sich die Akteure 4 und 1 näher. Außer 1 kann Akteur 4 noch 3 und 6 in einem Schritt erreichen, also $f_{41}=3$. Die Zahl aller erreichbaren Akteure bleibt gleich.

(5.13'') $p_{41} = 1 - 3/7 = 0,571$

Eine weitere abgeleitete Matrix lässt sich aus den *Affiliations-Netzwerken* gewinnen. Dieses Verfahren ist in der Netzwerkanalyse sehr wichtig, weil es eine Möglichkeit bietet, Netzwerkdaten aus anderen Datentypen zu gewinnen. Es ist z.B. recht einfach, die Teilnehmer an verschiedenen Hearings im Bundestag zu einem Gesetzesvorhaben anhand von Anwesenheitslisten festzustellen oder die Mitglieder der Aufsichtsräte großer Unternehmen aus Handbüchern zu entnehmen. Eine Befragung der gleichen Akteure wäre ungleich aufwendiger und stieße anders als die Beobachtung auf Probleme der Antwortverweigerung und -verzerrung. Bei Richtigkeit der Unterstellung, dass wer gemeinsam im Aufsichtsrat sitzt oder an einem Hearing teilnimmt, auch tatsächlich Kontakt hat, lässt sich aus diesem Datentypus ein Netzwerk gewinnen.

Hierzu braucht man den Begriff der Transponierten einer Matrix. Diese entsteht aus der Ausgangsmatrix, indem man die Zeilen der Matrix als Spalten notiert und ihre Spalten als Zeilen. Bildlich kann man sich das so vorstellen, dass man die Matrix auf die Seite legt, also einmal um 90 Grad dreht. Die Transponierte einer Matrix wird mit dem gleichen Buchstaben wie die Ausgangsmatrix notiert und zur Unterscheidung mit einem hochgestellten Strich gekennzeichnet. Im zweiten Schritt wird die Person-Affilations-Matrix A mit ihrer Transponierten A' nachmultipliziert (vgl. zur Transposition und Multiplikation von Matrizen Kapitel 5.4).

Die Person-Affiliations-Matrix A habe n Zeilen und s Spalten. In den n Zeilen stehen die n Personen, in den s Spalten die s verschiedenen Affiliationen (Organisationen, Ereignisse). Es entsteht nun durch Nachmultiplikation von A mit der Transponierten A' eine Produktmatrix der Größe n*n. Sie gibt die Verflechtung der Personen über gemeinsame Organisationsmitgliedschaften oder Teilnahme am gleichen Ereignis an. Diese Matrix ist immer symmetrisch. Sie enthält als Elemente die Anzahl der Verbindungen zwischen i und j. In der Hauptdiagonale enthält sie die Zahl der Organisationsmitgliedschaften bzw. Ereignisteilnahmen jedes Akteurs.

Dieses Verfahren funktioniert auch in der umgekehrten Richtung. Man kann so Netzwerkdaten für die Beziehung zwischen Organisationen oder Vereinen anhand von überlappenden Mitgliedschaften produzieren. Hierfür verwendet man entsprechend die Vormultiplikation von A' mit A. Es entsteht eine symmetrische s*s Matrix. In der Vorspalte und im Kopf stehen jetzt also die s Ereignisse bzw. Organisationen. Die Elemente der Matrix geben die Verbundenheit zwischen den Organisationen/Ereignissen über die Zahl der gemeinsamen Mitglieder/Teilnehmer an. In der Hauptdiagonale findet sich für jede Organisation bzw. jedes Ereignis die Zahl der Mitglieder bzw. Teilnehmer. Im folgenden wird das Verfahren anhand der Beispieldaten aus Tabelle 5.6 demonstriert, die hier der Übersichtlichkeit halber nochmals abgedruckt ist.

Tabelle 5.6: Person-Affiliations-Matrix A

	Ereignis 1	Ereignis 2	Ereignis 3
Eleanor	0	1	0
Brenda	0	1	0
Dorothy	0	0	0
Verne	0	0	0
Flora	1	0	0
Olivia	1	0	0
Laura	0	1	1

Tabelle 5.16: Affiliations-Person-Matrix A'

	Eleanor	Brenda	Dorothy	Verne	Flora	Olivia	Laura
Ereignis 1	0	0	0	0	1	1	0
Ereignis 2	1	1	0	0	0	0	1
Ereignis 3	0	0	0	0	0	0	1

(5.14) *Person-Person-Matrix = A*A'*

Das erste Element e_{11} der Person-Person-Matrix ergibt sich aus der Summe von Produkten, die sich aus der ersten Zeile von A und der ersten Spalte von A' ergeben. Dabei wird jeweils das erste Element der ersten Zeile von A mit dem ersten Element der ersten Spalte von A' multipliziert. Ebenso wird mit den zweiten Elementen und den dritten Elementen verfahren. Man sieht hieran, weshalb bei der Matrizenmultiplikation die Zahl der Spalten der ersten Matrix mit der Zahl der Zeilen der zweiten Matrix übereinstimmen muss. Man spricht davon, dass die Matrizen verkettet sein müssen. Im Falle der Multiplikation mit der Transponierten stimmt natürlich auch die Zahl der Zeilen der Matrix A mit der Zahl der Spalten der Matrix A' überein. Nur dann ergibt sich eine quadratische Matrix als Ergebnis.

$$
(5.14') \quad A*A' = \begin{pmatrix} 0 & 1 & 0 \\ 0 & 1 & 0 \\ 0 & 0 & 0 \\ 0 & 0 & 0 \\ 1 & 0 & 0 \\ 1 & 0 & 0 \\ 0 & 1 & 1 \end{pmatrix} * \begin{pmatrix} 0 & 0 & 0 & 0 & 1 & 1 & 0 \\ 1 & 1 & 0 & 0 & 0 & 0 & 1 \\ 0 & 0 & 0 & 0 & 0 & 0 & 1 \end{pmatrix}
$$

$$
(5.15') \quad e_{11} = (0*0) + (1*1) + (0*0) = 1
$$

120

Um das Element e_{12} zu berechnen, werden entsprechend die erste Zeile von A und die zweite Spalte von A' kombiniert, usw. Allgemein ergibt sich das Element e_{ij} aus folgender Produktsumme:

$$(5.15) \qquad e_{ij} = \sum_{k=1}^{s} a_{ik} * a'_{kj},$$

Mit k sind in Gleichung (5.15) die Spalten von A und die Zeilen von A' indiziert. Die Summe läuft von 1 bis s.

Tabelle 5.17: Netzwerk der Frauen von Old City (Ausschnitt)

	Eleanor	*Brenda*	*Dorothy*	*Verne*	*Flora*	*Olivia*	*Laura*
Eleanor	1	1	0	0	0	0	1
Brenda	1	1	0	0	0	0	1
Dorothy	0	0	0	0	0	0	0
Verne	0	0	0	0	0	0	0
Flora	0	0	0	0	1	1	0
Olivia	0	0	0	0	1	1	0
Laura	1	1	0	0	0	0	2

Dieser Matrix lässt sich entnehmen, dass Eleanor, Brenda, Flora und Olivia jeweils nur an einem der drei Ereignisse teilgenommen haben. Dorothy und Verne haben an keinem Ereignis teilgenommen, sie sind deshalb in diesem Netzwerk unverbunden. Laura hat an zwei Ereignissen teilgenommen. Es lassen sich neben den beiden isolierten Frauen zwei weitere untereinander nicht verbundene Komponenten identifizieren, zum einen Eleanor, Brenda und Laura, zum anderen Flora und Olivia.

Das Netzwerk der Beziehungen zwischen den Ereignissen ergibt sich durch Vormultiplikation von A' mit A.

$$(5.16) \qquad A' * A$$

$$(5.16') \qquad A' * A = \begin{pmatrix} 0 & 0 & 0 & 0 & 1 & 1 & 0 \\ 1 & 1 & 0 & 0 & 0 & 0 & 1 \\ 0 & 0 & 0 & 0 & 0 & 0 & 1 \end{pmatrix} * \begin{pmatrix} 0 & 1 & 0 \\ 0 & 1 & 0 \\ 0 & 0 & 0 \\ 0 & 0 & 0 \\ 1 & 0 & 0 \\ 1 & 0 & 0 \\ 0 & 1 & 1 \end{pmatrix}$$

Um das Element e_{11} der Produktmatrix zu errechnen, werden die sieben Elemente der ersten Zeile von A' mit den sieben Elementen der ersten Spalte von A gepaart, die Produkte gebildet und aufsummiert. Das Element e_{12} beruht auf der Kombination der ersten Zeile von A' mit der zweiten Spalte von

A. Das Element e_{21} auf der Kombination der zweiten Zeile von A' mit der ersten Spalte von A, usw. Es entsteht eine quadratische 3*3-Matrix der Verbindung der Ereignisse über gemeinsame Teilnehmerinnen.

Tabelle 5.18: Ereignis-Matrix für Old City (Ausschnitt)

	Ereignis 1	Ereignis 2	Ereignis 3
Ereignis 1	2	0	0
Ereignis 2	0	3	1
Ereignis 3	0	1	1

Es zeigt sich, dass Ereignis 2 und 3 durch jeweils eine überlappende Teilnehmerin miteinander verbunden sind. An Ereignis 2 nehmen auch die meisten Teilnehmerinnen teil, nämlich 3. Grundsätzlich steigt die Chance, dass Ereignisse mit anderen verbunden sind mit der Zahl der Teilnehmer. Ereignis 1 hat zwei Teilnehmerinnen gehabt, ist aber dennoch weder mit Ereignis 1 noch 3 verbunden. Man kann also schließen, dass das Ereignis 2 die wichtigste Rolle für die Integration der Frauengesellschaft von Old City spielt.

5.4 Exkurs: Rechnen mit Matrizen

Unter einer *Matrix* versteht man eine rechteckige Anordnung von Zahlen in mehreren Zeilen und Spalten. Die Gesamtmatrix wird mit runden Klammern begrenzt. Gleichartige Zahlengebilde zwischen senkrechten Strichen sind Determinanten. Determinanten sind Kennziffern für Matrizen, die hier jedoch nicht erläutert werden sollen. Die Elemente einer Matrix werden mit kleinen Buchstaben bezeichnet. Ein Matrix A hat also Elemente a. Um den Ort des Elementes in der Matrix zu notieren, werden zwei Indizes angefügt. Der erste bezeichnet die Zeile des Elementes, der zweite die Spalte. Das Element a_{23} steht also in der zweiten Zeile der Matrix A in der dritten Spalte. Die Elemente in einer Matrix können auch negative Zahlen oder Dezimalzahlen sein.

$$(5.17) \qquad A = \begin{pmatrix} a_{11} & a_{12} & a_{13} \\ a_{21} & a_{22} & a_{23} \\ a_{31} & a_{32} & a_{33} \\ a_{41} & a_{42} & a_{43} \end{pmatrix}$$

Matrizen können verschieden groß sein, d.h. unterschiedlich viele Zeilen und Spalten haben. Ihre Größe wird mit der Zahl der Zeilen und Spalten gekennzeichnet und heißt auch *„Ordnung" der Matrix*. Eine Matrix von der Ordnung 4*5 ist also eine Matrix mit vier Zeilen und fünf Spalten. Allgemein wird die Zahl der Zeilen mit n und die Zahl der Spalten mit s bezeichnet.

Die *Transponierte* einer Matrix A wird mit dem Symbol A' bezeichnet. Es handelt sich um die gestürzte Matrix, in der jede Zeile von A als Spalte von A' geschrieben wird. Transponiert man eine bereits transponierte Matrix erneut, so ergibt sich wieder die Ausgangsmatrix.

$$(5.18) \qquad A = \begin{pmatrix} 3 & 1 & 2 \\ 5 & 0 & 4 \\ 1 & 0 & 2 \\ 4 & 1 & 3 \end{pmatrix} \qquad A' = \begin{pmatrix} 3 & 5 & 1 & 4 \\ 1 & 0 & 0 & 1 \\ 2 & 4 & 2 & 3 \end{pmatrix}$$

$$(5.19) \qquad (A')' = A.$$

Eine Matrix ist *quadratisch*, wenn sie die gleiche Zahl von Zeilen und Spalten hat. Sie ist zusätzlich *symmetrisch*, wenn jedes Element (ij) mit dem entsprechenden Element (ji) identisch ist. *Soziomatrizen* sind immer quadratisch. *Affiliations-Matrizen* sind in der Regel rechteckig. Matrizen, die einen nicht gerichteten Graph abbilden, sind symmetrisch. Matrizen, die gerichtete Digraphen abbilden, sind es in der Regel nicht. Die Symmetrie der Beziehung (= Kohäsion) ist hier eine empirische Frage.

Matrizen können permutiert werden. Eine Anzahl von Elementen, z.B. die n Akteure der Soziomatrix, kann man in n! (sprich: n Fakultät) verschiedenen Reihenfolgen notieren. Diese verschiedenen Reihenfolgen nennt man *Permutationen*. Die Reihenfolge, mit der die Akteure der Soziomatrix in der Kopfzeile und in der Vorspalte notiert sind, ist prinzipiell beliebig. Wichtig ist lediglich, dass in Kopfzeile und Vorspalte die Reihenfolge gleich ist. Die Beziehungen als solche werden von den Umordnungen nicht verändert. Die Umordnungen können jedoch die Strukturen der Beziehungen besser sichtbar machen. Dies ist für das Verfahren der Blockmodellanalyse sehr wesentlich. Matrix-Permutationen bedeuten eine gleichzeitige Veränderung der Reihen- und der Spaltenelemente. Außer in sehr kleinen Matrizen ist das nicht von Hand zu bewältigen.

(5.20)   *Anzahl der Permutationen in einer Soziomatrix = n!*

(5.20') $n! = n*(n-1)*(n-2)*(n-3)* ... 3*2*1$

Tabelle 5.19: Soziomatrix X

	Akteur 1	Akteur 2	Akteur 3
Akteur 1	–	0	1
Akteur 2	0	–	0
Akteur 3	1	0	–

Tabelle 5.20: Permutierte Soziomatrix X

	Akteur 1	Akteur 3	Akteur 2
Akteur 1	–	1	0
Akteur 3	1	–	0
Akteur 2	0	0	–

Matrizen werden *addiert oder subtrahiert*, indem die korrespondierenden Elemente der beiden Matrizen A und B addiert oder subtrahiert werden. Dies ist nur möglich, wenn die Matrizen von gleicher Ordnung sind.

$$(5.20)\; A + B = \begin{pmatrix} 3 & 1 & 2 \\ 5 & 0 & 4 \\ 1 & 0 & 2 \\ 4 & 1 & 3 \end{pmatrix} + \begin{pmatrix} 2 & 3 & 4 \\ 7 & 2 & 1 \\ 2 & 3 & 2 \\ 5 & 0 & 3 \end{pmatrix} = \begin{pmatrix} 5 & 4 & 6 \\ 12 & 2 & 5 \\ 3 & 3 & 4 \\ 9 & 1 & 3 \end{pmatrix}$$

Die *Hauptdiagonale* einer quadratischen Matrix verläuft von oben links nach unten rechts. Sie enthält diejenigen Elemente a, für die i = j ist. In Soziomatrizen enthält sie also die Beziehungen der Akteure zu sich selbst. Eine quadratische Matrix, in der nur die Hauptdiagonale besetzt ist, nennt man *Diagonalmatrix*. Eine Diagonalmatrix, die in der Hauptdiagonale nur Einsen aufweist, heißt Einheitsmatrix oder *Identitätsmatrix* I.

Matrizen können miteinander multipliziert werden. Die *Multiplikation von Matrizen* ist nicht kommutativ (d.h. die Reihenfolge ist wichtig). Man spricht deshalb davon, dass A rechts mit B multipliziert wird (Nachmultiplikation mit B = A*B) oder dass A links mit B multipliziert wird (Vormultiplikation mit B = B*A). Die Multiplikation von Matrizen ist nur möglich, wenn die *Matrizen miteinander verkettet* sind, d.h. die Zahl der Spalten der links stehenden Matrix muss mit der Zahl der Zeilen der rechts stehenden Matrix übereinstimmen. Die Matrizen müssen also nur in dem „innenstehenden" Ordnungsmerkmal (n*s Matrix * s*m Matrix ergibt n*m Matrix) übereinstimmen. Sie müssen nicht gleicher Ordnung sein. Falls die Matrizen rechteckig sind, ist es sogar erforderlich, dass sie nicht gleicher Ordnung sind. Quadratische Matrizen gleicher Größe lassen sich immer miteinander multiplizieren. Die Ergebnismatrix hat nur dann dieselbe Ordnung wie die Ausgangsmatrix. Deshalb kann man immer die Potenzmatrizen von Soziomatrizen bilden.

Um ein Element der Produktmatrix zu berechnen, werden die Zeilenelemente der links stehenden Matrix mit den jeweils korrespondierenden Spaltenelementen der rechtsstehenden Matrix multipliziert und diese Produkte werden jeweils für eine Zeile/Spalte aufsummiert. Die Summe ergibt das neue Element, das an der Kreuzung von Zeile und Spalte der Ausgangsmatrizen in der Ergebnismatrix „sitzt".

124

$$(5.21) \qquad C = A * D \leftrightarrow c_{ij} = \sum_{k=1}^{s} a_{ik} * d_{kj},$$

wobei k die Spalten von A und die Zeilen von D indiziert, und von 1 bis s läuft.

$$(5.21') \qquad C = A * D = \begin{pmatrix} 3 & 1 & 2 \\ 5 & 0 & 4 \\ 1 & 0 & 2 \\ 4 & 1 & 3 \end{pmatrix} * \begin{pmatrix} 2 & 3 & 2 & 0 \\ 7 & 2 & 1 & 1 \\ 2 & 3 & 2 & 2 \end{pmatrix} = \begin{pmatrix} 17 & 17 & 11 & 5 \\ 18 & 27 & 18 & 8 \\ 6 & 9 & 6 & 4 \\ 21 & 23 & 15 & 7 \end{pmatrix}$$

Im einzelnen ergeben sich die Elemente in der ersten Zeile als:

$c_{11} = (3*2) + (1*7) + (2*2) = 6 + 7 + 4 = 17$
$c_{12} = (3*3) + (1*2) + (2*3) = 9 + 2 + 6 = 17$
$c_{13} = (3*2) + (1*1) + (2*2) = 6 + 1 + 4 = 11$
$c_{14} = (3*0) + (1*1) + (2*2) = 1 + 4 = 5$

Die Nachmultiplikation von A mit D ist hier möglich, weil die beiden Matrizen miteinander verkettet sind. A hat die Ordnung 4*3. D hat die Ordnung 3*4. Die beiden Matrizen stimmen also in dem innenstehenden Ordnungsmerkmal überein ([4*3] * [3*4]). Welche Ordnung die Ergebnismatrix hat, wird von den außenstehenden Ordnungsmerkmalen bestimmt. Sie ist hier von der Ordnung 4*4.

Die oben beschriebene Identitätsmatrix I (teils in der Literatur auch als E bezeichnet) ist für die Matrizenmultiplikation das *neutrale Element*. Das bedeutet, eine Matrix, vor- oder nachmultipliziert mit I, ergibt wieder sich selbst.

$$(5.22) \qquad A * I = I * A = A$$

Es gibt auch in der Matrizenmultiplikation das sogenannte inverse Element. Ein inverses Element ist allgemein ein Element, das in Bezug auf eine bestimmte Rechenprozedur kombiniert mit einem beliebigen Element als Ergebnis zum neutralen Element führt. In Bezug auf die Addition natürlicher Zahlen ist die Null das neutrale Element (x + 0 = x). Um zur Addition der natürlichen Zahlen ein inverses Element zu finden, muss man zu den negativen Zahlen übergehen [x + (–x) = 0].

Für die Multiplikation ist 1 das neutrale Element (5*1=5). Um das inverse Element zur Multiplikation natürlicher Zahlen zu finden, muss man zu den Brüchen übergehen ($5*\frac{1}{5}=1$). Das inverse Element ist jeweils der Kehrwert x^{-1}. Die Inverse zur Matrix A wird bezeichnet als A^{-1}.

$$(5.23) \qquad A * A^{-1} = I$$

In Bezug auf Matrizenmultiplikation kennzeichnet das inverse Element, dass sich als Ergebnis multipliziert mit einer beliebigen Matrix das neutrale Element, also die Identitätsmatrix ergibt. Es gibt nicht für jede Matrix ein inverses Element, und es würde zu weit führen, die Gründe dafür hier zu erläutern.

Das Rechnen mit Matrizen ist umständlich und fehleranfällig. Insbesondere komplexere Prozeduren wie die Multiplikation, Permutation, die Suche nach einer Inversen oder nach einem Eigenwert/Eigenvektorsystem zu einer Matrix (vgl. den Exkurs in Kapitel 6.2.3) sind nicht sinnvoll von Hand zu bestellen. Netzwerkanalytische Softwareprogramme bieten für die Standardprobleme der Analyse von Netzwerkdaten einfach zu handhabende Prozeduren an. Hinweise auf netzwerkanalytische Software und eine kurze Einführung in das Programm UCINET, das für den Einstieg empfohlen werden kann, liefert der Anhang.

6 Zentralität und Prestige in Netzwerken

Zentralität und Prestige sind netzwerkanalytische Konzepte, die nach der Wichtigkeit, öffentlichen Sichtbarkeit oder „Prominenz" von Akteuren in Netzwerken fragen. Knoke und Burt (1983) unterscheiden zwei Bedeutungsinhalte von Prominenz. *Konzepte der Zentralität von Akteuren gehen davon aus, dass derjenige Akteur prominent im Netzwerk ist, der an vielen Beziehungen im Netzwerk beteiligt und deshalb „sichtbar" ist.* Dahinter steht die Annahme, dass solche prominenten Akteure Zugang zu Netzwerkressourcen, Kontrollmöglichkeiten und Informationen haben. Zentralitätskonzepte setzten lediglich ungerichtete Beziehungen voraus und sind ursprünglich für diese entwickelt worden.[31]

Die Frage nach dem Prestige von Akteuren setzt gerichtete Beziehungen voraus. Prestige hat – einen positiven Relationsinhalt vorausgesetzt – ein Akteur, der von vielen anderen Akteuren direkt oder indirekt „gewählt" wird. Er wird zum Beispiel um Rat oder Hilfe gefragt, er wird als Freund gewählt, er erfährt Achtung und Respekt, er wird als Wissenschaftler mit seinen Arbeiten von anderen zitiert. Der Akteur ist dann sichtbar oder prominent, weil er von vielen anderen Akteuren gewählt wird. Zwischen dem Prestige eines Akteurs und seiner Zentralität können erhebliche Unterschiede bestehen. Man stelle sich z.B. vor, ein wissenschaftlicher Autor zitiert viele hochreputierte andere Autoren, wird aber selbst so gut wie nicht zitiert. In diesem Fall hat er eine hohe Zentralität, er hat Zugang zu den Forschungsarbeiten der wichtigen anderen Autoren. Sein Prestige ist jedoch gering, denn seine eigenen Arbeiten werden von anderen nicht zitiert. Prestigemaßzahlen messen daher eine andere Dimension sozialer Einbettung oder sozialen Kapitals: es geht um die Differenzierung, um Ungleichheit zwischen den Akteuren, die sich aus der Wertschätzung anderer Akteure ergibt. Ein hohes Prestige kann ein Akteur nur dann haben, wenn es im Netzwerk eine minimale Überein-

---

31 Die Zentralität von Akteuren im Sinne ihrer Beteiligung an den Aktivitäten lässt sich aber auch in Netzwerken mit gerichteten asymmetrischen Beziehungen berechnen. Grundlage sind dann die vom Akteur ausgehenden Beziehungen, also die jeweiligen Zeilen der Soziomatrix.

stimmung darüber gibt, was und wer hoch zu bewerten ist. Prestige hat daher immer etwas mit Werten, mit Hierarchien und ihrer Legitimität zu tun. Es misst Herrschaft im Sinne von Weber und nicht bloße Macht.

Prominente Akteure in Netzwerken ziehen aus ihrer Netzwerkposition soziales Kapital. Sie haben Zugang zu vielen Informationsquellen. Deshalb gehören sie sowohl zu denjenigen, die von Neuigkeiten und Innovationen als erste erfahren, als auch zu den Akteuren, die den Verbreitungsprozess aktiv beeinflussen können. Czepiel (1974) fand z.B., dass innerhalb des Branchenkommunikationsnetzwerks zentrale Stahlunternehmen zu den Firmen gehörten, die eine neue Herstellungstechnologie als erste einführten. Knoke und Burt (1983) zeigen in einer Reanalyse der Studie von Coleman et al. (1966) zur Durchsetzung neuer Medikamente in der Verschreibungspraxis von Ärzten, dass ein enger Zusammenhang zwischen frühzeitiger Anwendung des Medikamentes und dem Prestige eines Arztes besteht, jedoch kein Zusammenhang mit dessen Zentralität.

Zentralitäts- oder Prestigeindizes für Akteure beschreiben deren Prominenz im Netzwerk. Daneben gibt es auch Maßzahlen für ganze Netzwerke (oder Gruppen in Netzwerken). Sie werden am besten als Indizes für die Zentralisierung oder Hierarchisierung im Netzwerk begriffen. Sie messen, ob im Netzwerk (oder in einer Teilgruppe) einer der Akteure im Vergleich zu den anderen herausragend zentral ist. Dahinter steht die Vorstellung, dass Netzwerke oder Teilgruppen, in denen es einen Akteur mit herausragender Zentralität gibt, über größere Kooperations- und Problemlösungskapazität verfügen, schneller reagieren können, eher zu gemeinsamem kollektiven Handeln fähig sind. So konnten z.B. Bavelas (1950) und Leavitt (1951) zeigen, dass die Problemlösungsfähigkeit von Gruppen und die Wahrnehmung von Führung in stark zentralisierten Gruppen höher ist als in weniger zentralisierten.

Im folgenden werden drei verschiedene Zentralitätskonzepte für Akteure vorgestellt. Sie sind für ungerichtete Netzwerke konzipiert. Dies sind Zentralitätsindizes auf der Basis des Degrees eines Akteurs, auf der Basis der Nähe eines Akteurs zu allen anderen Akteuren (Closeness) und auf der Basis des „Dazwischen-sein" eines Akteurs zwischen anderen Akteurpaaren (Betweenness). Auf der Basis der Werte für die einzelnen Akteure lassen sich auch entsprechende Maßzahlen der Netzwerkzentralisierung errechnen. Für gerichtete Beziehungen werden drei Prestigemaßzahlen vorgestellt: Prestige auf der Basis der Indegrees, Prestige als Einflussdomäne eines Akteurs auf der Basis von Nähe (Proximity-Prestige) und das Rangprestige eines Akteurs. Während in die beiden ersten Prestigemaßzahlen direkte (Degree) und indirekte (Proximity-Prestige) Wahlen, die bei einem Akteur eingehen, betrachtet werden, bemisst sich das Rangprestige eines Akteurs nicht nur nach der Zahl seiner „Wähler", sondern auch nach jeweils deren eigenem Prestige.

Friedkin (1991) hat ein theoretisches Modell der sozialen Beeinflussung als Grundlage für verschiedene Zentralitäts- und Prestigekonzepte entwickelt.

Das Modell ist mathematisch komplex, aber seine grundlegende Idee ist einfach nachzuvollziehen. Zentralitätsmaßzahlen und Prestigemaßzahlen spiegeln die Beteiligung eines Akteurs in den Prozessen gegenseitiger sozialer Beeinflussung wider. Verschiedene Maßzahlen unterscheiden sich in ihren Annahmen über die Struktur dieses Beeinflussungsprozesses. Die Maßzahlen eines ersten Typus erfassen den totalen sozialen Einfluss. Sie sind nach dem Muster des Rangprestige-Maßes konstruiert. Sie erfassen alle Netzwerkwege und ihr jeweiliges Gewicht. Für diesen Beeinflussungsprozess über alle Wege ist jedoch Zeit erforderlich. Im Gegensatz hierzu erfassen Maßzahlen des zweiten Typs, die auf Degree, Closeness oder Proximity basieren, solche Einflüsse eines Akteurs, die sich relativ schnell durchsetzen können. Immer dann, wenn Zeit eine knappe Ressource ist, sind diese Maßzahlen von Bedeutung. Je knapper die Zeit ist, oder je weniger sicher der Ressourcen-, Einfluss- oder Informationstransport über längere Wege, desto sinnvoller ist es, auf Maße zurückzugreifen, die den Beeinflussungsprozess nach dem ersten Schritt als abgeschlossen sehen (degree-basierte). Längere Einflussketten, die maximal (n-1) Schritte zurückgehen, werden von den auch die indirekten Verbindungen zählenden Maßen berücksichtigt (Closeness- oder Proximity-basierte Maße). Sie vernachlässigen aber das sozusagen noch davor erworbene Gewicht der einzelnen Akteure auf dem indirekten Einflussweg, das im Rangprestige mit berücksichtigt wird. Schließlich gibt es noch die Maßzahlen des dritten Typus, die auf die Vermittlerrolle von Akteuren in sozialen Einflussprozessen abstellen: Prototyp ist hier das Betweenness-Maß von Freeman.

6.1 Zentralität und Zentralisierung

Was unter Zentralität eines Akteurs in einem Netzwerk zu verstehen ist, lässt sich am besten im Vergleich von vier Soziogrammen verdeutlichen. In der Abbildung 6.1 werden dargestellt: ein sternförmiges Netzwerk („star"), ein Kreis („circle"), ein Doppelstern und eine Kette („chain"). Intuitiv sieht man, dass Akteur A im sternförmigen Netzwerk der zentrale Akteur ist. Die Akteure B - I sind dagegen alle in gleicher Weise peripher: sie sind nur mit jeweils einer Beziehung in die Aktivitäten im Netzwerk eingebunden. Im Vergleich dazu ist im Kreis Akteur A in keiner Weise hervorgehoben. Er ist nicht mehr und nicht weniger zentral als alle anderen Akteure. Stern und Kreis sind die beiden Extremformen sowohl im Hinblick auf die Akteurzentralität als auch im Hinblick auf die Netzwerkzentralisierung. *Alle Operationalisierungen von Zentralität stimmen darin überein, dass der Akteur in der Mitte eines Sterns maximale Zentralität und das sternförmige Netzwerk den höchsten Grad von Zentralisierung aufweist. Ebenso kommen alle Maßzahlen zu dem Ergebnis, dass im Kreis keinerlei Unterschiede in der Zentralität der*

Akteure bestehen und das Netzwerk die geringstmögliche Zentralisierung aufweist. Bei komplexeren Netzwerkstrukturen endet jedoch die Übereinstimmung zwischen den verschiedenen Maßzahlen.

Abbildung 6.1: Vier Soziogramme zum Zentralitätsbegriff: (1) Stern, (2) Kreis, (3) Doppelstern und (4) Kette

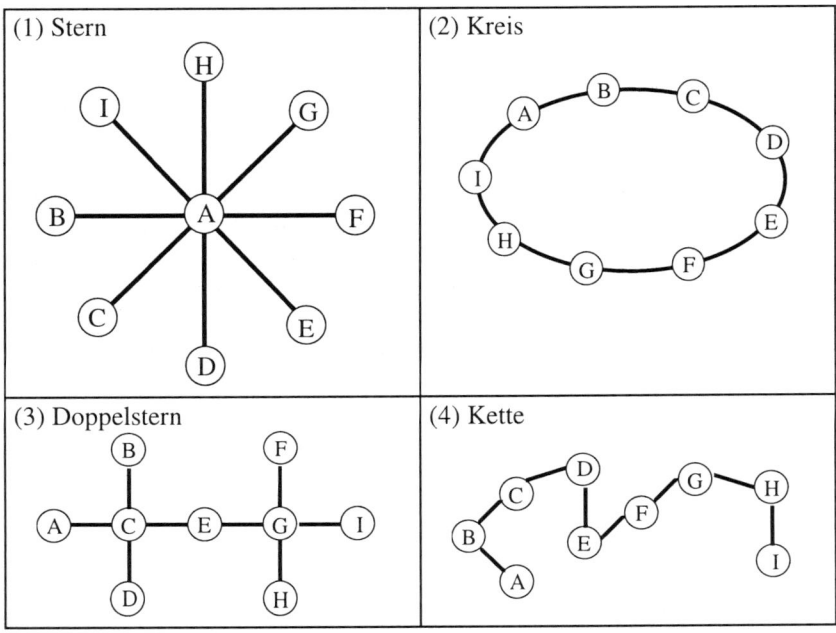

Im *Doppelstern* heben sich die beiden Stars C und G und der Akteur E von den anderen ab. C und G haben die meisten direkten Beziehungen im Netz und sind deshalb zentral. C und G sind auch nach dem Konzept der Betweenness die zentralsten Akteure. Für jedes denkbare Akteurpärchen liegen sie auf der kürzesten Verbindungsstrecke. E ist ein Cutpoint zwischen den beiden „Stars". Jede Transaktion zwischen den beiden Clustern muss über ihn laufen. C und G haben kurze Distanzen zu den sie direkt umgebenden vier Akteuren. Aber E hat im Durchschnitt die kürzere Distanz zu allen Akteuren im Netzwerk und deshalb könnte man auch ihn als zentral oder prominent bezeichnen.

In der *Kette* hat jeder Akteur bis auf die beiden Außenakteure A und I jeweils zwei direkte Beziehungen im Netzwerk. Im Vergleich zu den Akteuren B oder H können die weiter innenliegenden Akteure C und G jedoch die anderen Akteure in relativ weniger Schritten erreichen. Die beste Erreichbarkeit der anderen Akteure besteht für den in der Mitte der Kette liegenden Akteur E, der deshalb die höchste Zentralität aufweisen könnte.

Freeman (1979) hat in einem Überblicksartikel *drei unterschiedliche Grundlagen für die Berechnung von Zentralitätsindizes* zusammengetragen. Die einfachsten Maßzahlen basieren auf den *Degrees der Akteure*. Zentral ist dann der Akteur, der viele direkte Beziehungen hat. Komplexere Maßzahlen betrachten nicht nur die direkten Beziehungen, sondern auch die indirekten Beziehungen und ihre Weglänge. Zentral ist in einem *nähebasierten Zentralitätsmaß* der Akteur, der nur durch *kurze Pfaddistanzen von allen anderen* getrennt wird. Dies bedeutet, dass er relativ selten auf die Übermittlerdienste anderer angewiesen ist. Informationen oder Ressourcen kommen deshalb bei ihm ohne große Verzerrungen und Verluste an und er kann sie ohne solche Verluste weitergeben. Schließlich hat Freeman selbst ein Zentralitätsmaß vorgeschlagen, das auf der *Betweenness der Akteure* beruht. Zentral ist hier der Akteur, der für viele Paare im Netzwerk auf deren kürzesten Verbindungsstrecken liegt. Er muss von den anderen häufig als *Makler* benutzt werden und kann deshalb viele Aktivitäten im Netzwerk kontrollieren.

Alle diese Maßzahlen werden mit dem Symbol C für „centrality" dargestellt. Zur Unterscheidung der verschiedenen Zentralitätsgrundlagen wird ein Index zur Kennzeichnung angefügt: D steht für degree-basiert, B für betweenness-basiert und C (closeness) für nähebasiert. Schließlich muss noch notiert werden, auf welchen Akteur sich das Maß bezieht. $C_D(n_i)$ bedeutet dann also: es handelt sich um den Zentralitätswert für Akteur i, der auf der Grundlage seines Degrees berechnet wurde.

Degrees oder Pfaddistanzen hängen von der Netzwerkgröße ab. Die nichtstandardisierten Zentralitätsmaße sind deshalb nur für Akteure aus gleich großen Netzwerken vergleichbar. Standardisierte Zentralitätsmaße beziehen die C-Werte dagegen auf den – bei gegebener Netzwerkgröße – maximal möglichen Wert. Sie werden mit dem Symbol C' notiert. Standardisierte Zentralitätsmaße variieren zwischen den Werten 0 und 1. Die Ausprägung 0 bedeutet geringstmögliche Zentralität, 1 bedeutet maximale Zentralität.

Die oben beschriebenen Notations- und Standardisierungsregeln gelten auch für Maßzahlen, die die Zentralisierung von ganzen Netzwerken charakterisieren. Eine Kennzeichnung des Bezugsakteurs entfällt dabei natürlich. Zur Unterscheidung der Analyseebene ist in der englischen Literatur auch von Punkt- oder Akteurzentralität einerseits und Netzwerk- oder Graphzentralität andererseits die Rede. Sinnvoller ist mit Bezug auf Netzwerke als Analyseebene der Begriff der Zentralisierung, der auch von Scott (1991: 85) verwendet wird.

6.1.1 Zentralität von Akteuren

6.1.1.1 Degree-basierte Zentralität

In ungerichteten symmetrischen Netzwerken entspricht die degree-basierte Zentralität $C_D(n_i)$ dem Degree d_i des Akteurs. In gerichteten Netzwerken wird seine Netzwerkbeteiligung über den Outdegree des Akteurs od_i gemessen. Erfasst wird die Zahl der direkten Verbindungen zu anderen Akteuren (ungerichtet, symmetrisch) bzw. die Zahl der von Akteur i ausgehenden Beziehungen in das Netzwerk (gerichtet, asymmetrisch). Mit X ist im folgenden die untersuchte Adjazenzmatrix bezeichnet, x_{ij} sind ihre Elemente.

$$(6.1) \qquad C_D(n_i) = d_i = \sum_j x_{ij} = \sum_j x_{ji} \qquad\qquad \textit{für } i \neq j$$

$$(6.2) \qquad C_D(n_i) = od_i = \sum_j x_{ij} \qquad\qquad \textit{für } i \neq j$$

In Worten bedeutet die Formel (6.1), dass man den degree-basierten Zentralitätsindex für einen Akteur ermittelt, indem man die Zahl seiner Beziehungen zu anderen Akteuren zählt. Dies entspricht in symmetrischen Netzwerken der Summe der „Einsen" in der Zeile oder der Spalte des Akteurs in der Adjazenzmatrix. Die Beziehung des Akteurs zu sich selbst (in der Hauptdiagonale, wo i = j) wird dabei in der Summierung übersprungen. Wenn es sich um gerichtete Beziehungen handelt, können die Zeilen- und die Spaltensummen verschieden sein. Dann wird nach Formel (6.2) die Zeilensumme, also der Outdegree genommen.

Tabelle 6.1:   Soziomatrix zum Sternnetzwerk aus Abbildung 6.1

	A	B	C	D	E	F	G	H	I
A	–	1	1	1	1	1	1	1	1
B	1	–	0	0	0	0	0	0	0
C	1	0	–	0	0	0	0	0	0
D	1	0	0	–	0	0	0	0	0
E	1	0	0	0	–	0	0	0	0
F	1	0	0	0	0	–	0	0	0
G	1	0	0	0	0	0	–	0	0
H	1	0	0	0	0	0	0	–	0
I	1	0	0	0	0	0	0	0	–

Dies sei am Beispielnetzwerk des Sterns in Abbildung 6.1 verdeutlicht. Akteur A hat hier direkte Verbindungen zu acht anderen Akteuren. Sein Degree beträgt daher 8. Akteur B hat dagegen nur eine direkte Verbindung, nämlich zu A. Sein Degree beträgt daher 1. Dies läßt sich am Soziogramm, aber auch an der Soziomatrix erkennen.

$$(6.1') \; C_D(A) = d_A = \sum_j x_{Aj} = \sum_j x_{jA} = 8$$

$$(6.1'') \quad C_D(B) = d_B = \sum_j x_{Bj} = \sum_j x_{jB} = 1$$

Um die Effekte unterschiedlicher Netzwerkgröße zu neutralisieren, bezieht man das Zentralitätsmaß $C_D(n_i)$ auf seinen maximal möglichen Wert. Bei n Akteuren beträgt der maximal mögliche Degree (n-1). Im Beispiel des Sternnetzes weist Akteur A also den höchsten möglichen Degree auf.

(6.3) $C'_D(n_i) = d_i/(n-1)$, *für symmetrische Beziehungen*

(6.4) $C'_D(n_i) = od_i/(n-1)$, *für asymmetrische Beziehungen*

(6.3') $\quad C'_D(A) = d_A/(9-1) = 8/8 = 1.$

(6.3'') $\quad C'_D(B) = d_B/(9-1) = 1/8 = 0{,}125$

6.1.1.2 Nähebasierte Zentralität

Anders als das degree-basierte Zentralitätsmaß erfasst die nähebasierte Zentralität $C_C(n_i)$ auch die indirekten Beziehungen eines Akteurs. Indirekte Beziehungen sind schwächer als direkte Beziehungen, sie sind störanfälliger. Aber sie verursachen für den Ego-Akteur auch weniger Kosten- und Zeitaufwand. Der Chef eines Unternehmens wäre arg überfordert, wenn er zu allen seinen 100 Mitarbeitern direkte Beziehungen unterhalten müsste. Statt dessen hat er vielleicht zehn Abteilungen mit je neun Sachbearbeitern und einem Abteilungsleiter eingerichtet. Die Sachbearbeiter müssen den Abteilungsleitern berichten und diese wiederum ihm. Er kann also direkt zehn Mitarbeiter und in nur zwei Schritten alle erreichen. Dass er in einer solchen Struktur zentraler ist als seine Abteilungsleiter (auch diese haben ja jeweils zehn direkte Beziehungen, eine zum Chef und neun zu ihren Sachbearbeitern), kann erst das nähebasierte Zentralitätsmaß deutlich machen, das auch die indirekten Beziehungen berücksichtigt.

Das nähebasierte Zentralitätsmaß erfasst die Nähe des Akteurs i zu allen anderen Akteuren im Netzwerk. *Nähe zu den anderen j Akteuren wird operationalisiert über die Pfaddistanzen zu ihnen.* Alle Pfaddistanzen d_i von Akteur i zu den anderen Akteuren j werden aufsummiert und – um aus diesem Distanzmaß ein Nähemaß zu machen – wird der Kehrwert genommen.[32] Diese Maßzahl ist nur dann definiert, wenn alle Akteure im Netzwerk erreichbar sind. Gibt es einen unverbundenen Akteur, so sind alle Pfaddistanzen zu ihm unendlich. Alle Akteure des Netzwerkes haben dann eine unendliche Pfaddistanz zu diesem Akteur, alle Summierungen sind unendlich und die Maßzahl sagt nichts mehr über die Unterschiedlichkeit der Akteure aus. Um auch in

---

32 Der Kehrwert einer Zahl x ist 1/x. Die Anweisung, den Kehrwert zu nehmen, kann man auch durch die Potenz (-1) darstellen. Die Zahl x^{-1} entspricht also 1/x.

unverbundenen Graphen nähebasierte Zentralitätsindizes zu berechnen, hilft man sich so, dass man die unverbundenen Akteure bei der Berechnung ausklammert. Im Vergleich verschiedener Netzwerke bzw. bei der Interpretation der Daten muss man die Bedeutung dieser unverbundenen Punkte für das Netzwerk natürlich im Auge behalten. Alternativ wird die Distanz für die nicht erreichbaren Akteure auf den maximalen Distanzwert von (n-1) gesetzt.

$$(6.5) \quad C_C\left(n_i\right) = \left(\sum_{j=1}^{n} d\left(n_i, n_j\right)\right)^{-1} \qquad i \neq j$$

Die Gleichung (6.5) bedeutet in Worten: Der nähebasierte Zentralitätsindex für Akteur i setzt sich zusammen aus der Summe der Pfaddistanzen von Akteur i zu allen anderen Akteuren (außer ihm selbst, da hier i = j). Von dieser Summe nimmt man dann den Kehrwert, um ein Nähemaß zu bekommen.

Im Beispielnetzwerk des Sterns hat Akteur A zu allen anderen acht Akteuren eine Pfaddistanz von 1. Er kann sie direkt erreichen. Die Summe der Pfaddistanzen von Akteur A ergibt 8. Der Kehrwert beträgt 1/8= 0,125. Alle anderen Akteure können nur Akteur A direkt erreichen. Über ihn erreichen sie in jeweils zwei Schritten die sieben anderen Akteure. Die Summe der Pfaddistanzen ergibt also für die Akteure B-I jeweils 15. Ihr Kehrwert beträgt 0,067.

Den größtmöglichen Zentralitätswert basierend auf dem Nähe-Konzept erreicht ein Star wie A im Sternnetzwerk. Allgemein beträgt die maximale Akteurzentralität 1/(n-1). Um das Maß auf den Wertebereich [0,1] zu normieren, werden die Werte $C_C(n_i)$ durch 1/(n-1) dividiert. Dazu multipliziert man sie mit dessen Kehrwert, also mit (n-1). In unserem Beispiel beträgt der normierte Nähe-Zentralitätswert von Akteur dann $C'_C(A) = 0{,}125*8 = 1$. Für alle anderen Akteure ergibt sich $C'_C(B\text{-}I) = 0{,}067*8 = 0{,}532$.

$$(6.6) \quad C'_C(n_i) = \frac{n-1}{\left(\sum_{j=1}^{n} d(n_i, n_j)\right)} \qquad i \neq j$$

6.1.1.3 Betweenness-basierte Zentralität

Das degree-basierte und das nähebasierte Zentralitätsmaß betrachten jeweils alle Dyaden mit dem zu kennzeichnenden Akteur. Sie unterscheiden sich in der Frage, ob nur direkte oder auch indirekte Beziehungen bei der Summierung im Beziehungskonto des betrachteten Akteurs zählen. Das betweenness-basierte Zentralitätsmaß hat eine etwas andere Logik. Es betrachtet jeweils drei Akteure. Für jedes Pärchen wird die kürzeste Verbindungsstrecke, die geodesic, identifiziert. Gegebenenfalls können dies auch mehrere gleich kurze Verbindungen sein. Nun wird gefragt, ob der betrachtete Akteur ein Mittler auf diesen Verbindungsstrecken für das Paar ist. Je häufiger ein Akteur eine solche Mittlerrolle auf den geodesics für alle Paare spielt, desto zentraler ist er nach dem Betweenness-Maß.

Degree-basierte und nähebasierte Zentralität messen die Unabhängigkeit des Akteurs von anderen Akteuren als Mittlern. Ein zentraler Akteur hat viele direkte Beziehungen bzw. kurze indirekte Wege zu allen anderen. Er ist daher nicht oder selten auf andere angewiesen. Betweenness-Zentralität misst dagegen, ob andere Akteure vom betrachteten Akteur abhängig sind. Das Maß misst die Kontroll- und Profitmöglichkeiten, die dem Akteur aufgrund seiner strukturellen Position im Netzwerk zufallen. Betweenness ist das am häufigsten verwandte Zentralitätskonzept. Es misst in Ansätzen so etwas wie strukturelle Autonomie von Akteuren in Netzwerken. Es fehlt jedoch eine Berücksichtigung der Frage, ob Ego als Makler nicht nur Akteure verbindet, sondern auch strukturelle Löcher überbrückt. Dies zeigt sich daran, dass im Doppelstern nicht der Cutpoint E, sondern die beiden Stars C und G die höchsten Zentralitätswerte nach dem Betweenness-Maß aufweisen (siehe die Beispielrechnung weiter unten und Kapitel 7.4).

Das Betweenness-Zentralitätsmaß basiert auf den Wahrscheinlichkeiten, dass eine Kommunikation zwischen den Akteuren j und k über Akteur i laufen wird. Diese Wahrscheinlichkeit wird für jedes Akteurpärchen j und k betrachtet und durch das Symbol $b_{jk}(n_i)$ symbolisiert. Sie entspricht dem Verhältnis der Zahl der geodesics zwischen j und k, die durch i laufen – das ist in Formel (6.8) der Ausdruck im Zähler $g_{jk}(n_i)$ – zur Zahl der überhaupt zwischen j und k verlaufenden kürzesten Verbindungen g_{jk} (im Nenner von Formel 6.8). Dabei wird unterstellt, dass die Benutzungschancen für alle geodesics gleich sind. Diese Wahrscheinlichkeit wird für jedes Akteurpärchen ausgerechnet und aufsummiert. Das steht in Formel 6.7. Dabei bedeutet die Anweisung i ≠ j ≠ k, dass die Pärchen, in denen der betrachtete Akteur i selbst Mitglied ist, nicht in die Summierung einzubeziehen sind. Außerdem ist die Reihenfolge der Akteure in einem Paar unerheblich. Es soll also nur das Paar [1, 2] und nicht auch noch das umgeordnete Paar [2, 1] betrachtet werden. Das steht in der Anweisung unter den beiden Summenzeichen j<k.

$$(6.7) \quad C_B(n_i) = \sum_{j<}^{n} \sum_{k}^{n} b_{jk}(n_i), \, f\ddot{u}r \, i \neq \, j \neq k$$

$$(6.8) \quad b_{jk}(n_i) = \frac{1}{g_{jk}} \cdot g_{jk}(n_i)$$

Im Beispiel des Doppelsterns haben die außenliegenden Akteure jeweils eine Betweenness-Zentralität von 0. Sie liegen für keines der möglichen Pärchen auf der Verbindungsstrecke. Auf den kürzesten Verbindungen zwischen den Akteurpärchen liegen die Akteure C, E und G. Es gibt insgesamt n*(n-1)/2 ungeordnete Pärchen, also 36 Stück. Wenn die Zentralität von C zu berechnen ist, so scheiden acht dieser Pärchen allerdings aus, weil C selbst ein Paarmitglied ist. Von den 28 zu betrachtenden Pärchen liegt C in 18 Pärchen auf der einzigen und kürzesten Verbindungsstrecke. Der Ausdruck $b_{jk}(C)$ ist dann 1/1 =1. Aufsummiert über alle 18 Paare ergibt sich der Wert 18. Diese 18 Paare sind alle diejenigen, die die Akteure direkt um C miteinander verbinden, sowie die Pärchen, die aus einem Mitglied des ersten Clusters und einem Mitglied des zweiten Clusters bestehen.[33] Für die Verbindungen innerhalb des zweiten Clusters liegt C dagegen nicht auf der kürzesten Verbindungsstrecke, sondern G.

$$(6.7') \quad C_B(C) = 10*0 + 18*1 = 18$$

Für den Akteur E ergibt sich eine etwas andere Rechnung. Die aus Mitgliedern des gleichen Clusters gebildeten Pärchen scheiden für ihn aus, da hier die Stars C und G auf der einzigen geodesic liegen. Aber für alle Verbindungen zwischen den Clustern liegt E auf der einzigen und kürzesten Strecke.[34]

$$(6.7'') \quad C_B(E) = 12*0 + 16*1 = 16$$

Das Betweenness-Maß ist wiederum abhängig von der Größe des Netzwerks, die bestimmt, wie viele Paare betrachtet werden können. Die größtmögliche Betweenness weist ein Star in einem Sternnetz auf. Sie beträgt (n² – 3n + 2)/2. Diese Bezugsgröße gibt die Anzahl der ungeordneten Pärchen ohne den betrachteten Akteur an, im Falle der neun Akteure in den Beispielnetzen sind dies folglich 28 Stück. Diese Größe wird deshalb zum Standardisieren des Maßes benutzt.

$$(6.9) \quad C_B'(n_i) = \frac{2 \cdot C_B(n_i)}{n^2 - 3n + 2}$$

Im Beispiel der Akteure C und E aus dem Doppelstern ergibt sich also folgendes:

$$(6.9') \quad C_B'(C) = \frac{2 \cdot C_B(C)}{9^2 - 3*9 + 2} = \frac{36}{56} = 0,64$$

---

33 Die in der Betweenness-Zentralität von C zählenden 18 Pärchen sind: (A B), (A D), (A E), (B D), (B E), (D E), (A F), (A G), (A I), (A H), (B F), (B G), (B I), (B H), (D F), (D G), (D I), (D H).

34 Das sind folgende 16 Pärchen: (A F), (A G), (A I), (A H), (B F), (B G), (B I), (B H) (D F), (D G), (D I), (D H), (C F), (C G), (C I), (C H).

$$(6.9'') \quad C_B^{'}\left(E\right) = \frac{2 \cdot C_B\left(E\right)}{9^2 - 3*9 + 2} = \frac{16}{56} = 0,28$$

Tabelle 6.2: Übersicht über Zentralitätsmaße für Akteure

Maß	Degree C_D (n)	Betweenness C_B (n)	Closeness C_C (n)
Was wird gemessen?	erfasst die Anzahl der direkten Verbindungen zu anderen Punkten	erfasst die Anzahl der kürzesten Verbindungen (geodesics) zwischen Punktepaaren, die durch den betrachteten Punkt laufen	erfasst die Nähe (invers dann die Entfernung) eines Punktes zu allen anderen Punkten des Netzes über die Pfaddistanzen
Berechnung	$C_D(n_i) = d_i$ d_i ist der Degree des Akteurs i $d_i = \sum_j x_{ij} = \sum_j x_{ji}$ $i \neq j$	$C_B\left(n_i\right) = \sum_{j<k}^{n}\sum^{n} b_{jk}\left(n_i\right)$ für i $\neq$ j $\neq$ k $b_{jk}\left(n_i\right) = \frac{1}{g_{jk}} \cdot g_{jk}\left(n_i\right)$ g_{jk} als Anzahl der geodesics zw. n_j und n_k g_{jk} (n_i) als Anzahl der geodesics durch n_i	$C_C\left(n_i\right) =$ $\left(\sum_{j=1}^{n} d\left(n_i, n_j\right)\right)^{-1}$ für i $\neq$ j, wobei die Punkte in dem Netzwerk verbunden sein müssen, sonst ist das Maß nicht berechenbar. $d(n_i, n_j)$ bezeichnet die Anzahl der Kanten zwischen dem betreffenden Punktepaar.
Interpretation	gilt als Maß für die mögliche Kommunikationsaktivität	gilt als Maß für die mögliche Kommunikationskontrolle	Gilt als Maß für Zentralität bzw. Unabhängigkeit (von anderen), auch Effizienz.
Einführung einer Bezugsgröße	größtmöglicher Degree: n − 1	größtmögliche Betweenness: $(n^2 − 3n + 2)/2$	Größtmögliche Closeness: 1/(n − 1)
Netzwerkform, die die Realisation der Bezugsgröße ermöglicht	Stern	Stern	Stern

| Relativierung des Maßes auf Bezugsgröße, deren Ausprägung von der Netzwerkgröße n abhängig ist (netzwerkunabhängige Interpretierbarkeit). | $C'_D(n_i) = d_i/(n-1)$ | $C_B^{'}\left(n_i\right) = \dfrac{2 \cdot C_B\left(n_i\right)}{n^2 - 3n + 2}$ | $C'_C\left(n_i\right) = \dfrac{n-1}{\left(\displaystyle\sum_{j=1}^{n} d(n_i, n_j)\right)}$ |

6.1.2 Zentralisierung von Netzwerken

Die Netzwerkzentralisierung gilt als Maß für die Problemlösungskapazität einer Gruppe. Geschwindigkeit und Effizienz der Aufgabenbearbeitung, die Zufriedenheit der Gruppenmitglieder und ihre Wahrnehmung von Führung sowie die Organisations- und Konfliktfähigkeit einer Gruppe werden in Zusammenhang gebracht mit der Tendenz eines Akteurs, herausragend zentral zu sein. Jansen (1995) konnte z.B. feststellen, dass zwischen der Interessendurchsetzung verschiedener Subgruppen in einem Politiknetzwerk und den Zentralisierungsmaßen für die betrachteten Subgruppen deutliche Zusammenhänge bestehen. Am erklärungskräftigsten war dabei das betweennessbasierte Zentralisierungsmaß. Alle drei Maßzahlen wiesen deutliche Unterschiede zwischen einer peripheren Gruppe und drei durchsetzungsfähigeren Gruppen im Zentrum des Rollenmusters auf. Dieses Rollenmuster und die Gruppeneinteilung waren das Ergebnis einer Blockmodellanalyse (vgl. zur Blockmodellanalyse Kapitel 8.2). Nur das Betweenness-Maß war aber in der Lage, die relative Schwäche der Gruppe im unmittelbaren Zentrum zu erkennen. Diese Gruppe bestand aus der wissenschaftlichen Elite des Politiknetzwerks. Während diese Gruppe aus ihrer zentralen Position im Zentrum der Rollenstruktur durchaus Gewinn für ihre wissenschaftliche Arbeit ziehen konnte, war sie nicht in der Lage, ein von ihr vertretenes innovatives Konzept für eine interdisziplinäre, universitäre und industrielle Akteure übergreifende Forschungsförderung politisch durchzusetzen.

Für die Beschreibung der Zentralisierung von Netzwerken (graph centrality) sind von Freeman drei Konzepte entwickelt worden, die auf den Konzepten für die Akteurzentralität basieren. Er geht von zwei Anforderungen an netzwerkbezogenen Zentralisierungsmaße aus:

1. Sie sollen anzeigen, in welchem Maße der zentralste Akteur die Zentralität der anderen Akteure überschreitet.
2. Sie sollen auf den maximal erreichbaren Wert (bei bestimmter Netzwerkgröße n) bezogen sein.

138

Freeman hat eine allgemeine, auf der jeweiligen Akteurzentralität basierende *Konstruktionsformel* vorgeschlagen, die sich durchgesetzt hat. Diese Formel lässt sich auf alle drei hier vorgestellten Konzepte von Zentralität anwenden. In ihr steht X für das jeweilige Zentralitätskonzept. Der Ausdruck n* bezeichnet den zentralsten Akteur. Im Zähler der allgemeinen Konstruktionsformel stehen die aufsummierten Abweichungen in der Punktzentralität aller Akteure vom jeweils zentralsten Akteur. Im Nenner steht die maximal erreichbare Zentralisierung des Netzwerkes, die durch die Struktur des Sternnetzes und die Netzwerkgröße gegeben ist. Der Ausdruck in Formel (6.10) variiert also zwischen 0 (=es gibt keine Unterschiede in der Zentralität der Akteure [Kreisstruktur]) und 1 (=die Unterschiede in der Zentralität zwischen Akteur n˙ und den anderen Akteuren sind maximal [Sternstruktur]).

$$(6.10) \quad C_X = \frac{\sum\limits_{i=1}^{n}\left[C_X\left(n^*\right) - C_X\left(n_i\right)\right]}{\max \sum\limits_{i=1}^{n}\left[C_X\left(n^*\right) - C_X\left(n_i\right)\right]}$$

Entsprechend der drei vorgestellten Konzepte der Akteurzentralität gibt es auch drei unterschiedliche Operationalisierungen von Zentralisierung in Netzwerken. Für $C_x(n_i)$ kann also degree-basierte, nähebasierte oder betweenness-basierte Punktzentralität eingesetzt werden.

6.1.2.1 Degree-basierte Zentralisierung

Die degree-basierte Netzwerkzentralisierung erfasst, ob einer der Akteure des Netzwerks in herausragendem Maße an den direkten Beziehungen der Akteure im Netzwerk beteiligt ist. Der nach seinem Degree zentralste Akteur wird mit (n*) bezeichnet. Die in einem Netzwerk der Größe n maximal mögliche Summe der Abweichungen zwischen dem zentralsten Akteur und allen anderen ergibt sich als (n-1)(n-2)=(n^2-3n-2). Dieser Ausdruck findet sich daher im Nenner der Formel (6.11b). Die Netzwerkform, die das ermöglicht, ist der Stern.

$$(6.11a) \quad C_D = \frac{\sum\limits_{i=1}^{n}\left[C_D\left(n^*\right) - C_D\left(n_i\right)\right]}{\max \sum\limits_{i=1}^{n}\left[C_D\left(n^*\right) - C_D\left(n_i\right)\right]}$$

$$(6.11b) \quad C_D = \frac{\sum\limits_{i=1}^{n}\left[C_D\left(n^*\right) - C_D\left(n_i\right)\right]}{n^2 - 3n + 2}$$

Im Sternnetzwerk in Abbildung 6.1 hat Akteur A einen Degree von 8. Alle anderen 8 Akteure haben einen Degree von 1. Jede Differenz beträgt also 7. Insgesamt ergibt sich so für den Zähler der Formel (6.10b) eine Abweichungssumme von 8*7 = 56. Auch der Nenner ergibt $56 = 9^2 - 3*9 - 2$. Der gesamte Ausdruck ist also 1. Das Netzwerk ist maximal zentralisiert.

6.1.2.2 Nähebasierte Zentralisierung

Bei dem nähebasierten Maß der Netzwerkzentralisierung C_C wird nicht nur die Unterschiedlichkeit in der direkten Beteiligung der Akteure an den Beziehungen im Netz gemessen, sondern auch ihre indirekte Beteiligung berücksichtigt. Es gilt als Maß für die mögliche Unabhängigkeit und Effizienz von Akteuren im Netzwerk. Grundlage sind hier nicht wie bei der degree-basierten Zentralisierung die absoluten Zentralitätsmaße der Akteure, sondern die normierten Maße $C'_C(ni)$. Die maximal mögliche Netzwerkzentralisierung steht wieder im Nenner, um das Maß auf den Wertebereich [0,1] zu normieren.

$$(6.12) \quad C_C = \frac{\sum_{i=1}^{n} \left[C'_C\left(n^*\right) - C'_C\left(n_i\right) \right]}{\left(n^2 - 3n + 2\right)/(2n - 3)}$$

Beispielhaft ist im folgenden die Berechnung der nähebasierten Netzwerkzentralisierung für die Kette in Abbildung 6.1 demonstriert. Man benötigt zunächst die Pfaddistanzmatrix. Diese kann in diesem simplen Netz anhand des Soziogramms entwickelt werden. In der Kette ist die maximale Pfadlänge von acht Schritten einmal realisiert. Das ist der Pfad von A zu I. Jeweils zwischen den benachbarten Akteuren beträgt die Pfaddistanz 1 und steigt dann sukzessive bis auf den Wert 8 für die beiden äußeren Akteure A und I.

Tabelle 6.3: Pfaddistanzmatrix D für die Soziomatrix Kette in Abbildung 6.1

	A	B	C	D	E	F	G	H	I
A	0	1	2	3	4	5	6	7	8
B	1	0	1	2	3	4	5	6	7
C	2	1	0	1	2	3	4	5	6
D	3	2	1	0	1	2	3	4	5
E	4	3	2	1	0	1	2	3	4
F	5	4	3	2	1	0	1	2	3
G	6	5	4	3	2	1	0	1	2
H	7	6	5	4	3	2	1	0	1
I	8	7	6	5	4	3	2	1	0

Die Summe der Pfaddistanzen lässt sich über die zeilenweise Summierung in der Pfaddistanzmatrix gewinnen. A und I haben die größten Summen mit 36

„Entfernungspunkten". E hat die geringste Pfaddistanzsumme mit 20. Von diesen Werten ist nun jeweils der Kehrwert zu nehmen, um ein Nähemaß zu erhalten. A und I haben dann die nähebasierten Zentralitätswerte 1/36=0,0277. E hat den größten Wert mit 1/20=0,05. Um die Werte zu standardisieren, werden sie auf die Netzwerkgröße (n–1), hier 9–1=8 bezogen. Für A und I ergibt sich dann der Wert 8/36=0,2222. Für E ergibt sich der Wert 8/20=0,4.

Grundlage für die Bildung der Abweichungssumme im Zähler von Gleichung (6.12) sind die standardisierten Werte. Akteur E ist der zentralste Akteur und als n* einzusetzen. Dann gibt es zwei Akteure, A und I, mit den Werten 0,22. Sie produzieren im Vergleich mit E eine Abweichungssumme von 2*0,18=0,36. B und H weisen die standardisierten nähebasierten Zentralitätswerte von jeweils 0,28 auf und tragen 0,24 [2*(0,4–0,28)] zur Abweichungssumme bei. C und G haben die standardisierten Werte 0,33 und tragen 0,14 zur Abweichungssumme bei. D und F haben die standardisierten Werte von 0,38. Die Differenz zu E beträgt für beide nur 0,02, zusammen also 0,04. Die Abweichungssumme im Zähler beträgt also 0,78. Der Nenner beträgt $(9^2–3*9+2)/(2*9-3)= (81–27+2)/(18-3)=56/15=3,73$. Die Netzwerkzentralisierung ergibt sich dann als 0,78/3,73=0,209.

6.1.2.3 Betweenness-basierte Zentralisierung

Das auf Betweenness basierende Maß der Netzwerkzentralisierung gilt als ein Maß der Monopolisierung der Informations- und Ressourcenkontrolle durch herausragend zentrale Akteure.

$$(6.13a) \quad C_B = \frac{\sum_{i=1}^{n}\left[C'_B\left(n^*\right) - C'_B\left(n_i\right)\right]}{\max \sum_{i=1}^{n}\left[C'_B\left(n^*\right) - C'_B\left(n_i\right)\right]}$$

$$(6.13b) \quad C_B = \frac{\sum_{i=1}^{n}[C'_B(n^*) - C'_B(n_i)]}{(n-1)}$$

$$(6.13c) \quad C_B = \frac{2*\sum_{i=1}^{n}\left[C_B\left(n^*\right) - C_B\left(n_i\right)\right]}{(n-1)\left(n^2 - 3n + 2\right)}$$

Das Maß lässt sich am besten am Beispiel des Doppelsterns demonstrieren. Hier gibt es zwei Akteure, C und G, die auf 18 geodesics als Makler auftreten können. Akteur E liegt 16 mal auf einer solchen kürzesten Pfaddistanz im Netzwerk. Alle anderen sechs Akteure haben den Betweenness-Wert von 0 (vgl. Punkt 6.1.1.3). Für (n*) ist also einer der Akteure C oder G, hier C, einzusetzen mit dem Wert 18. Im Vergleich zum gleich zentralen Akteur, hier G, beträgt die Abweichungssumme 0. Im Vergleich zu E beträgt sie 2. Im Vergleich zu den sechs anderen Akteuren beträgt sie 6*18=108. Zusammen mit den 2 Abweichungspunkten von E also 110. Um den Wert noch auf die Netzwerkgröße zu standardisieren, wird er mit 2 multipliziert. Im Nenner steht $(9-1)(9^2-3*9+2)=8*56=448$. Es ergibt sich also eine betweenness-basierte Zentralisierung von 220/448=0,491.

Die maximale Netzwerkzentralisierung realisiert wiederum der Star im Sternnetz. In den 36 ungeordneten Akteurpärchen[35] ist der Star A in acht Paaren selbst beteiligt. Diese Paare werden deshalb nicht für die Bestimmung der kürzesten Pfaddistanzen herangezogen. Bei den verbleibenden 28 Paaren liegt der Star A jedesmal auf der einzigen geodesic zwischen dem betreffenden Paar, z.B. zwischen B und C. Der Wert für $b_{jk}(A)$ beträgt also jeweils 1/1=1. Insgesamt addieren sich die b-Werte in Gleichung (6.7) zu 8. Die maximale Netzwerkzentralisierung bei standardisierten Betweenness-Werten beträgt (n-1) (Gleichung 6.13b), also auch 8. Die Netzwerkzentralisierung im Star beträgt dann 8/8=1.

6.2 Prestige und Hierarchisierung in Netzwerken

Mit Prestigekonzepten wird erfasst, wie stark Akteure Kontrolle über knappe Güter ausüben, inwiefern sie knappe Wertschätzung, Autorität und Achtung im Netzwerk genießen. Hierbei spielt die Asymmetrie in den Beziehungen eine wesentliche Rolle. Bei gerichteten Beziehungen muss unterschieden werden, ob ein Akteur die Quelle oder das Objekt einer Beziehung ist. Akteure, die überwiegend Objekt positiver gerichteter Beziehungen sind, haben ein hohes Prestige. Die Analyse des Prestiges von Akteuren setzt solche asymmetrischen gerichteten Beziehungen voraus. Sofern eine Relation asymmetrisch ist, sollte die damit gegebene Information über die Richtung der Beziehung möglichst auch ausgewertet werden. Es sollten also ggf. neben Maßzahlen zur Zentralität der Akteure auch Prestigemaße berechnet werden.

Hinsichtlich der Notation der Prestige-Maßzahlen gelten dieselben Regeln wie für Zentralitätsmaßzahlen. Prestigeindizes werden mit dem Großbuchstaben P bezeichnet. Zur Differenzierung zwischen den verschiedenen Konzepten werden Indizes angefügt: D steht für degree-basiertes Prestige, P für nähebasiertes Prestige (proximity) und R für rangbasiertes Prestige. In Klammern wird angefügt, auf welchen Akteur (n_i) sich die Maßzahl bezieht. Sofern es auch normierte Maßzahlen gibt, werden diese mit dem Symbol P'

---

35 Es gibt 72 geordnete Akteurpärchen bei einer Netzwerkgröße von 9, nämlich n(n-1)=9*8=72. Da die Betweenness-Zentralität ein Maß für ungerichtete Graphen ist, ist diese Zahl durch 2 zu dividieren, um die Zahl der ungeordneten Paare zu erhalten.

bezeichnet. Die Netzwerkhierarchisierung wird mit dem Symbol P (ohne Anfügung eines Akteurs) gekennzeichnet. Als weitere Indikatoren für die Ungleichverteilung des Prestiges in den Netzwerken werden herkömmliche Streuungsmaße benutzt. Man berechnet den mittleren Prestigewert $\overline{P}$ für das Netzwerk und bildet dann die Varianz.

$$(6.14) \quad S_p^2 = \frac{\sum (P(n_i) - \overline{P})^2}{n}$$

6.2.1 Indegree-basiertes Prestige

Das einfachste Prestigemaß für einen Akteur ist die Zahl der direkt auf ihn gerichteten Beziehungen $P_D(n_i)$. Dieses Maß ist identisch mit dem Indegree des Akteurs, der Zahl der empfangenen Wahlen. Es lässt sich in der Soziomatrix durch Summierung der Einträge in der Spalte des Akteurs n_i berechnen. Dabei wird die Beziehung des Akteurs zu sich selbst in der Summierung ausgelassen. Die formale Anweisung für diese Summierung steht in Formel (6.15). Um die Abhängigkeit des Maßes von der Netzwerkgröße zu kompensieren, wird eine Normierung eingeführt. Das maximal erreichbare Prestige eines Akteurs beträgt (n–1) – sofern der Akteur sich nicht selbst wählen kann. Durch diesen Maximalwert wird der Indegree des Akteurs dann dividiert (Formel 6.16). Der Quotient Indegree/(n-1) variiert zwischen den Werten 1 (maximales Prestige) und 0 (fehlendes Prestige). Maximales Prestige verleiht die Position des Stars, auf den alle (n-1) anderen Akteure ihre Wahlen richten. Minimales Prestige von 0 hat ein Akteur, der von keinem anderen Akteur des Netzwerkes gewählt wird.

$$(6.15) \quad P_D(n_i) = id_i = \sum_{j=1}^{n} x_{ij}, \, i \neq j$$

$$(6.16) \quad P'_D(n_i) = \frac{id_i}{(n-1)}$$

Tabelle 6.4 zeigt die Unterschiede zwischen Zentralität und Prestige auf. Alle Akteure außer A weisen die gleiche Zentralität, nämlich die Zeilensumme 1, auf. A hat die geringste Zentralität 0. Im Prestige, operationalisiert über die Spaltensummen in der Soziomatrix ist A dagegen mit dem Wert 7 allen anderen Akteuren mit dem Wert 0 überlegen. A verfügt in dem Netzwerk über knappe hochbewertete Ressourcen, so dass alle anderen Akteure ihn wählen.

Tabelle 6.4: Soziomatrix eines gerichteten Sternnetzes

	A	B	C	D	E	F	G	H	I
A	–	0	0	0	0	0	0	0	0
B	1	–	0	0	0	0	0	0	0
C	1	0	–	0	0	0	0	0	0
D	1	0	0	–	0	0	0	0	0
E	1	0	0	0	–	0	0	0	0
F	1	0	0	0	0	–	0	0	0
G	1	0	0	0	0	0	–	0	0
H	1	0	0	0	0	0	0	–	0
I	1	0	0	0	0	0	0	0	–

Völlig analog zu der auf den Degrees der Akteure basierenden Maßzahl für die Zentralisierung im Netzwerk lässt sich auch ein Maß für die Hierarchisierung des Netzwerks konstruieren. Im Zähler steht wiederum die Summe der Abweichungen zwischen dem prestigereichsten Akteur und allen anderen Akteuren. Allerdings impliziert das gerichtete Netzwerk eine Veränderung des Nenners, der die maximal mögliche Prestigehierarchisierung erfassen soll. Die größten Prestigedifferenzen zwischen dem Star und den anderen Akteuren treten auf, wenn die anderen Akteure überhaupt keine Wahlen empfangen. In diesem Fall sind die Prestigewerte für alle Akteure außer dem Star 0. Wenn alle anderen Akteure den Star wählen, beträgt sein unstandardisiertes Prestige (n-1). Die maximal mögliche Differenzensumme im Nenner beträgt dann (n-1)(n-1).

$$(6.17) \qquad P_D = \frac{\sum\limits_{i=1}^{n} \left[P_D(n^*) - P_D(n_i) \right]}{\max \sum\limits_{i=1}^{n} \left[P_D(n^*) - P_D(n_i) \right]}$$

Abbildung 6.2: Gerichtetes Netzwerk der Ratsuche (nach Burt 1982: 25)

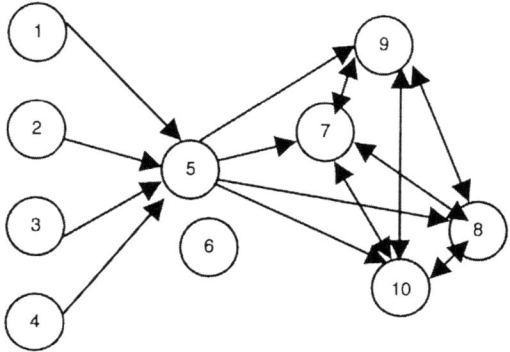

In Abbildung 6.2 haben die Akteure 1-4 den Indegree-Wert und damit ein degree-basiertes Prestige von 0. Akteur 5 wird von vier Akteuren gewählt, hat also einen Wert von 4. Auch die Akteure 7-10 empfangen jeweils vier Wahlen, haben also ein degree-basiertes Prestige von 4. Sie unterscheiden sich von Akteur 5 dadurch, dass sie sich auch untereinander wählen, also auch ausgehende Beziehungen haben. Für eine Berechnung der Hierarchisierung des Netzwerks kann Akteur 5, oder einer der Akteure 7-10 als „prestigereichster" Akteur eingesetzt werden. Zu diesen fünf Akteuren entstehen dann in Gleichung (6.17) Abweichungen von 0. Zu den anderen fünf Akteuren (1-4, 6) entsteht jeweils eine Differenz von 4, in der Summe also 20. Bezogen auf die maximal mögliche Differenzsumme bei einem Netzwerk der Größe 10 von (10-1)(10-1)=81 ergibt sich eine Hierarchisierung von 20/81=0,247.

6.2.2 Proximity-Prestige

Ähnlich wie das nähebasierte Zentralitätsmaß betrachtet das Maß für Proximity-Prestige $P_p(n_i)$ neben den direkten auch die indirekten Beziehungen eines Akteurs. Ausgangspunkt für die Berechnungen ist auch hier die Pfaddistanzmatrix oder die Erreichbarkeitsmatrix. Es lässt sich so eine Einflusssphäre I_i von Akteur i definieren. Dies sind die Akteure, die Akteur i direkt oder indirekt erreichen kann (Prominenz durch Zentralität) bzw. die Akteure, die den Akteur i direkt oder indirekt erreichen können (Prominenz durch Prestige).

Das closeness-basierte Zentralitätsmaß wirft das Problem auf, dass sinnvolle Maßzahlen für Netzwerke mit einem oder mehreren unverbundenen Akteuren nicht berechnet werden können oder aber Ersatzwerte für die unverbundenen Akteure eingesetzt werden müssen. Für gerichtete Netzwerke ist die wechselseitige Erreichbarkeit aller Akteure eine sehr anspruchsvolle Voraussetzung, die selten gegeben ist. Eine einfache Maßzahl, die auch mit unverbundenen Akteuren – in gerichteten wie ungerichteten Netzwerken – umgehen kann, ist die Größe der oben beschriebenen Einflusssphäre eines Akteurs I_i. Die Zahl der erreichbaren Akteure bzw. der Akteure, die den Akteur i erreichen können, kann immer berechnet werden. Um Netzwerkgrößeneffekte zu kompensieren, kann diese Zahl auf die Zahl der maximal erreichbaren Akteure (n-1) bezogen werden. Gleichung (6.18) gibt hier die prestigebasierte Einflusssphäre an: es geht also um die Zahl der Akteure, die den i direkt oder indirekt wählen. Dies ist die Summe der Einträge in der i-ten Spalte der dichotomisierten Erreichbarkeitsmatrix. Einträge von 1 bedeuten, dass der Akteur einen anderen erreichen kann. Null bedeutet, er kann ihn nicht erreichen (vgl. Kapitel 5.3.4). In der Abbildung 6.2 beträgt etwa die Zahl der Akteure, die den Akteur 5 erreichen können 4, bezogen auf die Netzwerkgröße ergibt sich also eine Einflusssphäre von 4/(10-1)=0,44. Dagegen können den Akteur 7 (und die anderen höherrangigen Akteure 8-10) jeweils 8 Akteure direkt oder indirekt erreichen. Seine Einflusssphäre hat also den Wert 8/9=0,89. Im Vergleich zum einfachen degree-basierten Prestige zeigt dieses Maß also die Unterschiede zwischen Akteur 5 als „Abteilungsleiter" und den Akteuren 7-10 als „Vorstandsmitgliedern" deutlich auf. Die Akteure 1-4 und 6, die von niemandem gewählt werden, haben einen Einflusssphärenwert von 0.

$$(6.18) \quad I'_i = \frac{Zahl\ der\ Akteure, die\ i\ erreichen\ können}{(n-1)}$$

Das Proximity-Prestige geht nun noch über diese simple Maßzahl hinaus. Es betrachtet zwei Größen gleichzeitig: (1) den Anteil der Akteure, die den Akteur i direkt oder indirekt gewählt haben, an der Gesamtzahl der Akteure, und (2) für die mit i verbundenen Akteure die durchschnittliche Länge der dabei zurückzulegenden Pfade. Es hat den Vorteil, auch bei wenig verbundenen Netzwerken anwendbar zu sein, und dennoch für die Akteure, die den betrachteten Akteur i erreichen können, die Pfaddistanzen auszuwerten.

$$(6.19) \quad P_P(n_i) = \frac{I_i / (n-1)}{\sum d_{ij} / I_i}$$

Im Zähler von Formel (6.19) steht wieder der Anteil der Akteure, die i erreichen können. Das Summenzeichen im Nenner läuft nur über die Akteure j, die Teil der Einflusssphäre von i sind. Aufsummiert werden hier alle Pfaddistanzen von diesen Akteuren zu i. Da diese den i per Definition erreichen können, ist die Summe der Pfaddistanzen immer endlich und die Maßzahl definiert. Die Summe der Pfaddistanzen wird dann wieder durch die Zahl der Akteure in der Einflusssphäre dividiert. Diese Maßzahl ist bereits auf die Netzwerkgröße normiert. Im Falle eines Stars, auf den alle (n-1) anderen Akteure ihre Beziehungen direkt richten, beträgt die Größe der Einflusssphäre (n-1). Im Zähler ergibt sich dann (n-1)/(n-1) = 1. Im Nenner beträgt jede einzelne der (n-1) Pfaddistanzen, die zu addieren sind, 1. Es ergibt sich wiederum (n-1)/(n-1) = 1. Ein solcher Star hat also das maximale Proximity-Prestige von 1. Ein unverbundener Akteur hat dagegen eine Einflusssphäre I der Größe 0 und folglich auch ein Proximity-Prestige von 0.

In Abbildung 6.2 hat Akteur 5 einen Einflusssphärenwert von 0,44. Die Summe der Pfaddistanzen von den Akteuren 1-4 zu ihm beträgt 4. Bezogen auf die vier Akteure ergibt sich im Nenner 4/4=1. Sein Proximity-Prestige beträgt also auch 0,44. Für Akteur 7 sieht die Rechnung anders aus. Der Zähler in Gleichung (6.19) beträgt 0,89. Im Nenner ergibt sich eine Pfaddistanzsumme von insgesamt 12. Seine Vorstandskollegen und Abteilungsleiter 5 sind nur jeweils einen Schritt entfernt. Die „Sachbearbeiter" 1-4 sind zwei Schritte entfernt. Bezogen auf die 8 Akteure in der Einflusssphäre ergibt sich 12/8=1,5 im Nenner von Gleichung (6.19). Das Proximity-Prestige von Akteur 7 beläuft sich also auf 0,89/1,5=0,59.

Als eine Maßzahl zur Messung der Netzwerkhierarchisierung bietet sich die Varianz des Proximity-Prestiges um seinen Mittelwert an. Der Mittelwert des Proximity-Prestiges variiert zwischen 0 und 1. Die Varianz ist immer positiv. Sie ist um so größer, je heterogener die Netzwerkakteure im Hinblick auf ihr Prestige sind.

$$(6.20) \quad \overline{P}_P = \sum_{i=1}^{n} \frac{P_P(n_i)}{n}$$

$$(6.21) \, S_P^2 = \frac{(P_p(n_i) - \overline{P}_P)^2}{n}$$

Im Beispiel des Netzwerks in Abbildung 6.2 ergibt sich der Prestigesumme aus den Werten für Akteur 5 (=0,44) und den gleichlautenden Werten für die Akteure 7-10 (=0,59). Die anderen Akteure haben die Prestigewerte 0. Es ergibt sich ein Mittelwert von 0,28. Die Abweichungsquadrate im Zähler von Gleichung (6.21) betragen also $5*(0,28-0)^2 + (0,28-0,44)^2 + 4*(0,28-0,59)^2 = 0,802$. Bezogen auf die Netzwerkgröße von 10 ergibt sich die Varianz von 0,08.

6.2.3 Betweenness-Zentralität in gerichteten Graphen

Das Betweenness-Konzept wird zumeist nur für ungerichtete Graphen genutzt, es ist jedoch ohne weiteres auch auf gerichtete Graphen anwendbar (Gould 1987, White/ Borgatti 1994). Allerdings ist eine Bezeichnung als Prestige nicht üblich und auch inhaltlich nicht sinnvoll. Prestigereich ist, wer eingehende Wahlen erhält – Betweenness ist aber nicht über eingehende, sondern über „durchgehende" Wahlen definiert. Nichtsdestotrotz ist die Analyse der „Maklerstärke" eines Akteurs in gerichteten Netzwerken sinnvoll. Abweichend von der sonst in diesem Kapitel gebrauchten Notation soll das Betweenness-Maß für gerichtete Netzwerke weiter mit C für Zentralität notiert werden und von Betweeness für gerichtete Graphen gesprochen werden.

An die Stelle der Betrachtung aller ungeordneten Pärchen eines Netzwerkes tritt die Betrachtung aller geordneten Pärchen. Bezogen auf Abbildung 6.2 ist deshalb zwischen den beiden verschieden geordneten Pärchen (1, 7) und (7, 1) zu unterscheiden. Akteur 5 ist ein Mittler auf der Verbindung von Akteur 1 zu Akteur 7, aber nicht umgekehrt. Für jedes geordnete Pärchen wird die kürzeste Verbindung (geodesic) identifiziert und geprüft, ob der betrachtete Akteur ein Mittler auf dieser Strecke ist. Falls es mehr als eine Geodesic für ein geordnetes Pärchen gibt, wird mit der relativen Häufigkeit gewichtet, mit der der betrachtete Akteur auf diesen Strecken liegt (vgl. Formel 6.8). Der absolute Betweenness-Wert eines Akteurs ergibt sich dann als:

$$(6.22)\, C_B(n_i) = \sum_j^n \sum_k^n b_{jk}(n_i),\, \text{für } i \neq j \neq k$$

Die Formel unterscheidet sich von Formel (6.7) dadurch, dass in den unteren Grenzen der beiden Summenzeichen die Anweisung j<k entfallen ist. Es muss jetzt also sowohl das Paar (j, k), als auch das Paar (k, j) betrachtet werden. Das Gewicht b_{jk} des Akteurs i ist der relative Anteil der durch ihn führenden Geodesics und wird nach Formel (6.8) berechnet. Eine Veränderung ergibt sich jedoch in der Bezugsgröße für das standardisierte Betweennessmaß. Es entfällt der Multiplikator 2 im Zähler der Formel (6.9), wodurch der absolute Wert von $C_B(n_i)$ auf die Hälfte sinkt, aber ebenfalls durch alle geordneten Paare, nämlich ($n^2 - 3n + 2$) dividiert wird.

$$(6.23)\, C'_B(n_i) = \frac{C_B(n_i)}{n^2 - 3n + 2}$$

Im Beispielnetzwerk von Abbildung 6.2 ergibt sich für Akteur 5, dass er jeweils als Einziger auf den Geodesics zwischen den Akteuren 1 bis 4 und der Akteurgruppe 7 bis 10 liegt.

$$(6.22')\, C_B(5) = 16 \quad \text{für } i \neq j \neq k$$

$$(6.23')\, C_B'(5) = \frac{C_B(5)}{10^2 - 3*10 + 2} = \frac{16}{68} = 0,23$$

6.2.4 Rangprestige

Das Konzept des Rangprestiges $P_R(n_i)$ fängt ebenso wie das Proximity-Prestige auch die indirekt auf einen Akteur gerichteten Wahlen ein. Der zentrale Unterschied ist, dass die Qualität der direkten oder indirekten Wähler eines Akteurs in die Maßzahl einfließen. Jeder wählende Akteur trägt um so mehr zum Prestige des gewählten Akteurs bei, je mehr Prestige er selbst hat. Dieses Prestige ist natürlich wieder davon abhängig, von wem er selbst gewählt worden ist. Man müsste also das Prestige aller anderen Akteure schon kennen, um das Prestige des betrachteten Akteurs zu berechnen. Man gerät so in einen infiniten Regress. Wie noch zu zeigen sein wird, gibt es jedoch Rechenverfahren aus der linearen Algebra, die in der Lage sind, Lösungen für dieses Problem bereitzustellen.

Prestige kann dann ermittelt werden als die gewichtete Summe der Wahlen, die ein Akteur i erhält. Die Summanden werden durch das Prestige der Quelle gewichtet.

$$(6.24) \quad P_R(n_i) = x_{1i} * P_R(n_1) + x_{2i} * P_R(n_2) + \ldots + x_{ni} * P_R(n_n)$$

Die x-Werte sind hier die Werte der Soziomatrix. Sofern Akteur j den Akteur i wählt, sind sie 1. Dann geht das Prestige des Akteurs j in die Prestigesumme für Akteur i ein. Wählt Akteur j den Akteur i nicht, so ist das Element in der Soziomatrix 0 und dieser Summand entfällt. Man kann den gleichen Zusammenhang wie in Gleichung (6.22) auch mit Hilfe des Summenzeichens darstellen.

$$(6.24a)\, P_i = \sum_{j=1}^{n} x_{ji} * P_j$$

Die Akteure n_1 bis n_n sind mit dem Index j gekennzeichnet, weil sie die Wähler sind. Sie stehen in der Spalte des Akteurs i in der Soziomatrix. Von diesen Gleichungen gibt es genau n Stück, für alle n Akteure als Gewählte. Es ergibt sich ein Gleichungssystem aus n Gleichungen mit n Unbekannten, den Prestigewerten P der Akteure. Unter einer Nebenbedingung ist dieses

Gleichungssystem lösbar. Die Einzelheiten des Lösungsweg beschreibt der Exkurs. Für ihn wird komplexere lineare Algebra benötigt.

Exkurs: *Die Ermittlung von Rangprestige als Eigenwert-/Eigenvektorproblem*

Gleichungssysteme wie das in Gleichung (6.24a) lassen sich auch mit Hilfe von matrixalgebraischer Notation darstellen. Hierzu muss eine weitere Information eingeführt werden. Matrizen mit nur einer Zeile oder nur einer Spalte heißen Vektoren: Zeilenvektoren bzw. Spaltenvektoren. Sie können nach demselben Prinzip der Matrizenmultiplikation mit Matrizen multipliziert werden, sofern sie damit verkettet sind. Vektoren werden zur Unterscheidung von Matrizen mit kleinen Buchstaben notiert. Die n-Gleichungen für die Prestigewerte können nun abgekürzt werden in folgender Gleichung für das Gesamtsystem:

$$(6.25)\, p = X'* p$$

Der Vektor p ist ein Zeilenvektor, der die n Prestigewerte der Akteure enthält, die gesucht werden. X' ist die Transponierte der Soziomatrix. Um zu zeigen, dass die beiden Arten, das Gleichungssystem zu notieren (Gleichung (6.24 und 6.25) identisch sind, wird in Gleichung (6.25a) die Matrixnotation aufgelöst:

$$(6.25a)\begin{pmatrix} p_1 & p_2 & \dots & p_n \end{pmatrix} = \begin{pmatrix} x_{11} & x_{21} & \dots & x_{n1} \\ x_{12} & x_{22} & \dots & x_{n2} \\ x_{1\dots} & x_{2\dots} & \dots & x_{n\dots} \\ x_{1n} & x_{2n} & \dots & x_{nn} \end{pmatrix} * \begin{pmatrix} p_1 & p_2 & \dots & p_n \end{pmatrix}$$

Im Nachvollzug des Multiplikationsvorgangs ergibt sich der Wert für p_1 aus folgenden Summanden (Elemente der Zeile von X' werden mit den Spalten des Zeilenvektors p multipliziert):

$$(6.24b)\, p_1 = (x_{11} * p_1) + (x_{21} * p_2) + \dots + (x_{n1} * p_n)$$

Das in Matrixnotation dargestellte Gleichungssystem lässt sich folgendermaßen umformen:[36]

---

36 Man subtrahiert auf beiden Seiten der Gleichung X'*p. Dann erhält man auf der rechten Seite Null. Links ergibt sich (p - X'*p). Nun kann man p ausklammern unter Nutzung des neutralen Elementes, also der Identitätsmatrix I. Wenn man die linke Seite von Gleichung (6.24) ausmultipliziert, so erhält man die obige Differenz wieder: I*p, das ist p, abzüglich X'*p.

Dies ist nun die charakteristische Gleichung zur Auffindung des Eigensystems einer Matrix. Ein solches Eigensystem besteht aus zueinander gehörigen Eigenwerten und Eigenvektoren. Eine n*n-Matrix hat maximal n verschiedene Eigenwerte und n Eigenvektoren. Die Eigenwerte einer n*n Matrix M sind die Werte λ_i, für die man von Null verschiedene Vektoren x_i bestimmen kann, so dass gilt $M*x_i = \lambda_i*x_i$.[37] Der Eigenwert λ ist ein sogenannter Skalar, d.h. eine einzelne Zahl. Skalare werden mit Matrizen oder Vektoren multipliziert, indem jedes Element der Matrix bzw. des Vektors mit dem Skalar multipliziert wird. Der Eigenvektor, der für die Lösung des obigen Gleichungssystems benötigt wird, ist deshalb der Eigenvektor zum Eigenwert 1. Durch Multiplikation mit dem Skalar 1 verändert sich ein Vektor oder eine Matrix nicht, 1*p bleibt also p.

$$(6.27) \quad M*x_i = 1*x_i \quad \text{entspricht} \quad p = X' * p$$

wobei M die Matrix X' ist und x_i der Vektor p.

---

37 Die Lösung eines solchen Eigensystems erfordert die Berechnung eines Polynoms n-ter Ordnung. Jeweils für den Wert p_j eines wählenden Akteurs müssen seine eingehenden Wahlen und die Prestigewerte seiner Wähler eingesetzt werden, und das n Schritte zurück. Man gelangt also bis zu x_n. Für $n \geq 5$ gibt es für dieses Problem keine allgemeinen Lösungen mehr, wie z.B. noch für quadratische Gleichungen. Die Struktur des infiniten Regresses und das Polynom n-ter Ordnung lässt sich gut aus der Formulierung des Problems bei Hubbell (1965) erkennen. Hubbell suchte ausgehend von Gleichung (6.22) nach einer Möglichkeit, sozialen Status zu berechnen. Was er als Status s bezeichnet, wird in der Netzwerkanalyse als Prestige definiert. Er addierte allerdings für jeden Akteur – außer dem intern durch die Wahlen der anderen Akteure akkumulierten Status – eine Konstante e. In Matrixnotation ergibt sich s = e + R*s. R ist die transponierte und normierte Soziomatrix. Die Konstante e setzte Hubbell für jeden Akteur auf den Wert 1. Der Vektor e ist dann ein Spaltenvektor mit lauter Einsen. Folgende Umformung der Ausgangsgleichung zeigt, dass die Netzwerkwege immer weiter rückwärts verfolgt werden: s = (I + R + R2 + R3 + ..+ R∞)*e. Da R reihenstochastisch ist, also Elemente zwischen 0 und 1 aufweist, konvergiert die Summe gegen einen festen Wert. Der Status eines Akteurs wird als gewichtete Summe aller Pfade von allen Netzwerkmitgliedern zum betrachteten Akteur berechnet.
Wem die Möglichkeit, ein solches Eigensystem überhaupt zu berechnen, suspekt vorkommt, der möge nachfolgendes Beispiel in die obige Formel $M*x=\lambda*x$ einsetzen und die Identität beider Gleichungsseiten überprüfen. M ist: $\begin{pmatrix} 2,3 & 4,5 \\ 6,7 & -1,2 \end{pmatrix}$. Es gibt zwei Eigenwerte: 6,31303 und -5,21303. Zu ihnen gehören, in derselben Reihenfolge die Vektoren: $(0,746335 \quad 0,66557)$ und $(-0,523116 \quad 0,873374)$.

Tabelle 6.5: Übersicht über Prestigemaße für Akteure

Maß	Was wird gemessen?	Berechnung	Interpretation
Degree-Prestige	Anzahl der tatsächlich auf einen Akteur gerichteten Beziehungen in Bezug auf die möglichen.	$P'_D(n_i) = id(n_i)$ $$id(n_i) = \frac{1}{(n-1)} \cdot \sum_{j=1}^{n} x_{ij}$$ mit $i \neq j$ und $x_{ij} = 1$, wenn von Akteur j zu Akteur i eine gerichtete Beziehung existiert. Andernfalls ist der Ausdruck gleich 0.	Interpretation erfolgt unter dem Aspekt, unter dem Akteur i „gewählt" wurde. Gemessen werden unmittelbare Beziehungen. Bsp.: Anzahl der Wahlen von Akteur i als Ratgeber in Bezug auf die Zahl der möglichen Wähler.
Proximity-Prestige	Anteil der Akteure an der Gesamtzahl, die über Pfade (die aus gleichgerichteten Kanten bestehen müssen) Akteur i erreichen können. Dieser Anteil wird bezogen auf die durchschnittliche Pfadlänge.	$$P_P(n_i) = \frac{I_i / (n-1)}{\sum d_{ij} / I_i},$$ I_i = Zahl der Akteure, die i erreichen können. d_{ij} = Pfaddistanzen von den Akteuren im Einflussbereich I_i zu Akteur i.	Gilt als Maß der relativen Erreichbarkeit.
Rang-Prestige	Erfasst die direkten Wahlen, die Akteur i erhält, wobei das Prestige-Gewicht einer Wahl davon bestimmt wird, wie prestigereich der wählende Akteur ist. Dies hängt wiederum vom Prestige seiner Wähler ab, usw. Hierdurch werden nicht nur indirekte Beziehungen, sondern auch ihre Qualität/strukturelle Einbettung berücksichtigt.	$$P_i = \sum_{j=1}^{n} x_{ji} * P_j$$	Gilt als qualitatives Maß für Prestige „in the long run".

Es gibt nun eine Möglichkeit, die Matrix X' so zu transformieren, dass sie ein Eigensystem mit einem Eigenwert 1 haben muss. Anderenfalls wäre die obige Gleichung nicht lösbar. Diese Möglichkeit besteht darin, die Soziomatrix X spaltenweise, bzw. die transponierte Soziomatrix X' zeilenweise auf 1 zu normieren. Hierdurch entsteht eine sogenannte reihenstochastische Matrix, die immer einen Eigenwert von 1 aufweist. Die Normierung bedeutet, dass man für jeden Akteur die eingehenden Wahlen zählt (Spaltensumme bzw. nach Transposition Zeilensumme) und jeden Wert in der betreffenden Spalte in X (Zeile in X') durch diese Summe dividiert. Die Spaltensummen in X ergeben dann für jede Spalte 1. Der erste und größte Eigenvektor des Systems mit der normierten Matrix X' ist dann 1 und der zugehörige Eigenvektor liefert die Prestigewerte p der n Akteure.

6.2.5 Prestige von Statusgruppen in Netzwerken

Burt (1982: 49ff) führt das Prestige, das verschiedene Statusgruppen innerhalb einer Gesellschaft haben, auf ihre Verfügung über allgemein hochbewertete Ressourcen zurück. Diese Ressourcen können, müssen aber nicht materieller Art sein. Auch Expertise als Chirurg, die juristischen Fähigkeiten eines Rechtsprofessors oder die weniger definierbaren „Skills" eines Schauspielers sind in diesem Sinne Ressourcen, die sich konzentriert in verschiedenen Statusgruppe finden. Ob diese Gruppen nun ein hohes oder niedriges Prestige genießen, hängt von der Wertschätzung und Knappheit dieser Ressource bei den anderen Akteuren bzw. Statusgruppen ab.

Hohe Wertschätzungen und Knappheiten produzieren ein ganz spezifisches Beziehungsmuster zu den Akteuren, die im Besitz der Ressource sind. *Dieses Muster kann man in Netzwerken identifizieren und hieraus das Prestige einer Statusgruppe ableiten.* Es wird nämlich viele andere Akteure geben, die die knappe Ressource bei der Statusgruppe nachfragen. Diese ist daher das Objekt vieler Beziehungen. Diese Beziehungen werden von den prestigereichen Akteuren aber nicht erwidert. Vielmehr wird diese Gruppe – in Bezug auf die betrachtete Relation (z.B. einholen juristischen Rats) – ihre Beziehungen auf die eigene Statusgruppe beschränken: ein Rechtsprofessor fragt einen anderen Rechtsprofessor nach seiner Meinung zu einem juristischen Problem, aber nicht seine Sekretärin, einen Studenten oder gar einen Mandanten.

Um eine prestigereiche Statusgruppe herum gibt es meistens ihr zugeordnete Gruppen von Akteuren, die auf die knappe Ressource angewiesen sind (z.B. Mandanten, die Rechtsgutachten bestellen). Außerdem gibt es solche Akteure, die aus der Nähe zu der prestigreichen Statusgruppe Vorteile ziehen, ihr zuarbeiten und bei der Erstellung und Kontrolle des knappen Gutes behilflich sind (z.B. SekretärInnen, StudentInnen, Bibliothekspersonal). Alle diese Gruppen senden Beziehungen an die Prestigereichen aus, die aber nicht erwidert werden. Burt bezeichnet nun das *Beziehungsmuster für eine prestig-reiche Statusgruppe* als *primäre Form*. Ihr Kennzeichen ist, dass sie Objekt vieler Beziehungen ist, aber die eigenen Beziehungen auf die eigene Gruppe beschränkt. Das Muster für den zweiten Typus von Statusgruppe bezeichnet er als *sekundäre Form*. Sekundär bedeutet hier, dass ihr Prestige erstens niedriger ist und zweitens, dass es von der Nähe zu dem prestigreichen Status abhängig ist. Kennzeichnend für eine solche Statusgruppe ist, dass sie nicht erwiderte Beziehungen zu anderen Gruppen unterhält. Sie begrenzt ihre Wahlen nicht auf die eigene Gruppe; im Extremfall ist sie intern unverbunden. Sie kann die erforderlichen knappen Ressourcen nicht (nur) in der eigenen Gruppe finden.

Abbildung 6.3: Primäre und sekundäre Beziehungsformen

	S_1	S_2
S_1	1	0
S_2	1	0

Ein solches Beziehungsmuster wird durch eine Bildmatrix dargestellt. Sie kann im Prinzip wie eine Soziomatrix interpretiert werden. Allerdings stehen hier in der Kopf- und Vorspalte nicht mehr einzelne Akteure, sondern Akteur- oder Statusgruppen (S_1 und S_2), die strukturell äquivalent sind. Als strukturell äquivalent zusammengefasst werden solche Akteure, die dieselben oder sehr ähnliche Außenbeziehungen haben. Z.B. sind Unternehmen einer Branche strukturell äquivalent: sie brauchen die gleichen Vorprodukte, kaufen also bei denselben Zulieferern und sie produzieren das gleiche Produkt, verkaufen also an die gleiche Kundengruppe.[38] In der Bildmatrix bedeutet eine Null in einer Zelle, dass die in der Zeile notierte Gruppe keine Beziehung zur in der Spalte notierten Gruppe unterhält. Gibt es Beziehungen, so wird dies durch eine 1 in der Zelle symbolisiert. In der Hauptdiagonale steht für jede Gruppe, ob die Akteure Beziehungen zu anderen Akteuren aus der gleichen Gruppe unterhalten.

In Abbildung 6.3 ist Status S_1 die prestigereiche Akteurgruppe mit einer primären Form: sie erhält viele Wahlen von außen (siehe erste Spalte). Sie beschränkt ihre ausgehenden Wahlen auf die eigene Gruppe (1 in der Hauptdiagonale für S_1). S_2 ist dagegen eine Statusgruppe mit einer sekundären Beziehungsform. Ihre ausgehenden Wahlen an die Statusgruppe S_1 werden nicht erwidert. Sie beschränkt ihre Wahlen nicht auf die eigene Gruppe, vielmehr ist die Gruppe intern sogar unverbunden. Dies erkennt man an der 0 in der Hauptdiagonale.

---

38 Wie man eine Unterteilung des Netzwerkes in strukturell äquivalente Gruppen vornimmt, ist Gegenstand von Kapitel 8.2.

Im hierarchischen Netzwerk in Abbildung 6.2 finden sich vier verschiedene Statusgruppen. Der obersten Statusgruppe gehören die Akteure 7-10 an. Sie empfangen direkt Wahlen von Akteur 5 und indirekt von den Akteuren 1-4. Sie beschränken ihre eigenen ausgehenden Wahlen auf die eigene Statusgruppe. Die Akteure 1-4 und Akteur 5 gehören dagegen zum „Fußvolk", das von der Nähe zu dem primären Status profitiert. Akteur 5 steht dabei in der Hierarchie etwas höher als die ihm untergeordneten Akteure 1-4. Dies zeigt sich darin, dass er selbst Wahlen von dieser untergeordneten Statusgruppe erhält. Akteur 6 bildet eine vierte „Gruppe", er hat weder eingehende noch ausgehende Wahlen.

In Bezug auf verschiedene Beziehungstypen kann das Prestige in Netzwerken durchaus unterschiedlich verteilt sein: bei der Nachfrage nach qualifizierten Operateuren weisen die Chirurgen ein primäres Beziehungsmuster auf, bei der Nachfrage nach Rechtsgutachten die Rechtsprofessoren. Prominente Akteure in einem Netzwerk zur Ratgeberbeziehung müssen nicht auch in einem Freundschaftsnetzwerk für denselben Akteurkreis prominent sein.[39]

Es kann jedoch auch sein, dass in *einem* Beziehungsnetzwerk zwei oder mehr Akteurgruppen über qualitativ verschiedene knappe Ressourcen verfügen und es entsprechend mehrere prestigereiche Statusgruppen mit ihrem „Fußvolk" gibt. Beispielsweise könnte es zwei konkurrierende Expertengruppen mit unterschiedlichen Theorieansätzen geben, die um sich herum sekundäre Statusgruppen versammeln, aber nicht miteinander kommunizieren.

Die Abbildung 6.4 zeigt ein Beziehungsmuster mit einem primären Status und drei hierarchisch untergeordneten Statusgruppen mit immer geringerem Prestige. Alle drei untergeordneten Gruppen wählen jeweils die prestigereichste Gruppe S_1. Allerdings sind sie intern nicht unverbunden, sondern senden auch Wahlen an die eigene Statusgruppe. Die höchste Statusgruppe S_1 erwidert die Wahlen jedoch nicht, sondern beschränkt ausgehende Wahlen auf den eigenen Kreis. S_4 wählt außer S_1 auch die mittleren Statusgruppen S_2 und S_3; S_3 wählt auch die Gruppe S_2. Auch hier gilt jedoch, dass die Wahlen von den prestigereicheren Gruppen nach unten nicht erwidert werden. Abbildung 6.5 zeigt ein Beziehungsmuster mit zwei konkurrierenden Prestigedimensionen. Es unterscheidet sich von Muster 6.4 nur in der Zelle S_2/S_1. Hier steht statt einer 1 eine 0. S_2 bekommt dadurch ein primäres Beziehungsmuster. Die Gruppe ist Objekt vieler Beziehungen (von S_3 und S_4) und sie beschränkt ausgehende Beziehungen auf sich selbst. S_1 ist weiterhin eine prestigereiche Statusgruppe. S_3 und S_4 sind beiden primären Statusgruppen zugeordnet. Sie haben geringeres Prestige, da sie nicht erwiderte Wahlen an S_1 und S_2 aussenden.

---

39 Über die Möglichkeiten, primäre und sekundäre Statustypen über mehrere Netzwerke zu berechnen, kann man sich bei Burt 1982: 51-53 informieren.

Abbildung 6.4: Prestige als geringe Distanz von Statusgruppe S_1

	S_1	S_2	S_3	S_4
S_1	1	0	0	0
S_2	1	1	0	0
S_3	1	1	1	0
S_4	1	1	1	1

Abbildung 6.5: Prestige als geringe Distanz zur Statusgruppe S_1 und/oder zu S_2

	S_1	S_2	S_3	S_4
S_1	1	0	0	0
S_2	0	1	0	0
S_3	1	1	1	0
S_4	1	1	1	1

Burts Prestigebegriff geht über den ansonsten in der Netzwerkanalyse verwandten Prestigebegriff hinaus. Er enthält zwei miteinander kombinierte Aspekte: der erste Aspekt ist die Häufigkeit, Intensität oder Qualität, mit der ein Akteur zum Objekt von positiven Beziehungen gemacht wird. Dies wird allgemein in der Netzwerkanalyse unter dem Prestige eines Akteurs verstanden. Der zweite Aspekt betrifft die Qualität der Außenbeziehungen des Akteurs selbst, die in den herkömmlichen Prestigemaßen nicht betrachtet werden. Akteure, die ihre Außenbeziehungen auf die eigene Gruppe beschränken, Wahlen von anderen Subgruppen im Netzwerk also nicht erwidern, gelten als prestigereich. Dies setzt die Abgrenzung von verschiedenen Subgruppen im Netzwerk voraus. Burts Prestigekonzept stellt daher eine Möglichkeit dar, die Maßzahlen zum Akteurprestige mit den Methoden der Einteilung von Netzwerken in Untergruppen (siehe Kapitel 8) zu verbinden und hierarchisch geordnete Gruppen in Netzwerken zu entdecken.

6.3 Forschungsbeispiel: Das Scheitern einer Gewerkschaft

Die Bedeutsamkeit von Prestige- und Zentralitätspositionen innerhalb eines Unternehmens lässt sich an dem misslungenen Versuch einer amerikanischen Gewerkschaft demonstrieren, die Belegschaft eines kleinen Hochtechnologie-Unternehmens im Silicon Valley zu organisieren. In diesem hier als Silicon Systems bezeichneten Unternehmen war wenige Monate bevor der Organisierungsversuch der Gewerkschaft bekannt wurde, eine Netzwerkstudie durchgeführt worden. Der Forscher, David Krackhardt (1992, 1999), führte daraufhin weitere Interviews im Unternehmen zum Ablauf des gewerkschaftlichen Organisationsversuchs und wertete seine Netzwerkdaten daraufhin aus.

Abbildung 6.6: Die formale Organisationsstruktur von Silicon Systems
(Krackhardt 1999, siehe auch 1992: 226)

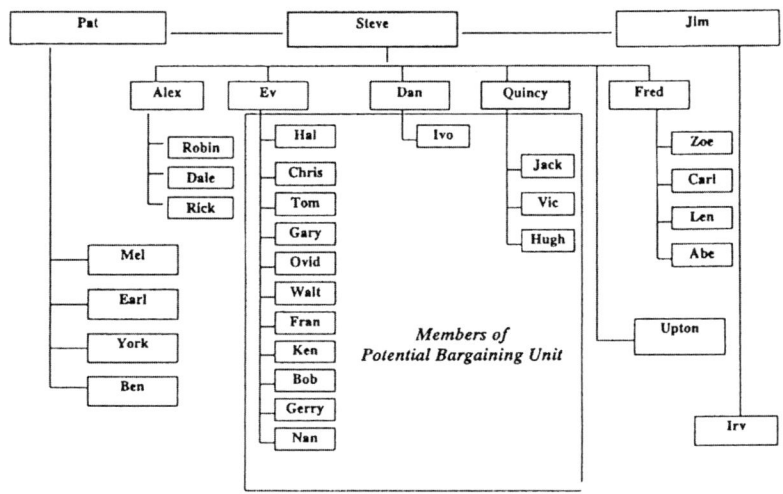

Organizational Chart of Silicon Systems

Die Abbildung 6.6 zeigt den Organisationsaufbau des kleinen Unternehmens. Der gewerkschaftliche Organisationsversuch bezog sich auf die in der Mitte des Organigramms durch eine Linie abgegrenzte „Potential Bargaining Unit". Dies waren diejenigen Mitarbeiter des Computerunternehmens, die die Anlagen bei den Kunden zu installieren hatten. Eigentümer des Unternehmens sind zu gleichen Teilen die drei oben positionierten Gründer des Unternehmens. Steve ist der Präsident des Unternehmens. Ev ist der technische Leiter für den Außendienst.

Die beiden Netzwerke in den Abbildungen 6.7. und 6.8. sind sogenannte *„faktische", bestätigte Netzwerke.* Beide Netzwerke sind asymmetrisch erhoben worden. Das Freundschaftsnetzwerk ist allerdings in Abbildung 6.7 symmetrisch dargestellt, da fast alle Freundschaftsbeziehungen erwidert wurden.

Krackhardt hat von jedem der 36 Beschäftigten für die beiden Netze ihr *kognitives Netzwerk* für das Unternehmen erhoben. Bei dieser Erhebungsstrategie muss ein Befragter nicht nur seine eigenen Außenbeziehungen angeben. Er wird vielmehr für alle Personen des Netzwerks gefragt, bei wem sie Rat und Hilfe suchen, bzw. mit wem sie befreundet sind. Wegen des großen Aufwandes ist dies nur für kleine Einheiten praktikabel. Die faktischen Netzwerke entstehen dann durch den Vergleich: nur wenn Steve angibt, dass Abe ihn um Rat fragt, und Abe angibt, dass er Steve um Rat fragt, wird ein

Pfeil von Abe auf Steve (unten in Abbildung 6.6) eingetragen. Diese Unterscheidung zwischen kognitivem und faktischem Netzwerk erlaubt es, die Übereinstimmung der Wahrnehmung der Akteure mit den tatsächlichen Verhältnissen zu messen.

Abbildung 6.7: Ratgeber-Netzwerk von Silicon Systems
(Krackhardt 1999, siehe auch 1992: 228)

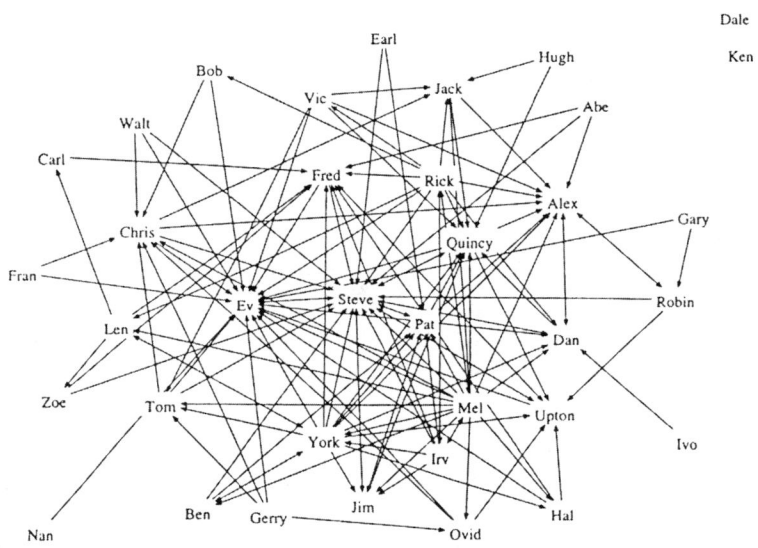

Für die Akteure sind relationsspezifisch verschiedene Zentralitätsmaße und ein Maß für die Richtigkeit ihres kognitiven Netzwerks berechnet worden. Die Ergebnisse sind in den Tabellen 6.6 und 6.7 dargestellt. Es wurde ein Prestigemaß (Indegree-Zentralität), das degree-basierte Zentralitätsmaß (Outdegree) und das Betweenness-Zentralitätsmaß berechnet. Die Anordnung in der Tabelle richtet sich nach dem Betweenness-Grad der Akteure: die zentralsten Akteure stehen oben. Die letzte Spalte ist das Akkuratheitsmaß für das kognitive Netzwerk. Hierzu ist neben dem Übereinstimmungsgrad der Rangplatz des Akteurs in der Richtigkeit seiner Einschätzungen im Vergleich mit den anderen Akteuren angegeben. Richtige Wahrnehmungen erweisen sich als wesentlich im politischen Prozess.

Man sieht, dass die zentralen Akteure im Management Steve und Ev sind. Sie unterscheiden sich im Ratgeber-Netzwerk nicht in ihrem Prestige (Indegrees), wohl aber in ihrer Einbindung ins Netzwerk und damit in ihrer Integrationskraft. Steve zieht auch Untergebene als Ratgeber heran. Ev hat dagegen nur einen Ratgeber: Steve selbst. Dass Steve aber über die Arbeitsvorgänge im Unternehmen nicht ganz auf dem Laufenden ist, sieht man an seinem knapp unterdurchschnittlichen Wert im Akkuratheitsmaß (Rang 20 bei 36 Rängen). Hier ist Ev was die Arbeitsseite angeht besser orientiert (Rang 3). Allerdings trifft dies nicht auf das Freundschaftsnetzwerk zu. Steve liegt hier auf den oberen Rängen sowohl in der Betweenness, als auch in der Richtigkeit seiner Netzwerkwahrnehmung. Die periphere Position von Ev in diesem Netzwerk ist als eine der Ursachen dafür anzusehen, dass die Außendienstmitarbeiter gegen seinen Führungsstil revoltierten und eine gewerkschaftliche Organisation des Unternehmens initiierten.

Abbildung 6.8: Freundschaftsnetzwerk von Silicon Systems
(Krackhardt 1999, siehe auch 1992: 230)

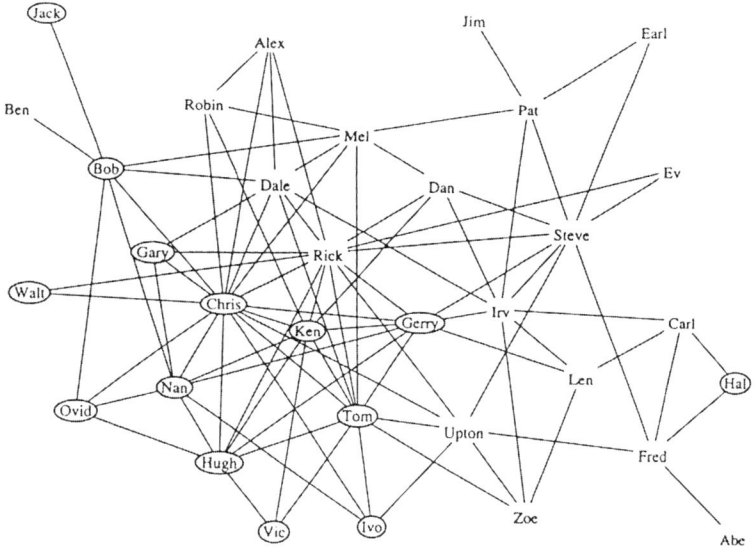

Die Unternehmensleitung war von der Mitteilung des National Labor Relations Boards, dass eine Gewerkschaft eine Abstimmung über eine Organisation der Mitarbeiter des Unternehmens beantragt hatte, völlig überrascht worden. Die Unternehmensleitung befürchtete zwar, dass eine gewerkschaftliche Organisation zu Verlusten in der Flexibilität des Unternehmens, seiner wesentliche Stärke im Wettbewerb, führen könnte. Man realisierte aber auch, dass eine Obstruktionspolitik rechtliche Konsequenzen und Image-Verluste nach sich ziehen würde. Die Frage der gewerkschaftlichen Organisation wurde deshalb „auf dem Shop Floor" entschieden.

Tabelle 6.6: Zentralität und Korrektheit der Wahrnehmung im
Ratgebernetzwerk (nach Krackhardt 1992: 229)

ID	Name	Indegree	Outdegree	Betweenness	Korrektheit (Rang)	
5	Ev	19	1	0,20130	0,485	(3)
19	Steve	19	7	0,16405	0,411	(20)
24	Rick	6	11	0,08208	Missing	
13	Mel	5	15	0,06711	Missing	
6	Fred	9	3	0,06249	0,459	(7)
17	Quincy	10	3	0,05753	0,514	(1)
25	York	5	15	0,05551	0,391	(22)
30	Dan	7	3	0,05488	0,430	(10)
29	Chris	7	6	0,05263	0,384	(23)
16	Pat	7	9	0,03259	0,420	(16)
27	Alex	11	2	0,03217	0,397	(21)
12	Len	3	7	0,02444	0,212	(33)
35	Irv	6	5	0,01912	Missing	
10	Jack	5	2	0,01593	0,332	(30)
21	Upton	7	3	0,01373	0,413	(19)
20	Tom	4	3	0,00834	0,378	(24)
18	Robin	2	3	0,00799	0,436	(9)
15	Ovid	2	4	0,00469	0,429	(12)
22	Vic	1	6	0,00375	0,352	(28)
33	Gerry	0	5	0,00274	0,302	(32)
7	Gary	0	2	0,00195	0,423	(14)
1	Abe	0	4	0,00139	0,482	(4)
36	Jim	5	4	0,00111	0,417	(17)
26	Zoe	1	2	0,00073	0,475	(5)
8	Hal	2	3	0,00067	0,371	(27)
2	Bob	1	2	0,00024	0,333	(29)
23	Walt	0	4	0,00024	0,417	(18)
28	Ben	2	4	0,00000	0,499	(2)
3	Carl	1	1	0,00000	0,374	(26)
32	Fran	0	2	0,00000	0,378	(25)
31	Earl	0	2	0,00000	0,423	(15)
34	Hugh	0	2	0,00000	0,470	(6)
9	Ivo	0	1	0,00000	0,442	(8)
14	Nan	0	1	0,00000	0,314	(31)
11	Ken	0	0	0,00000	0,429	(11)
4	Dale	0	0	0,00000	0,426	(13)

Tabelle 6.7: Zentralität und Korrektheit der Wahrnehmung im Freundschaftsnetzwerk (nach Krackhardt 1992: 231)

ID	Name	Indegree	Outdegree	Betweenness	Korrektheit (Rang)
29	Chris	12	16	0,16202	0,362 (11)
2	Bob	6	4	0,10899	0,344 (15)
24	Rick	11	9	0,10573	Missing
19	Steve	8	6	0,10472	0,349 (14)
21	Upton	5	4	0,09101	0,356 (12)
6	Fred	4	2	0,08981	0,334 (18)
35	Irv	8	7	0,07368	Missing
16	Pat	5	4	0,07013	0,323 (23)
13	Mel	6	7	0,06695	Missing
20	Tom	10	10	0,06651	0,363 (10)
33	Gerry	8	7	0,06615	0,381 (8)
4	Dale	8	7	0,05218	0,331 (20)
11	Ken	9	7	0,02812	0,384 (7)
14	Nan	5	7	0,02504	0,188 (31)
34	Hugh	6	7	0,01955	0,407 (3)
3	Carl	2	4	0,01792	0,391 (5)
30	Dan	5	5	0,01377	0,442 (1)
12	Len	2	4	0,00944	0,329 (21)
26	Zoe	3	2	0,00695	0,414 (2)
18	Robin	4	4	0,00280	0,333 (19)
9	Ivo	3	2	0,00268	0,398 (4)
15	Ovid	4	3	0,00240	0,302 (25)
27	Alex	3	3	0,00230	0,336 (17)
7	Gary	3	2	0,00118	0,311 (24)
5	Ev	2	1	0,00000	0,292 (26)
22	Vic	1	3	0,00000	0,275 (28)
8	Hal	1	2	0,00000	0,155 (33)
23	Walt	1	2	0,00000	0,352 (13)
36	Jim	1	1	0,00000	0,221 (29)
10	Jack	1	1	0,00000	0,200 (30)
31	Earl	0	2	0,00000	0,380 (9)
28	Ben	0	1	0,00000	0,292 (27)
1	Abe	0	1	0,00000	0,387 (6)
32	Fran	0	0	0,00000	0,325 (22)
17	Quincy	0	0	0,00000	0,341 (16)

Der Antrag der Gewerkschaft auf eine Abstimmung über die Organisation eines Betriebes an den National Labor Relation Board erfolgt erst, wenn mehr als 55% der betroffenen Belegschaft sogenannte Autorisationskarten für die Gewerkschaft unterschrieben haben. Während nicht klar ist, welche der Mitarbeiter dies genau waren, so ist klar, dass sie alle zum „Bargaining Unit" (siehe Abbildung 6.5) gehören. Obwohl die Gewerkschaft die Mehrheit praktisch schon in der Tasche hatte, verlor sie nach einer zweimonatigen Organisationskampagne im Unternehmen die endgültige Abstimmung. Eine Erklärung hierfür liefert eine Analyse des Freundschaftsnetzwerk im Vergleich zu der von der Gewerkschaft verfolgten Mobilisierungsstrategie.

Die zentrale Person im Freundschaftsnetzwerk ist Chris. Er gehörte auch zu Beginn zu den Verfechtern einer gewerkschaftlichen Organisierung des Unternehmens. Allerdings war er starken widersprüchlichen Einflüssen ausgesetzt. Die Opposition zu Ev bestärkte ihn in der Notwendigkeit einer gewerkschaftlichen Vertretung der Außendienstmonteure im Unternehmen. Aber seine Freundschaft mit Robin und Mel, zwei Gegnern der Gewerkschaftsstrategie aus der Belegschaft, führte dazu, dass er seine Position immer weniger vertrat. Hinzukam, dass die Gewerkschaft nicht ihn für die Kampagne angesprochen hatte, sondern drei andere Kollegen: Ovid, Jack und Hal. De facto verließ er das Unternehmen vor der Abstimmung und tauchte erst einige Tage später wieder auf. Krackhardt (1999) analysiert diese Situation von Chris als eine klassische „double-bind"-Situation. Er ist nicht nur Mitglied in einer Clique, sondern in zwei Cliquen, die widersprüchliche Anforderungen an ihn stellen. Solche Cliquenzugehörigkeiten nennt Krackhardt „Simmelsche Ties". Sie beruhen auf den besonderen Bindungswirkungen von Gruppen (n ≥ 3) im Vergleich etwa mit Dyaden, die Simmel herausgestellt hat. Damit widerspricht er einer wesentlichen These von Burt über die strukturellen Ursachen von Macht und Autonomie. Für Burt (vgl. Kapitel 7.4 und 9.1.2) sind Akteure als Mitglieder einer untereinander völlig verbundenen Clique dem höchsten sozialen Druck ausgesetzt. Jedes sogenannte strukturelle Loch zwischen zwei Kontakten des Akteurs erhöht dessen Handlungsfreiheit und strukturelle Autonomie. Wie Krackhardt (1999) an der Reanalyse dieser Organisationsuntersuchung zeigt, spricht vieles dafür, einen Akteur zwischen zwei Cliquen nicht in jedem Fall als mächtigen Makler zu sehen. Ebenso gut kann der Akteur in eine double-bind-Situation geraten und völlig handlungsunfähig werden, wie dies hier bei Chris der Fall ist. Welche Interpretation zutrifft, wird sich nicht auf Grund der Strukturanalyse allein entscheiden lassen. Hierzu muss zusätzliches Wissen über die Relationsinhalte und den Entscheidungsgegenstand herangezogen werden.

Nach dem Rückzug von Chris spielten in der Auseinandersetzung zwischen den Gewerkschaftsbefürwortern Ovid, Jack und Hal und den Gegnern Mel und Robin deren jeweilige Zentralitäten im Freundschaftsnetzwerk die ausschlaggebende Rolle. Mel und Robin weisen hier sowohl bezüglich der Indegrees und Outdegrees als auch in der Betweenness die höheren Werte auf. Sie konnten in den zwei Monaten der Kampagne die Mehrheit der Kollegen aus dem Bargaining Unit, dem sie selbst nicht angehörten, überzeugen, dass eine gewerkschaftliche Organisierung dem Unternehmen schaden würde. Hätte die Gewerkschaft die Abstimmung am ersten Tag der Kampagne durchführen lassen, so hätte sie gewonnen. Die Dynamik der Beeinflussungsnetzwerke unter der Belegschaft, die falsche Auswahl der innerbetrieblichen Führer der Kampagne und die ambivalente Haltung von Chris als der zentralen Position im Einflussnetzwerk führten dann jedoch am Ende der Kampagne zum Misserfolg.

7 Macht, Einfluss und Autonomie in Netzwerken

7.1 Zum Machtbegriff

7.1.1 Grundlagen von Macht: Einfluss und Tausch

Macht ist eine der Grundkategorien soziologischer Analyse. Sie wird zur Erklärung für soziale Ungleichheit herangezogen. Wer Macht hat, kann seine Interessen durchsetzen. Dies gilt in der Familie, in sozialen Gruppen, im Betrieb und in der Politik. Ökonomische oder militärische Macht kann sich unversehens in politische Macht verwandeln. Diese „Machtfrage" wird bei gesellschaftlichen Umstürzen und Revolutionen gestellt. Hieran wird ein weiterer Aspekt von Macht deutlich: die Frage ihrer Legitimität. Weber grenzt *Macht* von *Herrschaft* ab, indem er auf die Zustimmung des Beherrschten abstellt. Macht bedeutet für Weber, dass man seinen Willen einem anderen aufoktroyieren kann, ganz gleich worauf diese Chance beruht. Es kann auch rohe Gewalt oder der bloße Besitz einer knappen Ressource sein. Herrschaft bedeutet dagegen, dass einem Befehl gefolgt wird. Der Befehlsempfänger sieht das Verhältnis zwischen ihm und dem „Herrscher" als legitim, als richtig an (Weber 1972: 28).

Mehr oder weniger legitime Macht wird in der Netzwerkanalyse unter solchen Stichworten wie *Einfluss, Prestige und Zentralität* diskutiert (vgl. hierzu die Maßzahlen in Kapitel 6). Legitime Macht hat, wer angesehen ist, wer in Informations- und Kommunikationsnetzwerke positiv eingebunden ist. In solchen Kommunikations- und Einflussnetzwerken ist der Status und die Macht eines Akteurs um so größer, je größer die Zahl seiner Außenbeziehungen ist und je mächtiger seine Kontaktakteure ihrerseits sind.

Macht im Sinne von bloßer Verfügung über knappe Ressourcen wird dagegen als *strukturelle Autonomie* oder auch als Macht in negativ verbundenen Netzwerken diskutiert. Maßzahlen hierfür fragen nicht, welche Ressourcen ein Akteur mit Hilfe anderer Akteure aus dem Netzwerk mobilisieren kann, sondern danach, welchen Abhängigkeiten und Zwängen er unterliegt bzw. welche Abhängigkeiten anderer er ausbeuten kann. Das positive, legitimierte, wert- und ansehenbasierte *Einflussnetzwerk* ist das paradigmatische Beispiel für eine Forschungstradition, die Zentralitäts- und Prestigemaße als Indikatoren für Macht heranzieht. Dagegen ist das *Tauschnetzwerk* mit knappen Ressourcen das Paradebeispiel für eine zweite Konzeption von Macht. Sie macht das Fehlen von strukturellen Zwängen und die Ausbeutbarkeit struktureller Löcher zu einem Indikator für Macht.

Der Unterschied zwischen positiv verbundenen Einflussnetzwerken und negativ verbundenen Tauschnetzwerken ist in der Netzwerkanalyse lange Zeit nicht erkannt worden. Dies hat zu widersprüchlichen Antworten auf die Frage geführt, welche Position in einem Netzwerk über Macht verfügt. *Verbindung in Netzwerken* meint hier, dass die Beziehung zwischen A und B einen Einfluss hat auf die Beziehung zwischen B und C. Mit anderen Worten: es geht um die Frage, ob indirekte Beziehungen überhaupt von Relevanz sind. Dieser indirekte Einfluss kann nun positiv sein, z.b. wenn B die von A erhaltene Information an C weitergibt, oder wenn B für ein Projekt von C auch die Unterstützung des A mobilisieren kann. Kennzeichen *positiv verbundener Netzwerke* ist die Komplementarität und Additivität der Beziehungen. Die Beziehung zu dem einen Akteur schließt die Beziehung zum anderen Akteur nicht aus. Im Gegenteil, je mehr direkte und indirekte Beziehungen ein Akteur hat, desto mehr Ressourcen kann er aus dem Netzwerk für sich mobilisieren.

Negativ verbundene Netzwerke sind dagegen durch die Konkurrenz zwischen den Beziehungen gekennzeichnet. Die junge Frau B muss sich zwischen zwei Männern, C und A, entscheiden, die beide um sie werben. Ein Unternehmen wird den Kauf seiner Materialien entweder bei Lieferant A oder C tätigen. In einer Abteilung kann auf den vakanten Posten des Abteilungsleiters nur A oder C befördert werden. In Netzwerken, in denen es um die Verteilung knapper Ressourcen geht, hängt die Macht eines Akteurs davon ab, dass er selbst viele alternative Tauschpartner hat. Er kann dann gegebenenfalls ausweichen, ist nicht der Macht der anderen unterworfen. Es ist für ihn dagegen günstig, wenn seine Partner ihrerseits wenig Alternativen haben. Je machtloser sie sind, desto mächtiger ist er. Während in Einflussnetzwerken die Macht eines Akteurs mit der Macht seiner Kontaktpersonen steigt, führen in Tauschnetzwerken mächtige Kontaktpersonen dazu, dass die Macht des betrachteten Akteurs sinkt.

Ein Beispiel für Macht in negativ verbundenen Netzwerken bieten die Koalitionsverhandlungen zwischen einer großen Volkspartei V und zwei kleineren potentiellen Koalitionsparteien L und R, die politisch links und rechts von der Volkspartei stehen. V kann wählen, ob sie mit R oder L die Regierungskoalition bildet. Sie kann die Forderungen von Partei L gegen die von Partei R ausspielen. Für R und L gibt es dagegen keinen alternativen Koalitionspartner. Wegen der ideologischen Differenzen zwischen ihnen könnte es ihnen sogar schwer fallen, in direkter Kommunikation die Richtigkeit der angeblichen Kompromißbereitschaft des jeweils anderen nachzuprüfen, die von V ins Feld geführt werden.

Entscheidend für ein angemessenes Verständnis von Macht in sozialen Netzwerken ist also die Unterscheidung zwischen zwei grundsätzlich verschiedenen Netzwerkfunktionen bzw. Netzwerktypen: Kommunikations- und Einflussnetzwerke einerseits und Netzwerke für den Tausch knapper Ressourcen andererseits. Mit dieser Unterscheidung korrespondiert in etwa die Nützlichkeit von strong ties oder weak ties. Weak ties, die strukturelle Löcher überbrücken, sind die Machtbasis in kompetitiven Tauschnetzwerken. Strong ties, die Legitimität, emotionale Verankerung in der Gruppe und soziale Unterstützung vermitteln, sind die Machtbasis in Einflussnetzwerken. Die Frage, ob ein Beziehungsnetz eher positiv und komplementär oder aber kompetitiv und negativ ist, ist allerdings in der Realität oft schwer zu entscheiden. Dies zeigt das Forschungsbeispiel zur Macht in einem Zeitungsunternehmen zum Schluss des Kapitals.

Kapitel 7 befasst sich mit der netzwerkanalytischen Operationalisierung von Macht in Tauschnetzwerken. Einflussmodelle werden lediglich in einer Typologie nochmals mit aufgeführt. Die für eine Analyse solcher positiver Netzwerke geeigneten Indikatoren für Macht sind die Zentralitäts- und Prestige-Maßzahlen, die in Kapitel 6 bereits vorgestellt wurden.

7.1.2 Macht als relationales Konstrukt

Macht ist grundsätzlich ein relationales Konstrukt. Ohne Angaben darüber, auf was ein Akteur Macht ausübt und/oder auf wen er Macht ausübt, kann die Frage, ob ein Akteur Macht hat, nicht beantwortet werden.

Es lassen sich zwei Herangehensweisen an das Problem einer Machtdefinition unterscheiden. Die erste Vorgehensweise ist die ältere Strategie. Sie geht auf Weber (1972), Blau (1964) und Emerson (1962) zurück. Theoretischer Hintergrund ist eine mikrosoziologisch orientierte Austauschtheorie. Es wird danach gefragt, ob ein Akteur auf andere Akteure Macht ausübt. Hierbei wird die *Relation zwischen zwei Akteuren* betrachtet. Macht hat ein Akteur über einen anderen, wenn es ihm gelingt, vom anderen Ressourcen ohne adäquate Gegenleistung zu bekommen bzw. wenn es ihm gelingt, den anderen zu Handlungen zu bringen, die dessen Interessen verletzen, aber den Interessen des machtvollen Akteurs dienen. Ein Akteur hat in dieser Betrachtungsweise um so mehr Macht, je stärker das Interesse an den Ressourcen des Mächtigen ist und je weniger alternative Quellen der von ihm Abhängige hat. Hieraus ergeben sich verschiedene Strategiemöglichkeiten für den Unterlegenen, seine Abhängigkeiten zu verringern.

Eine neuere und auf der Makroebene ansetzende Konzeption von Macht fragt zunächst nicht nach den Akteuren, über die Macht ausgeübt wird, sondern nach den *Ereignissen in einem Sozialsystem*, die ein Akteur beeinflussen kann. Macht hat man dann auf Entscheidungen in Organisationen, in einer Gemeinde oder in einem politischen System. Stokman (1995: 161) definiert Macht in Anlehnung an Coleman (1991: 168ff) wie folgt:

„Ich würde Macht deshalb definieren als das Vermögen, wertvolle kollektive Ergebnisse in einem sozialen System mitzubestimmen. Der Wert der kollektiven Ergebnisse wird seinerseits bestimmt durch das Interesse, das mächtige Akteure im sozialen System an diesen Ergebnissen haben."

Mitwirkung und Einfluss im System impliziert jedoch nicht, dass ein mächtiger Akteur exakt das von ihm angestrebte Ergebnis erreichen kann. Die Verkettung der Handlungen vieler Akteure führt vielmehr dazu, dass auch von jedem einzelnen unintendierte Ergebnisse eintreten. Auch hieran sind jedoch Machtprozesse beteiligt. Anders als bei Max Weber heißt Macht in dieser theoretischen Sicht nicht notwendig Übereinstimmung zwischen angestrebten Handlungsergebnissen und tatsächlich eintretenden Ergebnissen.

Beide Definitionsversuche haben negativ verbundene Netzwerke zur Grundlage. Sie arbeiten mit einem ökonomischen Modell, dem Tausch von grundsätzlich knappen Ressourcen. Hierdurch wird die Konkurrenz in den Beziehungen hervorgerufen.

7.1.3 Das Marktmodell von Macht

Grundlage der Machtdefinition Colemans (1990: 168ff.) ist seine Konzeption eines Handlungssystems. Ein solches System ist definiert über (1) die beteiligten Akteure, (2) die bewerteten Ressourcen oder Ereignisse, die im System verteilt bzw. bewirkt werden und (3) über die Verfassung, d.h. die ursprüngliche Verteilung der Kontrolle über Ressourcen unter den Akteuren. Coleman konstruiert nun ein formales Modell zur Messung von Macht in einem solchen Handlungssystem.

Anschauungsobjekt für dieses Modell war der amerikanische Kongress und die dort ablaufenden Prozesse des „Stimmentausches". Jeder Abgeordnete hat über jedes zur Abstimmung anstehende Gesetz die gleiche Abstimmungsmacht. Ein bestimmter Abgeordneter ist aber an einigen Ereignissen mehr interessiert als an anderen, z.B. an Landwirtschaftspolitik stark interessiert, während er im Hinblick auf die verschiedenen Alternativen in der Energiepolitik indifferent sein könnte. Naheliegend ist dann, dass er von anderen Akteuren ohne Interessen in der Landwirtschaftspolitik Unterstützung seiner Position in diesem Bereich eintauscht gegen Leistung von Unterstützung an diese Akteure im Bereich der Energiepolitik. Coleman formalisiert dieses Modell folgendermaßen:

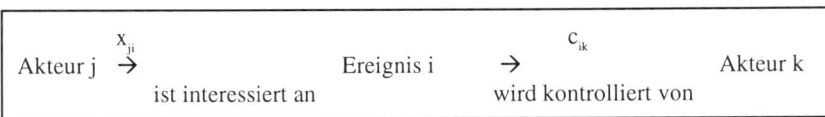

Akteur j	$\xrightarrow{x_{ji}}$	Ereignis i	$\xrightarrow{c_{ik}}$	Akteur k
	ist interessiert an		wird kontrolliert von	

Jeder Akteur kommt in diesem Modell sowohl als j-Akteur mit bestimmten Interessen, als auch als k-Akteur mit bestimmten Kontrollbefugnissen/Ressourcen vor. Aus der Nicht-Identität von Interessen und Kontrollbefugnissen leiten sich die Tauschmöglichkeiten und die Dynamik des Systems ab. Aus der Formalisierung lassen sich einige Ableitungen treffen. Sie beziehen sich auf die Macht p des Akteurs j bzw. k, auf die „Preise" der einzelnen Ereignisse/Abstimmungsfragen v_i und auf die von Akteur j getätigten Ausgaben zur Kontrolle eines Ereignisses c_{ij}.

Das Modell ist völlig analog zum Modell eines perfekten Marktes konstruiert. Die Macht des Akteurs entspricht seiner Kaufkraft auf dem Markt. Der Wert der Ereignisse entspricht den Preisen der Güter. Die Kontrollnachfrage eines Akteurs für ein Ereignis entspricht seiner Nachfrage nach einem bestimmten Gut. Ein Akteur ist um so mächtiger/kaufkräftiger, je höher die Ereignisse/ Güter im System bewertet werden, die er selbst kontrolliert. Ein Gut/Ereignis ist um so teurer, je mehr kaufkräftige/mächtige Akteure an ihm interessiert sind. Die Nachfrage nach einem Gut/Ereignis ist um so höher, je größer das Interesse der Akteure an diesem Gut/Ereignis und je mehr Macht/ Kaufkraft die interessierten Akteure besitzen. Außerdem hängt die Nachfragemenge von den Preisen der Ereignisse ab. Sinkt der Preis, so steigt ceteris paribus die Nachfrage. Steigt die Nachfrage nach einem bestimmten Ereignis, so steigt auch der verlangte Preis dafür.

7.2 Netzwerkbezogene Konzeptionen von Macht

7.2.1 Kritik am Marktmodell

Netzwerkanalytisch arbeitende Forscher[40] haben das obige Marktmodell sozialen Tauschs und sozialer Macht in mehreren Hinsichten kritisiert. Wichtige Kritikpunkte sind:

1. Im Modell sind die *Interessen der Akteure exogen definiert.* Sozialisierte und in Netzwerke eingebettete Akteure sind jedoch in ihrer Interessendefinition nicht autark. Welche Interessen ein Akteur verfolgt, hängt von seiner Einbettung in Netzwerke ab (vgl. hierzu Kapitel 1).
2. Das von diesen Tauschmodellen unterstellte Modell des rationalen Akteurs widerspricht der Bedeutung *sozialer Beeinflussung,* wie sie die Netzwerkanalyse hervorgehoben hat. Scheinbar gibt der beeinflusste Akteur ohne Not einen Teil seiner Autonomie auf. Was in einer solchen Sicht von sozialen Beeinflussungsprozessen jedoch unterschlagen wird, ist das Interesse des Beeinflussten am Zugang zu Informationen und an der Reduktion von Unsicherheiten. Erst mit Hilfe dieser Informationen ist es den Akteu-

---

40 Marsden (1981, 1983), Burt (1977b, 1982, 1992), Bonacich (1987), Friedkin (1986, 1991, 1992), Stokman (1995) und Kappelhoff (1995) haben wesentliche Beiträge zur Diskussion von Macht in Netzwerken geleistet.

ren nämlich möglich, die wahrscheinlichen Konsequenzen bestimmter Ereignisse für ihre eigenen Interessen abzuschätzen. Erst nach Informationssuche und „Beeinflussung" durch andere, kann der Akteur seine Interessen definieren.

3. Solche Informationen werden jedoch in *sozialen Strukturen* ebenfalls ungleich verteilt sein. Hieraus ergibt sich für die Gatekeeper von relevanten Informationen eine Machtposition.

4. Colemans Modell berücksichtigt nicht, dass Prozesse der Aggregation von Einzelhandlungen in Märkten anders verlaufen als in kollektiven Entscheidungssystemen. Die Nachfrage nach einem Gut addiert sich immer weiter auf, je mehr Akteure das Gut nachfragen. Entsprechend steigt der Preis, usw. In kollektiven Entscheidungssystemen gibt es jedoch spezifische Entscheidungsregeln, z.B. die einfache Mehrheitsregel, die absolute oder die qualifizierte Mehrheit. Sobald beispielsweise die erforderliche Stimmenmehrheit für eine Abstimmung in einem Parlament erreicht ist, ist es für den einzelnen Abgeordneten nicht mehr rational, weitere Stimmen für den von ihm bevorzugten Ereignisausgang zu „kaufen". Die Mehrheitsfraktion, die sich der Fraktionsdisziplin ihrer Mitglieder sicher ist, hat also gar keinen Anlass, weitere Stimmen von anderen Fraktionen „einzutauschen". Coleman umgeht diese Schwierigkeit, indem er eine probabilistische Entscheidungsregel unterstellt. Mit jeder Stimme mehr, steigt die Wahrscheinlichkeit des erwünschten Ausgangs der Abstimmung. Damit wird jedoch die den Akteuren in den meisten Situationen kollektiver Entscheidung *bewusste Interdependenz unterschlagen*. In Märkten sind die Akteure auch interdependent, aber sie wissen es nicht bzw. sie sind – anders als eine Parteifraktion – zu viele, um ihre Handlungen koordinieren zu können. Eine marktartige Situation für eine kollektive Entscheidung wäre z.B. der Wahlkampf. Hier sind gleichzeitig mehrere Millionen Menschen zur Wahl aufgerufen, die sich untereinander kaum koordinieren können. Vorausgesetzt, ein Wähler hält die Unterschiede zwischen den Parteien für relevant im Hinblick auf die Vertretung der eigenen Interessen und misst seiner eigenen Stimme ein bedeutsames Gewicht bei, wird er wählen gehen und seine Stimme der präferierten Partei geben. Dass andere Wähler seiner Partei vielleicht schon zu einer Mehrheit verholfen haben, kann er nicht sicher wissen. Außerdem steigt in Wahlsystemen mit Verhältniswahlrecht mit jeder Stimme mehr auch der Anteil der Abgeordneten einer Partei im Parlament.

5. Colemans Modell nutzt eine zentrale Erkenntnis der Forschung zu Macht nicht aus: *ein Akteur ist um so weniger der Macht anderer Akteure unterworfen, je mehr alternative Bezugsquellen für eine benötigte Ressource er hat.*

6. Colemans Modell unterstellt ein unbeschränktes Tauschsystem. Jeder Akteur kann gemäß seinen Interessen und der vorgegebenen Verteilung von Kontrollressourcen mit jedem anderen Akteur in Tauschbeziehungen treten. Die-

ses Konzept unterschlägt, dass es zwischen Akteuren *Tauschbarrieren* geben kann. Diese können durch die Sozialstruktur bedingt sein. Die Akteure sind zeitlich und räumlich zu weit voneinander entfernt, um ihre Tauschchancen entdecken zu können. Weitere Tauschbarrieren können ideologischer Art sein. Z.B. werden Grüne und Rechte kaum Kontrollanteile tauschen. Außerdem fehlen bei politischem Tausch Erzwingungsmöglichkeiten. Die Tauschhandlungen liegen oft zeitlich auseinander, klare „Preise" sind nicht vorhanden. Es ergeben sich vielfältige Möglichkeiten der Interpretation, wie man an der Debatte um Koalitionsvereinbarungen erkennen kann. Politischer Tausch ist deshalb an Vertrauen gebunden. Dieses Vertrauen ist eher innerhalb von homogenen Gruppen vorhanden. Tauschprozesse werden daher nicht nur von der Interessen- und Kontrollverteilung bestimmt, sondern auch von den vorfindlichen Sozialstrukturen.

7. Des weiteren sind *Ressourcen eines Akteurs häufig überhaupt nicht tauschbar*. Wichtige Ressourcen einer Person wie Integrität, Charisma, soziale Beziehungen sind nicht tauschbar. Ein Kauf von Ressourcen kann sogar illegal sein, z.B. der Kauf von Wählerstimmen. Ebensowenig sind Ressourcen tauschbar, über die ein Akteur als Agent einer Organisation verfügt. Solche Ressourcen werden zwar von den Agenten kontrolliert, aber sie sind nicht in seinem Besitz. Sie sind nicht veräußerbar.

7.2.2 Eine Typologie von Machtmodellen

Netzwerkbezogene Operationalisierungen von Macht setzen an den Einflussprozessen und/oder den Sozialstrukturen der Tauschprozesse an. Sie betrachten Macht als eine latente Variable, die nur indirekt, an Indikatoren für Machtmanifestationen, gemessen werden kann. Burt (1977a) unterscheidet vier verschiedene Operationalisierungen, die zunehmend komplexer werden. Ein fünfter Typus ergibt sich aus der Kombination von Macht in Einflussnetzwerken und Macht in Tauschnetzwerken.

Das *erste und simpelste Modell* kümmert sich nicht um die Ressourcenbasis der latenten Variable Macht, sondern identifiziert Macht mit einem Ausdruck von Macht, der *Reputation, ein einflussreicher Akteur zu sein*. Also: Macht wird mit durch andere wahrgenommener Macht gleichgesetzt. Solche Reputationen der Akteure können in Befragungen erhoben werden. Jedem Akteur kann dann als Machtwert ein Mittelwert der Machtzuschreibungen durch die anderen Akteure zugewiesen werden. Hierzu sind noch keinerlei relationale Datenoperationen erforderlich. Man kann allerdings auch die Reputationszuschreibung als Netzwerk begreifen. So wurde z.B. in dem schon angeführten Politiknetzwerk zur Forschungspolitik alle Akteure danach gefragt, welchen Einfluss die anderen Akteure auf die Entscheidungen im Politikfeld haben (Jansen 1995). Macht als Reputation macht keinerlei Annahmen über die Machtgrundlagen, und daher auch nicht über die Frage, ob Macht eines Akteurs aus der bewussten und freiwilligen Unterstützung und Anerkennung durch die anderen im Netzwerk rührt, oder aus der Ausbeutung von strukturellen Löchern in der Konkurrenz um knappe Ressourcen.

Ein *zweites komplexeres Modell* sieht dagegen *Prozesse sozialer Beeinflussung* hinter der latenten Variable Macht. Mächtig ist derjenige Akteur, der auf viele andere Akteure sozialen Einfluss ausübt. Operationalisiert wird ein solches Konzept, indem man ein Einflussnetzwerk erhebt, z.B. nach Gesprächspartnern bzw. Ratgebern in wichtigen Angelegenheiten fragt. Mächtig sind dann solche Akteure, die sich in sogenannten primären Positionen befinden (vgl. hierzu Kapitel 6.2). Sie werden von vielen Akteuren als Ratgeber genannt. Diese Ratgeberposition ist meistens einseitig, d.h. der Akteur setzt sich selbst seltener sozialen Beeinflussungsprozessen aus. Wenn er dies tut, so fragt er seinerseits nicht die Machtlosen, sondern die ebenfalls Mächtigen um Rat. Die ausgehenden Wahlen werden auf Akteure mit ebenfalls primärer Position begrenzt. Um zu einem kontinuierlichen Machtkonzept zu gelangen, das nicht nur die dichotome Unterscheidung von Mächtigen und Machtlosen erlaubt, kann man nun die Akteure daraufhin untersuchen, ob sie in der sozialen Nähe zu mächtigen Akteuren plaziert sind. Die dahinterstehende Vorstellung ist, dass ein Akteur mit großer Nähe zu Akteuren mit einer primären Position an deren Macht in gewissem Umfang partizipiert. Weitere Operationalisierungen dieses Machtkonzepts liefern die verschiedenen Zentralitäts- und Prestigeindizes. Dies ist ein Machtmodell, das positiv verbundene Netzwerke voraussetzt.

Das *dritte Modell* führt die latente Variable Macht nicht auf die Machtbasis des Einflussnetzes, sondern *auf den Besitz von knappen Ressourcen* zurück. Es entspricht dem oben skizzierten Marktmodell der Macht. Es setzt also die ökonomische Annahme der Konkurrenz und Widersprüchlichkeit der Interessen der Akteure an die Stelle der soziologischen Annahme der sozialen Beeinflussung, der Konvergenz der Interessen und der sozialen Unterstützung. Es geht von Ressourcenkonkurrenz und -interdependenz aus, unterstellt also ein negativ verbundenes Netzwerk.

Das *vierte Modell* ersetzt die Annahme des vollkommenen Marktes durch ein *Ressourcentauschnetzwerk mit Barrieren* zwischen Akteuren und Maklerchancen für einzelne Akteure. Die Sozialstruktur des Tausches spielt hier also eine Rolle. Mächtig sind Akteure, die Kontrolle über begehrte Ressourcen ausüben und/oder diejenigen Akteure, die als Makler zwischen Akteuren fungieren können, die einander sonst nicht erreichen können, aber voneinander profitieren könnten. Modelle für eine solche Konzeption von Macht haben Marsden und Bonacich entwickelt. Sie werden weiter unten vorgestellt. Dieses Modell unterstellt negativ verbundene Netzwerke, in denen es um die Verteilung knapper Ressourcen geht. Es löst, anders als das simplere Marktmodell, auch den Anspruch ein, die Machtvorteile zu erfassen, die sich aus der Überbrückung struktureller Löcher ergeben. Macht kann in einem solchen Modell operationalisiert werden als primäre Position im Ressourcentauschnetzwerk bzw. als soziale Nähe zu einer primären Position in einem solchen Ressourcentauschnetzwerk.

Ein *fünftes Machtmodell kombiniert sozialen Einfluss und Ressourcenbesitz* als Machtbasen. Hierbei wird für den Beeinflussungsprozess angenommen, dass die Macht eines Akteurs mit der Zahl seiner Kontakte und mit deren Einflussmacht wächst. Für den Tauschprozess, in dem es um die Verteilung knapper Ressourcen geht, wird ein Konkurrenzmodell unterstellt. Dieses kombinierte Modell wird häufig in der Forschung zu Politiknetzwerken eingesetzt.[41] Es besteht aus dem bereits bekannten Coleman-Modell, das um den Prozess sozialer Beeinflussung erweitert wird. Macht wird also gleichgesetzt mit der Kontrolle über begehrte Ressourcen und der Nähe zu den primären Positionen in einem Beeinflussungsnetzwerk. Akteure, z.B. Verbandsakteure haben demnach Interesse an Ereignissen/kollektiven Entscheidungen, die von politischen Agenten (Parlament, Parteien, Regierung) kontrolliert werden. Diese Agenten ihrerseits werden nun sozusagen vor dem Konkurrenzprozess in einem Lobbying-Prozess von den Verbandsakteuren beeinflusst. Unterschiedliche Regierungssysteme (z.B. parlamentarische versus präsidentielle) können darüber operationalisiert werden, welche Kontrollanteile den verschiedenen politischen Agenten zugewiesen werden. Verschiedene Modelle der Interessenvermittlung (z.B. Pluralismus oder Korporatismus) werden dadurch abgebildet, wer als Interessen- bzw. Lobbyakteur auftreten kann (Parteien, Verbände, Einzelakteure, Regierungsbehörden, usw.). Eine Anwendung dieses Machtmodells liefert die von Pappi, König und Knoke (1995) vorgelegte Studie zum Vergleich amerikanischer und deutscher Politiknetzwerke im Bereich der Arbeits- und Sozialpolitik.[42]

7.3 Macht in Tauschnetzwerken

Karen Cook und ihre Kollegen (Cook 1982 ; Cook et al. 1983, 1992) haben ausgehend von Emersons tauschtheoretischer Konzeption von Macht zu Beginn der achtziger Jahre über bedeutende Laborergebnisse berichtet. Die Ergebnisse ihrer Tauschexperimente und Simulationen widersprachen der Annahme der Netzwerkanalyse, dass Zentralität auch Macht bedeutet. In einem Ressourcentauschnetzwerk in der Form eines Dreiersterns war nicht die zentralste Person 10, sondern die mittlere Personengruppe 7, 8 und 9 am erfolgreichsten, d.h. am mächtigsten. Dies ergibt sich aus der Annahme des Macht-Abhängigkeitsansatzes, dass die Zahl der Tauschalternativen von zwei Ak-

---

41 Vgl. für einen Überblick der Machtmodelle in der Policyforschung Kappelhoff 1995.
42 Ein kurzer Abriss der Studie findet sich in Jansen 1997b.

teuren ihre Machtbalance beeinflussen wird. Die außenstehenden Akteure 1-6 sind in der Dreierstruktur aber alternativlos auf die Akteure 7-9 angewiesen. Dies sollte die Macht dieser Akteure stärken und sich dann auch auf das Verhältnis zu Akteur 10 auswirken.

Dem Experiment mit dem Netzwerk A in Abbildung 7.1 lag folgendes Design zugrunde: Auf den durch Linien markierten Wegen konnten die Akteure mittels Computer über die Verteilung von 24 Profitpunkten verhandeln. In einer von insgesamt 27 Tauschsequenzen konnte jeweils nur ein Tausch abgewickelt werden. Die Aufteilung der Profitpunkte spiegelt demnach die Macht in negativ verbundenen Netzwerken wider. Im Laborexperiment wurde ein reduziertes Netz mit den fünf Personen (z.B. 6, 9, 10, 8 und 4) auf den drei Netzwerkpositionen verwendet. Es ergab sich, dass die Akteure in Position E (9 und 8) im Tausch mit Position D (10) in den ersten neun Runden deutlich mehr als die Hälfte der Profitpunkte (13,35) erhielten, in den letzten neun Runden im Schnitt sogar 15,26 Punkte. Gegenüber den Akteuren in der Position F (6 und 4) waren sie noch mächtiger (ersten neun Runden: 14,4 Punkte; letzte neun Runden: 16,18 Punkte). In einer Simulation mit 54 Runden für das 10-Personen-Netz ergaben sich noch deutlichere Unterschiede. Personen in der Position E (Akteure 7, 8 und 9) konnten im Tausch mit der Person in der Position D (Akteur 10) im Durchschnitt 18,6 Punkte der zu verteilenden 24 Punkte erhandeln. Im Tausch mit Personen in der Position F außen im Netzwerk (Akteure 1 bis 6) erhielten sie sogar durchschnittlich 19,22 Profitpunkte (Cook et al. 1983: 293, 297). Hiernach sind die Akteure in der Position E (und nicht in D) die mächtigsten im Netzwerk.

Abbildung 7.1: Netzwerke mit Zugangsrestriktionen: Deierstern und Kette

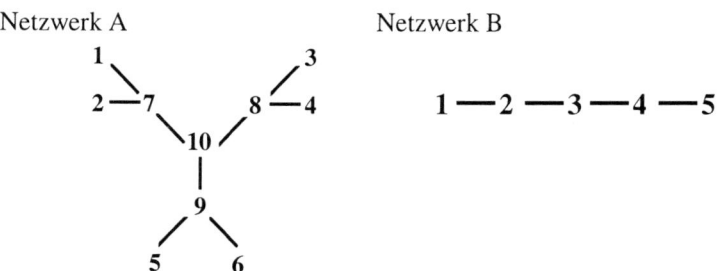

Netzwerk A   Netzwerk B

Mit dieser Anomalie setzten sich zwei Ansätze zur Modellierung von Macht in Ressourcentauschnetzwerken auseinander. Es gelingt ihnen, die Sozialstruktur von Tauschnetzwerken zu erfassen und die hierdurch ermöglichten Sonderprofite für Makler zwischen ansonsten unverbundenen Akteuren in ihren Machtmodellen zu berücksichtigen. Um diese komplexen Prozesse abzubilden, sind allerdings auch deutlich komplexere Formalisierungen und Gleichungssysteme als in den vorangegangenen Kapiteln notwendig. Man sollte sich davon aber nicht „verschrecken" lassen. Die zugrunde liegenden Annahmen sind im folgenden auch mit Worten beschrieben. Ihre Konsequenzen für die Machtverteilung innerhalb von kleinen übersichtlichen Netzwerken sind in Simulationen berechnet worden und in Tabellen dargestellt. Selbst wenn man die Simulation im einzelnen nicht nachvollzieht, ist es möglich, die grundlegenden Zusammenhänge zwischen dem Handeln der Akteure, der Sozialstruktur des Tauschnetzwerks und den Machtpositionen der Akteure zu verstehen.

7.3.1 Zugangsbarrieren und Maklerprofite

Marsden (1983) hat ein Modell des Ressourcentausches unter den Bedingungen von Zugangsrestriktionen der Akteure entwickelt. Ausgangspunkt seiner Überlegungen ist das Coleman-Modell. Hierin ergibt sich die Macht jedes Akteurs als:

(7.1) $p = p*X*C$

Der Ausdruck p (power) ist hier ein Vektor[43] mit den Machtindizes für alle betrachteten Akteure im Netzwerk, die es zu bestimmen gilt. X ist eine Matrix, in der festgehalten wird, welches Interesse die Akteure an den getauschten Ereignissen oder Gütern haben. Sie enthält also die Präferenzen oder Zahlungsbereitschaften der Akteure. C ist die Kontrollmatrix. Sie sagt aus, welcher Akteur welche Ressourcen besitzt bzw. welche Ereignisse in einem Handlungssystem er beeinflussen kann. Das Produkt aus den Matrizen X und C ergibt die sogenannte Matrix der Interessenverflechtung zwischen den Akteuren. Dies ist eine n*n-Matrix (n=Anzahl der Akteure). In Gleichung (7.1) steht der Vektor p auch auf der rechten Seite. Das heißt, ein Akteur ist mächtig, wenn er Ressourcen kontrolliert, an denen andere mächtige Akteure ein Interesse haben. Man müsste also wissen, wie mächtig die anderen Akteure sind, um die Macht eines Akteurs zu berechnen. Dennoch ist das Gleichungssystem nicht unlösbar, bzw. führt nicht notwendig in den infiniten Regress. Es ist ein sogenanntes Eigenvektor/Eigenwert-Problem, das unter bestimmten Bedingungen lösbar ist. Ein ähnliches Problem ist bereits bei der Berechnung des Rang-Prestiges in Kapitel 6.2.1 aufgetaucht. Dort ist in einem Exkurs auch das Lösungsverfahren beschrieben.

Marsden verfolgt nun den Austauschprozess zwischen den Akteuren bis zu einem Gleichgewichtszustand. In diesem Zustand hat kein Akteur mehr einen Anlass, weitere Ressourcen zu tauschen.[44] Das heißt: die Ereignis-

---

43 Ein Vektor ist eine „Matrix" mit nur einer Zeile (Zeilenvektor) oder nur einer Spalte (Spaltenvektor). Mit ihm wird gerechnet wie mit einer normalen Matrix.
44 Er unterstellt dabei einen Markov-Ketten-Prozess.

se/Ressourcen, die er zu diesem Punkt kontrolliert sind ihm genauso lieb oder lieber, als das was er nach den Angeboten der anderen noch eintauschen könnte. Die Macht eines Akteurs spiegelt sich darin wider, wie viele eigene Ressourcen (g) er opfern muss, um ihm Gegenzug andere Ressourcen von anderen Akteuren zu erhalten. Das Verhältnis zu einem bestimmten Akteur j kann dann durch den Quotienten zwischen den beiden Tauschgrößen dargestellt werden (g_{kj} /g_{jk}). Dieser Quotient entspricht dem Abhängigkeitsquotient für Akteur k, den Emerson in seiner Analyse von Machtbeziehungen vorgeschlagen hat.

$$(7.2) \qquad g_{kj} = \sum_{i=1}^{m} x_{ki} * c_{ij} \qquad\qquad k \neq j$$

Von Akteur k zu Akteur j fließen Ressourcen dann, wenn Akteur k an den Ereignissen i interessiert ist, die von Akteur j kontrolliert werden. Hat Akteur k kein Interesse an einem speziellen Ereignis i ($x_{ki} = 0$), so werden keine Ressourcen fließen. Hat er zwar Interesse, aber der Akteur j hat keine Kontrolle über das Ereignis ($c_{ij} = 0$), so fließen die Ressourcen nicht zu Akteur j (aber ggf. zu anderen Akteuren mit Kontrolle). Mit Hilfe dieser Gleichung lassen sich die durch den Tausch in allen Pärchen sukzessive stattfindenden Ressourcenverschiebungen über die Zeit simulieren. Akteure, die eine positive Tauschbilanz haben, werden mächtiger, Akteure die eine negative Tauschbilanz haben, verlieren an Macht.

Die Ressourcengleichung (7.2) sagt zunächst einmal nicht mehr aus, als die Machtgleichung für das Handlungssystem (7.1). Sie erlaubt es aber, *Zugangsrestriktionen einzubauen*. Damit können Tauschbarrieren berücksichtigt werden. Diese verhindern möglicherweise, dass rechte und linke Parteien in einem Parlament einen vorteilhaften Stimmentausch bewerkstelligen, dass Wohnungssuchende vom Angebot einer preiswerten Wohnung in einem anderen Stadtteil erfahren, oder dass eine unfreiwillig schwangere Frau die Adresse einer Abtreibungspraxis erhält. Technisch wird die Zugangsbarriere durch Voranstellung eines Faktors a in der Gleichung (7.2) operationalisiert. Dieser Faktor hat den Wert 1, falls es eine Netzwerkverbindung zwischen den Akteuren gibt. Dann kann der Ressourcenfluss von k zu j stattfinden. Sind k und j nicht verbunden, so ist der Faktor a = 0. Die Akteure k und j müssen ihre Transaktionen dann über einen oder mehrere dritte Akteure abwickeln.

Die Frage ist nun, *wie sich die Einführung von Zugangsrestriktionen im Netzwerk auf die Machtverteilung auswirkt*. Sie ist von Marsden in einer Simulation für die beiden Beispielnetzwerke in Abbildung 7.1 untersucht worden. Außer den Annahmen über die Verbindung zwischen den Akteuren (Netzwerke A und B in Abbildung 7.1) müssen Annahmen über die Matrizen X für die Interessen der Akteure und C für die Kontrollressourcen der Akteure für die beiden Ressourcentauschnetzwerke getroffen werden. Für Netzwerk A in Abbildung 7.1 wird unterstellt, dass jeder der zehn Akteure ein Zehntel der Kontrollmacht über zwei anstehende Ereignisse hat. Die Kontrollmacht der Akteure ist also für alle gleich. Die Interessen an den beiden Ereignissen sind jedoch verschieden verteilt und können aus Tabelle 7.2 entnommen werden. Im Netzwerk B geht es, so die Simulation, um fünf Ereignisse. Jeder der fünf Akteure kontrolliert genau eines dieser Ereignisse vollständig. Die Interessenverteilung ist aber auch hier wieder verschieden und Tabelle 7.3 zu entnehmen. Marsden berechnet nun die Machtvektoren für alle Akteure unter drei Annahmen:

1. *Perfekter Markt ohne Zugangsrestriktion.* Jeder Akteur kann mit jedem tauschen, der ihm ein interessantes Angebot macht. Die Tauschkonditionen werden dabei von den Interessen und Kontrollressourcen des Tauschpaares bestimmt (Gleichung 7.2).

2. Es gibt *Zugangsrestriktionen*, die dazu führen, dass der Tausch zwischen unverbundenen Akteure über Dritte abgewickelt werden muss. *Diese Dritten tauschen aber selbst nach ihren eigenen Interessen.* Sie sind sich also nicht ihrer möglichen Rolle als Makler bewusst und lassen sich ihre Vermittlungsdienste nicht extra bezahlen (Gleichung 7.2 mit vorgestelltem Faktor a für die Zugangsbarrieren). Falls die Tauschkonditionen für die verbundenen und die nicht verbundenen Akteurpärchen sich unterscheiden, kann es jedoch zu Verschiebungen in den Ressourcenflüssen kommen.

3. Die Akteure handeln als *Makler*. Sie lassen sich ihre Dienste in der Vermittlung auf den durch die Sozialstruktur blockierten Tauschpfaden mit Extra-Profiten bezahlen. Sie tauschen also nicht mehr nach ihren eigenen Interessen, sondern im Hinblick auf die Interessen von Dritten, die selbst keinen Zugang zu dem Tauschpartner haben. Sie handeln also unternehmerisch. Das bedeutet, dass ein Akteur durchaus auch Kontrolle über Ereignisse einkauft, an denen er selbst gar nicht interessiert ist. Er weiß aber, dass er diese Kontrollanteile an andere gut verkaufen kann. Dabei wird unterstellt, dass sein Profit um so höher ausfällt, je mehr Tauschalternativen der Akteur hat. Das relative Verhältnis der Tauschalternativen für die beiden miteinander verbundenen, verhandelnden Akteure bestimmt also, wer welche Höhe von Sonderprofiten bei dem Tausch erreichen kann. Die Zahl der Alternativen wird über den Outdegree eines Akteurs ermittelt.[45] Das Verhältnis der Outdegrees zueinander bestimmt in Gleichung (7.2) neben ihren Interessen x

---

45 Marsden wählt eine logarithmische Funktion, in die das Verhältnis zwischen den Degrees und die Gesamtzahl der Degrees eingehen. Dies hat zur Konsequenz, dass Unterschiede in der Zahl der Tauschpartner dann stärker zu Buche schlagen, wenn die Tauschmöglichkeiten insgesamt eher begrenzt sind. Haben aber beide Akteure sehr viele Tauschpartner, so nähert sich, trotz immer noch vorhandenen Differenzen, die Situation wieder der eines vollkommenen Marktes an. Keiner der Akteure kann dann Extra-Profite durchsetzen.

und den Kontrollressourcen c, zu welchem Preis Akteur k bei Akteur j Kontrolle über Ereignis i „einkaufen" kann. Hat k viele anderen Tauschpartner und j nur wenige, so sinkt der Preis für k.

Tabelle 7.2:   Interessenstruktur in Netzwerk A[46]

Akteur	Ereignis 1	Ereignis 2
1	0,4	0,6
2	0,4	0,6
3	0,4	0,6
4	0,4	0,6
5	0,4	0,6
6	0,4	0,6
7	0,3	0,7
8	0,3	0,7
9	0,3	0,7
10	0,5	0,5

Tabelle 7.3:   Interessenstruktur im Netzwerk B[47]

Akteure	E 1	E 2	E 3	E 4	E 5
1	0,05	0,35	0,25	0,20	0,15
2	0,25	0,05	0,20	0,35	0,15
3	0,15	0,25	0,05	0,20	0,35
4	0,35	0,20	0,25	0,05	0,15
5	0,20	0,25	0,35	0,15	0,05

Tabelle 7.4:   Machtverteilung im Netzwerk A: Dreierstern

Modell	1	2	3	4	5	6	7	8	9	10
Markt	0,1	0,1	0,1	0,1	0,1	0,1	0,1	0,1	0,1	0,1
Zugangs-restriktion	0,1	0,1	0,1	0,1	0,1	0,1	0,1	0,1	0,1	0,1
Maklerprofit	0,067	0,067	0,067	0,067	0,067	0,067	0,149	0,149	0,149	0,149

Die Tabellen 7.4 und 7.5 stellen die Ergebnisse der Simulation für die beiden Netzwerke unter diesen drei Annahmen zusammen. Für Netzwerk A gibt es keinen Unterschied in der Machtverteilung auf die zehn Akteure vor und nach der Einführung der Zugangsrestriktion. Jeder Akteur hat unabhängig von den Zugangsrestriktionen ein Zehntel der Macht im Netzwerk. Ein aus der Tabelle nicht erkennbarer Unterschied zwischen dem Szenario mit perfektem Markt und mit Zugangsrestriktionen liegt allerdings darin, dass die Tauschprozesse bei Restriktionen mehr Zeit in Anspruch nehmen. Während die profitablen Geschäfte zwischen 1 und 8 zuvor in einem Schritt abgewik-

---

46 In der Studie von Marsden werden zusätzlich Vorzeichen verwendet, um das positive oder negative Interesse der Akteure am Eintritt des Ereignisses zu symbolisieren.
47 Siehe Fußnote 46.

kelt werden konnten, muss hierfür nun in mehreren Schritten über die Akteure 7, 10 und 8 getauscht werden.

Tabelle 7.5: Machtverteilung im Netzwerk B: Kette

Modell	1	2	3	4	5
Markt	0,199	0,217	0,214	0,195	0,175
Zugangsrestriktion	0,187	0,262	0,211	0,170	0,171
Maklerprofit	0,122	0,313	0,251	0,202	0,112

Im Netzwerk B ergeben sich geringfügige Veränderungen. Die Macht verschiebt sich zugunsten von Akteur 2. Die Ursache für diese Machtverschiebung ist, dass auf den nun erforderlichen Umwegen des Tauschs die Interessenstruktur der Mittler und nicht mehr der eigentlichen Abnehmer die Tauschkonditionen bestimmt. Im Netzwerk A sind alle Tauschkonditionen (g_{kj}/g_{jk}) gleich, im Netzwerk B sind sie für verbundene und unverbundene Pärchen verschieden. Deshalb wirkt sich die Einführung von Zugangsrestriktionen hier nur im Netzwerk B aus.[48]

Zu erheblichen Differenzen führt nun, wie die Tabellen 7.4 und 7.5 zeigen, die Einführung bewusster „Ausbeutung" und unternehmerischen Handelns in das Netzwerk. Mit der Einführung des Maklerprofits verschiebt sich in Netzwerk B die Machtbalance weiter zugunsten von Akteur 2. Die am

---

48 Diese Tauschkonditionen kann man der Matrix der Interessenverflechtung X*C entnehmen. Die Tauschkonditionen zwischen zwei verbundenen Akteuren j und k ergeben sich aus dem Quotienten ihrer gegenseitigen Interessenverflechtung gjk/gkj. Dies ist der Abhängigkeitsquotient für Akteur j gegenüber Akteur k. Im Netzwerk A sind alle diese Quotienten identisch (= 0,1) und deshalb alle Tauschkonditionen = 1. Dies signalisiert, dass keiner der Akteure für sich vorteilhaftere Tauschkonditionen durchsetzen kann. Wenn aber die Tauschkonditionen zwischen allen möglichen Akteurpärchen identisch sind, dann verändern auch Umwege die Machtbalance im System nicht. Dies ist anders im Netzwerk B. Die Multiplikation der Interessenmatrix I mit der Identitätsmatrix (hier Matrix C) verändert diese nicht. Die Matrix der Interessenverflechtung X*C ist in diesem besonderen Fall also identisch mit X. Hier sind Abhängigkeitsverhältnisse zwischen den Akteuren deshalb verschieden und Umwege verändern die Machtbalance. Man betrachte hierzu z.B. die Abhängigkeitsverhältnisse zwischen dem fokalen Akteur 2, dessen Macht mit Einführung der Zugangsrestriktionen angewachsen ist. Akteur 2 wird aufgrund der Zugangsbarrieren mit Akteur 4 nicht mehr direkt verhandeln, sondern muss seine Transaktionen über 3 abwickeln. Das ist für ihn ein Vorteil, weil das Verhältnis zu Akteur 4 für ihn zuvor sehr ungünstig war. Der Abhängigkeitsquotient für 2 und 4 beträgt 0,35/0,20=1,75. Akteur 2 ist also in hohem Maße von Akteur 4 abhängig. Er muss viel von seinen Ressourcen hergeben, um die Ressourcen von 4 zu erhalten. Im Verhältnis zu Akteur 3 kann 2 günstigere Konditionen durchsetzen. Der Abhängigkeitskoeffizient ist kleiner als 1, also ist 3 von 2 abhängig und nicht umgekehrt (0,20/0,25). Akteur 3 ist gegenüber Akteur 4 überlegen (0,20/0,25=0,8). Der Wegfall des perfekten Marktes und die Abwicklung über den Mittlerakteur 3 verhilft Akteur 2 also zu besseren Tauschkonditionen und damit auch zu mehr Macht.

Rande der Kette stehenden Akteure, die weniger Tauschoptionen haben, verlieren an Macht. Im Netzwerk A verschiebt sich die zuvor ausgeglichene Machtbalance unter den zehn Akteuren zugunsten der Akteure 7 bis 10. Allerdings gibt es anders als in den Experimenten von Cook et al. keinen Unterschied zwischen den Akteuren 7 bis 9, die ihre „Sternnetze" makeln, und dem zwischen den drei Sternen positionierten Akteur 10. Dieser ist aber im Widerspruch zu den Zentralitätsmaßen nicht zentraler als die drei anderen Makler. Im Gegenteil, die Macht von Akteur 10 erhöht sich im Laufe des Ressourcentauschprozesses langsamer als die der Akteure 7 bis 9. Damit zeigt sich eine erste Übereinstimmung mit den Laborergebnissen von Cook et al. (1983; Cook 1982). Diese Forscher hatten auf der Basis von Emersons Macht-Abhängigkeitstheorie sogar eine Unterlegenheit von Akteur 10 prognostiziert und in ihren Experimenten bestätigen können.

7.3.2 Positiv und negativ verbundene Netzwerke

Eine stringente Behandlung des Problems der divergierenden Vorhersagen zur Machtverteilung auf der Basis von Emersons und Cooks Formulierung der Macht-Abhängigkeitstheorie und auf der Basis von netzwerkanalytischen Zentralitätsmessungen liefert Bonacich (1987). Die zentrale Einsicht besteht in der *Unterscheidung zwischen zwei unterschiedlichen Netzwerkfunktionen bzw. Netzwerktypen: Kommunikations- und Einflussnetzwerken einerseits und Tausch- und Verhandlungsnetzwerken andererseits*. In Kommunikationsnetzwerken ist der Status oder die Macht eines Akteurs um so größer, je größer die Zahl seiner Außenbeziehungen ist und je mächtiger seine Kontaktakteure ihrerseits sind. Dies entspricht einer Messung von Macht im Sinne von Friedkins Maßzahlen für totalen sozialen Einfluss (vgl. Kapitel 6.2.1). Aber auch andere Maßzahlen für Zentralität oder Prestige sind an diesem Einflussmodell orientiert. Dagegen hängt Macht in Tauschnetzwerken gerade davon ab, dass ein Akteur zu solchen anderen verbunden ist, die über eine nur geringe Anzahl von Alternativen verfügen. Während in Einflussnetzwerken Verbindungen zu mächtigen Akteuren die Macht des fokalen Akteurs erhöhen, steigt seine Macht in Tauschnetzwerken gerade dann, wenn er mit machtlosen Akteuren verbunden ist. Verbindungen zu mächtigen Akteuren wirken sich dagegen Macht schmälernd für den betrachteten Akteur aus. Genau dies erfasst die Unterscheidung zwischen *positiven und negativen Austauschsystemen*.

Um eine Integration der Maßzahlen zu ermöglichen, führt Bonacich einen Faktor ß in eine allgemeine Konstruktionsformel für Zentralitätsmaße c_i für Akteur i ein (Gleichung 7.3). Mit diesem Faktor wird der Beitrag des Akteurs j c_j zur Zentralität von Akteur i multipliziert. Dieser Faktor ist positiv, wenn es sich um ein positiv verbundenes Einfluss- oder Informationsnetzwerk handelt. ß-Werte nahe bei Null bedeuten, dass diese Einflussprozesse lokal begrenzt sind. Dann werden nur wenige indirekte Beziehungen mit berücksichtigt. Ist ß=0 so erhält man die degree-basierte Zentralitätsmessung. ß-Werte größer als 0 bedeuten, dass auch entferntere Informations-/Einflusspersonen zu i's Zentralität beitragen. ß kann als eine Wahrscheinlichkeit betrachtet werden, dass Informationen und Wertschätzungen auch über den direkten Austausch zwischen Dyaden hinaus im Netzwerk kursieren. Bei völliger und sicherer Weitergabe von Informationen/Einfluss, ist ß=1. Der Parameter ß sollte deshalb inhaltlich so gewählt werden, dass er die Reichweite von Autoritäts- bzw. Informationsprozessen im Netzwerk reflektiert. Niedrige Werte nahe 0 bedeuten eine lokale Begrenzung, hohe Werte nahe 1 stehen für weitreichende Beziehungen. Für Autoritätsbeziehungen kann man eine solche hohe Reichweite z.B. eher in formalen Hierarchien annehmen als bei informalen Organisationen. Hier ist der Chef des Unternehmens, auch dann wenn er wenige direkte Untergebene hat, indirekt auch allen weiteren Beschäftigten vorgeordnet.

$$(7.3) \quad c_i(\alpha, \beta) = \sum_j (\alpha + \beta * c_j) R_{ij}$$

R in Gleichung (7.3) ist die Matrix der Beziehungen zwischen den Akteuren i und j. Der Parameter c_j steht für die Zentralität der von i erreichten Akteure. Dahinter steht wieder die Idee, dass Akteur i um so einflussreicher ist, je einflussreicher seine Kontaktpersonen sind, dass er um so mächtiger ist, je mächtiger die Leute sind, die er für sich mobilisieren kann. Die Werte für c_j lassen sich ihrerseits auch wieder aus den k-ten Potenzen der Berührungsmatrix errechnen. Rückwärts gerichtet wird so die Zentralität der direkt erreichten, der in zwei Schritten erreichte, der in drei Schritten erreichten Kontaktpersonen in die Gleichung aufgenommen. Dies zeigt die Ausmultiplikation in Gleichung (7.4). An die Stelle von c_j treten die Potenzen der Berührungsmatrix R. Sie geben an, welchen Einfluss bzw. welche Zentralität die Kontaktakteure von i haben, weil sie andere Akteure in einem Schritt, in zwei Schritten, usw. erreichen und mobilisieren können. Diese Gleichung ist genauso aufgebaut, wie die Formel für das Rang-Prestige in Kapitel 6.2.1 und lässt sich auch genauso lösen. Der zweite neue Parameter α hat nur eine rechentechnische Funktion. Die Zahl 1 steht für einen Vektor aus lauter Einsen. Für k=0 ergibt sich $ß^0 * R$, also R.[49] Das ist die Berührungsmatrix selbst. Ab der zweiten Potenz von R wird der Faktor ß wirksam.

$$(7.4) \quad c_i(\alpha, \beta) = \alpha \sum_{k=0}^{\infty} \beta^k R^{k+1} * 1 = \alpha \left(R^1 + \beta R^2 1 + \beta^2 R^3 1 + \ldots \right)$$

Für *negativ verbundene Tauschnetzwerke* wird ß auf negative Werte gesetzt (maximal −1). Hierdurch werden die geraden Potenzen der Matrix R in der

---

49 Allgemein gilt $x^0 = 1$.

Gleichung (7.4) negativ, die ungeraden positiv. Der erste Summand R^1 ist immer positiv. Selbst viele Tauschpartner zu haben, beeinflusst die eigene Macht positiv. Sind die Tauschpartner allerdings selbst wieder mit vielen anderen alternativen Tauschpartnern verbunden, so gibt es viele Wege der Länge 2 (R^2). Dies erhöht die Tauschoptionen der Partner und schmälert die Macht von Akteur i. Haben allerdings die Akteure, die zwei Schritte von i entfernt sind, selbst auch wieder viele alternative Tauschpartner (R^3), so reduziert das die Macht der einen Schritt von i entfernten Akteure. Dies entspricht dem Gegenmachtprinzip: der Feind meines Feindes ist mein Freund. Dieses Muster setzt sich nun über alle geraden und ungeraden Potenzen von R fort.

Mit dem Modell von Bonacich lassen sich auch die Ergebnisse von Cook und Kollegen (Akteur 10 war im Tausch weniger erfolgreich als die Akteure 7-9) reproduzieren. Sobald man für die Berechnung nach der Formel (7.3) einen negativen Wert für ß einsetzt, verliert Position D (Akteur 10) gegenüber Position E (Akteure 7-9) an Macht, und dies um so mehr, je größer ß im absoluten Betrag wird. Position D ist mit Partnern verbunden, die ihrerseits über zwei weitere Wahlmöglichkeiten verfügen. Das schwächt die Position von D gegenüber E. Die zweite Potenz der Berührungsmatrix ist negativ und reduziert D's Macht aus seinen direkten Beziehungen. Für die Akteure der Position E sind dagegen die geraden Potenzen mit negativer Wirkung nur mit den beiden anderen E-Akteuren besetzt. Die dritte Potenz der Matrix, in denen sie die vier nicht direkt mit ihnen verbundenen F-Akteure erreichen, ist für sie jedoch wieder positiv. Daraus ergibt sich ihre größere Macht bei negativ verbundenen Tauschnetzwerken.

Tabelle 7.6: Zentralitätswerte für das Dreisternnetzwerk
(Abbildung 7.1 A) für verschiedene Werte von ß

ß-Werte	Position D (Akteur 10)	Position E (Akteure 7 - 9)	Position F (Akteure 1-6)
-0.4	-1,00	1,67	-0,33
-0,3	0,36	1,81	0,12
-0,2	1,00	1,67	0,33
-0,1	1,30	1,55	0,43
0	1,46	1,46	0,49
0,1	1,57	1,40	0,52
0,2	1,63	1,36	0,54
0,3	1,68	1,33	0,56
0,4	1,72	1,30	0,57

Man erkennt auch, wieso Marsdens Formulierung des Modells mit Maklerprofiten zu einem anderen Ergebnis kommt. Er betrachtet nicht die positive bzw. negative Wirkung der verschiedenen Potenzen der Beziehungsmatrix, sondern das Verhältnis der Degrees der Akteure zueinander. Das ist aber gleich: sowohl D als auch E haben jeweils drei direkte Beziehungen. Bonacichs Fassung ist jedoch insofern umfassender, als nicht nur die Stärke der

Akteure in den direkten Tauschbeziehungen betrachtet wird. Eine relative Zunahme der Macht von i wird auch dann postuliert, wenn dessen Tauschpartner j, obwohl er viele alternative Tauschpartner k ansprechen kann, in diesen Beziehungen auf starke Partner treffen würde.

Für ß=0 sind die Positionen D und E gleich zentral, wie man aufgrund der gleichen Anzahl ihrer direkten Verbindungen erwarten wird. Es zählt nur die Matrix R selbst. Sobald jedoch die indirekten Verbindungen unabhängig von der Zahl der Schritte positiv wirken, so verfügt Position D über die größte Macht im Netzwerk.

7.3.3 Forschungsbeispiel: Macht in einem Zeitungsunternehmen

Brass und Burckhardt (1992) untersuchten die Machtstruktur in einem amerikanischen Presseunternehmen. Insbesondere ging es ihnen um die Frage, ob sich innerhalb eines Unternehmens negativ verbundene Netzwerke identifizieren lassen. In solchen negativ verbundenen Netzwerken sollte der Zusammenhang zwischen der Zentralität eines Akteurs und seiner Macht im Unternehmen nicht positiv, sondern negativ sein.

Im einzelnen gingen die Forscher so vor: Sie erhoben im Unternehmen Daten für folgende Netzwerke: (1) den Austausch von Arbeitsergebnissen/ Arbeitsressourcen, (2) den Austausch von Informationen, und (3) Freundschaftsbeziehungen. Ihre Annahme hierbei war, dass das Netzwerk des arbeitsbezogenen Ressourcentausches möglicherweise ein negativ verbundenes Netzwerk sein könnte. Das Kommunikationsnetzwerk wurde dagegen als Prototyp eines positiv verbundenen Netzwerkes in die Analyse einbezogen. Für das Freundschaftsnetzwerk wurde angenommen, dass zumindest soweit Freundschaftsbeziehungen mit Kommunikationsbeziehungen überlappten, ebenfalls eine positive Verbundenheit des Netzwerkes anzunehmen sei. Insofern die Beziehungskapazität der Akteure für Freundschaften aber auch begrenzt ist, könnte ein Freundschaftsnetzwerk auch als negativ verbunden betrachtet werden. Dies sollte vor allem für Liebesbeziehungen zutreffen, aber ggf. auch für Patronagebeziehungen. Alle Netzwerke wiesen einen hohen Grad an Reziprozität auf (Ressourcennetz: 84%, Kommunikationsnetz: 76%, Freundschaftsnetz: 87%) und werden im weiteren als symmetrische Netzwerke betrachtet.

Befragt wurden mit dem Netzwerkfragebogen im Unternehmen zwei Typen von Beschäftigten: (1) 140 Beschäftigte ohne Untergebene (87,5% Antwortrate) und (2) 90% des höheren Managements über den unmittelbaren Vorgesetzten der Beschäftigtengruppe 1. Deren unmittelbare Vorgesetzte wurden nur befragt, um eine Messung der Zielvariable Macht zu gewinnen.

Als unabhängige Indikatoren für die Macht eines Akteurs im Unternehmen wurden zwei Reputationsmaßzahlen verwendet, die keinerlei Annahmen über die Machtgrundlagen und die Beziehung zwischen Macht und Zentralität machen: (1) Die Beschäftigten ohne Anweisungsbefugnis wurden gebeten, die Namen derjenigen Personen zu nennen, die in ihrem Unternehmen etwas bewegen können. Hieraus wurde ein Summenindex gebildet. Je öfter eine Person genannt wurde, als desto mächtiger gilt sie. (2) Die unmittelbaren Vorgesetzten dieser Beschäftigten wurden gebeten, ihre Mitarbeiter anhand einer Likertskala in ihrem Einfluss im Unternehmen einzuschätzen. Die Korrelation zwischen der Zahl der Nennungen durch die Beschäftigten und der Einschätzung durch die Vorgesetzen beträgt r=0,7. Dies bedeutet eine erhebliche Übereinstimmung zwischen den beiden Indikatoren. Für die Überprüfung des Zusammenhangs zwischen Macht und Zentralität wurden beide Maßzahlen parallel verwendet.

Die Autoren berechnen dafür drei verschiedene Zentralitätsmaße: die degree-basierte Zentralität, die closeness-basierte Zentralität und die betweenness-basierte Zentralität. Obwohl die Autoren sich in ihrer Fragestellung explizit auf Bonacich's Integrationskonzept und die Unterscheidung zwischen positiv und negativ verbundenen Netzwerken beziehen, beschränken sie ihre Analysen leider auf diese „alten" Maßzahlen der Zentralität. Sie entwickeln jedoch Hypothesen darüber, welches Maß am ehesten in der Lage sein sollte, Macht in negativ verbundenen Netzwerken zu messen. Das degree-basierte Maß hängt ab von der Zahl der Außenbeziehungen eines Akteurs. Damit könnte es auch ein Indikator sein für die Zahl der Alternativen, auf die ein Akteur in seinen Verhandlungen zurückgreifen kann. Nach Emerson's Macht-Abhängigkeitstheorie steigt mit der Zahl der potentiellen Alternativen die Macht eines Akteurs in einem negativ verbundenen Netz. Über die Qualität dieser Alternativen kann allerdings anhand der degree-basierten Zentralität keine Aussage gemacht werden. Closeness-basierte Zentralität leitet die zentrale Position nicht nur aus der Zahl der direkten, sondern auch der Zahl und Nähe indirekter Beziehungen ab. Alle indirekten Beziehungen tragen damit zur Zentralität eines Akteurs bei. Dies ist ein Konzept, das typischerweise für positiv verbundene Netzwerke gilt. Insbesondere für das Kommunikationsnetz erwarten die Autoren daher einen starken Zusammenhang zwischen Closeness-Zentralität und den Machteinschätzungen, dagegen nicht für den arbeitsbezogenen Ressourcentausch. Hier erwarten sie einen Zusammenhang zwischen degree-basierter Zentralität sowie zwischen betweenness-basierter Zentralität und den Machtindikatoren. Auch für das Kommunikationsnetzwerk erwarten sie einen positiven Zusammenhang zur Betweenness-Zentralität. Sie gibt an, inwiefern Personen auf den indirekten Wegen, auf denen Macht steigernd Ressourcen und Informationen transportiert werden, Kontrollpositionen einnehmen können. In Annäherung an Bonacichs Integrationskonzept prüfen sie schließlich auch noch den Zusammenhang zwischen der Macht eines Akteurs nach den Reputationsmaßzahlen und dem

Machtstatus der mit ihm verbundenen Akteure. Für das Kommunikationsnetzwerk und für das Freundschaftsnetzwerk, sofern es mit dem Kommunikationsnetz überlappt, wird ein positiver Zusammenhang postuliert. Für das arbeitsbezogene Ressourcennetzwerk halten sie dagegen auch eine negative Korrelation zwischen der Macht eines Akteurs und dem Machtstatus seiner Kontaktpersonen für denkbar.

Tabelle 7.7: Korrelation zwischen Zentralität und Machteinschätzungen in verschiedenen Netzwerken

	Machteinschätzung durch Beschäftigte	Machteinschätzung durch Vorgesetzte
Kommunikationsnetzwerk		
Degree	0,42	0,29
Closeness	0,25	0,12
Betweenness	0,35	0,22
Arbeitsbezogenes Ressourcennetzwerk		
Degree	0,15	0,16
Closeness	-0,06	-0,08
Betweenness	-0,04	-0,19

Die Korrelationen sind zwischen allen drei Zentralitäts-Maßzahlen und den Machtindikatoren für das Kommunikationsnetzwerk deutlich höher als für das arbeitsbezogene Ressourcenflussnetz. Hier weist nur die degree-basierte Zentralität einen Zusammenhang zu Macht auf. Die anderen Maßzahlen korrelieren sogar negativ. Dies spricht für die Hypothese, dass es sich um ein negativ verbundenes Netzwerk handelt. Erstaunlich ist, wie gut das einfache Degree-Maß auch im Kommunikationsnetzwerk abschneidet. Das Closeness-Maß, dass auch entferntere Beziehungen einbezieht, ist dagegen am wenigsten geeignet, Macht zu erfassen.

Auch die Daten in Tabelle 7.8 deuten darauf hin, dass das arbeitsbezogene Ressourcennetzwerk ein negativ verbundenes, durch Konkurrenz geprägtes Netzwerk sein könnte. Im Vergleich zu den beiden anderen Netzwerken sind die Korrelationen zwischen eigener Macht und der Macht der Kontaktakteure hier deutlich niedriger und – wenn beide Machtmessungen auf der Einschätzung der Vorgesetzen beruhen – sogar negativ. Es wirkt also sogar Macht schmälernd, wenn man im Ressourcenflussnetz mit anderen Akteuren verbunden ist, die selbst hohe Macht ausüben. Dies ist eindeutig anders im Kommunikationsnetzwerk und im Freundschaftsnetzwerk. Hier sind alle Korrelationen positiv. Mächtige Informanten im Kommunikationsnetzwerk zu besitzen, zahlt sich für die eigene Machtposition im Unternehmen aus. Noch wichtiger scheint es – wiederum nach der Messung über die Vorgesetzteneinschätzungen – zu sein, mächtige Freunde zu haben. Hier beträgt der Korrelationskoeffizient zwischen eigener Macht und der Macht der Freunde sogar 0,5.

Tabelle 7.8: Korrelationen (r) zwischen der Macht eines Akteurs und der Macht der mit ihm verbundenen Akteure

	Eigene Macht	
Macht der anderen	Einschätzung des Vorgesetzen	Einschätzung der Beschäftigten
Arbeitsbezogenes Ressourcenflussnetz		
Einschätzung des Vorgesetzen	-0,17	0,03
Einschätzung der Beschäftigten	0,01	0,11
Kommunikationsnetz		
Einschätzung des Vorgesetzen	0,37	0,19
Einschätzung der Beschäftigten	0,32	0,24
Freundschaftsnetzwerk		
Einschätzung des Vorgesetzen	0,50	0,35
Einschätzung der Beschäftigten	0,36	0,31

7.4 Strukturelle Autonomie und soziales Kapital

Der Begriff der strukturellen Autonomie in Netzwerken ist vor allem von Ronald Burt in verschiedenen Publikationen aus- und umformuliert und mit Netzwerkanalysen verknüpft worden.[50] Er steht in direktem Zusammenhang zu den von Bonacich unterschiedenen Modellen von Macht und formuliert den Machtbegriff für *negativ verbundene Netzwerke* weiter aus. Strukturelle Autonomie in negativ verbundenen Netzwerken eröffnet unternehmerische Handlungsmöglichkeiten und ist damit die Grundlage für Macht. Diese Macht beruht auf sozialem Kapital in der Form von weak ties, die es erlauben, strukturelle Löcher zu überbrücken.

7.4.1 Grundlagen struktureller Autonomie

Burt beginnt seine Überlegungen zur strukturellen Autonomie in Netzwerken mit der *Verbindung eines ökonomischen und eines soziologischen Ansatzes.* Aus der ökonomischen Theorie leitet er ab, dass Anbieter der gleichen Ware auf einem Markt untereinander in schärfster Konkurrenz stehen. Sie unterliegen strukturellen Zwängen, die sich aus der Konkurrenzsituation ergeben. Gleichzeitig ist aber bekannt, dass ökonomische Akteure versuchen können,

---

50 Die wichtigsten theoretischen Beiträge sind Kapitel 7 und 8 in Burt (1982) sowie Kapitel 1 und 2 in Burt (1992).

diesen Zwängen zu entgehen, indem sie Kartelle bilden. Wenige miteinander ursprünglich konkurrierende Anbieter (Oligopole) können zur Begrenzung ihrer Konkurrenz Preisabsprachen treffen.

Diese Überlegungen werden auf nicht-ökonomische Sachverhalte übertragen. Akteure, die sich in Netzwerken in strukturell gleichartigen Positionen befinden, können untereinander von Dritten in Konkurrenz gebracht werden. Sie sind aus der Perspektive von Dritten austauschbar, können gegeneinander ausgespielt werden. So kann es z.B. zwei jungen Männern ergehen, die um die Gunst eines Mädchens konkurrieren. Auf diese Situation eines strukturellen, sich aus ihrer Netzwerkposition ergebenden Zwanges können die Akteure strategisch reagieren und sich einen Zuwachs an struktureller Autonomie verschaffen. Sie können sich untereinander absprechen, und ihre Handlungen gegenüber den Dritten koordinieren. Statt sich darum zu streiten, wer von ihnen an diesem Abend mit dem Mädchen ins Kino geht, können sie zusammen in die Kneipe gehen und das Mädchen zu Hause sitzen lassen. Ähnlich gilt der Organisationsgrad einer Gewerkschaft oder eines Betriebes als Indikator für die Stärke überbetrieblicher und betrieblicher Arbeitnehmervertretungen gegenüber dem Management. Politikfelder, in denen gesellschaftliche Akteure zu einem hohen Grad in Verbänden organisiert sind, haben sich als sehr erfolgreich in der Akquisition öffentlicher Mittel erwiesen. Man denke nur an den Bauernverband und die Landwirtschaftspolitik oder an Ärzteverbände und das Gesundheitswesen.

Hieraus ergibt sich, dass netzwerkanalytische Instrumente, die die strukturelle Ähnlichkeit von Positionen in sozialen Netzwerken messen, Beiträge zur Beantwortung der Frage nach struktureller Autonomie und strukturellen Zwängen leisten können. Akteure in gleichartigen Positionen stehen tendenziell unter Konkurrenzdruck. Ein Instrument zur Ermittlung struktureller Ähnlichkeit von Akteuren aus Netzwerkdaten ist die Blockmodellanalyse, die in Kapitel 8.2 vorgestellt wird. Das Argument kann – mit einiger soziologischer Phantasie – durchaus auch ohne Netzwerkdaten benutzt werden. Die Austauschbarkeit der Akteure kann auch aus der Ähnlichkeit der Akteure in nicht-relationalen Merkmalen abgeleitet werden. So werden Unternehmen, die das gleiche Produkt vertreiben und die gleichen Vorprodukte einkaufen müssen, sich in einer strukturell ähnlichen Position befinden. Personen mit der gleichen Berufsausbildung konkurrieren um ähnliche Stellen auf dem Arbeitsmarkt. Akteure, die Zugang zu dem gleichen Informationspool haben, sind für außenstehende Akteure austauschbare Bezugsquellen für Informationen. Die Konkurrenz zwischen den Akteuren wird dabei allerdings nicht über relationale Daten erhoben, sondern nur unterstellt.

Zweitens braucht man ein Instrument, das die Fähigkeit zur kollektiven Aktion der unter diesem Druck stehenden Akteure misst. Hier gibt es verschiedene Ansätze, die vom jeweiligen Gegenstandsbereich abhängen. Im ökonomischen Bereich kann man den Konzentrationsgrad der Branche heranziehen. Dabei wird dann unterstellt, dass in hochkonzentrierten Branchen mit wenigen Akteuren Absprachen einfach getroffen und auch eingehalten werden. Im politischen Bereich greift man häufig auf die Struktur und den Organisationsgrad von Verbänden zurück. Auch hier wird – schon mit etwas mehr empirischer Absicherung – aus der Existenz der Verbände und ihren Strukturen auf Absprachefähigkeit geschlossen. Gesellschaftliche Akteure in Politikfeldern mit wenigen Verbänden, hierarchischen Organisationsstrukturen und hohem Organisationsgrad sind nach diesen Überlegungen eher zur gemeinsamen kollektiven Aktion in der Lage. So wird zum Beispiel dem deutschen Gewerkschaftssystem der Einheitsgewerkschaft von den Korporatismusforschern eine im Vergleich etwa zum Betriebsgewerkschaftsystem stärkere Durchsetzungskraft zugesprochen.

Sofern man Netzwerkdaten zur Verfügung hat, kann man die Frage der kollektiven Aktionsfähigkeit eingehender prüfen. Als Indikatoren für Absprachechancen kommen verschiedene Maßzahlen in Betracht. Die einfachste Operationalisierung wäre die Dichte des Subnetzwerkes zwischen den strukturell gleichartigen Akteuren. Komplexere Verfahren untersuchen die Frage, ob eine Subgruppe im Netzwerk eine nach innen eng verbundene, nach außen abgegrenzte sogenannte Clique ist.[51]

Bei größeren Netzwerken sind jedoch die Möglichkeiten zur Selbstorganisation der Akteure durch face-to-face Kommunikation jedes Akteurs mit jedem anderen begrenzt. Deshalb sind Maßzahlen, die die Zentralisierung von Netzwerken messen, eine weitere Möglichkeit zur Operationalisierung der Fähigkeit zur Absprache gemeinsamer Reaktionen auf strukturelle Zwänge. Ein herausragend zentraler Akteur kann die Kommunikation koordinieren, bei ihm laufen alle Fäden zusammen.

Eine dritte Überlegung wäre, dass kollektive Aktion vieler verschiedener Akteure nicht nur Koordination, sondern auch Zwang und Sanktionen voraussetzt. Die gemeinsame Absprache ist ein kollektives Gut für alle Akteure. Jeder einzelne könnte versucht sein, sein eigenes Scherflein nicht beizutragen oder die Absprachen aus Eigennutz zu unterlaufen. So kommen allgemeingültige Tarifverträge auch den Nicht-Gewerkschaftsmitgliedern zugute, die keine Mitgliedsbeiträge bezahlt haben. Ein Kartellmitglied könnte versucht sein, die getroffene Preisabrede knapp zu unterbieten, um sich mit einem etwas günstigeren Preis den größeren Marktanteil und damit den höheren Profit zu sichern. Als Inhaber von Sanktionsfähigkeiten, die gleichzeitig ein hohes Eigeninteresse an der Überlebensfähigkeit des Subnetzwerkes und die Ressourcen zur Kontrolle der anderen Akteure haben, kommen herausragend mächtige Akteure im Netzwerk in Frage. Da es um die Frage von Koordination und Normdurchsetzung geht, sind Kommunikations- und Einflussbeziehungen hierbei die wesentlichen zu untersuchenden Netzwerke. Dies sind po-

---

51 Verfahren zur Identifizierung von Cliquen werden in Kapitel 8.1 vorgestellt.

sitiv verbundene Netzwerke. Ob es einen solchen starken und legitimen Akteur in einer Subgruppe gibt, wird man deshalb über den Grad der Zentralisierung und Hierarchisierung eines Netzwerkes messen. Hierzu werden die verschiedenen Zentralitäts- und Prestige-Maßzahlen herangezogen, die im Kapitel 6 schon vorgestellt wurden.

Der *zweite Ausgangspunkt* von Burts Überlegungen zur strukturellen Autonomie in Netzwerken ist *soziologischer Natur*. Aus der Theorie der Bezugsgruppen lässt sich ableiten, dass Akteure mit einer Vielzahl verschiedener Bezugsgruppen im Vergleich mit Akteuren mit nur wenigen Bezugsgruppen gegenüber den Ansprüchen jeder einzelnen Gruppe eine höhere Autonomie entwickeln. Die Ansprüche der verschiedenen Gruppen können besser ausbalanciert werden. Sozialer Druck auf und soziale Kontrolle für den Akteur nehmen mit der Zahl der Bezugsgruppen ab. Individualität und Autonomie nehmen zu. Hierauf hat schon Simmel hingewiesen. Das Bezugsgruppenargument und das Kartellargument lassen sich nun noch miteinander verbinden. Druck können vor allem solche Bezugsgruppen ausüben, die intern gut organisiert sind. Zusammenfassend lässt sich dann sagen, dass ein Akteur um so mehr strukturelle Autonomie genießt, je diversifizierter seine eigenen Außenbeziehungen zu Akteuren mit anderen Netzwerkpositionen sind, je schlechter die Chancen dieser Akteurgruppen ihrerseits zu Absprache und kollektiver Aktion sind, und je besser die Chancen für die eigene Akteurgruppe ist, die Zwänge von Austauschbarkeit und Konkurrenz untereinander in den Griff zu bekommen.

7.4.2 Weak Ties, soziales Kapital und strukturelle Löcher

Das Bezugsgruppenargument hat Burt (1992) zu einer Analyse sogenannter *struktureller Löcher* ausgeweitet. Er knüpft dabei an die Unterscheidung von Granovetter (1973, 1974) zwischen weak und strong ties an (vgl. Kapitel 1.2 Unterpunkt 4 und 5.3.2). Burt weist darauf hin, dass es eigentlich nicht die Tatsache des weak ties als solchem ist, die soziales Kapital erschließt. Soziales Kapital erschließt sich vielmehr einem Akteur in einer Position, in der er als *Brücke mehrere Cluster engerer Beziehungen miteinander verbindet*. Damit überbrückt er ein strukturelles Loch. Solche Brücken über strukturelle Löcher sind allerdings regelmäßig auch weak ties (vgl. Abbildung 7.2).

Das Argument der Vorteile der Diversifizierung der eigenen Bezugsgruppen bezieht sich zum einen auf ihre Funktion als Informationslieferant. Dieser Aspekt von Netzwerken ist bisher vor allem mit dem weak-tie-Begriff belegt worden. Ein zweiter Aspekt ist jedoch die mit der Bezugsgruppendiversifizierung gewonnene relative Freiheit von Zwängen, die *unternehmerische Handlungspotentiale* eröffnet. Der Akteur kann die Verschiedenartigkeit der Interessen der anderen Akteure bewusst wahrnehmen. Er gehört keiner der Gruppen so verbindlich an, dass er sich ihren Normen und Präferenzen anschließen müsste.[52] Er kann also z.B. auf Mallorca italienische Pizza an deutsche Urlauber verkaufen, ohne selbst ein Pizza-Fan, ein Freund des Massentourismus oder ein Mallorca-Liebhaber zu sein. Unter bewusster Nutzung der Verschiedenartigkeit der Interessen und Ressourcen der anderen Akteure macht er seine Gewinne.

Abbildung 7.2: Strukturelle Löcher und weak ties
(Burt 1992: 27, siehe Quellenverzeichnis)

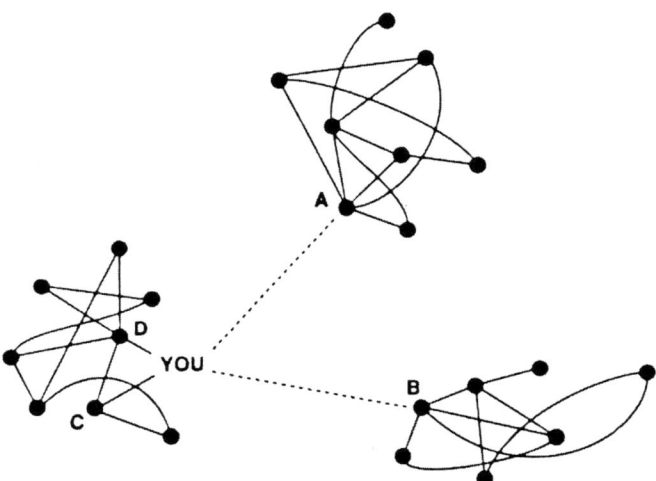

Als unternehmerischer Makler zwischen den drei Clustern kann der Akteur Gewinne erzielen. Diese Gewinne ergeben sich erstens aus einer strategisch guten Position für den Informationsprozess. Akteure, die strukturelle Löcher überbrücken, erfahren über ihre direkten Kontakte viele, nicht redundante Informationen schneller als andere. Des weiteren werden Informationen über sie im Netzwerk weitergegeben und gelangen an viele andere Akteure, die nicht direkt mit ihnen verbunden sind. Auch hieraus ergeben sich Chancen. Der Akteur ist in den Suchprozessen vieler anderer Akteure präsent, wird ggf. von ihnen angesprochen und erfährt so von neuen Möglichkeiten. Drittens kann er als Unternehmer zwischen den drei Clustern den nur über ihn möglichen Handel organisieren.

Ein wichtiges Kriterium für einen strategischen Aufbau eines Netzwerks unter dem Gesichtspunkt der Optimierung des Informationsflusses ist seine

---

52 Vgl. aber die Alternativhypothese von Krackhardt (1999: 190, siehe auch Kapitel 6.3) zur Begrenzung von Handlungsfreiheit durch die Mitgliedschaft in verschiedenen Gruppen.

Effizienz. Sie steigt mit der Zahl der indirekten Beziehungen. In Abbildung 7.3 hat der betrachtete Akteur (you) sein Kontaktnetz C zwar erheblich ausgedehnt, indem er die Freunde und Bekannten seines Ausgangsnetzes A in das eigene Netz integriert hat. Er hat damit aber keinen Zuwachs an Informationen erschlossen, sondern lediglich höhere Kosten der Unterhaltung des Netzwerkes.

Abbildung 7.3: Effizienz von Netzwerken
(Burt 1992: 17, siehe Quellenverzeichnis)

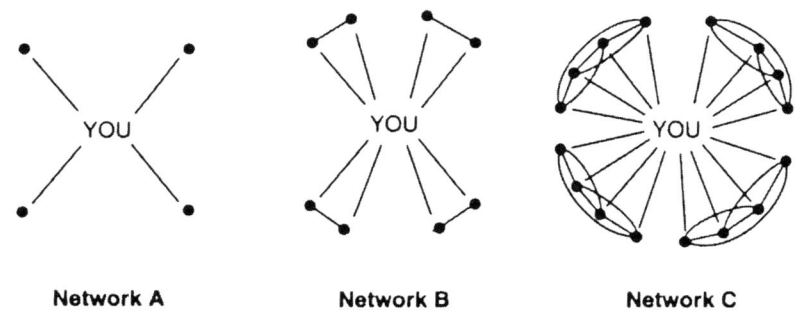

Network A   **Network B**   **Network C**

Die Effektivität des Kontaktnetzes eines Akteurs lässt sich netzwerkanalytisch als Zahl der insgesamt und auch indirekt erreichten Akteure errechnen. Hierzu berechnet man die Erreichbarkeitsmatrix. Sie gibt für jeden Akteur an, welche anderen Akteure erreicht werden können. Man kann auch noch berücksichtigen, wie viele Schritte ein Akteur auf dem Weg zu einem anderen Akteur zurücklegen muss. Diese Information enthält die Pfaddistanzmatrix (vgl. Kapitel 5). Je weiter entfernt ein Kontakt ist, desto unsicherer ist der Informations- und Ressourcentransport. Die Effizienz des Kontaktnetzes eines Akteurs kann dann als Quotient aus der Zahl der erreichbaren Akteure, ggf. gewichtet mit ihrer Nähe/Zuverlässigkeit, und der Zahl der direkten kostspieligen Kontakte gemessen werden.

Ein solches Maß berücksichtigt allerdings noch nicht, ob die erreichten Akteure redundante Informationen liefern oder nicht. Hierzu braucht man zwei weitere netzwerkanalytische Konzepte, die ein Netzwerk in Teilgruppen zerlegen (vgl. hierzu ausführlich Kapitel 8). Es kommt dann darauf an, dass ein Akteur mit seinem Kontaktnetzwerk möglichst nicht Akteure aus der gleichen Teilgruppe erreicht, sondern aus verschiedenen Gruppen. Akteur „you" in Abbildung 7.2 hat sein Netzwerk so aufgebaut. Er erreicht vier Akteure aus den drei eng verknüpften Clustern. Lediglich seine Beziehungen zu D und C, die mit ihm zum gleichen Cluster gehören, sind redundant.

Die beiden *Teilgruppenkonzepte* unterscheiden sich im Kriterium der Gruppenbildung. Im *Cliquenkonzept* zeichnet sich die Teilgruppe durch starke interne Verbundenheit im Vergleich zum Gesamtnetz aus. Die vier gut erkennbaren redundanten Teilgruppen im Netzwerk C in der Abbildung 7.3 sind solche Cliquen. Im Konzept der *Blockmodellanalyse* oder der strukturellen Äquivalenz werden dagegen diejenigen Akteure zusammengruppiert, die ähnliche Außenbeziehungen zu anderen Akteuren haben.

Abbildung 7.4: Strukturelle Löcher und strukturelle Autonomie in
Netzwerken (Burt 1992: 39, siehe Quellenverzeichnis)

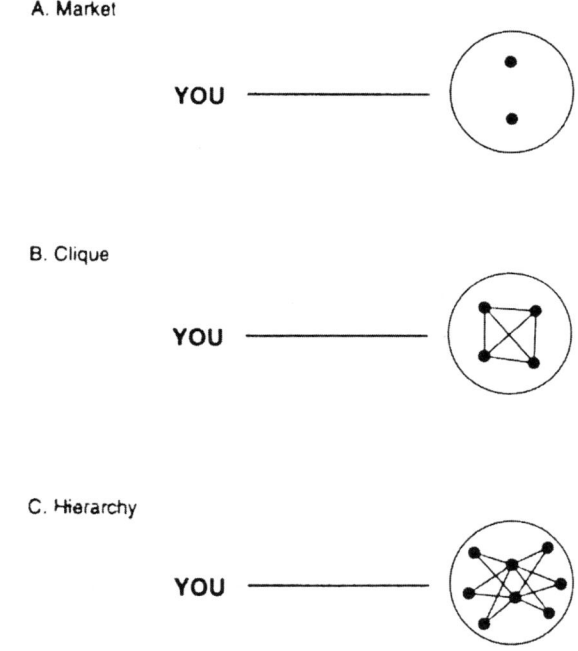

Die Redundanz der Akteure wird dabei an unterschiedlichen sozialen Strukturen festgemacht. In einer Clique sind die Kontaktpersonen untereinander direkt verbunden. Redundanz entsteht durch die Kohäsion zwischen den Kontaktakteuren. Dies ist der unmittelbar einleuchtende Fall. Aufgrund der indirekten Beziehungen in Netzwerken ist es aber auch möglich, dass untereinander unverbundene Kontaktakteure dennoch nur redundante Informationslieferanten sind. Dies ist dann der Fall, wenn sie ihrerseits die gleichen Außenbeziehungen haben. Redundanz der Akteure untereinander wird hier an der strukturellen Gleichartigkeit der Kontaktpersonen festgemacht. Das Konzept der strukturellen Äquivalenz lässt sich mit Blick auf das Netz C in der Abbildung 7.4 deutlich machen. Hier sind die sechs außen angeordneten Akteure strukturell äquivalent, insofern sie alle Beziehungen zu den beiden hierarchisch übergeordneten Akteuren in der Mitte unterhalten. Deshalb werden sie zu einer Position oder einem Block zusammengefasst. Sie sind aber untereinander nicht direkt verbunden. Ihr Informationswert für den Ego-Akteur ist aber dennoch gleich, da sie ihre Informationen und Anweisungen von den beiden mittleren Akteuren beziehen. Strukturelle Nicht-Äquivalenz von Akteuren ist deshalb ein zweites Kriterium neben der Cliquenzugehörigkeit von Interaktionspartnern zur Einschätzung der Informationsvorteile eines Kontaktnetzes.

Strukturelle Löcher erschließen den Akteuren aber nicht nur Informationen, sondern auch unternehmerische Handlungsmöglichkeiten, die sich aus der Position des „lachenden Dritten" ergeben. Dies ist das Argument der Diversität der Bezugsgruppen mit Bezug auf strategische Kontrollmöglichkeiten. Beispiele hierzu zeigt die Abbildung 7.4. Im Netz A kann der betrachtete Akteur Vorteile daraus ziehen, dass die beiden für ihn gleichwertigen Akteure in dem Kreis untereinander nicht verbunden sind. Er benutzt das Angebot des einen um den zweiten zu einem besseren Angebot zu bewegen. Im Beispiel B ist er dagegen der untereinander verbundenen Clique im Kreis unterlegen. Dass es nicht auf die bloße Beziehungsdichte zwischen den strukturell gleichartigen Partnern ankommt, zeigt Beispiel C. Die äußeren Akteure sind zwar unverbunden, aber sie unterstehen denselben beiden übergeordneten Akteuren. Hier muss der Akteur sein Angebot so bedeutsam machen, dass er mit den beiden konkurrierenden Chefs verhandeln kann, um einen besseren Preis zu erzielen. Es besteht zwar kein strukturelles Loch zwischen den sechs äußeren Akteuren. Diese sind durch die hierarchische Beziehung zu ihren beiden Chefs kollektiv handlungsfähig. Es gibt jedoch ein sekundäres strukturelles Loch sozusagen in der Hierarchie. Empirisch könnte ein solches Loch z.B. in der Konkurrenz von verschiedenen Abteilungen in einem Unternehmen oder in einer Behörde bestehen.

Mit netzwerkanalytischen Maßzahlen können die Möglichkeiten der Akteure erfasst werden, aus primären und sekundären strukturellen Löchern Vorteile zu erzielen. Auch hierfür sind die Konzepte von Clique und struktureller Äquivalenz brauchbare Instrumente. Lachender Dritter kann ein Akteur nur sein im Verhältnis zu Akteuren, die strukturell äquivalent sind, also die sich z.B. beide bei ihm um denselben Job bemühen. Ob der Akteur nun lachen kann oder nicht, hängt vor allem von der Koordinationsfähigkeit der ihm gegenüberstehenden konkurrierenden Akteure ab. Sind diese Akteure wiederum eine Clique, so hat er schlechte Karten. Sind sie z.B. miteinander befreundet, so wird es dem Arbeitgeber nicht so leicht gelingen, das Einstellungsgehalt zu drücken. Auch eine hierarchische Koordination der Stellenbe-

werber ist möglich und effektiv, etwa wenn sie beide gewerkschaftlich organisiert sind und auf Einhaltung der Tariflöhne bestehen. Dazu müssen sie
noch nicht einmal etwas voneinander wissen. Bestehen jedoch strukturelle
Löcher zwischen den konkurrierenden Akteuren, so kann der Arbeitgeber einen gegen den anderen ausspielen.

Im Kapitel 9.1.2 wird ein Forschungsbeispiel zur Messung des sozialen
Kapitals auf der Grundlage von strukturellen Löchern vorgestellt. Hier zeigt
sich, dass die Karriere von Managern mit einem bestimmten Aufgabenprofil
deutlich von ihrer Fähigkeit abhängt, strukturelle Löcher in ihr Ego-
Netzwerk einzubauen und auszunutzen. Gleichzeitig wird in diesem Beispiel
aber auch deutlich, dass strukturelle Löcher nicht die einzige Machtbasis
sind. Für andere Managergruppen ist vielmehr eine Strategie für die Karriere
förderlicher, die sich stärker an den internen Hierarchien des Unternehmens
ausrichtet. Die Bedeutung positiv und negativ verbundener Netzwerke ist also nicht für alle Manager dieselbe. Auch dies hängt wieder von ihrer Position
in der Sozialstruktur und insbesondere auch von normativen Fragen und Fragen der Legitimität ab. Auch „Märkte" funktionieren also offenbar nicht ganz
ohne normative strong-tie-Absicherung. Dies ist ein Argument, das schon
Durkheim vorgetragen hat, und das Mark Granovetter mit seinem Argument
der Embeddedness aktualisiert hat.

8 Teilgruppen in Netzwerken

Die bisher behandelten Zentralitäts-, Prestige- und Machtindikatoren kennzeichnen einzelne Akteure in Netzwerken. Hier nun anzusprechende Verfahren der Netzwerkanalyse befassen sich mit der Frage, ob und wie ein Netzwerk in verschiedene Teilgruppen zerlegt werden kann. Im folgenden sollen Verfahren der Cliquenanalyse und der Analyse struktureller Äquivalenz vorgestellt werden, die Akteure eines Netzwerkes in Teilgruppen aufteilen. Auf beide Verfahrenstypen wurde in den vorangehenden Kapiteln schon mehrfach Bezug genommen.

8.1 Verfahren der Cliquenanalyse

Ziel der Cliquenanalyse ist die *Identifikation kohäsiver Subgruppen innerhalb eines Netzwerkes*. Unter einer Clique wird dabei verstanden, was man auch umgangssprachlich darunter versteht: eine überschaubare Zahl von Akteuren mit häufigen, meist direkten und engen Beziehungen untereinander, die von dem weiteren Umfeld abgegrenzt werden kann. Cliquen in diesem Sinne werden in der Soziologie auch mit dem *Begriff der sozialen Gruppe im Sinne einer Primärgruppe* (Informalität, keine formalen Mitgliedschaftsregeln, kein formales Ziel, Multifunktionalität, Überschaubarkeit, face-to-face-interaction) bezeichnet. Kappelhoff (1987a: 39) definiert Clique als

„jede dichte Region innerhalb eines Gesamtnetzwerkes, die als Teilgruppe definiert ist".

Das Interesse an der Identifizierung derartiger Cliquen hat eine Reihe von Ursachen. Friedkin (1991) sieht dahinter die Annahme, dass innerhalb solcher Gruppen eine Tendenz zur gegenseitigen Angleichung und Konsensbildung besteht. Sozialer Einfluss und Konsensdruck läuft zwar auch über Mittelspersonen, ist aber am stärksten in direkten face-to-face-Beziehungen. Personen, die stark in der Gruppe verbunden sind, werden Gruppennormen daher am restriktivsten befolgen. Für Mitglieder derselben Gruppe wird eine Tendenz zur Homogenität in Fragen von Einstellungen und Lebensstil postuliert. Diese Beeinflussungs- und Konsensbildungsprozesse sind die Grundlage sowohl für die These der Informationsredundanz von Akteuren aus derselben Clique als auch für die Annahme der Fähigkeit von Gruppen zu kollektiver Aktion.

Gruppen oder Cliquen bilden sich um Kontexte herum: es gibt familiäre Gruppen, Jugendcliquen, subkulturelle Gruppen, Freundschaftskreise, informale Gruppen in Arbeitsorganisationen, Hobbykreise etc. Gruppen haben Kernmitglieder und periphere Mitglieder, die eher seltene bzw. indirekte Beziehungen zu den anderen Gruppenmitgliedern aufweisen. Während die sozialen Kontexte der Gruppen selten überlappen werden, ist ein Individuum praktisch immer Mitglied verschiedener Gruppen. Gerade die spezifische Konstellation mehrerer Gruppenmitgliedschaften definiert schon für Simmel die Individualität einer Person.

Um sich dem Problem der Suche nach kohäsiven Gruppen innerhalb von Netzwerken zu nähern, kann man zuerst einmal auf die schon bekannten graphentheoretischen Konzepte der *Verbundenheit eines Netzwerkes* zurückgreifen (vgl. Kapitel 5.1) und ein Netzwerk in sogenannte Zusammenhangskomponenten aufteilen. Innerhalb einer Komponente kann jeder Akteur jeden anderen zumindest indirekt erreichen. Gibt es in einem Netzwerk zwei polarisierte Gruppen, die sich gegenseitig nicht erreichen können, so zerfällt das Netzwerk in zwei Zusammenhangskomponenten. Isolierte Akteure, wie z.B. der Akteur I_3 im Freundschaftsnetzwerk der Arbeiter im Bank Wiring Room, stellen auch einzelne Komponenten dar. Während es in symmetrischen Netzwerken keine Abstufungen der Verbundenheit gibt – zwei Punkte sind entweder verbunden oder nicht – gibt es in asymmetrischen Netzen oder Digraphen (gerichtete Graphen) verschiedene Grade der Verbundenheit. Starke Verbundenheit in einer Komponente heißt z.B., dass jeder Akteur jeden anderen erreichen kann und von allen anderen erreicht werden kann. Die Zerlegung des Netzwerks in solche Zusammenhangskomponenten ist eine erste Möglichkeit, ein Netzwerk aufgrund der Kohäsion der Akteure in Teilgruppen zu zerlegen. Sie weist auf eine wichtige mit dem Begriff der Gruppe oder Clique intuitiv verbundene Eigenschaft hin: die Abgrenzung nach außen. Darüber hinaus sollte eine Gruppe aber stärker intern verbunden sein als nur über indirekte Wege. Eine Kette (vgl. Abbildung 6.1) wäre sonst auch schon eine Gruppe, was aber dem intuitiven Verständnis widerspricht.

In der Netzwerkanalyse sind verschiedene Versuche unternommen worden, das Konzept der Gruppe bzw. der Clique zu formalisieren. Ausgehend vom Konzept einer graphentheoretischen Clique (= direkte Verbundenheit zwischen allen Mitgliedern) sind dabei immer weniger restriktive Konzepte entwickelt worden, um das intuitive Gruppenverständnis mit dem formalen Modell in Übereinstimmung zu bringen. Als Grundlage der Cliquendefinition sind dabei vier verschiedene Vorstellungen von Gruppenkohäsion teils einzeln, teils gemeinsam in die Konstruktion der Verfahren eingegangen:

194

1. Gegenseitige, direkte Beziehungen,
2. Nähe und Erreichbarkeit der Cliquenmitglieder,
3. Häufigkeit der direkten Beziehungen zwischen den Mitgliedern,
4. Höhere Beziehungsdichte innerhalb der Clique im Vergleich zu ihrem Umfeld.

Im folgenden werden drei Gruppen von Verfahren vorgestellt, die kohäsive Subgruppen in Netzwerken definieren und Algorithmen zu ihrer Identifikation anbieten. Diese Konzepte gehen zunächst von binären symmetrischen Beziehungsdaten aus. Sie lassen sich aber auch auf asymmetrische Relationen und bewertete Relationen anwenden.[53] Die erste Gruppe stellt das Kriterium der Verbundenheit der Gruppenmitglieder in den Mittelpunkt (Kriterium 1 und 2). Die zweite Gruppe stellt die Häufigkeit der direkten Beziehungen in den Mittelpunkt (Kriterium 3). Diese beiden Definitionsversuche liefern sogenannte *explizite Cliquendefinitionen*. Dabei lässt sich aus der Art der Clique und der Angabe der Zahl der Cliquenmitglieder die interne Netzwerkstruktur der Clique ableiten.

Eine dritte Gruppe von Verfahren nimmt die formalen expliziten Cliquendefinitionen nur als Ausgangspunkt. Hier wird zusätzlich Wert auf die Frage der Außenabgrenzung der Clique gelegt, die von den expliziten Definitionen vernachlässigt wird. Hierzu werden *Verfahren der impliziten Cliquendefinition* verwendet: z.B. der Vergleich der inneren und äußeren Beziehungsdichten oder die überzufällige Häufigkeit schwach transitiver Triaden in den Cliquen.

8.1.1 Cliquen, n-Cliquen und soziometrische n-Cliquen

Eine *graphentheoretische Clique* ist eine Gruppe von mindestens drei Akteuren, die alle direkt miteinander verbunden sind. Im Soziogramm der Freundschaftsbeziehungen im Bank-Wiring-Room (Abbildung 5.2) bilden die Akteure W_1, W_3, W_4 und S_1 eine Clique vom Umfang 4. Eine Erweiterung etwa um den Akteur I_1 ist nicht möglich. I_1 ist zwar mit W_3 direkt verbunden, aber nicht mit den anderen Cliquenmitgliedern.

---

53 Bei asymmetrischen Relationen kann man z.B. die Daten exklusiv symmetrisieren. Eine Beziehung zwischen i und j wird hiernach dann angenommen, wenn sowohl x_{ij} als auch x_{ji} = 1. Des weiteren kann man die in Kapitel 5 entwickelten Konzepte des Grades der Verbundenheit von Punkten in Netzwerken (schwache, einseitige, und starke Verbundenheit) zusammen mit der Spezifikation einer maximalen Schrittzahl n benutzen, um sogenannte n-Cliquen in asymmetrischen Netzwerken zu definieren.
In Netzwerken mit bewerteten Relationen können Cliquen so identifiziert werden, dass ein Grenzwert c definiert wird, den die ordinal gemessene Relationsstärke überschreiten muss, damit ein Paar als eng verbunden gilt. Eine Clique auf dem Niveau c ist dann eine Clique, in der alle Mitglieder mindestens mit der Stärke c miteinander direkt verbunden sind. Entsprechend lassen sich auch die Konzepte für n-Cliquen, k-Plexe etc. verallgemeinern.

Ciquen in diesem Sinne sind selten größer als drei oder vier Personen. Deshalb wurde das strikte Cliquenkonzept zum *Konzept der sogenannten n-Clique* abgeschwächt. An die Stelle des Kriteriums der direkten Verbundenheit tritt die Forderung, dass jedes Cliquenmitglied jeden anderen mit einer relativ kurzen Pfaddistanz n erreichen kann. Eine 1-Clique entspricht dann der strikten Cliquendefinition (n = 1, d.h. direkte Verbindungen aller mit allen). Der Parameter n wird üblicherweise auf 2 oder 3 gesetzt. Eine formale Definition für die n-Clique lautet: Eine n-Clique ist ein maximaler Teilgraph, in dem jeder jeden in maximal n Schritten erreichen kann. Maximal bedeutet hier, dass es nicht möglich ist, den Teilgraph um einen Punkt zu erweitern, ohne dass die Pfaddistanzgrenze n erhöht werden müsste.

Im Freundschaftsnetzwerk findet sich z.B. eine 2-Clique aus den fünf Personen I_1, W_1, W_3, W_4 und S_1. I_1 kann das Cliquenmitglied W_3 direkt in einem Schritt erreichen. Die weiteren Mitglieder W_1, W_4 und S_1 kann er in zwei Schritten über W_3 erreichen. Eine Hinzunahme etwa von W_7 ist allerdings nicht mehr möglich, ohne die Anzahl der erforderlichen Schritte auszudehnen. Eine 3-Clique könnte jedoch W_1, W_3, W_4, W_7, I_1 und S_1 umfassen.
Alba (1973) hat auf ein Problem der Definition der n-Clique aufmerksam gemacht. Das graphentheoretische n-Cliquenkonzept sagt nichts darüber aus, über welche Akteure die Verbindungen mit maximal n-Schritten laufen dürfen. Denkbar ist auch, dass solche Verbindungen über Akteure laufen, die selbst gar nicht Cliquenmitglied sind. Der Durchmesser einer n-Clique, das ist die maximale Pfaddistanz zwischen den Cliquenmitgliedern, kann deshalb größer als n sein. Es könnte sogar der absonderliche Fall eintreten, dass eine n-Clique intern völlig unverbunden ist, dass es also keine direkten Beziehungen zwischen den Cliquenmitgliedern gibt. Dies widerspricht jedoch dem intuitiven Verständnis einer Clique oder Gruppe.

In Abbildung 8.1 A gibt es zwei 2-Cliquen, die hier zur besseren Unterscheidbarkeit mit Buchstaben und Zahlen bezeichnet sind. A, B und C bilden eine 2-Clique. Akteur 1 kann nicht hinzugefügt werden, ohne die Schrittzahl zu erhöhen. Zwar kann er A und B in einem Schritt erreichen. Aber bis zu C bräuchte er drei Schritte. Die zweite 2-Clique in Abbildung A besteht aus 1, 2 und 3. Auch hier ist keine Erweiterung möglich. Beide Cliquen sind jedoch intern völlig unverbunden. Es gibt keine direkt benachbarten Cliquenmitglieder. Nur über die anderen Cliquenmitglieder könnten sie sich überhaupt nicht erreichen. Der Durchmesser des Teilgraphen ist deshalb unendlich.

Abbildung 8.1: N-Cliquen, interne Verbundenheit und Durchmesser der Cliquen (nach Alba 1973: 118f.)

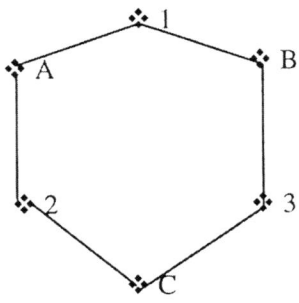

A

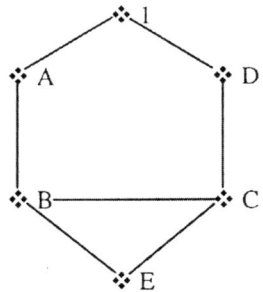

B

Auch wenn die Clique intern verbunden ist, kann ihr Durchmesser, abweichend vom intuitiven Verständnis einer n-Clique, größer als n sein. Ursache ist, dass Pfaddistanzen auch über Nicht-Cliquenmitglieder laufen können. Betrachtet man nur die Cliquenmitglieder, so kann die erforderliche Pfadlänge größer sein. Dies macht Abbildung 8.1 B deutlich. Die Akteure A bis E bilden eine 2-Clique. Jeder kann jeden in maximal zwei Schritten erreichen. Allerdings läuft die 2-Schritt-Verbindung zwischen A und D über den nicht zur Clique gehörigen Akteur 1. Betrachtet man den Durchmesser der Clique, so ist die maximale Pfaddistanz (hier zwischen A und D, wobei nur Cliquenmitglieder passiert werden dürfen) vom Wert 3.

Um diesem Problemen der n-Clique zu entgehen, hat Alba eine Umformulierung des Konzepts zur sogenannten *soziometrischen n-Clique* vorgeschlagen. Hierbei wird postuliert, dass der Durchmesser der Clique nicht größer sein darf als n. Dies ist äquivalent mit der Forderung, dass die Verbindungen zwischen den Cliquenmitgliedern selbst wieder über Cliquenmitglieder laufen müssen. Aus diesem Grund weisen soziometrische n-Cliquen immer auch direkte Verbindungen zwischen den Cliquenmitgliedern auf. Man findet soziometrische n-Cliquen, indem man zunächst nach n-Cliquen sucht, und dann diejenigen mit einem (internen) Durchmesser größer als n ausscheidet. In Abbildung 8.1 B gibt es zwei 2-Cliquen: (1) A, B, C, D und E und (2) 1, A, B, C und D. Davon hat die erste einen Durchmesser größer als 2. Die interne Verbindung zwischen den Cliquenmitgliedern A und D hat die Pfaddistanz 3. Die kürzere Verbindung läuft über das Nicht-Cliquenmitglied 1. Die zweite Clique hat dagegen den Durchmesser 2. Sie ist deshalb eine soziometrische n-Clique. Soziometrische n-Cliquen werden in der Literatur auch als n-Clans bezeichnet.[54]

Ein grundlegendes *Problem der graphentheoretischen formalen Cliquenkonzepte* ist, dass diese viele überlappende Cliquen identifizieren. Explizite Verfahren der Cliquendefinition leisten keine Aufteilung der Netzwerkakteure in exklusive Gruppen. Dem Vorteil einer expliziten Festlegung der internen Cliquenstruktur steht des weiteren der Nachteil gegenüber, dass die Beziehungen der Cliquenmitglieder nach außen und damit die Abgrenzbarkeit der Clique gegen den Rest des Netzwerks vernachlässigt werden.

8.1.2 K-Plexe und k-Cores

Die Konzepte der n-Clique und der modifzierten soziometrischen n-Clique lockern den strikten Cliquenbegriff, indem statt direkten Beziehungen zwischen den Akteuren nur noch ein bestimmter Grad der Verbundenheit, operationalisiert über die maximal erlaubte Pfaddistanz zwischen den Cliquenmitgliedern, gefordert wird. Eine weitere Gruppe von Cliquenkonzepten hält im Prinzip an der Forderung nach direkten Beziehungen in der Clique fest. Sie lockern das Kriterium aber insofern, als nur ein Teil der Cliquenmitglieder direkte Beziehungen zueinander aufweisen muss (Seidman/Foster 1978; Seidmann 1983). Sofern die für die Clique unterstellten Prozesse der Beeinflussung und Konsensbildung direkte Beziehungen erfordern, ist dies also das geeignetere Konzept zur Abgrenzung kohäsiver Teilgruppen in Netzwerken. Dies ist zum Beispiel dann wichtig, wenn es auf die akkurate und übereinstimmende Übertragung von Informationen, Werten und Normen über mehrere direkte Beziehungen ankommt.

Ein *k-Plex* ist ein maximaler Teilgraph mit n Akteuren, in dem jeder Akteur mindestens (n–k) Akteure direkt erreichen kann. K-Plexe können identi-

---

54 N-Clans werden des weiteren von n-Clubs, einem ähnlichen Cliquenkonzept abgegrenzt (vgl. Wasserman/Faust 1994: 259). N-Clubs sind aber in der empirischen Analyse ungebräuchlich und werden deshalb hier nicht vorgestellt.

fiziert werden, indem man die Degrees der Akteure für die möglichen Teilmatrizen des Netzwerkes inspiziert. In einem Teilgraph mit n Akteuren beträgt der maximale Degree (n–1), sofern keine reflexiven Beziehungen der Akteure zu sich selbst zugelassen sind. In der Teilmatrix der zum k-Plex gehörigen Akteure müssen alle Akteure eine Degree von mindestens (n-k) aufweisen.

Ein 1-Plex ist dann ein Teilgraph, in dem jeder jeden direkt erreichen kann. Jeder Akteur hat einen Degree von (n-1), d.h. er kann alle anderen Akteure erreichen. Eine graphentheoretische Clique, eine 1-Clique und ein 1-Plex beschreiben also identische, maximal vollständige Teilgraphen. Ein 2-Plex ist entsprechend eine Teilgruppe von Akteuren, in der jeder Akteur (n-2) Akteure direkt erreichen kann. In k-Plexen gibt der Parameter k die maximale Zahl der Akteure an, die ein Gruppenmitglied nicht direkt erreichen kann. Der Durchmesser eines k-Plexes ist abhängig vom Wert k. Sofern k ausreichend klein im Verhältnis zur Größe n des k-Plexes ist (k<(n+2)/2), hat ein k-Plex einen Durchmesser vom Wert 2 oder kleiner.

K-Plexe weisen im Vergleich zu soziometrischen n-Cliquen eine größere Robustheit auf. Die Entfernung eines Akteurs aus einer soziometrischen n-Clique kann unter Umständen eine wesentliche Brückenperson treffen und den Cliquencharakter aufheben. Bei Entfernung einer Person aus einem k-Plex bleibt diese Gruppe jedoch weiterhin ein k-Plex. Bei allen anderen Akteuren verringert sich der Degree maximal um 1. Gleichzeitig verringert sich aber auch die Zahl der zum Plex gehörenden Akteure. In Abbildung 8.2 kann jeder Akteur mindestens (n–k)=(6-3)=3 der anderen Akteure direkt erreichen.

Abbildung 8.2: Ein 3-Plex mit 6 Akteuren
(Scott 1991: 121, siehe Quellenverzeichnis)

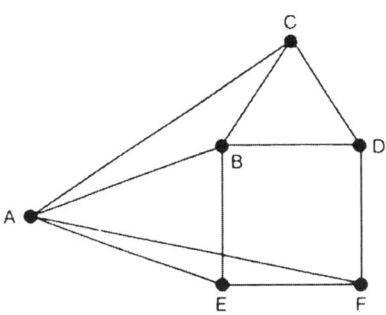

K-Cores sind genau umgekehrt definiert wie k-Plexe. Der Wert k gibt in k-Cores die Mindestzahl der Mitglieder eines Teilgraphen an, die jeder Akteur direkt erreichen kann. In einem k-Core gilt daher, dass der Degree jedes Akteurs im Teilgraphen größer oder gleich k ist. K-Cores selbst sind nicht notwendig kohäsive Subgruppen. Dies hängt insbesondere von der Differenz zwischen k und der Anzahl der Core-Mitglieder ab. Nach Seidmann (1983) identifiziert die Suche nach k-Cores jedoch dichte Regionen in Netzwerken, in denen die Suche nach cliquenartigen Untergruppen erfolgversprechend ist.

8.1.3 Soziale Kreise, k-zyklische Blöcke und F-Blöcke

Ein Problem der bisher vorgestellten expliziten Cliquenkonzepte ist, dass sie nur relativ kleine Cliquen auffinden, die sich oft gegenseitig überlappen. Ein weiteres und damit verbundenes Problem ist, dass das vierte Kriterium der Cliquenabgrenzung, relativ höhere Beziehungsdichte innerhalb der Clique im Vergleich zum Umfeld, erstens von den Konzepten nicht geprüft wird und zweitens auch empirisch häufig nicht gegeben ist. Gerade darauf weist das Problem des starken Überlappens der Cliquen hin.

Hier werden drei Verfahren der *impliziten Cliquendefinition* vorgestellt, die auf das vierte Cliquenkriterium, die *Außenabgrenzung,* abstellen. Die Zusammenfassung von Akteuren zu größeren und teilweise auch disjunkten, sich nicht überlappenden Cliquengebilden wird dadurch möglich. Allerdings bleiben bei allen Herangehensweisen Rest-Akteure übrig, die keiner der Cliquen zugeordnet werden können. Gleichzeitig werden die Anforderungen an die internen Strukturen der Cliquen gelockert. Ausgangspunkt sind jedoch graphentheoretisch formulierte Anforderungen an zunächst identifizierte Teilstrukturen, die anschließend zusammen gelegt oder auseinander genommen werden.

Das *Konzept der sozialen Kreise* wurde von Kadushin (1966) eingeführt. Dahinter steckt folgende Idee. In einem ersten Schritt werden soziometrische n-Cliquen identifiziert. Sogenannte triviale Strukturen (Baumstrukturen, siehe Abbildung 8.5. B) sowie Cliquen, die sich in ihrer internen Dichte nicht von ihrer Umgebung abheben, werden ausgesondert. Im zweiten Schritt werden Cliquen, die sich nur in einer Person unterscheiden zusammengelegt. Es entstehen größere cliquenhafte Gebilde. Gibt es immer noch eine Überlappung zwischen ihnen (Grenzwert etwa bei 2/3 der Personen), wird nochmals zusammengefasst. Anhand eines von Alba (1973) entwickelten Signifikanztests werden dann zwei Fragen geprüft: (1) ob die interne Dichte des entstandenen sozialen Kreises signifikant höher liegt als die des Gesamtnetzwerkes und (2) ob die sogenannte Außendichte signifikant niedriger ist, als die mittlere Netzwerkdichte.

Dichtemaße für das Gesamtnetzwerk wurden in Kapitel 5 bereits vorgestellt. Sie sind entsprechend auf die Innendichte und die Außendichte zu übertragen. Hierzu sei die Zahl der Kanten des Gesamtgraphen mit m bezeichnet. Davon verlaufen i Kanten innerhalb des Cliquengebildes, a Kanten verbinden Cliquenmitglieder nach außen mit Nicht-Mitgliedern. Der Graph hat insgesamt Z Knoten/Akteure, von denen z dem betrachteten Cliquengebilde angehören.[55]

(8.1)   Gesamtdichte $\Delta = \dfrac{m}{\dfrac{Z(Z-1)}{2}}$

(8.2)   Innendichte $\Delta_i = \dfrac{i}{\dfrac{z(z-1)}{2}}$

(8.3)   Außendichte $\Delta_a = \dfrac{a}{z(Z-z)}$

Gefordert wird, dass Innendichte>mittlere Dichte>Außendichte. Alba (1973: 121ff) konnte zeigen, dass die Parameter i und a in einem Zufallsgraphen einer hypergeometrischen Wahrscheinlichkeitsverteilung folgen. Eine geringe Wahrscheinlichkeit, eine Kantenzahl von i oder größer zu beobachten, spricht dann dafür, dass die gefundene Clique eine signifikant größere interne Dichte als in einem Zufallsnetz der mittleren Dichte Δ zu erwarten wäre, aufweist. Eine geringe Wahrscheinlichkeit, eine Kantenzahl von a oder kleiner zu beobachten, spricht dafür, dass die Clique in ihrer Außendichte signifikant von einem Zufallsnetz abweicht.

Die Berechnung von Innendichten und Außendichten und die zugehörigen Signifikanztests eröffnen nicht nur für soziale Kreise, sondern für alle Verfahren der Cliquenabgrenzung eine Möglichkeit, zentrale Annahmen über die Kohäsion der abgegrenzten Teilgruppen zu prüfen.

Das Konzept der sozialen Kreise ist häufig in der Eliteforschung angewendet worden. Ein Forschungsbeispiel bietet die Studie von Laumann und Pappi (1976) zur Gemeindeelite von Alt-Neustadt, deren Daten von Kappelhoff (1987a: 60) reanalysiert wurden. Eine Komponentenanalyse auf der Basis des Netzwerks der informalen Kontakte ergibt zunächst, dass das gesamte Netzwerk eine schwache Komponente bildet. Wird die Richtung der Pfade nicht berücksichtigt, kann jeder jeden erreichen. Es gibt zwei stark verbundene Komponenten, eine CDU-Komponente mit 25 Mitgliedern und eine SPD-Komponente mit 7 Mitgliedern. 12 Mitglieder lassen sich keiner der beiden starken Komponenten zuordnen. Diese Akteure sind in Abbildung 8.3 mit ihren Codenummern gekennzeichnet. Die Intensität ihrer Verbindung zu den beiden Komponenten entspricht der Pfeilstärke. Akteure, die nicht befragt wurden, aber Wahlen erhielten, sind zusätzlich durch einen Kreis ge-

---

55 Die Notation folgt der von Kappelhoff (1987a: 48) vorgeschlagenen.

kennzeichnet. Man erkennt, dass die Akteure 2 und 10 Vermittlerdienste zwischen den beiden Komponenten leisten. Alle anderen Rest-Akteure sind in ihren Beziehungen auf jeweils eine Komponente beschränkt.

Abbildung 8.3: Komponentenanalyse des Netzwerks informaler Kontakte in der Elite von Alt-Neustadt
(Laumann/Pappi 1976, reanalysiert von Kappelhoff 1987a: 45, siehe Quellenverzeichnis)

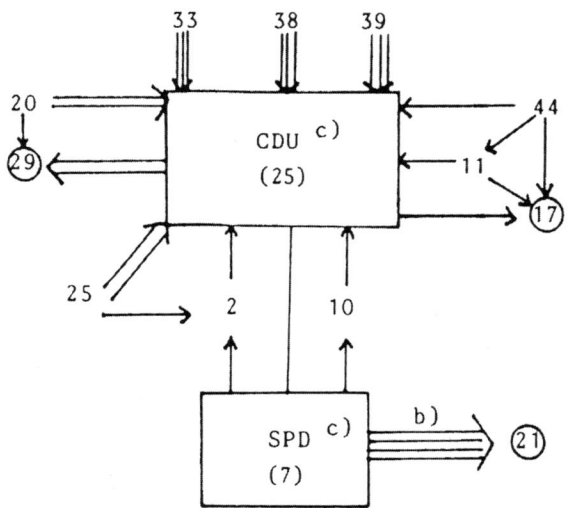

Weitergehende Anforderungen an die Verbundenheit der Eliteakteure stellt das Konzept der sozialen Kreise. Die CDU-Komponente zerfällt in fünf verschiedene soziale Kreise, wobei jeweils zwei von ihnen zum Teil gleiche Mitglieder aufweisen. Dies ist durch die Verbindungslinie zwischen ihnen in Abbildung 8.4 angedeutet. Der für eine Fusion erforderliche Anteil einer Identität von 2/3 der Mitglieder war jedoch nicht gegeben. Daneben gibt es eine SPD-Clique mit sechs Mitgliedern. Hieran erkennt man im Vergleich, dass die SPD-Elite in Alt-Neustadt stärker geschlossen ist als die CDU-Elite, die in mehrere Fraktionen zerfällt. Drei der CDU-Kreise sind mit den Codenummern der jeweiligen „Fraktionsführer", und den Codenamen aus der Originalstudie gekennzeichnet.

Abbildung 8.4: Soziale Kreise in der Elite von Alt-Neustadt
(Laumann/Pappi 1976, reanalysiert von Kappelhoff 1987a:
60, siehe Quellenverzeichnis)

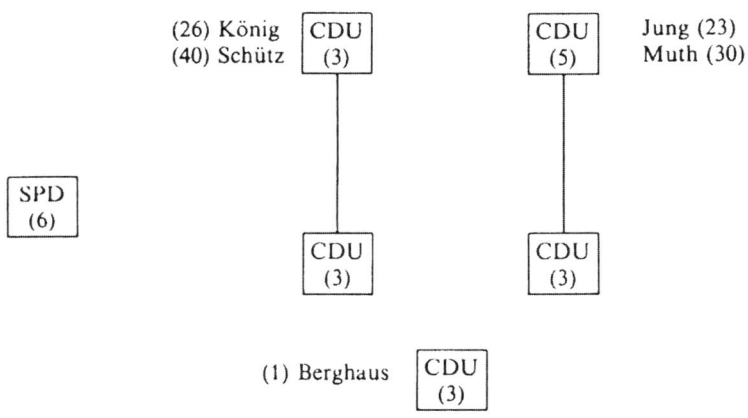

Ein zweites Verfahren, das disjunkte Aufteilungen in kohäsive Gruppen liefert, ist das *Verfahren k-zyklischer Blöcke* von Everett (1982). Ein Zyklus ist ein Pfad, der an seinen Ausgangspunkt zurückkehrt. Eine einzelne Kante oder Verbindungslinie nennt man zyklisch, wenn sie Teil eines solchen zyklischen Pfades ist. Die Länge eines Zyklus wird mit k bezeichnet. Ein Zyklus der Länge k = 3 kehrt also in drei Schritten zu seinem Ausgangspunkt zurück. Die Kanten oder Verbindungslinien in einem solchen k-Zyklus nennt man k-zyklisch. Viele Zyklen mit geringer Länge in einem Teilgraphen sind Indikatoren für die Kohäsion einer Gruppe.

Abbildung 8.5: Zyklen und Baumstrukturen
(Wasserman/Faust 1994: 119, siehe Quellenverzeichnis)

A Zyklischer Graph   B Baumstruktur

Triviale Cliquen, die einer Baumstruktur entsprechen (Abbildung 8.5 B), enthalten niemals zyklische Pfade. Eine Baumstruktur ist dann gegeben, wenn es bei n Punkten genau (n–1) Kanten gibt. Sternförmige und kettenförmige Netzwerke sind Baumstrukturen. Baumstrukturnetzwerke enthalten förmige Netzwerke sind Baumstrukturen. Baumstrukturnetzwerke enthalten gerade die Zahl an Kanten, die erforderlich ist, damit sie nicht in verschiedene unverbundene Komponenten auseinanderfallen. Der Verlust jeder Kante bzw. jeden Punktes macht aus einer Baumstruktur einen unverbundenen Graphen. Baumstrukturen als „Cliquen" sind daher extrem anfällig gegenüber jeder Veränderung. Das ist auch der Grund, warum man sie als trivial aus der weiteren Analyse ausschließt. Eine Baumstruktur kann keinen Zyklus enthalten. Der Einbau eines Zyklus in Abbildung 8.5 B, z.B. die Schließung des linken Dreiecks, würde dazu führen, dass mehr als (n−1) Kanten im Graph vorhanden sind. Nichtsdestotrotz stellt die abgebildete Baumstruktur eine soziometrische 3-Clique dar.

Das Gruppenaufteilungsverfahren von Everett beruht darauf, die sogenannten k-Brücken aus einem Graph zu entfernen. Eine Kante oder eine Verbindungslinie, die nicht zu einem Zyklus gehört, wird hier etwas abweichend von der üblichen Terminologie als Brücke bezeichnet. In Abbildung 8.5 A wäre die untere parallel verlaufende Kante eine solche Brücke. Eine k-Brücke ist eine Kante, die nicht zu einem der k-Zyklen in einem Netzwerk gehört. Entfernt man die k-Brücken aus einem Graphen, so ergeben sich die k-zyklischen Blöcke. Das Gesamtnetzwerk zerfällt dann in verschiedene Komponenten. Diese starken Zusammenhangskomponeten sind die gesuchten k-Blöcke.

Die nicht den Blöcken zugeordneten Personen können ebenfalls verschiedenen Kategorien zugeordnet werden. Sogenannte Floater sind Personen in einem Brückenblock, die mehrere zyklische Blöcke miteinander verbinden. In Abbildung 8.6 ist die Person 7 ein solcher Floater. Sie verbindet gleich drei 4-zyklische Blöcke miteinander. Ein anderer und größerer Brückenblock ist die Kette aus den Personen 32 bis 36, die zwei K-Blöcke miteinander verbindet. Hier gibt es aber keine einzelne Person, die die Blöcke integrieren könnte, also keinen Floater. Sogenannte Hangers-on sind Personen in einem Brückenblock der Größe 1, die nur Verbindung zu einem Block haben. Dies sind sozusagen periphere Mitglieder eines der Blöcke. Hangers-on sind hier die Personen 18 und 15. Von besonderem Interesse sind schließlich die sogenannten Liaisonpersonen. Dies sind Akteure in einem k-zyklischen Block, deren Entfernung aus dem k-zyklischen Block mehrere Komponenten machen würde. Beispiele für solche Liaisonpersonen sind die Akteure 5 und 6 im oberen linken Block. Der Wegfall von 5 würde die Akteure 73 und 38 zu einer isolierten Dyade machen. Der Wegfall von 6 macht 40, 41 und 39 zu einer abgetrennten Triade.

Abbildung 8.6: Gruppenaufteilung eines Freundschaftsnetzwerkes an einer amerikanischen High-School: 4-zyklische Blöcke nach Eve-rett (Coleman 1961, reanalysiert von Kappelhoff 1987a: 61, siehe Quellenverzeichnis)

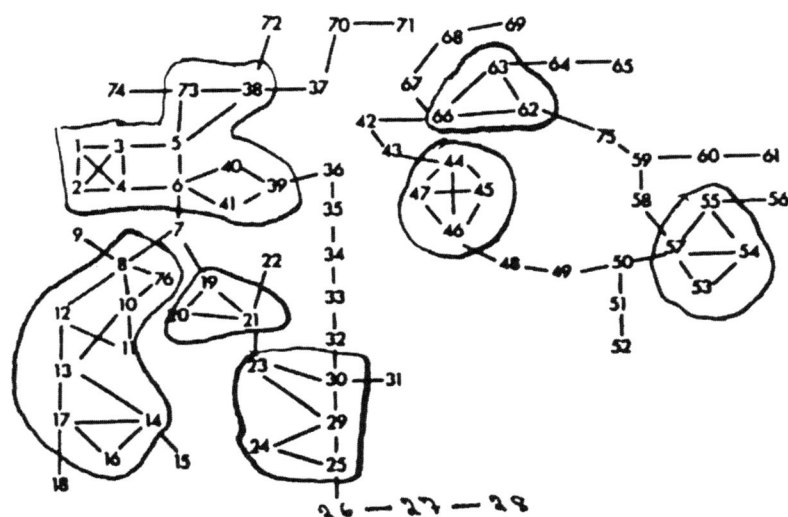

Ein drittes Verfahren, die *Abgrenzung von F-Gruppen*, hat Freeman (1992) auf der Basis von Granovetters Unterscheidung von weak ties und strong ties vorgeschlagen. Es beruht auf einem abgeschwächten Konzept von Transitivität (vgl. die Ausführungen zu Triaden in Kapitel 3.2). Ausgangspunkt ist Grano-vetters Idee der verbotenen Triade. Sofern ein Individuum in starken Beziehungen zu zwei anderen Personen steht, so sollten diese wenigstens durch eine schwache Beziehung miteinander verbunden sein (Granovetter 1973: 1363).

Abbildung 8.7: Verbotene, G-intransitive Triade und erlaubte, schwach in-transitive Triade
(nach Granovetter 1973: 1363, siehe Quellenverzeichnis)

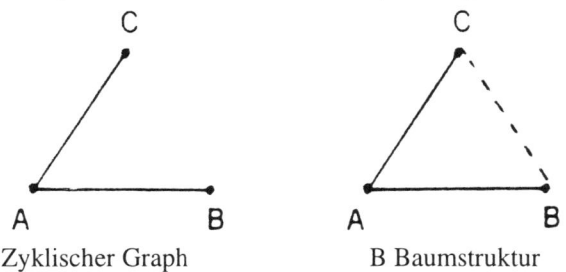

Freeman hat gezeigt, dass auf der Basis des Konzeptes der schwachen Transitivität eine vollständige und disjunkte Aufteilung eines Graphen in kohäsive Untergruppen möglich ist. Diese Untergruppen sind Zusammenhangskomponenten, d.h. jeder Akteur kann jeden anderen Akteur erreichen. Des weiteren enthalten sie zwar auch schwach intransitive Triaden, aber keine G-intransitiven Triaden. Zwischen den getrennten kohäsiven Untergruppen verlaufen keine starken Beziehungen, jedoch einige schwache Beziehungen, die die Gruppen miteinander verbinden.

Ausgangspunkt der Analyse ist eine symmetrische, bewertete Matrix mit einem Indikator sozialer Nähe, wie sie z.B. aus einem Affiliations-Netzwerk gewonnen werden kann. Das sich hieraus ergebende Person-Netzwerk zeigt an, über wie viele gemeinsame Ereignisse oder Mitgliedschaften zwei Akteure miteinander verbunden sind. Gesucht wird dann die Zahl s (s steht für strength), die die Stärke der Verbindung zwischen zwei Akteuren charakterisiert, und gleichzeitig eine Aufteilung in Gruppen erlaubt, die keine verbotenen Triaden enthalten. Das von Freeman entwickelte Programm zur Identifizierung solcher F-Gruppen (UCINET IV: F-Groups)[56] beginnt seine Suche mit der Wahl eines maximalen Wertes von s (Anzahl der Ereignisse) und setzt sukzessive kleinere Werte für s ein. Es sucht den minimalen Wert für s, für den sich noch die geforderte Struktur innerhalb der Gruppen und ihrer Beziehungen zueinander ergeben. Der Wert für die schwachen Beziehungen (w) kann vom Nutzer vorgegeben werden ($0<w<s$). Ergebnis der Analyse ist eine Gruppenaufteilung und eine bewertete Matrix der Beziehungen zwischen den Akteuren. Ein Wert von Null entspricht einer Beziehungsstärke unterhalb des Wertes w für schwache Verbindungen. Ein Wert von 2 bezeichnet starke Verbindungen. Die so verbundenen Akteure bilden die F-Gruppen. Ein Wert von 1 symbolisiert eine schwache Beziehung zwischen den Akteuren.

Freeman (1992) hat dieses Konzept an sieben Datensätzen überprüft, darunter das Netzwerk der Frauen aus Old City. Eine graphische Darstellung des Ergebnisses liefert Abbildung 8.8. Man erkennt deutlich zwei kohäsive Gruppen, die untereinander und mit einigen Einzelgängerinnen nur schwach verbunden sind. Oben links in der Abbildung mit den hier mit ihren Codennummern versehenen Akteuren 5, 6 und 9 findet sich eine Gruppe mit Evelyn, Laura, Theresa, Brenda, Charlotte, Frances, Eleanor und Ruth. Unten rechts ist eine kleinere Frauengruppe zu erkennen. Es handelt sich um Myrna, Katherine, Sylvia, Nora, Helen und Dorothy. Während die Forderung nach strenger Transitivität sich in den Reanalysen durch Freeman immer als ungeeignet zur Identifizierung kohäsiver Subgruppen erwies, lassen sich vier der untersuchten Datensätze sinnvoll mit dem beschriebenen abgeschwächten Konzept von Transitivität in Untergruppen zerlegen. Die Häufung der er-

---

56 Leider ist die Routine in UCINET V nicht mehr vorhanden.

laubten Triaden in den Untergruppen ist deutlich höher als man in einem bloßen Zufallsgraphen erwarten würde. Als entscheidend für die Möglichkeit, Netzwerke nach ihrer Interaktionshäufigkeiten in kohäsive F-Gruppen aufzuteilen, erweist sich der Kontext der Interaktionen. In strukturell vorgegebenen Interaktionskontexten wie Nachbarschaft, Beruf oder Politik stellt die Interaktionshäufigkeit keinen guten Indikator für soziale Nähe und Intimität dar. Interaktionskontexte, in denen Interaktionen dagegen in hohem Maße auf freiwilligem Verhalten beruhen, sind eher für das Instrument der F-Gruppen geeignet.

Abbildung 8.8: F-Gruppen im Datensatz von Old City
(Freeman 1992: 162)

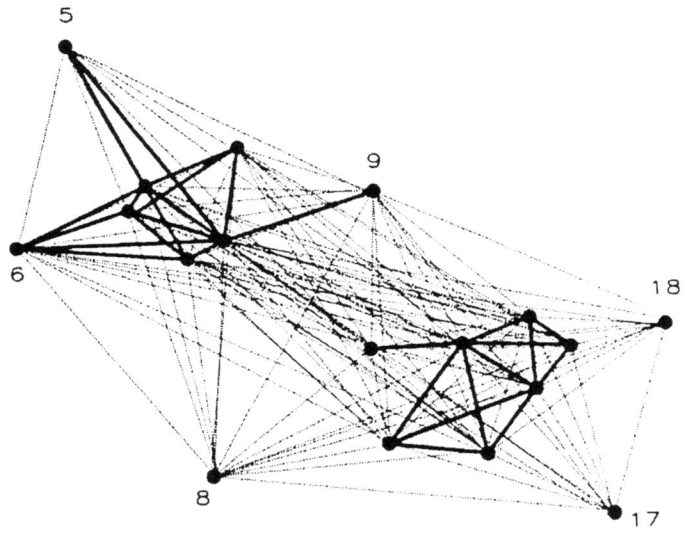

8.1.4 Forschungsbeispiel: Der Aufstieg der Medici

Verfahren der Cliquenanalyse werden z.B. verwendet als Indikator für die Fähigkeit einer Akteurgruppe, sich zu organisieren, kollektiv zu handeln und mit möglichen Konkurrenzsituationen zwischen den Cliquenmitgliedern aktiv umzugehen. Ob diese Fähigkeit von Akteurgruppen positiv oder negativ zu bewerten ist, hängt vom Gegenstandsbereich und von der Perspektive ab. Die Fähigkeit der Mafia, ihre Mitglieder zu organisieren, um etwa staatliche Baugelder abzuschöpfen oder unliebsame Gesetzgebungsverfahren zu torpedieren, wird man negativ bewerten. Wenn sich allerdings eine vom Strukturwandel gebeutelte Region zu einem regionalen Netzwerken mit Akteuren aus Wirtschaft, Gemeinden, Landespolitik und Kultur zusammenschließt, um neue Arbeitsplätze zu schaffen und die Region wieder attraktiv zu machen, so wird man dies eher positiv bewerten.

Cliquen sind immer durch Abgrenzung nach außen, also auch durch eine gewisse Diskriminierung von Nicht-Mitgliedern gekennzeichnet. Dies trifft auf Jugendbanden ebenso zu wie auf die old-boys-networks in Politik und Wirtschaft oder selbst auf regionale Netzwerke zur Abfederung des Strukturwandels. Gleichzeitig entfalten Cliquen sozialen Druck nach innen: in der Mafia etwa wird der Austritt aus der Clique (=Verrat) mit dem Tode bestraft. Aus dem Blickwinkel eines Interesses an Chancengleichheit und individueller Autonomie kann man Tendenzen zu einer stark cliquenhaften Sozialstruktur daher durchaus kritisch betrachten. Dabei wird man auch zu berücksichtigen haben, ob solche Prozesse auf den privaten Raum begrenzt sind oder nicht. Cliquenbildung im Bereich von Verwandtschaft, Freundschaft und Freizeit wird man nicht verhindern können und vermutlich auch nicht wollen. Starke und kohäsive Beziehungen sind schließlich eine Grundlage für erfolgreiche Sozialisations- und Identitätsprozesse. Problematischer sind dagegen stark cliquenhafte Sozialstrukturen in den Netzwerken von Politik und Wirtschaft. Eine spannende und z.B. für amerikanische Verhältnisse und das ausgehende Mittelalter in Italien untersuchte Fragestellung ist, inwiefern Verwandtschaftsbeziehungen die Grundlage von ökonomischen Beziehungen bilden (Berkowitz 1982: 116ff; Padgett/Ansell 1993). Was man für das Mittelalter als normal ansähe, entspricht in modernen Demokratien nicht dem Bild eines freien ökonomischen und politischen Wettbewerbs.

Abbildung 8.9: Heiratsnetzwerk und ökonomisches Netzwerk der Medici
(Padgett/Ansell 1993: 1276, siehe Quellenverzeichnis)

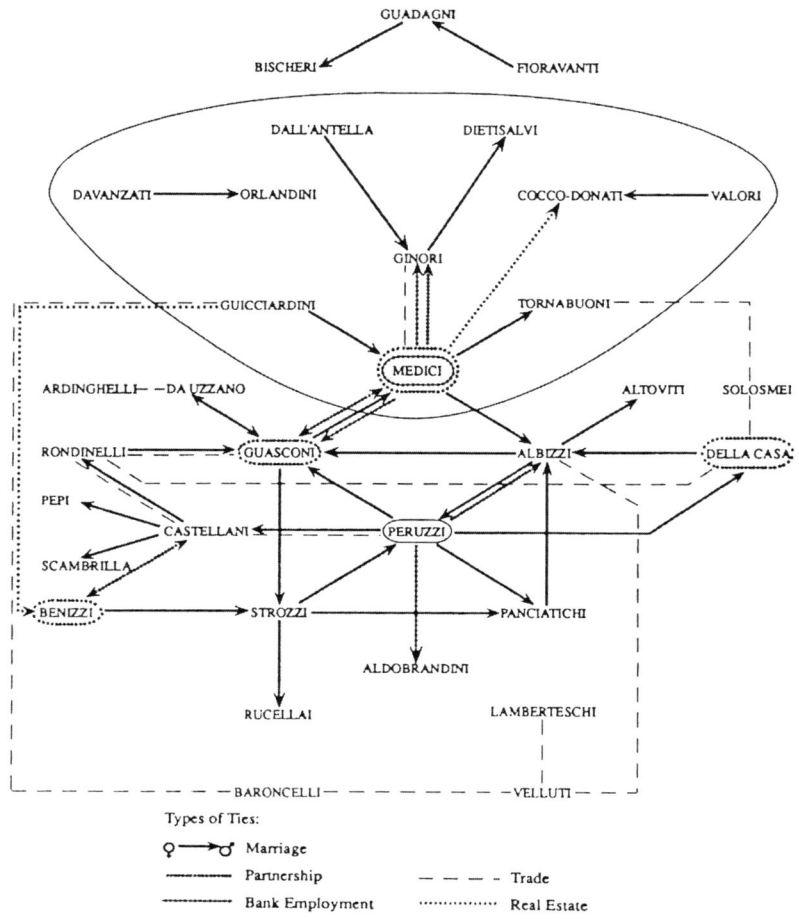

Eine Studie von Padgett und Ansell (1993) zeigt allerdings für das Florenz
des ausgehenden Mittelalter und der frühen Rennaissance das genaue Gegenteil. Die *Macht von Cosimo de Medici* beruhte auf einer strikten Trennung
zwischen seinem Heiratsnetzwerk und seinem ökonomischem Netzwerk.
Über Heirat waren die Medicis nur mit alten Patrizierfamilien verbundenen.
Hier kämpften sie um ihren eigenen Status, der nach ihrer Parteinahme für
den Aufstand der Ciompi (Aufstand der Wollarbeiter in Florenz 1378) in den
Heiratsnetzwerken der Oligarchie zweifelhaft geworden war. Über ökonomi-

sche Beziehungen hielten sie dagegen ein sternförmiges Netzwerk ihrer politischen Parteigänger aus den neuen, aufsteigenden Familien zusammen. Auch einige der nach dem Ciompi-Aufstand isolierten und weniger reichen Patrizierfamilien gehörten zu diesem Netzwerk der Medici-Fraktion. Die Medici-Familie war nicht nur das Zentrum in diesem Netzwerk ihrer Partei: ihre Parteigänger konnten einander fast nur auf dem Weg über die Medici erreichen. Auch zwischen der alten Oligarchie und den neuen Familien waren die Medici praktisch die einzige Verbindungslinie. Padgett und Ansell interpretieren diese geteilte Netzwerkstrategie als eine der Ursachen für den schließlichen Erfolg der Medicis über das alte Patriziat.

Die in der Abbildung 8.9 unterschiedenen „Familien" sind keine einzelnen Familien, sondern strukturell äquivalente Blöcke, die nach der jeweils prominentesten Familie benannt sind. Diese Gruppenaufteilung ist das Ergebnis einer Blockmodellanalyse mit 92 Familien aus der Florentiner Elite. Die durch ein abgerundetes Dreieck im oberen Teil der Abbildung abgegrenzte Gruppe sind die Parteigänger der Medici. 93% dieser Familien nahmen aktiv Partei für die Medicis. Die übrigen Familien, mit Ausnahme der neutralen Familien, waren zu 82% Parteigänger der Oligarchie. Der Konflikt zwischen der Oligarchie und den Medici ist von Zeitgenossen und Historikern als Klassenkonflikt interpretiert worden. Dennoch zeigt sich zwischen diesen beiden Parteien keine statistisch signifikante Differenz in ihrem Reichtum oder – was damals in Florenz von großer Bedeutung war – in ihrer Nachbarschaftszugehörigkeit. Erst die Blockmodellanalyse erlaubte es, zwischen den Anhängern der Oligarchie und der Medici-Partei zu diskriminieren.

In den Heirats- und Freundschaftsbeziehungen waren die Medicis noch snobistischer als die Superelite der Patrizier; in ökonomischen Dingen kooperierten sie anders als das alte Patriziat ungeniert mit den neuen Familien. Erstere Strategie wahrte ihren Status. Gleichzeitig sicherte die kalkulierte ökonomische Interaktion mit den neuen Familien deren völlige Solidarität und absolute Unterwerfung. Die Parteigänger der Medici waren nicht in der Lage, gegen diesen Führer aufzubegehren und sich zu organisieren. Dagegen gab es im Lager der alten Familien, obwohl oder gerade weil sie cliquenhaft stark untereinander verbunden waren, so viel Konkurrenz um die Führungsrolle, dass dies schließlich zu einer Niederlage gegen die Medici führte. An diesem Beispiel lässt sich noch einmal die Bedeutung positiv und negativ verbundener Netzwerke deutlich machen. In Bezug auf das ökonomische Netzwerk handelten die Medici als Unternehmer: sie erkannten die Bedeutung der strukturellen Löcher in ihrem Parteigängernetzwerk und nutzen sie bewusst aus. Im Heiratsnetzwerk beschafften sich die Medici dagegen soziales Prestige und Legitimität ihrer Macht. Dass sie beide Strategien gleichzeitig beherzigten, machte dann die sphinxartige Unberechenbarkeit und Abgehobenheit der Medicis aus, die sie für die neue Führungsrolle in Florenz prädestinierte.

Cliquen sind an eine bestimmte, relativ begrenzte Größenordnung gebunden. Sie können nicht ins Unendliche wachsen. Sonst wäre ein zentrales Kriterium, die gegenseitige persönliche Kenntnis eines großen Teils ihrer Mitglieder, nicht mehr zu gewährleisten. Cliquen und die sie verbindenden strong ties können daher immer nur relativ kleine Gruppen integrieren. Die Abgrenzungstendenz der Cliquen nach außen macht sie unfähig, große und differenzierte Gesellschaften zusammenzuhalten. In dieser Fähigkeit lag dagegen der Vorteil der Medicis in der Situation der ökonomischen Modernisierung zu Beginn der Neuzeit.

Akteure aus derselben Clique sind aus einer strategischen Perspektive redundante Informationslieferanten. Verfahren, die die Effizienz von Informationsnetzwerken und ihre Fähigkeit, verschiedene Informationsquellen zusammenzuführen betrachten, greifen daher häufig auf Cliquenkonzepte zurück. Das ökonomische Netzwerk der Medicis ist eindeutig keine Clique: die Kontaktakteure sind untereinander so gut wie isoliert. Das Heiratsnetzwerk ist zwar eine Clique, aber auch hier haben die Medicis ein Verhalten an den Tag gelegt, das die durch Heirat verbundenen Familien auf Distanz hielt und die Solidaritätsansprüche begrenzte. Während man seine ökonomischen Beziehungen durchaus mit den neuen Familien in der eigenen Nachbarschaft, dem Viertel San Giovanni, betrieb, heiratete man in weit entfernt lebende Familien ein. Zu enge Beziehungen kamen so nicht zustande. Allerdings war dies nicht von Beginn an eine bewusste Strategie, sondern zunächst durch die Feindschaft der direkt benachbarten Patrizierclans bedingt.

Abgrenzung nach außen wirkt aber selbst im Sinne der betrachteten Gruppe nicht nur positiv, sondern kann auch negative Konsequenzen haben. Akteure aus der gleichen, eng miteinander verbundenen Clique, schöpfen ihre Informationen aus dem gleichen Pool. Sie sind gegenüber Innovationen und Entwicklungen von außerhalb tendenziell abgekoppelt. Oft wehren sie sich gegen Neuerungen und Eindringlinge und verschlafen wichtige und auch sie betreffende Entwicklungen. Ein Beispiel hierfür sind die von Grabher (1990) unter dem Titel „The Weakness of Strong Ties" beschriebenen engen Beziehungen zwischen den alten Industriebranchen des Ruhrgebietes. Eingefahrene Beziehungen führten hier dazu, dass die Unternehmen Innovationsprozesse verpassten und an alten Branchen und Technologien festhielten. Sinkende Gewinne wurden durch die politische Suche nach Subventionen statt durch unternehmerische Innovationen ausgeglichen. Wertvolle Anpassungszeiten wurden so nicht genutzt. Ein weiteres extremes Beispiel stellen terroristische Gruppen wie die RAF dar: sie schotten sich nach außen ab, leben über lange Zeit konspirativ. Die Möglichkeiten zum Vergleich eigener Wahrnehmungen und Interpretationen mit denen von Außenstehenden sind stark begrenzt. Das Misstrauen gegenüber Nicht-Mitgliedern wird immer größer. Die Folge ist eine völlige Verkennung der Realität, in der gewaltsamer Kampf gegen die Außenwelt als einziger Weg erscheint. Auch die Oligarchie-Clique im Medici-Beispiel hat wohl so die Zeichen der neuen Zeit verpasst. Besonders hervorzuheben ist hier, dass sie praktisch der Verursacher der strategisch guten Position der Medici für die neue Führungsrolle im Staat ist: durch ihre Verweigerung gegenüber den Sympathisanten des Ciompi-Aufstandes auf dem Heiratsmarkt trieb sie die Medici zu der oben erwähnten selektiven und strukturelle Löcher schaffenden Heiratspolitik. Durch die Verachtung und Vermeidung der neuen Familien auch in ökonomischen Beziehungen polarisierte sie diese und trieb sie den Medici als Patronen in die Arme. Die Medici begriffen ihre neue Rolle erst nach und nach. Sie wandelten langsam ihre Identität von einer ausgestoßenen Patrizierfamilie, die um Rückkehrmöglichkeiten kämpfte, zu einer neuen Führungsfamilie, die ein ökonomisch weitreichenderes Netzwerk integrieren konnte.

8.2 Blockmodelle und strukturelle Äquivalenz

Die Blockmodellanalyse ist eines der Verfahren, das nach strukturell äquivalenten Positionen in Sozialstrukturen sucht. Es geht also um die Frage, ob auf einer abstrakten Ebene der Betrachtung von Sozialstruktur bestimmte Akteure als gleichwertig, als zu einer Position oder einem Block gehörig betrachtet werden können, und ob mehrere konkrete Beziehungen zwischen den Akteuren zu einem abstrakteren Rollenmuster zusammengefasst werden können (vgl. Nadel 1957 und Kapitel 2.2.1 und 2.3.1).

Ähnliche Akteure werden zu sogenannten Blöcken oder strukturell äquivalenten Positionen zugeordnet. Während die Cliquenanalyse die direkte Verbundenheit von Akteuren zum Kriterium der Gruppenbildung macht, betrachten Blockmodelle und andere Verfahren zur Abgrenzung strukturell ähnlicher Akteure alle Außenbeziehungen der Akteure. Solche Akteure sind ähnlich, die ähnliche eingehende und ausgehende Beziehungsmuster haben. Diese Akteure müssen nicht notwendig untereinander verbunden sein.

Ein Beispiel hierfür liefert die Analyse der Überlappung von Heiratsbeziehungen und ökonomischen Beziehungen im Medici-Beispiel. Das was in der Abbildung als „Akteure" mit Familiennamen dargestellt ist, sind mehrere zu einem Block zusammengefasste Familien mit einem gleichartigen Beziehungsmuster. Sie bekleiden zusammen eine strukturell äquivalente Position in einer Sozialstruktur. Diese Sozialstruktur ist das Ergebnis der gleichzeitigen Analyse von fünf Relationen: Heiratsbeziehungen, ökonomischen Partnerschaften, Handelsbeziehungen, Verbindungen über den gemeinsamen Besitz an Land/Häusern bzw. Vermietung derselben und Arbeitsbeziehungen. Die Pfeile bzw. ungerichteten Kanten zwischen den Positionen symbolisieren daher nicht mehr einzelne konkrete Beziehungen zwischen Personen oder einzelnen Familien, sondern abstraktere Rollenbeziehungen. Um eine Position als „Kreis" gelegte Pfeile bedeuten, dass diese Position intern bezüglich dieser Beziehung verbunden ist. Die Medici beziehen sowohl ihre Bankangestellten als auch ihre ökonomischen Partner häufig aus Familien, mit denen sie ihre strukturelle Position im Netzwerk teilen. Ein wesentliches Muster in Abbildung 8.9 ist das weitgehende Auseinanderfallen von Heiratsbeziehungen und ökonomischen Beziehungen in der Rollenstruktur der Medici.

Solche Rollenstrukturen können auch aus zusammengesetzten Beziehungen über mehrere Akteure bestehen. Ursprünglich wurden in der Anthropologie Verwandtschaftssysteme mit diesem Instrument untersucht. Zusammengesetzte Relationen sind hier z.B. „der Vater des Vaters" oder „die Tochter des Bruders der Mutter". Die Existenz von bestimmten komplexen Relationen bzw. das Fehlen bestimmter Typen (Tabusuche) führte zur Identifizierung von Abstammungs- und Heiratsregeln in solchen Verwandtschaftssystemen. Ein Beispiel hierfür ist die erlaubte Kreuzcousinenheirat (Tochter des Bruders der Mutter) und die verbotene Parallelcousinenheirat (Tochter der Schwester der Mutter). Diese Heiratsregeln produzierten in einem patrilinealen Abstammungssystem ein Sozialsystem des Frauentauschs zwischen den Familienclans. Die Heirat im eigenen Clan war verboten. Hierdurch wurden schwache Verbindungen zwischen den verschiedenen Clans gesichert, die zur Integration der Stammesgesellschaften beitrugen. In den 70er Jahren wurde dieses Analyseinstrument von der Gruppe um Harrison C. White von der Analyse von Verwandtschaftssystemen auf die Analyse von Sozialstrukturen übertragen.

Verfahren zur Abgrenzung strukturell äquivalenter Akteure liefern wichtige Arbeitsergebnisse für andere netzwerkanalytische Maßzahlen und Interpretationen. Strukturell ähnliche Akteure sind redundante Lieferanten von Information. Um die Effizienz eines Informationsnetzwerks zu beurteilen, muss man daher etwas über die Positionen der Akteure wissen.

Die Abgrenzung von Akteuren, die strukturell äquivalente Positionen in einem Netzwerk besetzen, ist ferner wichtig, um primäre und sekundäre Positionen in Netzwerken identifizieren zu können. Machtmessungen, die an der Position in Einflussnetzwerken oder in Tauschnetzwerken festgemacht sind, verwenden daher Verfahren zur Identifizierung strukturell äquivalenter Positionen (vgl. Kapitel 6.2 zum Prestige von Statusgruppen und Kapitel 7.2.2 zur Typologie von Machtmodellen).

Solche Blöcke oder Positionen sind ferner der Ort der schärfsten Konkurrenz zwischen den Akteuren, die ja gegenseitig ersetzbar sind. Für die Frage der Bewertung der strukturellen Autonomie von Akteuren sind solche Verfahren von daher ebenfalls notwendig. Während der interne Organisationsgrad (vgl. hierzu die Ausführungen zur Cliquenbildung) innerhalb der eigenen strukturellen Position die Autonomie eines Akteurs erhöht, senkt die interne Organisationsfähigkeit der Positionen, mit denen der fokale Akteur im Netzwerk Beziehungen unterhält, seine Autonomie.

8.2.1 Das Prinzip struktureller Äquivalenz

Das Ziel der Analyse struktureller Äquivalenz ist es, eine empirische Struktur, die *Netzwerkdaten, mit einer abstrakteren sozialen Struktur zu verbinden.* Die soziale Struktur soll einfacher sein und die empirische Struktur auf äquivalente Positionen und äquivalente Rollen reduzieren.

Abbildung 8.10: Abbildung einer empirischen Struktur auf eine abstraktere Sozialstruktur

Empirische Struktur (Netzwerkdaten)	Sozialstruktur
• n Punkte im Netzwerk	• m Positionen in der Sozialstruktur (m < n)
• i Beziehungen/Relationen im Netzwerk	• k Rollen in der Sozialstruktur (k < i)

Ein zentrales Problem der Analyse struktureller Äquivalenz ist nun, dass Rollen und Positionen sich in einem Sozialsystem gegenseitig definieren.[57] Aus der Tatsache, dass Väter ihre Kinder beaufsichtigen, für ihren Unterhalt sorgen und sie ggf. bestrafen, schließt man auf die allgemeinen Positionen Vater und Kind. Aus der dabei vorgenommenen Einteilung in Väter und Kinder schließt man auf die Zusammengehörigkeit des Rollenmusters von Aufsicht, Unterhaltsfürsorge und Bestrafung. Man spricht hier auch von der Dualität von Positionen und Rollen.

Mit diesem Problem der wechselseitigen Determination von Positionen und Rollen gehen Verfahren zur Analyse struktureller Äquivalenz dadurch um, dass sie Schwerpunkte setzen. Entweder steht die Identifizierung strukturell äquivalenter Positionen im Vordergrund, oder aber die Identifizierung von Rollenmustern. Hier wird mit der Blockmodellanalyse ein Verfahren vorgestellt, das den Schwerpunkt auf die Identifizierung gleichartiger bzw. ähnlicher Positionen legt. Hiermit ist dann eine vollständige Zuordnung der

---

57 Für alle Ansätze struktureller Äquivalenz ist daher die richtige Systemabgrenzung wesentlich. Davon hängt ja ab, welche Rollen und Positionen identifiziert werden können. Verfahren zur Analyse struktureller Äquivalenz blicken dabei praktisch von oben auf die Akteure hinab. Deshalb gelingt es ihnen auch, gleichartige Positionen zu identifizieren. Neuere Verfahren untersuchen dagegen auch lokale Rollenäquivalenz aus der Perspektive eines fokalen Akteurs. Die Idee der Positionsäquivalenz wird dabei aufgeben. Ausgangspunkt für die Rollenanalyse sind reale Akteure (n) und nicht Positionen (m). Zwei Akteure sind dann rollenäquivalent, wenn sie in ihren Rollensets zu den anderen Akteuren übereinstimmen. Wichtige in den Anforderungen schwächere Konzepte der Äquivalenz von Akteuren, auch in verschiedenen Netzwerkstrukturen, sind die Konzepte der isomorphen Äquivalenz, der regulären Äquivalenz, der lokalen Rollenanalyse und der Ego-Algebra-Äquivalenz. Einige Verfahren zur Identifizierung von in diesem Sinne äquivalenten Akteuren sind auch in UCINET installiert. Einen Überblick über diese neueren Entwicklungen geben Wasserman und Faust (1994: Kapitel 12).

Akteure zu sich nicht überlappenden Gruppen, den Blöcken oder Positionen, verbunden. Erst in einem zweiten Schritt kann dann zur Analyse der Rollenstrukturen übergegangen werden.[58]

Ein wichtiger Unterschied zwischen Verfahren zur Identifizierung struktureller Äquivalenz in Netzwerken und den bisher besprochenen Verfahren zur Cliquenanalyse sowie zur Analyse von Zentralität, Prestige, Macht und Einfluss in Netzwerken ist, dass gleichzeitig mehrere Relationen betrachtet werden. Verschiedene Beziehungstypen werden gleichsam auf- und hintereinandergelegt und nach Ähnlichkeiten und Mustern geforscht. Dahinter steht die Annahme, dass es systematische Zusammenhänge zwischen den Beziehungen (= Rollenmustern) und der Positionsstruktur gibt.

Ein weiterer Unterschied bezieht sich auf das Verhältnis zur Cliquenanalyse. Diese ist ein verbundenheitsorientiertes Analyseinstrument. Verbindung von A nach B impliziert immer auch Verbindung von B nach A. Der Ansatz der cliquenanalytischen Verfahren ist daher inhärent symmetrisch. Die Beziehungen zwischen den Akteuren können daher auch als Nähen (oder Distanzen) in einem sozialen Raum aufgefasst werden und entsprechend mit Entfernungsmaßen beschrieben werden (vgl. hierzu die Darstellung der beiden Cliquen in Old City in einem sozialen Raum durch Freeman, Abbildung 8.8). Dabei gehen allerdings unter Umständen Informationen über die Richtung der zugrunde liegenden Beziehungen verloren. Die Information, wer wen bestrafen kann, um im Beispiel der Vater-Kind-Sozialstruktur zu bleiben, ist aber eine sehr wesentliche. Solche Asymmetrien in den Sozialstrukturen bleiben in der Blockmodellanalyse erhalten.

Zwei Akteure i und j in einer relationalen Struktur heißen strukturell äquivalent genau dann, wenn sie zu allen anderen Akteuren der Struktur das gleiche Beziehungsmuster haben. Diese Forderung wird nicht nur für einen Beziehungstyp, sondern für mehrere gleichzeitig gestellt. Dies bedeutet, dass in allen betrachteten Netzwerken k alle Akteure, die Akteur i wählen, auch Akteur j wählen. Es bedeutet weiter, dass alle Akteure, die von i gewählt werden, auch von j gewählt werden. Das heißt, die Zeilen und die Spalten für i und j in der Soziomatrix sind bis auf den Diagonalwert identisch. Die Akteure i und j sind dann austauschbar und können ohne Informationsverlust zu einer Position zusammengefasst werden.

Abbildung 6.2 in Kapitel 6 ist ein Netzwerk mit vier strukturell äquivalenten Positionen. Die Akteure 1 bis 4 sind strukturell äquivalent. Sie erhalten von niemandem Wahlen und wählen selbst alle denselben Akteur 5. Die zweite strukturell äquivalente Position ist nur mit Akteur 5 besetzt. Des weiteren bildet der isolierte Akteur 6 eine strukturell äquivalente Position. Die Akteure 7, 8, 9 und 10 besetzen die vierte Position: sie sind äquivalent, weil

---

58 Für die Analyse von Rollenstrukturen sei auf die einschlägige Literatur, insbesondere Boorman/White 1976 und Breiger/Pattison 1978, verwiesen.

sie alle von Akteur 5 gewählt werden, und jeweils von den Akteuren der eigenen Position mit Ausnahme von sich selbst. Dies zeigt auch eine Inspektion der Soziomatrix in Tabelle 8.1.

Tabelle 8.1: Soziomatrix zu Abbildung 6.2

	1	2	3	4	5	6	7	8	9	10
1	–	0	0	0	1	0	0	0	0	0
2	0	–	0	0	1	0	0	0	0	0
3	0	0	–	0	1	0	0	0	0	0
4	0	0	0	–	1	0	0	0	0	0
5	0	0	0	0	–	0	1	1	1	1
6	0	0	0	0	0	–	0	0	0	0
7	0	0	0	0	0	0	–	1	1	1
8	0	0	0	0	0	0	1	–	1	1
9	0	0	0	0	0	0	1	1	–	1
10	0	0	0	0	0	0	1	1	1	–

In der Tabelle 8.1 sind die zu einer strukturell äquivalenten Position gehörigen Akteure in der Kopfzeile und der Vorspalte jeweils durch Linien voneinander getrennt. Diese Linien sind auch innerhalb der Soziomatrix durchgezogen. Sie markieren die sogenannten Blöcke. Unter Blöcken wird dabei in der Blockmodellanalyse zweierlei verstanden: (1) die zu einem Block zusammengruppierten Akteure, die strukturell äquivalent sind, d.h. gleiche eingehende und ausgehende Beziehungsmuster haben. (2) die durch das Linienmuster in der Soziomatrix gebildeten Felder. Jedes Feld enthält, wenn sich perfekt äquivalente Akteurgruppen bilden lassen, nur Nullen oder Einsen. Wenn man von Nullblöcken oder Einsblöcken spricht, wird der Begriff des Blocks in dieser zweiten Verwendungsweise benutzt. Die Anordnung der Akteure in einer Reihenfolge, die ein solches Muster von Nullblöcken und Einsblöcken ergibt, ist das Ziel der Blockmodellanalyse. Normalerweise entspricht die Numerierung der Akteure nämlich nicht wie hier von vornherein ihren strukturellen Positionen. Die Umgruppierung der Akteure in den verschiedenen möglichen Reihenfolgen sind Permutationen der Ausgangsmatrix. Sie ändern den Informationsgehalt der Matrix nicht, sondern nur ihr äußeres Erscheinungsbild. Die Umgruppierung führt dazu, dass man die Muster bzw. Blöcke erkennt.

Die Soziomatrix lässt sich auf eine Matrix reduzieren, die die abstraktere Sozialstruktur beschreibt: diese Matrix nennt man Bild- oder Image-Matrix. Sie lässt sich ähnlich wie ein Soziogramm als sogenannter reduzierter Graph zeichnen. Die Darstellung der Florentiner Elite in Abbildung 8.1 ist ein solcher reduzierter Graph. In der Bildmatrix werden in Kopfzeile und Vorspalte die vier gefundenen Positionen notiert. Im Inneren werden die Beziehungen zwischen den Positionen bzw. die Beziehungen der Positionen zu sich selbst eingetragen.

Tabelle 8.2: Image-Matrix zur Soziomatrix in Tabelle 8.1

	Block 1	Block 2	Block 3	Block 4
Block 1	0	1	0	0
Block 2	0	0	0	1
Block 3	0	0	0	0
Block 4	0	0	0	1

Nun besteht jedoch mit der Definition der strukturellen Äquivalenz ein Problem. Idealiter müsste sie nicht fordern, dass strukturell äquivalente Akteure gleichartige Beziehungen zu den anderen Akteuren, sondern zu den anderen Positionen im Netzwerk unterhalten. Zwei Schuldirektoren werden zum Beispiel die gleichen Beziehungen zu den Positionen von Eltern, Lehrern, Schülern und Schulräten an ihren jeweiligen Schulen haben. Aber die konkreten Personen, zu denen sie Beziehungen unterhalten, werden nicht identisch sein. Dennoch sind sie strukturell äquivalent. Um dies bei der Identifikation der Äquivalenz der Schuldirektoren berücksichtigen zu können, müsste man die Positionszugehörigkeit der anderen Akteure bereits kennen. Eine Lösung für dieses noch nicht vollständig gelöste Problem könnte ein iteratives Verfahren sein, das von Kappelhoff (1987b) in Anlehnung an einen Algorithmus von Sailer weiterentwickelt wird.

Aus diesem Problem der wechselseitigen Determination von Rollen und Positionen und aus Messfehlern und Ungenauigkeiten ergibt sich die Notwendigkeit, das Kriterium struktureller Äquivalenz zu struktureller Ähnlichkeit abzuschwächen. Ein wesentliches Charakteristikum der Blockmodellanalyse ist, dass sie das Nullblockkriterium in den Mittelpunkt stellt. Akteure werden so zusammengruppiert, dass sich möglichst „reinrassige" Nullblöcke ergeben. Wenn dagegen Blöcke von dem Einsblockkriterium abweichen, also neben überwiegend Einsen auch ein paar Nullen im Blockfeld in der umgruppierten Soziomatrix stehen, wird dies als weniger problematisch betrachtet. Dieser Nachdruck auf dem Nullblockkriterium hat seinen Hintergrund in der Tabusuche bei der Analyse von Verwandtschaftssystemen.

„Das Nullblockkriterium postuliert auf der theoretischen Ebene, dass *soziale Strukturen gerade durch Beziehungsbarrieren zwischen bestimmten Positionen charakterisiert* sind." (Kappelhoff 1987b:106).

Außerdem sind Nullblöcke gegenüber den Problemen, die sich aus der wechselseitigen Determination von Rollen und Positionen ergeben, eher immun als Einsblöcke. Dies zeigen die beiden folgenden Analysen für die Relationen „stammt ab von" und „hat Kinder mit" für zwei Familien mit den (bekannten) Positionen Vater, Mutter, Tochter und Sohn.

Tabelle 8.3: Soziogramm der Abstammungsrelation

	V_1	M_1	T_1	S_1	V_2	M_2	T_2	S_2
V_1	–	0	0	0	0	0	0	0
M_1	0	–	0	0	0	0	0	0
T_1	1	1	–	0	0	0	0	0
S_1	1	1	0	–	0	0	0	0
V_2	0	0	0	0	–	0	0	0
M_2	0	0	0	0	0	–	0	0
T_2	0	0	0	0	1	1	–	0
S_2	0	0	0	0	1	1	0	–

Tabelle 8.4: Soziogramm der Relation „hat Kinder mit"

	V_1	M_1	T_1	S_1	V_2	M_2	T_2	S_2
V_1	–	1	0	0	0	0	0	0
M_1	1	–	0	0	0	0	0	0
T_1	0	0	–	0	0	0	0	0
S_1	0	0	0	–	0	0	0	0
V_2	0	0	0	0	–	1	0	0
M_2	0	0	0	0	1	–	0	0
T_2	0	0	0	0	0	0	–	0
S_2	0	0	0	0	0	0	0	–

Wenn man strukturelle Äquivalenz als Gleichheit der Beziehungsprofile definiert, dann sind jeweils T_1 mit S_1 sowie T_2 mit S_2 äquivalent, aber nicht T_1 /S_1 mit T_2 /S_2. Diese stammen zwar selbstverständlich auch von Vätern und Müttern ab, aber eben von anderen konkreten Personen. Die Folge ist, dass die „Einsen" an anderer Stelle im Beziehungsprofil auftauchen (siehe die in Tabelle 8.3 markierten Felder). Das gleiche Problem besteht bei „hat Kinder mit" (Tabelle 8.4). Obwohl die Akteure miteinander die gleichen Beziehungen haben, sind die Einsen jeweils um zwei Stellen verschoben.

Tabelle 8.5: Umgruppierte Matrix der Abstammungsrelation

	V_1	M_1	V_2	M_2	T_1	S_1	T_2	S_2
V_1	0	0	0	0	0	0	0	0
M_1	0	0	0	0	0	0	0	0
V_2	0	0	0	0	0	0	0	0
M^2	0	0	0	0	0	0	0	0
T_1	1	1	0	0	0	0	0	0
S_1	1	1	0	0	0	0	0	0
T_2	0	0	1	1	0	0	0	0
T_2	0	0	1	1	0	0	0	0

Eine Blockmodellanalyse mit dem Nullblockkriterium würde nun zu einer Identifizierung von zwei Positionen, Eltern und Kindern, gelangen. Die Differenzierung zwischen Männern und Frauen ist auf der Basis dieser beiden Relationen noch nicht möglich. Die nach strukturell ähnlichen Akteuren umgruppierten Matrizen und die beiden Image-Matrizen geben die Tabellen 8.5 - 8.8 wieder.

Es zeigt sich, dass das Blockfeld unten links in der umgruppierten Matrix der Abstammungsrelation eigentlich ein „echter" Einsblock sein müsste, sofern man schon wüsste, dass Vater 1 und Vater 2, bzw. Mutter 1 und Mutter 2 strukturell äquivalent sind. Das gleiche gilt für den oberen linken Block in der umgruppierten Matrix zur Relation „hat Kinder mit".

Tabelle 8.6: Bildmatrix zur Abstammungsrelation

	Block 1 (Eltern)	Block 2 (Kinder)
Block 1 (Eltern)	0	0
Block 2 (Kinder	1	0

Tabelle 8.7: Umgruppierte Matrix zur Relation „hat Kinder mit"

	V_1	M_1	V_2	M_2	T_1	S_1	T_2	S_2
V_1	–	1	0	0	0	0	0	0
M_1	1	–	0	0	0	0	0	0
V_2	0	0	–	1	0	0	0	0
M^2	0	0	1	–	0	0	0	0
T_1	0	0	0	0	0	0	0	0
S_1	0	0	0	0	0	0	0	0
T_2	0	0	0	0	0	0	0	0
T_2	0	0	0	0	0	0	0	0

Tabelle 8.8: Bildmatrix zur Relation „hat Kinder mit"

	Block 1 (Eltern)	Block 2 (Kinder)
Block 1 (Eltern)	1	0
Block 2 (Kinder)	0	0

In der Regel wird man aber nicht durch vorgängige Informationen wissen, ob die Akteure eines Netzwerkes strukturell äquivalent sind. Dann stellt sich die Frage, wie Blöcke in der umgruppierten Soziomatrix zu interpretieren sind, die nicht nur Nullen oder nur Einsen enthalten. Wie soll das Blockfeld in der Soziomatrix auf die Zahl in der Image-Matrix abgebildet werden? Hierzu gibt es drei Möglichkeiten:

1. Nur *„echte"* Nullblöcke ergeben Nullen in der Bild-Matrix, alle anderen Blöcke sind dann Einsblöcke. Dieses Kriterium wird auch als Lean-Fit Kriterium bezeichnet und dem Fat-Fit Kriterium völliger Übereinstimmung gegenübergestellt.

2. Nur *vollständige Einsblöcke* ergeben Einsen in der Bild-Matrix, alle anderen Blöcke sind dann Nullblöcke.

3. Man *orientiert sich an der mittleren Dichte α im Netzwerk*. Blöcke, deren interne Dichte unter der mittleren Dichte liegen, werden als Nullen in die

Image-Matrix übertragen, Blöcke die über der mittleren Dichte liegen, gelten als Einsen in der Image-Matrix.

Die Qualität der Partition der Akteure in einem Blockmodell lässt sich dann auch daran messen, dass möglichst alle Blöcke interne Dichten ergeben, die deutlich von der mittleren Dichte im Netzwerk verschieden sind. Da Blockmodelle in der Regel über mehrere Relationen gleichzeitig berechnet werden, kann auch die Dichte verschieden definiert werden. Die erste Alternative besteht darin, die Dichte über alle Relationen zu mitteln. Die zweite Möglichkeit besteht darin, relationsspezifische Kriterien für die Aufteilung in Nullblöcke und Einsblöcke zu verwenden. Insbesondere dann, wenn Relationen mit sehr unterschiedlicher mittlerer Dichte beteiligt sind, ist letzteres zu empfehlen. Abbildungen, die sich an der bzw. den mittleren Dichten orientieren, werden auch als α-Fit bezeichnet.

Welches Kriterium man wählt, hängt von der Art der betrachteten Relationen und der Fragestellung ab. In den Algorithmus der Blockmodellanalyse ist eine stärkere Gewichtung des Nullblockkriteriums eingebaut. Dies ist aufgrund der Bedeutung von Beziehungsbarrieren für Sozialstrukturen auch sinnvoll. Für den Einstieg in die Suche nach strukturell äquivalenten Positionen ist dann zunächst einmal die Orientierung an den mittleren Dichten der Netzwerke sinnvoll. Ein oder zwei Einsen in einem Nullblock betrachtet man dann als „Messfehler", die auf eine falsche Netzwerkabgrenzung, unrichtige Antworten oder ungünstig gewählte Relationstypen zurückzuführen sind. Nähert sich allerdings die Dichte in den „Nullblöcken" der mittleren Dichte, so ist Vorsicht geboten. Die identifizierte Struktur wird praktisch beliebig. Nur wenige Verschiebungen können dann das gesamte Bildmuster verändern.

8.2.2 Forschungsbeispiel: Die Elite von Alt-Neustadt

Die Mitglieder der Gemeindeelite von Alt-Neustadt, an denen schon das auf dem Cliquenbegriff basierende Konzept der sozialen Kreise demonstriert worden ist, sind in einer Reanalyse von Kappelhoff und Pappi auch mit dem Blockmodellverfahren untersucht worden (Kappelhoff 1987b). Die Beziehungen zwischen den 72 Elitemitglieder wurden in drei Relationen erhoben: Machtreputationsnennung, gemeindepolitische Diskussion und Tausch politischer Gefälligkeiten.[59]

---

59 Auch Breiger (1979) hat auf der Grundlage eines kleineren Datensatzes (n = 51) aus der Laumann/Pappi-Studie (Laumann/Pappi 1976) ein erstes Blockmodell auf der Grundlage von drei Beziehungen, beruflichen bzw. geschäftlichen Kontakten, sozialen Kontakten und Diskussion über Gemeindeangelegenheiten, vorgestellt. Er vergleicht die Ergebnisse mit der Analyse der Koalitionsstruktur durch eine Cliquenanalyse der sozialen Beziehungen in Laumann und Pappi.

Das Ergebnis einer Blockmodellanalyse besteht nun erstens in einer Zerlegung des Netzwerkes in disjunkte Gruppen. Hier ergaben sich bei Verwendung des CONCOR-Algorithmus (vgl. Kapitel 8.2.3) sechs strukturell ähnliche Positionen:

1. Die Machtelite (ME) mit 15 Akteuren,
2. Die kleinen Geschäftsleute (Kg) mit 10 Akteuren,
3. Die Honoratioren (H) mit 16 Akteuren,
4. Der Kulturbereich (Ku) mit 11 Akteuren;
5. Der CDU-Stadtrat (CDU) mit 10 Akteuren, und
6. Der SPD Stadtrat (SPD) mit ebenfalls 10 Akteuren.

Die erste Möglichkeit, das Blockmodell zu interpretieren und zu validieren, besteht darin, die Teilgruppen mit weiteren Daten über die Akteure zu vergleichen. Man fragt danach, in welchen anderen, nicht-relationalen Merkmalen, die Akteure ähnlich sind. Hier zeigen die Benennungen der Blöcke bereits wesentliche Merkmale auf. Validierungsmöglichkeiten ergeben sich dann, wenn Prozesse und Ergebnisse, die durch die Beziehungsstrukturen beeinflusst werden, ebenfalls erhoben worden sind. So könnte man z.B. die Entscheidungen über kommunalpolitische Angelegenheiten danach untersuchen, welche Akteurgruppe ihre Position am häufigsten durchsetzen konnte. Man könnte die Ressourcenverteilung im Gemeindehaushalt etwa zwischen Wirtschaftsförderung und Kulturförderung mit der strukturellen Position der entsprechenden Akteurblöcke vergleichen.

Zweitens erhält man für jede der betrachteten Relationen eine umgruppierte Matrix. In dieser Matrix sind die Akteure in den Zeilen und Spalten in der Reihenfolge ihrer Blockzugehörigkeit angeordnet, also zuerst die 15 Akteure des Blocks ME, dann die 10 Akteure des Blocks Kg, usw. Drittens gehört eine Berechnung der Dichten in den einzelnen Blockfeldern der umgruppierten Matrix für jede Relation sowie Angaben über die relationsspezifischen mittleren Dichten und die mittlere Dichte über alle Netzwerke zu den Analyseergebnissen. Diese Informationen leiten die Abbildung der umgruppierten Matrizen auf die Image-Matrizen an.

Viertens sind schließlich die Image-Matrizen selbst, die nach einem der vier möglichen Kriterien (Nullblock, Einsblock, relationsspezifische mittlere Dichte oder mittlere Dichte über alle Netzwerke) gebildet werden, das zentrale Ergebnis einer Blockmodellanalyse. Untenstehend sind in den Tabellen 8.9, 8.11 und 8.13 die Dichten in den Blöcken der umgruppierten Matrizen sowie in der Tabelle 8.10, 8.12 und 8.14 die zugehörigen Image-Matrizen wiedergegeben. Als Kriterium für die Entscheidung, ob ein Block in der Image-Matrix durch eine Null oder Eins zu repräsentieren ist, wurde die relationsspezifische mittlere Dichte verwendet. Die Rollensets der Positionen sind die Zeilen und Spalten in den Imagematrizen. Diese sind durchaus für verschiedene Relationen verschieden. Auch Asymmetrien bleiben erhalten.

Interpretationsmöglichkeiten ergeben sich nun sowohl in Bezug auf den Rollenset einzelner struktureller Positionen als auch in Bezug auf die Gesamtstruktur.

Tabelle 8.9: Dichtematrix zur Machtreputation
(Angaben in %)

	ME	*Kg*	*H*	*Ku*	*CDU*	*SPD*
ME	43	12	5	3	29	5
Kg	48	20	10	4	22	2
H	38	4	5	7	31	5
Ku	41	2	12	7	35	0
CDU	51	15	10	11	33	10
SPD	42	14	5	0	38	32

Tabelle 8.10: Bildmatrix zur Machtreputation

	ME	*Kg*	*H*	*Ku*	*CDU*	*SPD*
ME	1	1	0	0	1	0
Kg	1	1	1	0	1	0
H	1	0	0	0	1	0
Ku	1	0	1	0	1	0
CDU	1	1	1	1	1	1
SPD	1	1	0	0	1	1

Tabelle 8.11: Dichtematrix zur gemeindepolitische Diskussion
(Angaben in %)

	ME	Kg	H	Ku	CDU	SPD
ME	11	0	0	0	7	0
Kg	10	7	0	0	10	0
H	5	1	2	1	16	0
Ku	6	1	4	3	14	0
CDU	12	0	1	0	21	5
SPD	5	2	1	0	16	40

Tabelle 8.12: Bildmatrix zur gemeindepolitischen Diskussion

	ME	*Kg*	*H*	*Ku*	*CDU*	*SPD*
ME	1	0	0	0	1	0
Kg	1	1	0	0	1	0
H	1	0	0	0	1	0
Ku	1	0	1	0	1	0
CDU	1	0	0	0	1	1
SPD	1	0	0	0	1	1

Tabelle 8.13: Dichtematrix zum Tausch politischer Gefälligkeiten
(Angaben in %)

	ME	Kg	H	Ku	CDU	SPD
ME	14	4	1	1	3	0
Kg	10	4	0	0	0	0
H	6	1	2	1	12	2
Ku	6	0	3	4	10	0
CDU	20	2	11	14	27	13
SPD	7	2	2	2	11	20

Tabelle 8.14: Bildmatrix zum Tausch politischer Gefälligkeiten

	ME	Kg	H	Ku	CDU	SPD
ME	1	0	0	0	0	0
Kg	1	0	0	0	0	0
H	1	0	0	0	1	0
Ku	1	0	1	1	1	1
CDU	1	0	1	1	1	1
SPD	1	0	0	0	1	1

Tabelle 8.15: Positionstypen in Anlehnung an Burt (1976)

	Nullblöcke in den Spalten der Image-Matrix	viele Einsblöcke in den Spalten der Image-Matrix
Nur Hauptdiagonale in der Image-Matrix 1, sonst keine Einsblöcke in den Zeilen der Image-Matrix	Isolierte Position	Primäre Position
weitere Einsblöcke in den Zeilen der Image-Matrix	„Sycophanten" (sekundäre Position)	Maklerposition

Burt (1976) liefert eine brauchbare *Typologie struktureller Positionen.* Isolierte Positionen haben weder eingehende noch ausgehende Beziehungen in der reduzierten Bild-Matrix. Sie können jedoch intern verbunden sein. Primäre Positionen empfangen viele Wahlen, beschränken ihre ausgehenden Wahlen aber auf die eigene Position. „Sycophanten" (Zuckerschlecker) haben dagegen ein sekundäres Beziehungsmuster. Sie ziehen Nutzen aus der Nähe zu primären Positionen. Sie wählen diese, werden aber selbst von niemandem gewählt. Schließlich gibt es viertens die Maklerpositionen, die sowohl eingehende Wahlen empfangen als auch selbst andere Akteurpositionen wählen. Vorausgesetzt ist bei dieser Typologie, dass es sich um eine positiv bewertete Relation handelt.

So wird z.B. die Machtelite (ME) von allen Akteuren für mächtig gehalten. Die Akteure der Machtelite halten aber z.B. die Akteure aus der Kultur (Ku) und die Honoratioren (H) sowie die SPD-Fraktion nicht für mächtig, wohl aber sich selbst, die kleinen Geschäftsleute (Kg) und die CDU-Fraktion. Im Hinblick auf den Tausch politischer Gefälligkeiten verwirklicht die Machtelite das Muster eines primären Status im Sinne Burts (vgl. auch Kapitel 6.2 zur Prestigemessung) vollständig. Sie wird von allen Akteuren um derartige Gefälligkeiten gebeten, beschränkt aber die eigenen Bitten auf Akteure des eigenen Status.

Weniger restriktiv handhabt die Elite ihre Außenbeziehungen dagegen im Bereich der gemeindepolitischen Diskussion. Hier richten Elitemitglieder auch an die beiden Parteifraktionen das Wort, werden aber umgekehrt von allen Positionsgruppen angesprochen. In der gemeindepolitischen Diskussion werden dagegen die Kulturakteure nie von anderen angesprochen, die Honoratioren und die kleinen Geschäftsleute nur von jeweils einer Position. Die Honoratioren dienen offenbar als Makler für die Kulturakteure. Die Kulturakteure entsprechen hier einem „Sycophanten": sie richten ihre Wahlen auf Akteure, von denen sie sich eine Berücksichtigung ihrer Ziele erhoffen, werden aber selbst von keiner Position angesprochen. Sowohl die Kulturakteure, als auch ihr Makler, die Honoratioren, sind im Netzwerk eher peripher im Vergleich zu Machtelite, CDU und kleinen Geschäftsleuten (siehe eingehende Wahlen bei der Machtreputation). Die Honoratioren haben aber immer noch mehr Macht als die Kulturakteure. Die kleinen Geschäftsleute diskutieren gemeindepolitische Fragen unter sich und wenden sich dann damit an die Machtelite und die CDU. Sie bilden im Hinblick auf die gemeindepolitische Diskussion nicht nur eine strukturell äquivalente Position, sondern auch eine Clique. Sie sind nämlich auch intern verbunden. Sie bekleiden ebenfalls eine „Sycophanten"-Position. Die Honoratioren und Kulturgruppe sind dagegen im Netzwerk der gemeindepolitischen Diskussion intern unverbunden. Auch hieraus kann man auf eine geringere Durchsetzungsfähigkeit schließen.

Cliquen können durch Blockmodellverfahren nur dann identifiziert werden, wenn sie auch gleichartige Außenbeziehungen haben. Der Cliquencharakter einer strukturell äquivalenten Position zeigt sich dann darin, dass die Position intern stark verbunden ist. In der Hauptdiagonale der Image-Matrix steht dann eine Eins, wie hier für die kleinen Geschäftsleute in der gemeindepolitischen Diskussion.

Man kann nun auch die Image-Matrizen einer weiteren Analyse und Umgruppierung zur Erkennung von Mustern unterziehen. Als Grundregel gilt dabei, dass Positionen nach einem Status- und Machtgefälle anzuordnen sind. Dieses entnimmt man in erster Linie den Spalten der Imagematrix, die über das Prestige der verschiedenen Positionen informieren. (Man berechnet praktisch „Indegrees in der Bild-Matrix".) Als Relation eignet sich hier das Machtreputations-Image, in zweiter Linie der Tausch politischer Gefälligkeiten. Diese Relation kann allerdings weniger gut auf die kleinen Geschäftsleute angewendet werden, die offenbar an solchen Tauschgeschäften nur in Bezug auf die Machtelite teilnehmen. Danach steht die Machtelite an erster Stelle, gefolgt von der CDU und den kleinen Geschäftsleuten. Es folgen die Honoratioren, die ziemlich machtlose SPD und die völlig machtlosen Kulturakteure.

224

Tabelle 8.16: Umgeordnete Image-Matrix zur Machtreputation

	ME	CDU	Kg	H	SPD	Ku
ME	1	1	1	0	0	0
CDU	1	1	1	1	1	1
Kg	1	1	1	1	0	0
H	1	1	0	0	0	0
SPD	1	1	1	0	1	0
Ku	1	1	0	1	0	0

Nach demselben Muster können nun auch die anderen Image-Matrizen um-geordnet werden. Das hier bei der Machtreputation vorliegende Muster entspricht ziemlich genau dem Modell einer hierarchischen Struktur mit der Machtelite an der Spitze. CDU und die kleinen Geschäftsleute gehören zum erweiterten Machtkreis. Abweichende Muster haben vor allem die Parteien. Sie begrenzen ihre Außenwahlen viel weniger als die anderen Akteure. Dies könnte man vielleicht als einen demokratischen Bias in der Wahrnehmung von Machtverteilung interpretieren, der durch die Funktion der Parteien als Vermittler zwischen Entscheidungsgremien und Bevölkerungsgruppen verursacht sein könnte. Der SPD könnte man auch eine Tendenz zur Überschätzung ihrer eigenen Macht (siehe 1 in der Hauptdiagonale) vorhalten. Im Kapitel 8.2.4 werden die grundlegenden Sozialstrukturtypen für einfache Strukturen mit zwei bis vier Positionen vorgestellt. Aber zuvor sollen zunächst einmal drei Verfahren vorgestellt werden, die es ermöglichen, strukturell ähnliche Positionen in Netzwerken empirisch zu ermitteln.

8.2.3 Die Identifikation von strukturell äquivalenten Positionen

Das simpelste Verfahren zur Auffindung von strukturell äquivalenten Positionen ist die Inspektion aller Permutationen der einer Analyse zugrunde liegenden Soziomatrizen. Gesucht wird eine Aufteilung, die ideale Einsblöcke und Nullblöcke produziert. Dies ist allerdings ein schon für etwas größere Fallzahlen und mehr als eine gleichzeitig zu betrachtende Soziomatrix nicht mehr praktizierbares Verfahren. Die Alternative liegt darin, einen Algorithmus zu konstruieren, der irgendein Kriterium zu maximieren oder minimieren sucht.

Ein algorithmisches Verfahren, das Heil und White vorgeschlagen haben, ist BLOCKER. Hierfür muss allerdings eine Hypothese über die Zahl der zu identifizierenden Positionen und das Muster der Imagematrix für jede Relation, also die theoretische Sozialstruktur vorliegen. BLOCKER sucht dann nach einer Zuordnung der Akteure zu den Positionen, so dass sich die gesuchte Sozialstruktur ergibt. Das Verfahren orientiert sich dabei an einem absoluten Nullblockkriterium: es ist rollenorientiert. Wegen der hohen Anforderungen an die theoretischen Vorkenntnisse und Problemen im Umgang mit großen Datensätzen hat es sich nicht durchgesetzt. Als nachteilig erwies sich dabei auch, dass es keine Möglichkeit zur Abschwächung des Nullblockkriteriums gibt.

Eine solche Möglichkeit zur Abschwächung des Nullblockkriteriums bieten zwei andere Algorithmen, die von Netzwerkanalytikern heute häufig verwendet werden und von den gängigen Programmpaketen zur Netzwerkanalyse geliefert werden.[60] Beide Verfahren sind positionsorientiert: sie identifizieren äquivalente bzw. ähnliche Positionen. Der erste Algorithmus ist CONCOR, ein von Arabie, Breiger, Boorman und White programmiertes Analyseverfahren. Unter diesem Namen ist das Verfahren in UCINET V (Networks/ Roles & Positions/ Structural /CONCOR) installiert. Das zweite Verfahren ist ein Verfahren zur Analyse strukturell äquivalenter Positionen in einem sozialen Raum, das Burt (1976) entwickelt hat. Dieser Algorithmus ist auch in vielen Programmpaketen verfügbar (z.B. in UCINET V unter Networks/ Roles & Positions/ Structural /Profile). Während CONCOR eine vollständige Partition der Akteure in disjunkte Gruppen leistet, bleiben bei dem Verfahren nach Burt Rest-Akteure übrig, die keiner strukturell äquivalenten Position (Burt spricht hier von Status) zugeordnet werden können. Anders als CONCOR führt das Burt-Verfahren deshalb nicht zu eindeutigen Imagematrizen. Es ist deshalb nicht für eine eventuell anschließende Analyse von Rollenstrukturen geeignet.

CONCOR bedeutet „Convergence of iterated correlations". Das ist auch genau das, was das Verfahren macht. Die Ähnlichkeit von zwei Akteuren als Indikator für eine mögliche strukturelle Äquivalenz wird über die Korrelation zwischen den beiden Datenvektoren dieser Akteure erschlossen. Jeder Akteur ist durch seine Zeilen und Spalten in den Soziomatrizen in seinen eingehenden und ausgehenden Beziehungen charakterisiert. Diese Zeilen und Spalten werden über alle Relationen einfach hintereinander gesetzt und kennzeichnen das Beziehungsmuster des Akteurs. Im nächsten Schritt wird der Akteur nun so betrachtet, als wäre er eine Variable in einer Korrelationsanalyse. Die vielen Einsen und Nullen in seinem Datenvektor entsprechen in der traditionellen Korrelationsanalyse den Variablenwerten für die untersuchten Personen. Für jedes Akteurpärchen wird nun die Korrelation zwischen ihren Datenvektoren berechnet. Dabei ergeben sich Korrelationskoeffizienten mit positivem Vorzeichen, wenn die Akteure sich strukturell ähnlich sind, solche mit negativem Vorzeichen, wenn sie eher ein gegenläufiges Beziehungsmuster haben. Diese Korrelationskoeffizienten für alle Pärchen werden nun erneut in einer, dann symmetrischen, Soziomatrix zusammengestellt. Im dritten Schritt werden diese Korrelationsdaten an die Stelle der Datenvektoren gesetzt und erneut miteinander korreliert. Dies wird solange wiederholt, bis die

---

60 Einen Überblick über Software-Programme zur Netzwerkanalyse enthält der Anhang.

Korrelationen gegen +1 und -1 konvergieren. Damit ist die erste Aufteilung des Netzwerkes in zwei Akteurgruppen erreicht.

Jede der gefundenen Teilgruppen kann nach dem gleichen Muster erneut unterteilt werden. Der Benutzer kann das Verfahren durch die Angaben über die gewünschte Zahl der Partitionen und die Bestimmung der erneut zu teilenden Untergruppe steuern. Des weiteren gibt es die Möglichkeit, die Analyse auf die eingehenden oder ausgehenden Beziehungen der Akteure zu beschränken. Eine Beschränkung auf die eingehenden Beziehungen (nur die Spalten der Soziomatrizen gehen in den Datenvektor des Akteurs ein) liefert oft besser interpretierbare Blockmodelle.

Der CONCOR-Algorithmus liefert recht robuste und interpretierbare Gruppeneinteilungen, die sich durch andere Zugänge wie z.B. eine parallele Analyse nach dem Burt-Verfahren überprüfen und meist bestätigen lassen. Dies hat sicherlich zu seiner weiten Verbreitung in empirischen Netzwerkstudien beigetragen. Das Verfahren hat aber den Nachteil, dass unklar ist, welches Kriterium durch die Korrelation der Korrelationen maximiert wird. Zur mathematischen Kritik an CONCOR kann die bei Kappelhoff (1987b) und Wasserman/Faust (1994) zitierte Literatur herangezogen werden. Allerdings relativiert sich diese Kritik angesichts der regelmäßig gegebenen inhaltlichen Interpretierbarkeit der Ergebnisse. Wenn andere Verfahren zu vergleichbaren Ergebnissen kommen und diese auch im Lichte weiterer Kenntnisse und unabhängiger Messungen zum Untersuchungsgegenstand haltbar erscheinen, so sollte man sich als Forscher wohl von der Nutzung des nicht ganz verstandenen Verfahrens nicht abhalten lassen, zumal die Güte des Blockmodells anschließend überprüfbar ist.

Das *Burt-Verfahren* (Burt 1976, 1977a, 1982: Kapitel 2.6) zur Identifizierung strukturell äquivalenter Positionen geht ebenfalls von dem Vergleich der oben beschriebenen Datenvektoren für jedes Akteurpärchen aus. Als Maß für ihre Ähnlichkeit oder Unähnlichkeit wird nicht die Korrelation der Datenvektoren, sondern ihre euklidische Distanz zueinander benutzt. Eingangsdaten können entweder die Adjazenzmatrizen sein, das NLR-Maß von Burt oder die Pfaddistanzmatrix. Die Eingangsdaten sind asymmetrische Maßzahlen für die individuelle Distanz zwischen den Akteuren. Die euklidischen Distanzen berechnen sich nun so, dass für ein Akteurpärchen i und j die Differenzen zwischen korrespondierenden Elementen in den Reihen und den Spalten gebildet, jeweils quadriert und aufsummiert werden. Aus dieser Summe der quadrierten Differenzen wird dann die Quadratwurzel gezogen. Dies ergibt ein symmetrisches Maß der sozialen Distanz zwischen den Akteuren, das ihre strukturelle Ähnlichkeit in den eingehenden und ausgehenden Beziehungen im Netzwerk misst. In der untenstehenden Gleichung (8.4) läuft der Index k über die insgesamt K verschiedenen Relationen, die betrachtet werden. Der Index q läuft in allen Netzwerken von Akteur 1 bis zum letzten Akteur N. Die erste quadrierte Differenz betrachtet zeilenweise die Ähnlichkeit zwischen Akteur i und Akteur j zu allen Akteuren q in allen Relationen (von i und j ausgehende Beziehungen). Die zweite quadrierte Differenz betrachtet spaltenweise die Ähnlichkeiten zwischen den Akteuren i und j (bei i und j eingehende Beziehungen).

$$(8.4) \quad d_{ij} = d_{ji} = \left\{ \sum_{k=1}^{K} \sum_{q=1}^{N} [(z_{iqk} - z_{jqk})^2 + (z_{qik} - z_{qjk})^2] \right\}^{\frac{1}{2}}$$

Die d_{ij}-Werte werden zu einer symmetrischen Distanzmatrix für die Akteure zusammengestellt, die einer hierarchischen Clusteranalyse unterzogen wird. Im ersten Schritt werden Akteure mit gleichem Beziehungsmuster, also mit Null sozialer Distanz zueinander, zusammengefasst. Das Ähnlichkeitskriterium wird dann sukzessive abgeschwächt, so dass immer mehr Akteure zusammengefasst werden können. Der Forscher bestimmt, auf welchem Ähnlichkeitsniveau dieser Prozess sukzessiver Zusammenfassungen abzubrechen ist. Damit wird auch klar, warum das Burt-Verfahren zu Restpersonen führen kann. Es geht von Einzelakteuren aus, die nacheinander aufgrund ihrer Ähnlichkeit zusammengruppiert werden. Dabei kann es vorkommen, dass Personen einander so unähnlich sind, dass sie bei gegebenem Abbruchkriterium noch nicht „fusioniert" worden sind. Dagegen geht CONCOR zunächst von allen Akteuren als einer Gruppe aus, die in zwei Teile zerlegt werden. Jeder Akteur gehört deshalb immer einer Gruppe an.

Die Frage, ob Korrelationen oder euklidische Distanzen die Ähnlichkeit in den Beziehungsprofilen der Akteure besser messen, ist in der Netzwerkanalyse vielfach diskutiert worden. Distanzen haben nach Burt den Vorteil, dass sie Unterschiede in den Mittelwerten und Streuungen der Beziehungen eines Akteurs berücksichtigen. Korrelationen nehmen dagegen eine Standardisierung vor.[61] Inhaltlich läuft die Frage darauf hinaus, ob neben den Mustern der Beziehungen auch deren Anzahl berücksichtigt werden soll. Sofern es eher auf die Muster ankommt, wofür einiges spricht, sind Korrelationen das bessere Maß. Euklidische Distanzen stellen strengere Anforderungen an die Ähnlichkeit der Akteure. Der Unterschied ist insbesondere dann groß, wenn die betrachteten Relationen nicht wie im obigen Anwendungsbeispiel binär sind, sondern es sich um bewertete Beziehungen handelt.

8.2.4 Eine Typologie von Sozialstrukturen

Anhand der Bildmatrizen ist die Identifikation sozialer Strukturmuster des Gesamtsystems sowie ein Vergleich von Sozialstrukturen möglich. Wesentli-

---

61 Korrelationskoeffizienten zwischen zwei Variablen können genauso gut auf der Basis der standardisierten Variablen berechnet werden. Von jeder Variable wird dabei ihr Mittelwert abgezogen und die Differenz durch die Standardabweichung dividiert. Alle Variablen haben dann den Mittelwert Null und die Varianz 1.

che emergente Eigenschaften von Sozialstrukturen lassen sich schon mit dem kleinsten möglichen Blockmodell mit nur zwei Positionen erfassen. An den vier Einträgen in der Bildmatrix kann jeweils eine Null oder eine Eins stehen. Insgesamt gibt es dann $2^4 = 16$ verschiedene 2*2 Imagematrizen, die sich zu zehn Typen zusammenfassen lassen (White et al. 1976, Breiger 1979). Diese Muster lassen sich auch für größere Modelle entwickeln. Konkrete Blockmodelle werden jedoch meistens mehr als drei oder vier Positionen aufweisen und außerdem von den Idealstrukturen mehr oder weniger abweichen. Dennoch bilden sie eine Interpretationsfolie, vor der man die Sozialstruktur des untersuchten Systems einordnen oder mehrere Systeme vergleichen kann.

Die „Caucus rule" bildet eine Entscheidungsstruktur ab, die man umgangssprachlich auch als „Klüngelwirtschaft" bezeichnet. Die relevanten Entscheidungen werden von der führenden Position allein („cosy few"), ohne Berücksichtigung der anderen Position getroffen. Hier ist es interessant, wie die Inhaber der bevorzugten Position intern verbunden sind, ob z.B. eine Clique vorliegt, oder ob sie intern durch herausragend zentrale Akteure integriert werden.

Abbildung 8.12: Modelle kohäsiver Subgruppen

Caucus Rule		Multiple Caucus	
1	0	1	0
0	0	0	1

Beim „multiple caucus" zerfällt das Netzwerk in Blöcke, die intern stark verbunden sind (Einsen in der Hauptdiagonale), dem jeweiligen Gegenpart aber keine Beachtung schenken. Das Netzwerk wird also von den Mitgliedern nicht als Einheit wahrgenommen. Die Blöcke können über einzelne Brückenpersonen miteinander in Beziehung stehen. Da das Netzwerk im Konfliktfall zur Polarisierung neigt, müssen sich die Brückenpersonen dann für die eine oder andere Position entscheiden. Dieses Modell lässt sich einfach um dritte oder vierte Positionen, ebenfalls nur mit Einsen in der Hauptdiagonale ergänzen. Solche Strukturen sind mit Gleichgewichtstheorien (vgl. Kapitel 3.2) vereinbar.

Abbildung 8.13: Exogamie-Modell

Exogamie	
0	1
1	0

Das Gegenstück zu kohäsiven Subgruppen bildet das Exogamie-Modell, benannt nach seinem häufigen empirischen Vorkommen in den Heiratsmustern von Stammeskulturen. Das Netzwerk besteht aus zwei intern nicht miteinander verbundenen Blöcken, die sich gegenseitig wählen. Die Struktur der

Kreuzcousinenheirat, die zur Heirat außerhalb des eigenen Clans verpflichtet, ist das typische Beispiel. Die Funktion derartiger Strukturmuster liegt in der Integration von Systemen, die ansonsten eher kohäsive Gruppenstrukturen aufweisen.

Eine weitere Gruppe von Sozialstrukturen sind die hierarchischen Modelle. Für den minimalen Fall von zwei Blöcken lassen sich drei Typen unterscheiden. Gemeinsam ist ihnen allen, dass der zweite untergeordnete Block den übergeordneten ersten Block wählt, diese Wahlen von dort aber nicht erwidert werden (Hierarchie). Unterschiede betreffen die interne Organisation der beiden Blöcke, also die Hauptdiagonale. Im ersten Typus sind beide Blöcke intern unverbunden. Im zweiten Typus, der Burt's Unterscheidung zwischen primärem Status (Block 1) und sekundärem Status (Block 2) entspricht, ist der übergeordnete Block intern verbunden, also in höherem Maße organisationsfähig als im ersten Modell. Im dritten Modell, das auch als Deferenz-Modell (Deferenz = Unterordnung) bezeichnet wird, weist auch der zweite Block interne Verbundenheit auf. Er ordnet sich aber insofern dem ersten Block unter, als er diesen Block wählt, ohne dass diese Wahlen erwidert würden.

Abbildung 8.14: Hierarchische Modelle

Typ 1		Typ 2		Typ 3	
0	0	1	0	1	0
1	0	1	0	1	1

Das Hierarchiemodell lässt sich einfach um weitere Blöcke erweitern. Hierbei lassen sich vier Formen unterscheiden. Die Verallgemeinerung des Typs 1 aus Abbildung 8.14 führt zu einer hierarchischen Befehlsempfängerkette. Nur zwischen den direkt benachbarten Blöcken bestehen Beziehungen. Das Modell ist sparsam, denn die Aufrechterhaltung von Beziehungen kostet Zeit und Geld. Aber es ist auch anfällig für den Ausfall einzelner Hierarchiestufen. Die Verallgemeinerung von Typ 2 führt zu einer hierarchischen Unterordnung aller Blöcke unter den ersten Block. Die Verallgemeinerung von Typ 3 führt zu einem transitiv hierarchischen Muster von Unterordnung. Block 4 ist den Blöcken 1 bis 3 unterstellt, Block 3 den Blöcken 1 und 2 und Block 2 dem Block 1. Nur Block 1 ist niemandem unterstellt. Während im Typ 3 die Blöcke intern jeweils verbunden sind, verbindet Typ 4 das Prinzip der Mehrfachunterstellung mit der internen Nichtverbundenheit der Blöcke wie in Typ 1 aus Abbildung 8.14.

Abbildung 8.15: Erweiterte hierarchische Modelle

Typ 1				Typ 2				Typ 3				Typ 4			
0	0	0	0	1	0	0	0	1	0	0	0	0	0	0	0
1	0	0	0	1	0	0	0	1	1	0	0	1	0	0	0
0	1	0	0	1	0	0	0	1	1	1	0	1	1	0	0
0	0	1	0	1	0	0	0	1	1	1	1	1	1	1	0

Eine vierte Gruppe von Modellen sind die Zentrums-Peripherie-Modelle. Sie gleichen insofern den hierarchischen Modellen, als es auch hier deutliche Unterschiede im Prestige der einzelnen Blöcke gibt. Der erste Block steht im Zentrum der Sozialstruktur, die anderen peripheren Blöcke orientieren sich an ihm, wählen ihn. Anders als in den hierarchischen Modellen werden diese Wahlen aber vom Zentrumsblock erwidert. Er integriert die Sozialstruktur also nicht nur durch eingehenden, sondern auch durch ausgehende Wahlen. Die peripheren Akteure sind im typischen Zentrum-Peripherie-Muster intern unverbunden (Typ 1 in Abbildung 8.16). Aber es gibt empirisch häufig Muster mit weiteren „Unterzentren", die dann oft auch intern verbunden sind und eigenen Status und Organisationsfähigkeit aufweisen (Typ 3). Zentrum-Peripherie-Modelle sind wie die hierarchischen Modelle auch stratifizierte Modelle. Sie unterscheiden sich von ihnen durch den höheren Grad an Integration und Legitimation. Ein typisches Beispiel für dieses Sozialstrukturmuster sind Wissenschaftlernetzwerke. Neben unizentristischen Mustern kommen empirisch häufig auch polyzentristische Muster vor. Dies bedeutet, dass für den gleichen Akteurset je nach betrachteter Relation unterschiedliche Gruppen im Zentrum stehen. In einer Gemeinde können z.B. bei Fragen des Schulbaus andere Akteurgruppen zentral sein (Typ 2 A), als in Fragen der Wirtschaftsförderung (Typ 2 B).

Abbildung 8.16: Zentrum-Peripherie-Modelle

Typ 1				Typ 2 A				Typ 2 B				Typ 3			
1	1	1	1	1	1	1	0	0	0	0	0	1	1	1	1
1	0	0	0	1	0	0	0	0	1	1	1	1	1	1	0
1	0	0	0	1	0	0	0	0	0	1	1	1	1	0	0
1	0	0	0	0	0	0	0	0	0	0	1	1	0	0	0

8.2.5 Gütekriterien

Ein Datensatz kann mit verschiedenen Blockmodellen beschrieben werden. So könnte man die Sozialstruktur von Alt-Neustadt statt mit sechs Gruppen auch mit nur vier oder fünf Gruppen beschreiben. Man muss also entscheiden, an welcher Stelle der Aufteilungsprozess abgebrochen werden soll. Zweitens muss man im Aufteilungsprozess entscheiden, welche der gefundenen Untergruppen nochmals unterteilt werden soll. Aus diesen Entscheidungen ergeben sich verschiedene Blockmodelle, selbst wenn immer derselbe Algorithmus verwendet wird. Benutzt man einen anderen Algorithmus, so kommen zwar meist nicht völlig andere Modelle heraus, aber die Zuordnung des einen oder anderen Akteurs kann schon verschieden sein. Dann wüsste man gerne, welches Blockmodell besser die Struktur der Daten abbildet. Man braucht dafür ein Gütekriterium für den Vergleich verschiedener Modelle.[62]

An die Frage der Kriterien kann man grundsätzlich mit zwei verschiedenen Methoden herangehen. Die erste Strategie beruht auf Konzepten des *Vergleichs der gefundenen Struktur mit einer idealen Struktur*. Diese Maßzahlen werden auch als Indikatoren für „goodness of fit" bezeichnet. Einige übliche Herangehensweisen werden im folgenden beschrieben. Allerdings gibt es eine Vielzahl von Kriterien mit nicht immer gleichlautenden Schlussfolgerungen. Eine zweite Strategie ist in stärkerem Maße statistisch orientiert. Hierzu ist das Verfahren des *Hypothesentests* für die strukturelle Äquivalenz von Akteuren nach Burt und sind die *Verfahren stochastischer Blockmodellanalysen* zu rechnen.

Die einfachste Möglichkeit, die empirische Matrix mit der Imagematrix des Blockmodells zu vergleichen, ist die Aufsummierung der *absoluten Differenzen zwischen den empirischen Blockdichten Δ in der empirischen Matrix und den korrespondierenden Einträgen in der Bildmatrix b*. Diese Summierung läuft über alle Relationen. Maximalwert der Summe ist R*B². Hierbei bedeutet R die Zahl der Relationen und B die Zahl der Positionen in den Imagematrizen. Der Index k läuft über die Positionen in der Reihe, 1 läuft über die Spalten. Je größer die Summe, desto schlechter der Fit des Blockmodells mit den Daten.

$$(8.5) \quad b_1 = \sum_{r=1}^{R} \sum_{k=1}^{B} \sum_{l=1}^{B} \left| b_{klr} - \Delta_{klr} \right|$$

Auch eine Inspektion der *Häufigkeitsverteilung der Blockdichten* liefert einen ersten Anhaltspunkt für die Güte des Modells. Anzustreben ist hier eine u-förmige Verteilung. Viele Blockdichten sollten bei den Extremwerten Null und Eins liegen, wenige bei der mittleren Blockdichte α.

Die Abweichung von der mittleren Blockdichte α steht im Mittelpunkt des *b-Maßes von Carrington et al.* für den Fit eines Blockmodells. Es ist umgekehrt konstruiert wie die obige Abweichungssumme und folgt in der Logik einem Chi-Quadrat-Maß. Im ungünstigsten Fall, dass alle Blockdichten dem Wert α entsprechen, ist das b-Maß gleich Null. Je häufiger Blöcke nahe den Werten 0 oder 1 auftreten, desto größer wird b. Maximaler b-Wert ist 1. Carrington et al. (1980) empfehlen, relationsspezifische α-Werte zu benutzen, so

---

62 Derartige Abbruchs- oder Vergleichskriterien sind auch aus der multivariaten Statistik bekannt. Die erklärte Varianz R^2 spielt in der Regressionsanalyse eine solche Rolle.

dass dann auch relationsspezifische b-Werte berechnet werden müssen. Für die einzelne Soziomatrix ergibt sich folgende Formel für b_c:

$$(8.6) \quad b_c = \sum_{i=1}^{c} [(o_i - e)^2 * s_i / ((et_i)^2 * v)]$$

t=1, falls o < e

t=(1-e)e, falls o ≥ e

Der Parameter c steht für die Anzahl der Blöcke i in der Matrix, o steht für beobachtete (observed) Werte, also für Blockdichten. e steht für die im schlimmsten Fall erwarteten (expected) Werte und entspricht der mittleren Blockdichte α. s ist die Anzahl der Elemente im Block i. Im Zähler von Gleichung (8.6) steht also die Summe der quadrierten Differenzen zwischen den tatsächlichen Dichten in den Blockfeldern und der mittleren Dichte. Jedes dieser Abweichungsquadrate wird gewichtet mit der Größe des Blocks. Je größer diese Quadratsumme, desto mehr „Struktur" hat das Blockmodell erfasst. Diese Abweichungsquadrate werden bezogen auf den bestmöglichen Fall. Dafür steht der Ausdruck im Nenner. Die Differenz (o_i–e) fällt nun verschieden aus, je nach dem, ob es sich um einen Nullblock oder einen Einsblock handelt. Diese Differenzierung leistet der Parameter t in der Quadrierung. Auch hier wird wieder über alle Blockfelder aufsummiert und schließlich noch mit der Zahl der Elemente gewichtet. Die Gesamtzahl der Elemente in der Matrix ist v, sofern Selbstwahlen nicht möglich sind, also n*(n-1) Elemente. *Der Index b_c kann als gewichtete Summe der quadrierten Abweichungen vom schlechtestmöglichen Fit betrachtet werden.*

Carrington et al. (1980) betonen, dass ihr Indikator für goodness-of-fit die Blockung der Matrix explizit berücksichtigt. Der Index geht nicht von der Soziomatrix aus, sondern von der Blockdichtenmatrix. Ein erheblicher Nachteil von b ist, dass es keine Möglichkeit gibt, Blockmodelle mit unterschiedlicher Anzahl von Blöcken zu vergleichen. Je mehr Blöcke unterschieden werden, desto besser wird natürlich auch der Fit. Wie Verbesserungen des Fits gegen die größere Komplexität des Modells abzuwägen sind, darüber sagt das Gütemaß nichts aus.

Eine zweite Gruppe von Gütemaßen geht von der Imagematrix aus und leitet daraus eine der Blockmodellhypothese entsprechende Soziomatrix ab. Dann wird für jeden Eintrag in der empirischen und der hypothetischen Soziomatrix die Ähnlichkeit geprüft. Dabei spielt dann allerdings die Blockzuordnung der Elemente keine Rolle mehr. Die einfachste Möglichkeit ist hier wieder die Addition der absoluten Differenzen zwischen der Soziomatrix X und der Hypothesen- oder Target-Matrix X^T. Dieser Goodness-of-Fit-Indikator δ_{x1} ist die Anzahl der nicht übereinstimmenden Einträge beim Vergleich der empirischen Matrix mit einer Idealmatrix. Zwischen dem normierten Wert von b_1 (Gleichung 8.5 dividiert durch $R*B^2$) und δ_{x1} besteht eine Beziehung: $\delta_{x1} = R*n*(n-1)*b_1$. Je größer δ_{x1} wird, desto schlechter der Fit.

$$(8.7) \quad \delta_{x1} = \sum_{r=1}^{R} \sum_{i=1}^{n} \sum_{j=1}^{n} \left| x_{ijr} - x_{ijr}{}^t \right|$$

Eine zweite Möglichkeit des Vergleichs der beiden Soziomatrizen bietet der *Match-Koeffizient* δ_{x2}, der auch von UCINET V benutzt wird. Er entspricht dem Anteil der Einträge in X und X^T, die identisch sind. Je näher der Index an 1 herankommt, desto besser der Fit.

$$(8.8) \quad \delta_{x2} = 1 - \frac{\sum_{r=1}^{R} \sum_{i=1}^{n} \sum_{j=1}^{n} \left| x_{ijr} - x^T{}_{ijr} \right|}{R * n * (n-1)}$$

Die dritte Möglichkeit ist schließlich, nicht Distanzen, sondern *Korrelationen zwischen den x-Werten und den x^T-Werten* zu berechnen. Gegebenenfalls werden die Diagonalwerte dabei ausgeschlossen, falls sie nicht definiert sind. δ_{x3}, ist ein solches Korrelationsmaß zwischen der empirischen Soziomatrix X und der hypothetischen Soziomatrix X^T. Die Variable X hat dann eine Standardabweichung $x*_{ijr}$. Die Standardabweichung von X^T wird mit $x^{T*}{}_{ijr}$ bezeichnet. Im Zähler von Gleichung (8.9) steht somit die Kovarianz zwischen den tatsächlich beobachteten Werten und den Idealwerten (wenn alle Einträge in Nullblöcken auch tatsächlich Null wären und alle Einträge in Einsblöcken auch tatsächlich Eins wären). Im Nenner steht – wie immer in einem bivariaten Korrelationskoeffizienten – die Wurzel aus dem Produkt der beiden Varianzen.

$$(8.9) \quad \delta_{x3} = \frac{\sum_{r=1}^{R} \sum_{i=1}^{n} \sum_{j=1}^{n} x_{ijr}^{*} * x_{ijr}^{T*}}{\sqrt{\sum_{r=1}^{R} \sum_{i=1}^{n} \sum_{j=1}^{n} x_{ijr}^{*}} * \sqrt{\sum_{r=1}^{R} \sum_{i=1}^{n} \sum_{j=1}^{n} x_{ij}^{T*}}}$$

Aus diesem Korrelationskoeffizient kann auch ein R^2 als *Maß der erklärten Varianz* berechnet werden. Die Summe der quadrierten Abweichungen der empirischen Blockdichten von den Werten (Null oder Eins), die durch die Target-Matrix X^T vorgegeben werden, kann als Maßstab für den Fit des Modells betrachtet werden. Man kann diese Summe in einer Varianzanalyse in die Within-Sum-of-Squares und die Between-Sum-of-Squares zerlegen. Die Within-Sum-of-Squares entsprechen der Fehlervarianz. Die Between-Sum-of-Squares entsprechen der erklärten Varianz. R^2 gibt den Anteil der erklärten Varianz an der Gesamtvarianz an.[63]

Auf der Korrelation zwischen empirischer Matrix und Hypothesenmatrix beruht auch ein anderer in UCINET (Network → Roles & Positions → Struc-

---

63 Die CONCOR-Prozedur in UCINET V gibt dieses R^2-Maß an. Allerdings wird nicht die Image-Matrix, sondern die Blockdichtematix als Hypothesenmatrix verwandt, was ein deutlich schwächeres Kriterium ist.

tural → Optimization) verfügbarer Algorithmus, die Tabu-Suche. Die Within-Sum-of Squares in den Blöcken (Fehlervarianz) wird dabei als Kriterium für die Suche nach einer optimalen Partition der Akteure benutzt. Die Korrelation zweier Netzwerke, z.b. des empirischen Netzwerkes X und des hypothetischen Netzwerks X^T kann mit der Prozedur Tools → Statistics → Matrix (Qap) → Qap Correlation berechnet werden. Diese Prozedur berechnet die tatsächliche Korrelation δ_{x3} und den Match-Koeffizient δ_{x2}. In einem zweiten Schritt wird der gefundene Korrelationskoeffizient mit den Korrelationen verglichen, die sich aufgrund zufälliger Permutationen (=Umgruppierungen der Akteurreihenfolge) der Ausgangsmatrix ergeben würden. Je seltener Korrelationskoeffizienten in der beobachteten Höhe oder höher nur aufgrund von zufälligen Permutationen eintreten, als desto signifikanter gilt das ermittelte Modell und desto besser ist sein Fit.

Die zweite Gruppe von Verfahren zum Vergleich von Blockmodellen und empirischen Daten ist mathematisch anspruchsvoller, da sie die Möglichkeit von Zufallsfehlern in den Daten berücksichtigt. Sie werden im folgenden nur in den Grundzügen beschrieben (vgl. hierzu ausführlich Wasserman/Faust 1994; Kapitel 16; Nowicki/ Snijders 2001, Burt 1982: 73ff., Ziegler 1987).

Im Rahmen des von Burt entwickelten Verfahrens zur Identifizierung strukturell ähnlicher Positionen gibt es die *Möglichkeit, die Hypothese der Äquivalenz mehrerer Akteure statistisch zu testen*. Das Verfahren führt zu einer Verortung der Akteure in einem sozialen Raum. Strukturell ähnliche Akteure gruppieren sich dort um eine Position zusammen. Die Distanzvektoren der zusammengruppierten Akteure zu allen anderen Positionen können nun als Indikatoren für eine latente Variable, die soziale Position, betrachtet werden.[64] Diese Indikatoren werden nicht völlig übereinstimmen, weil es auch Messfehler und zufällige Abweichungen gibt. Ob die Akteure tatsächlich so, wie die Clusteranalyse es ergeben hat, zusammengehören, lässt sich dann durch eine konfirmatorische Faktorenanalyse überprüfen. Durch die konfirmatorische Faktorenanalyse wird vorgegeben, welche Akteure zusammen auf einem Faktor (=der latenten Variable, hier die gemeinsame soziale Position) laden müssen. Aus der erwarteten und der beobachteten Kovarianzmatrix der Distanzvektoren der Akteure lässt sich dann eine chi-quadratverteilte Teststatistik ableiten. Ist der Wert nicht signifikant, so sind die zusammengruppierten Akteure strukturell äquivalent: sie weichen nicht mehr als aufgrund von zufälligen Messfehlern zu erwarten ist von der latenten Variable ab. Auf die gleiche Art und Weise lässt sich auch die Ungleichartigkeit von Akteurgruppen prüfen, die zu verschiedenen Positionen zugeordnet worden sind. Alternativ zur konfirmatorischen Fak-

---

64 Die Akteure bzw. ihre Distanzprofile werden als Indikatoren für die latente, nicht direkt beobachtbare soziale Position im Netzwerk betrachtet. Dies ist völlig analog zur Messung nicht direkt beobachtbarer Einstellungen, z.B. Fremdenfeindlichkeit, durch sogenannte Skalen mit vielen verschiedenen Items. Auch solche Skalen werden mit Faktorenanalysen auf ihre Eindimensionalität (messen alle Items dasselbe?) geprüft.

torenanalyse kann man auch für die jeweiligen Untergruppen eine explorative Faktorenanalyse rechnen und die Eindimensionalität überprüfen (vgl. hierzu Burt 1976, 1977a, 1982: 73ff., Ziegler 1987).

Noch weitergehend ist ein statistischer Ansatz, der von Holland, Laskey und Leinhardt (1983) und Wasserman und Anderson (1987) eingeführt und wurde. Hierbei wird *ein bestimmtes wahrscheinlichkeitstheoretisches Modell für einen gerichteten Graphen unterstellt. Daraus lassen sich dann Wahrscheinlichkeitsverteilungen für Akteurparameter ableiten.* Zwei Akteure sind stochastisch äquivalent, wenn man ihre Parameter vertauschen kann, ohne dass man die Wahrscheinlichkeiten in der Wahrscheinlichkeitsverteilung verändern muss. Einzelheiten zu diesen statistischen Gütetests für Blockmodelle kann man dem Lehrbuch von Wasserman und Faust (1994, Kapitel 16) entnehmen. Diese Vorgehensweisen haben allerdings den Nachteil, dass man in den meisten Fällen die relationalen Daten über die Akteure (die Soziomatrizen) für den statistischen Test benötigt. Man darf dann nicht aus denselben Daten zuvor die Aufteilung der Akteure ableiten, sondern muss hierfür zusätzliche Informationen haben.

9 Forschungsfelder der Netzwerkanalyse

Im folgenden werden netzwerkanalytische Studien zu drei soziologischen Forschungsfeldern vorgestellt. Es geht um den Zusammenhang von sozialer Mobilität und sozialer Ungleichheit und sozialen Netzwerken, um die Netzwerkstrategien erfolgreicher Manager und um die Rolle von Intra- und Interorganisationsnetzwerken für die Leistungsfähigkeit und den Erfolg von Organisationen. Ziel ist es nicht nur, die Ergebnisse dieser Studien vorzustellen und sie in den Kontext soziologischer Diskussionen einzuordnen. Darüber hinaus sollen auch die dort verwendeten Operationalisierungen und Maßzahlen ausführlich erläutert werden und die Rückbezüge zu den vorhergehenden methodischen Darstellungen hergestellt werden. Es soll gezeigt werden, dass und wie netzwerkanalytische Konzepte und netzwerkanalytische Instrumente funktionieren, wenn man nicht mehr nur „trocken schwimmt", sondern substantielle soziologische Probleme bearbeitet.

9.1 Das Problem sozialer Ungleichheit

Eine wesentliche Frage der soziologischen Diskussion ist die nach sozialer Ungleichheit. Soziale Ungleichheit wird im Zuge von gesellschaftlichen Modernisierungsprozessen immer weniger als gegeben und natürlich hingenommen. Sie wird begründungsbedürftig. Unterschiede müssen unter Bezugnahme auf universalistische Kriterien legitimiert werden. Nichtsdestotrotz scheint es vielfach, als ob soziale Ungleichheit auf undurchsichtigen Wegen vererbt werde, was dem Anspruch auf Universalismus und Modernität zuwiderläuft.

Die *klassische Forschung zu sozialer Mobilität und sozialer Ungleichheit* (Blau/Duncan 1967; Featherman/Hauser 1978 für die USA; vgl. Müller 1976 für eine parallele westdeutsche Studie) untersuchte Bildung und Berufsstatus des Elternhauses als Prädiktoren für die dem Sohn zuteil werdende Bildung. Die eigenen Bildungserfolge bestimmen dann – klassisch universalistisch begründbar – die Berufschancen des Sohnes.[65] Duncan und Blau und die Forschung in ihrer Nachfolge zeigten, dass ein großer Teil des Einflusses des Herkunftsstatus auf den Berufsstatus des Sohnes über die Bildung des Sohnes vermittelt wird. Der Berufsstatus des ersten Berufs des Sohnes ist nach dem Pfadmodell stärker von der Bildung des Sohnes bestimmt als vom Status des Vaters. Bildung des Sohnes und sein erster Berufsstatus bestimmen dann seinen Berufsstatus zum Befragungszeitpunkt. Wenn dies stimmt, kann eine Politik der Chancengleichheit an der Sicherstellung von gleichen Bildungschancen für alle Kinder ansetzen.

Abbildung 9.1: Basismodell des Statuserwerbs von Blau und Duncan (1967: 170, siehe Quellenverzeichnis)

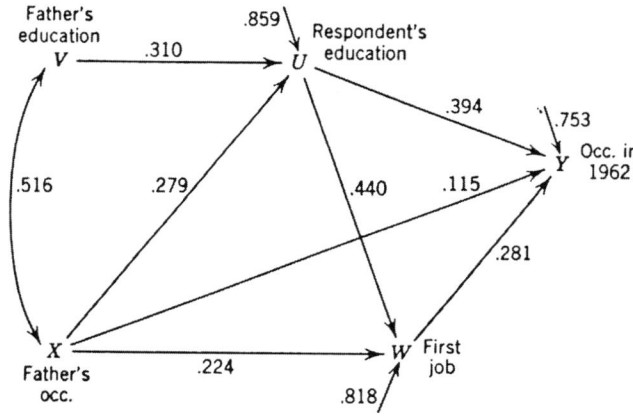

Das Modell in Abbildung 9.1 ist das Ergebnis theoretischer Überlegungen zu der kausalen Anordnung der Variablen und einer *Pfadanalyse* von Daten der Blau/Duncan Studie. Die Pfadanalyse ist eine Regressionsanalyse mit standardisierten Variablen, die Pfadkoeffizienten entsprechen standardisierten Regressionskoeffizienten. Besonderheit der Pfadanalyse ist, dass auch die intervenierenden Variablen, hier Bildung des Sohnes und sein erster Berufsstatus, im Modell erklärt werden. Mehrere Regressionsanalysen mit allen sogenannten endogenen Variablen[66] werden hintereinander geschachtelt. Die

---

65 Ein neuerer Theorieansatz, der aber ebenfalls Sozialstrukturen und Einbettungen weitgehend vernachlässigt, ist die Theorie des Humankapitals von Gary Becker (1993), eine Übertragung des ökonomischen Ansatzes auf die Fragen der Investitionen in und des Ertrags von Bildungsbemühungen verschiedenster Art. Auch dieses Modell beansprucht, die Einkommenschancen von Individuen aufgrund ihres Humankapitals vorhersagen zu können.

66 Variablen, die im Modell erklärt werden, erkennbar an den auf sie gerichteten Pfeilen.

Pfadkoeffizienten an den Pfeilen geben den direkten kausalen Effekt der Ursprungsvariable auf die Zielvariable an. Exogene Variablen sind der Berufsstatus des Vaters und dessen Bildungsniveau. Die letztliche Zielvariable ist der Berufsstatus des Sohnes zum Befragungszeitpunkt. Die Pfeile auf die endogenen Variablen ohne Ursprungsvariablen symbolisieren die Restfaktoren, also Erklärungsgrößen außerhalb des Modells, die sich als nicht-erklärte Varianzen in den endogenen Variablen niederschlagen. 43% der Varianz im aktuellen Berufsstatus des Sohnes kann das Modell erklären, 57% (Quadrat des Pfadkoeffizienten des Restfaktors = $0,753^2$) sind nicht erklärt.

Dieses Duncan-Blau-Modell sozialer Mobilität ist ein Beispiel für die klassische „Variablensoziologie", die Pfadmodelle zwischen Variablen aufstellt, Sozialstruktur auf Verteilungen von Einkommen oder Bildung reduziert und die *Embeddedness der Akteure weitgehend ignoriert*. Gerade diese Embeddedness ist aber in einer strukturalistisch-netzwerkanalytischen Perspektive eine entscheidende Variable im Prozess der Reproduktion von Ungleichheit, die die individuellen Handlungschancen begrenzt. Die hier präsentierten Studien suchen nach den strukturellen Mechanismen in der Produktion und Reproduktion sozialer Ungleichheit.

Thema des ersten Forschungsansatzes ist die Stellensuche bzw. das erfolgreiche Finden einer neuen Stelle. Granovetters Studie „Getting a Job" (1974/ 1995) und verschiedene Nachfolgestudien untersuchen die Bedeutung persönlicher Kontakte für das Auffinden einer neuen Stelle. Thema des zweiten hier vorgestellten Forschungsansatzes sind innerbetriebliche Karrieren. Eine neuere Studien von Burt (1992) untersucht die Bedeutung sozialer Kontakte für die Karrierechancen von Managern und wissenschaftlich-technischem Personal innerhalb der internen Arbeitsmärkte eines Hochtechnologieunternehmens.

Die wesentliche *These aller Studien ist die Bedeutung sozialen Kapitals* für Berufs- und Einkommenschancen, Berufszufriedenheit und Handlungsautonomie im Beruf. Soziales Kapital wird dabei aus der Embeddedness des Akteurs in sein Ego-Netzwerk abgeleitet. Hierbei wird aber durchaus Unterschiedliches unter dem Begriff des Sozialkapitals verstanden. Granovetter, Lin et al. (1981a, 1981b, Lin 1982, 1990) und De Graaf/Flap (1988) untersuchen soziales Kapital, das Individuen aus der Informationsfunktion ihrer Netzwerke zuwächst. Große Netzwerke mit geringer Dichte, heterogenen Alteri aus verschiedenen Kontexten und vielen weak ties sollten dann Zugang zu attraktiven Stellen eröffnen. Für Burt steht dagegen weniger die Informationsfunktion des Netzwerkes im Vordergrund als die strukturell bedingte Möglichkeit zum unternehmerischen Handeln. Akteure, die Cutpoints zwischen ansonsten unverbundenen Clustern darstellen, haben hier die besten Chancen, Gewinne aus der Konkurrenz zwischen Dritten zu erzielen und sich sozialem Druck zu entziehen (vgl. Kapitel 7.4).

9.1.1 Soziales Kapital und Stellensuche

Granovetter (1974) greift im Vorwort zu seiner Studie „Getting a Job. A Study of Contacts and Careers" ein Ergebnis einer fast zeitgleich erschienen Studie in der Tradition der klassischen Mobilitätsforschung auf (Jencks 1972). Aus der Kenntnis des Status des Elternhauses, des Intelligenzkoeffizienten, des erreichten Bildungsabschlusses und des Berufes einer Person lässt sich ihr Einkommen mit statistischen Methoden immer noch nur sehr fehlerhaft vorhersagen. Wenn alle diese Faktoren die Einkommenschancen nicht erklären, was ist es dann? Jencks Antwort ist, dass es wohl bloßes Glück sein müsse. Granovetters Anspruch ist nun, zumindest einen Teil dieses „Glücks" konkreter beschreiben zu können: es stecke in den persönlichen Kontakten und Netzwerken der Akteure und sei daher zum Gegenstand einer strukturellen soziologischen Analyse zu machen.

Theoretischer Ausgangspunkt seiner Studie ist aber nicht die soziologische Mobilitätsforschung, sondern das *ökonomische Modell des Arbeitsmarktes*.[67] Nach dem Modell der Neoklassik sind weder lang anhaltende Arbeitslosigkeit noch dauerhaft unterschiedliche Löhne für gleichartige Arbeiten denkbar. Sie gehörten aber auch schon Anfang der 70er Jahre zur Realität. Die Unzulänglichkeit des Modells macht Granovetter nun an der mangelhaften Behandlung des Informationsproblems fest. Vollständige Information kann eben nicht einfach unterstellt werden. Auch das Modell einer rationalen Informationssuche löst das Problem nicht wirklich. Informationen werden oft nebenbei, ohne eine formale Suche, im Kontext anderer Alltagsaktivitäten weitergegeben und erfahren. Muster in Alltagsbeziehungen bestimmen daher auch die Informationskanäle. Einfache Diffusionsmodelle helfen nicht weiter, wenn Alltagsbeziehungen strukturhaft, ungleich verteilt sind. Noch so attraktive Stellen bleiben aber unbesetzt, wenn die potentiellen Arbeitnehmer von der Stelle nichts erfahren können, weil die Informationskanäle zwischen Arbeitgeber und Arbeitnehmer blockiert sind.

Informationen über offene Stellen und Arbeitsuchende können natürlich, zumal in modernen Gesellschaften, nicht nur über Mund zu Mund Propaganda, sondern über Massenmedien verbreitet werden. Granovetters Recherche zum Stand der Forschung ergibt allerdings, dass 60-90% der Stellen nicht über solche formale Methoden vergeben wurden, sondern über informelle Kontakte. Auch seine eigene Befragung einer Zufallsauswahl von ca. 300 männlichen[68] Stellenwechslern mit Berufen aus den Bereichen Management,

---

67 Einen Überblick über ökonomische und eher soziologische Theorien des Arbeitsmarktes liefern Sesselmeier und Blauermel (1990).

68 Mit der beruflichen Mobilität von Frauen befassen sich erst neuere Studien. Hierbei gibt es auch was die Rolle sozialen Kapitals anbetrifft wesentliche Besonderheiten. Vgl. hierzu die Darstellung der Karrierestudie von Burt im zweiten Teil dieses Kapitels.

Professionen und Technik ergab, dass persönliche Kontakte mit 64% die wichtigste Methode der Stellenvermittlung ist. Auch neuere Untersuchungen (Granovetter 1995: 140f) kommen zum gleichen Ergebnis. Hieraus ergibt sich zum einen die Relevanz einer soziologischen Analyse des Informationsprozesses. Es stellt sich aber zweitens die Frage, warum das so ist: wäre es nicht einfacher (und gerechter), alle Stellen über Ausschreibungen und offizielle Bewerbungen zu besetzen?

Schon damals wies Granovetter auf *drei wesentliche Argumente* hin, die inzwischen von der ökonomischen und soziologischen Literatur weiter ausformuliert worden sind: es geht erstens um die begrenzte Informationsverarbeitungsfähigkeit von Menschen (und Organisationen), es geht zweitens um die Frage der Kosten von Informationen und es geht drittens um die Frage ihrer Vertrauenswürdigkeit.[69]

Das *Argument der begrenzten Informationsverarbeitungskapazität* ist simpel: niemand wäre in der Lage – selbst nicht mit Hilfe von edv-basierten Matching-Programmen – die Ergebnisse eines umfassenden Informationssuchprozesses zu verarbeiten. Wer schon einmal mit einem Output von 120 oder mehr Literaturtiteln als Ergebnis einer edv-basierten Literaturrecherche konfrontiert wurde und sich Gedanken um eine sinnvolle Eingrenzungsstrategie gemacht hat, weiß um welches Problem es sich handelt. Auch Einstellungsentscheidungen werden angesichts solcher Informationsüberflutung immer schwieriger. Da nimmt es nicht wunder, dass viele Stellen ohne einen solchen universellen Suchprozess besetzt werden, oder aber dass andere als die „universalistischen" Informationen aus der Stellenanzeige und der Bewerbung die ausschlaggebende Rolle spielen. Persönliche Kontakte stellen einen Filter dar, über den die Zahl der Bewerbungen auf ein bearbeitbares Maß reduziert wird. Ganz ähnlich fungieren die Namen von bekannten Autoren und Instituten in der Literatursuche als Auswahlkriterien.

Mit dem Überflutungsargument ist das *Kostenargument* verbunden. Informationen kosten Geld, und zwar nicht nur den Preis der Stellenanzeige. Auch die Sortierung und Aufarbeitung der Informationen kosten Geld. Personalbüros sind zu einem großen Teil mit solchen Arbeiten beschäftigt. Professionelle Per-

---

69 Vgl. zur Begrenzung der Verarbeitungskapazitäten und ihren Auswirkungen für eine Theorie rationalen Entscheidens die klassische Arbeit von Simon (1955; March/Simon 1976) sowie die neueren Arbeiten zur Frage der Lern- und Entscheidungsfähigkeit von Organisationen (vgl. den Überblick mit weiteren Literaturhinweisen in Jansen 1997). Für die Frage der Kosten von Informationen und ihrer Vertrauenswürdigkeit ist auf die klassische Arbeit von Arrow zur Rolle von Informationen (1970), sowie auf die neueren Arbeiten zu asymmetrischer Information insbesondere in Arbeitsverhältnissen in der spieltheoretischen Literatur (vgl. den Überblick in Rasmusen 1989) und die Debatte um das Principal-Agent-Verhältnis (vgl. für einen Überblick mit weiteren Literaturhinweisen Ebers/Gotsch 1994 und Wolff/Neuburger 1995) hinzuweisen.

sonalberater leben von der Sortierung, Eingrenzung und Vermittlung derartiger Informationen. Nicht-universalistische Kriterien reduzieren diese Kosten.

Die Kosten der Information haben noch eine weitere Seite: wer unentgeltlich Informationen bereitstellt oder weitergibt, muss dafür einen guten Grund haben. Er trägt z.B. seine Arbeitskraft zu Markte oder preist einen Job an. Solche Informationen sind damit zwar möglicherweise preiswert, aber nicht unbedingt glaubwürdig. Dies ist das *Problem der Vertrauenswürdigkeit der Information* bzw. der Informanten. Es ist um so virulenter, je weniger standardisiert das in Frage stehende Verkaufsobjekt ist und je langfristiger die geplante Entscheidung binden wird. Ersatz für einen defekten Fön wird man wohl ohne weiteres im Supermarkt mitnehmen. Einen Neuwagen wird man nach ausführlichem Studium von Prospekten und Tests – angesichts weitgehender Garantien und standardisierter Technik – ohne große Bedenken aufgrund von formal übermittelter Informationen kaufen. Ein Gebrauchtwagen ist dagegen schon eher Vertrauenssache. Über den Händler, das Auto und den Vorbesitzer wüsste man schon gerne mehr von „uninteressierter" Seite. Solche Informationen gibt es kaum auf dem Markt formaler Informationen. Noch schwieriger ist die Beurteilung einer Arbeitskraft oder einer Arbeitsstelle. Gleichzeitig wird diese Entscheidung langfristige Bindungswirkungen entfalten. Kündigungen sind von seiten des Arbeitgebers hochproblematisch und kostspielig. Aber auch für den Arbeitnehmer ist mit dem Stellenwechsel eine erheblich Investition (z.B. in unternehmens- und technikspezifisches Wissen, ggf. Wohnortwechsel) verbunden, die sich u.U. als verloren herausstellen könnte. Personen, die den Einzustellenden respektive den Arbeitsplatz aus eigener Erfahrung kennen und diese Informationen en passant im Rahmen üblicher Sozialkontakte vermitteln, stellen da eine wichtige, billige und vertrauenswürdige Informationsquelle dar.

Die Eigenarten des Informationsprozesses des Arbeitsmarktes sprechen folglich dafür, dass informale und damit auch „partikuläre" Informationen immer eine große Rolle spielen werden. Es gibt noch ein weiteres Argument dafür. Die Chancen für rationale und bewusste Entscheidungen sind dann eher groß, wenn der Entscheidung eine bewusste Suche vorausgeht. *Matching-Prozesse finden aber oft ohne bewusste Suche statt*. Die Ergebnisse von Granovetters Studie zeigen, dass rund 29% der Stellenwechsler gar keine neue Stelle gesucht hatten! Der Stellenwechsel wurde erst durch die zufällig im Rahmen von alltäglichen Kontakten übermittelte Information ausgelöst. Für die Arbeitgeberseite, die allerdings nicht direkt untersucht wurde, lässt sich ein ähnliches Phänomen zumindest vermuten. Mehr als ein Drittel (35,6%) der Stellen wurden erstmalig mit dem Stellenwechsler besetzt. Die Stelle war vorher weder vakant, noch gab es zuvor schon andere Arbeitsplätze mit gleichem Tätigkeitsprofil, die um eine weitere Stelle ergänzt wurden. Mehr als drei Viertel dieser neuen Positionen wurden über persönliche Kontakte besetzt (77%, n=96, eigene Berechnung nach Tabelle 3, Granovetter

1974). Hier ist es sehr wahrscheinlich, dass diese Positionen in einer Situation neu geschaffen wurden, in denen sich dem Arbeitgeber die Gelegenheit einer adäquaten Besetzung sozusagen „von alleine", ohne explizite Suche, anbot.

Sozialstrukturen übernehmen wichtige Informationsfunktionen im Prozess der Stellensuche. Sie sind daher auch bei einer Suche für die Erklärung von Einkommens- und Statusunterschieden zu berücksichtigen. Sie sind verantwortlich dafür, dass es auch nach Berücksichtigung von Bildung und Qualifikation der Befragten noch direkte „Statusvererbung" gibt. Diese „Statusvererbung" schlägt sich statistisch darin nieder, dass ein direkter Effekt des Status des Elternhauses auch nach Kontrolle der intervenierenden Variablen Bildung/Qualifikation verbleibt (vgl. Abbildung 9.1).

9.1.2 Granovetters klassische Studie zur Jobsuche

Granovetters (1974, 2. Auflage 1995) frühe Ergebnisse zu den Einflüssen von sozialem Kapital auf den Prozess der Stellensuche beruhen methodisch auf einer Erhebung eines sehr spezifischen *Ego-Netzwerks* für eine sehr spezifische Zufallsstichprobe von Befragten: männliche Personen aus Newton, einer Vorstadt von Boston, mit abhängiger Beschäftigung in Berufen aus den Bereichen Management, Professionen und Technik. Geschlecht und Berufsgruppe wurden bewusst konstant gehalten. Der relativ hohe Status der Befragten sollte zudem die Beobachtung von ausdifferenzierten Suchmethoden möglich machen. Anhand des Vergleichs von städtischen Adressbüchern für aufeinanderfolgende Jahrgänge (diese enthalten auch Informationen zum Beruf und zum Arbeitgeber) wurden solche Personen identifiziert, die den Arbeitgeber gewechselt hatten, oder aber neu verzeichnet waren. Es ergaben sich in der 50% Stichprobe 515 Stellenwechsler, von denen rund 300 befragt wurden. Die Fragen bezogen sich auf den Stellenwechsel, auf die Qualitäten des neuen Jobs (Einkommen, Berufszufriedenheit, erstmalige Besetzung) und insbesondere auf die persönlichen Kontakte, die beim Stellenwechsel behilflich waren. Ein Drittel der Stichprobe wurde mündlich (und zum Teil ausführlicher) interviewt. Die restlichen zwei Drittel wurden schriftlich befragt. Eine detaillierte Darstellung des Auswahlverfahrens und der Erhebungsverfahren finden sich im Anhang von Granovetters Studie (1974).

Retrospektiv wurde die für den Jobwechsel ausschlaggebende Such- oder Vermittlungsmethode festgestellt (Initiativbewerbung, Stellenanzeige u.ä., persönliche Kontakte als sich gegenseitig ausschließende Kategorien). Wie schon erwähnt spielten persönliche Kontakte die überragende Rolle bei der Stellenvermittlung (rund 65%). Die weiteren Fragen beziehen sich nun auf diesen für die Stellenvermittlung entscheidenden sozialen Kontakt. *Es handelt sich also um ein Ego-Netzwerk mit nur einer Alter-Person.* Dies bedeutet, dass eigentlich relationale Maßzahlen wie z.B. die Dichte oder Diversität von Ego-Netzwerken (vgl. Kapitel 5.3.2) nicht benutzt werden können. Im weiteren Sinne relationale Daten sind jedoch die Art der Beziehung zu der Kontaktperson (Familienangehörige/Freunde vs. Arbeitskontakte), die Intensität der Beziehung, die Entstehung der Beziehung und ihre Geschichte sowie die Situation, in der die job-relevante Information ausgetauscht wurde.

Granovetters Ergebnisse waren die Grundlage für seine *These der „Stärke schwacher Beziehungen"* (Granovetter 1973). Seine Daten zeigen, dass solche Jobwechsler, die die entscheidende Information über ihre neue Stelle über einen arbeitsbezogenen Kontakt erhielten, ein höheres Einkommen erzielen als solche Jobwechsler, für die Freundschafts- oder Familienbeziehungen die ausschlaggebenden Quellen waren. Bei den für die Jobinformation wesentlichen Kontakten dominieren die schwachen Beziehungen auch im Sinne von gelegentlicher bis geringer Kontakthäufigkeit.[70] Nur 16,7% derjenigen, die von ihrer neuen Stelle über persönliche Kontakte erfuhren, sahen diese Kontaktperson häufig (mindestens 2 mal pro Woche), 55,6% dagegen nur gelegentlich (mehrmals im Jahr, aber weniger als 2 mal pro Woche). 27,8% sahen die Kontaktperson höchstens einmal im Jahr (nur Interviewdaten, n=54). Granovetter stellt diese Ergebnisse in den Zusammenhang zu den Diffusionsstudien von Rapoport und Horvath und den Small World Studien (siehe Kapitel 2.1), die ebenfalls die Bedeutung von schwachen Beziehungen ergaben. Schwache Beziehungen verbinden typischerweise Cutpoints. Sie sind die Brücken, über die der Informationsfluss zwischen den engen Clustern von homogenen Gruppen fließt. Zwischen der Bereitschaft einer Kontaktperson, im Stellensuchprozess zu helfen und ihrer faktischen Nützlichkeit besteht daher ein umgekehrt proportionales Verhältnis. Personen, die einander nahe stehen, weisen zwar große Hilfsbereitschaft füreinander auf, aber sie vermitteln selten wertvolle neuartige Informationen. Umgekehrt sind Personen in größerer Entfernung zum Stellensucher bzw. Stellenwechsler zwar möglicherweise weniger motiviert zu helfen, aber sie besitzen die relevanten Informationen und sie können zudem häufiger als die strong ties auch ein gutes und vertrauenswürdiges Wort für den Bewerber einlegen. Wer welche Kontakttypen zur Verfügung hat, ist wiederum sozialstrukturell bedingt. Jüngere Befragte, solche die in der Region geboren und aufgewachsen sind,

---

70 Die Operationalisierung schwacher Beziehungen wird verschieden gehandhabt. Granovetters erste Definition setzt an den Rollenbeziehungen zur Kontaktperson an (Familie/Freunde = starke Beziehung, Arbeitsbezogener Kontakt = schwache Beziehung). Seine zweite Operationalisierung benutzt die Kontakthäufigkeit. Marsden (1990) schlägt dagegen vor, die Enge der persönlichen Beziehung als Indikator für die Stärke von Beziehungen heranzuziehen. Die Kontaktintensität führe dagegen zu einer Überschätzung starker Beziehungen aufgrund sozialstrukturell vorgegebener Kontaktnotwendigkeiten in Arbeit und Nachbarschaft. Zu ähnlichen Ergebnissen kommt auch Wegener (1991).

und solche, die ihren Arbeitsort in der Region haben, nutzen in höheren Maße Familien- und Freundschaftsnetzwerke.

Die Bedeutung von Kontakten ist jedoch noch allgemeiner: wer überhaupt auf Kontakte bei seinem Stellenwechsel zurückgreifen kann, ist in Granovetters Studie im Vergleich zu denjenigen, denen nur die formalen Wege offenstehen, im Vorteil.[71] Dies bezieht sich nicht nur auf die Einkommensqualität des Jobs, sondern auch auf seine immateriellen Qualitäten. Nur 9% derjenigen, die ihre neue Stelle mit Hilfe persönlicher Kontakte ausfindig machte, ist mit ihr nicht richtig zufrieden, 54,2% sind dagegen sehr zufrieden. Dagegen sind 24% derjenigen, die ihre Stelle mit formalen Suchmethoden fanden und 15,1% derjenigen, die aufgrund einer Initiativbewerbung eingestellt wurden, eher unzufrieden. Dabei kommt es – gegenläufig zur Bedeutung der Schwäche der Beziehung – aber durchaus darauf an, dass der Weg der Information nicht zu lang wird. Solche Jobwechsler, die die Information über Wege erhielten, die über mehr als zwei Kontaktpersonen liefen, unterscheiden sich kaum noch von denen, die formale Mittel benutzen müssen. Wer dagegen kurze Ketten nutzen kann, ist überproportional häufig mit seiner Stelle sehr zufrieden (76%). Dies spricht klar für die Bedeutung der Vertrauenswürdigkeit der Informationslieferanten, die sich auf zu langen Wegen nicht übertragen lässt.

---

71 Nachfolgende Studien habe hier allerdings abweichende Ergebnisse erbracht (Granovetter 1995: 147; De Graaf/Flap 1988: 459ff; Marsden/Hurlbert 1988: 1044f; Wegener 1991). Der Anteil derjenigen mit informellen Suchmethoden (=Kontakte) ist in den USA deutlich höher [Granovetter (1974): 65%, Lin et al. (1981) 1. Job: 57%, Aktueller Job: 59%] als in den Niederlanden (34% /32%) und der Bundesrepublik (32-43%). Anders als in Granovetters Sample war in der deutschen und der niederländischen Stichprobe von De Graaf und Flap auch kein positiver Effekt der Vermittlungsmethode „Kontakte" festzustellen. Vielmehr waren die Effekte entweder nicht signifikant oder sogar negativ. Auch in anderen US-Studien wurden grundsätzlich negative Beziehungen zwischen Jobvermittlung über Kontakte und Bildung und Prestige des Befragten gefunden. Erklärungen für diese Unterschiede müssen in der Spezifik von Granovetters Sample (nur hochgebildete leitende Angestellte) sowie in den Differenzen in den arbeitsmarktbezogenen Institutionen der Länder gesucht werden. Eine weitere ungeklärte Frage ist die Wichtigkeit schwacher Beziehungen. Lin's Studien bestätigen sie, andere Studien in den USA und Europa fanden keinen Effekt. Wegener (1991) fand in seiner westdeutschen Studie einen differentiellen Effekt bestätigt (vgl. Fn. 77)

Tabelle 9.1: Jahreseinkommen in Abhängigkeit von der Art der Übermittlung der Jobinformation und Merkmalen des persönlichen Kontakts. Angaben in % (eigene Zusammenstellung aus Tabellen 2, 13 und 15 in Granovetter 1974, z.T. eigene Berechnungen)

Einkommen in $ 1000 von bis unter	Persönliche Kontakte	Formale Methoden/Direkt-bewerbung	Arbeitskontakt	Kontaktweg mit 2 und mehr Personen	Insgesamt
unter 10	22,7	39,2	19,4	30,0	27,6
10 - 15	31,8	36,6	34,0	?	33,1
15 - 25	31,2	19,6	31,1	?	28,4
25 und mehr	14,3	4,9	15,5	?	10,9
N	154	102	103	63	275

Es gibt noch ein weiteres aus einer strukturalistischen Perspektive relevantes Ergebnismuster. Es zeigt zugleich, wie es zur *Akkumulation von Ungleichheiten* kommt. Die besseren Informationsgelegenheiten bieten sich nämlich nicht denjenigen, die sie dringend suchen, sondern Personen, die praktisch über sie fallen. Insofern ist an der eingangs zitierten „Glücksthese" von Jencks durchaus etwas dran. Diejenigen, die ohne explizite Suche die wesentliche Jobinformation erhielten, erfahren etwas über besser bezahlte Jobs. Sofern der Jobwechsler explizit nach einer neuen Stelle gesucht hat, ist es für ihn günstiger, wenn die entscheidende Kontaktperson hiervon nichts gewusst hat, bzw. das Treffen mit ihr in keinem Zusammenhang zur Stellensuche steht. Zuvor arbeitslose bzw. explizit suchende Jobwechsler sind auch noch in einem weiteren Punkt im Nachteil: sie erfahren häufiger über längere Ketten von einer freien Stelle. Ihre Suche hat sich dann zwar herumgesprochen, aber das Angebot für den Suchenden ist nicht so erfreulich.

Auf Suche angewiesen sind sozialstrukturell bedingt wiederum vor allem junge Leute, Befragte, die (erst) wenige verschiedene Beschäftigungsverhältnisse hatten, und solche, die an wenig prestigereichen Colleges ihren Abschluss gemacht haben. An der auch in anderen amerikanischen Studien bestätigten Bedeutung des Prestiges der Hochschule (Wellman/Berkowitz 1988: 401) lässt sich nochmals der Unterschied zwischen einer Erklärung von sozialer Ungleichheit über Sozialkapital, das über den Zugang zu den „old-boys-networks" vermittelt wird, und einer Erklärung über Bildungs- und Qualifikationsunterschiede aufzeigen. Die entscheidende Frage ist nämlich gerade nicht, welche Abschlussnote (= Qualifikation) erreicht wurde, sondern wo und mit wem man studiert hat. Diese Differenz ist in Ländern mit ausgesprochenen Eliteuniversitäten wie den USA, Großbritannien oder Frankreich deutlicher ausgeprägt als etwa in Deutschland oder den Niederlanden, wo es keine so starke Stratifizierung im Hochschulsystem gibt.

Dieses seltsame Ergebnis, dass wer gar nicht sucht, doch glücklich findet, trifft nicht nur für die aktive Suche des Arbeitnehmers, sondern auch für das Gesuchtwerden durch den Arbeitgeber zu. Positionen, für die aktiv ein Nachfolger gesucht wird, sind deutlich weniger lukrativ als solche Positionen, die mit der erfolgten Stellenbesetzung neu geschaffen wurden. Mobilität, die sozialstrukturell bedingt ist – in die die Individuen also praktisch hinein gezwungen werden – verspricht diesen wesentlich weniger Einkommen als solche Mobilität, die durch plötzlich auftauchende Gelegenheiten induziert wird.

Tabelle 9.2: Einkommen in Abhängigkeit von Suchtätigkeit des Stellenwechslers, von der Suchbezogenheit der Interaktionssituation mit der Kontaktperson und von der Art der besetzten Stelle. Angaben in % (Granovetter 1974: Tabellen 9, 11 und 19, eigene Berechnungen)

Einkommen in $ 1000 von – bis unter	Suchtätig-keit: ja	Suchtätigkeit: nein	Kontaktsitua-tion auf Suche bezogen	Position neu eingerichtet	Insge-samt
unter 10	29,2	23,3	34,1	11,6	27,6
10 - 15	37,5	20,8	37,9	31,5	33,1
15 - 25	24,4	39,0	21,4	36,8	28,4
25 und mehr	8,9	16,9	6,6	20,0	10,9
N	192	102	182	95	275

Dies ist ein paradoxes Ergebnis: je mehr rational gesucht und entschieden wird, desto schlechter sind die Ergebnisse und umgekehrt. Die Erklärung für diese Paradoxie muss in einem kumulativen Verstärkungsprozess gesucht werden, der die Lern- und Suchumgebungen der Benachteiligten immer weiter einschränkt, während er die Gelegenheiten, in die die Bevorzugten zufällig hinein stolpern, immer besser werden lässt.

Die Verbesserungen der sozialen Position und des sozialen Kapitals in der Form solcher Informationsnetzwerke gehen Hand in Hand und kumulieren mit der Zeit. Wichtig sind hierbei in dem hier untersuchten Bereich vor allem die Arbeitskontakte. Ihre Zahl und Diversifizierung hängt ab von der Zahl der in der Berufskarriere bekleideten Stellen und der durchschnittlichen Beschäftigungszeit. In beiden Fällen gibt es dabei einen kurvilinearen Zusammenhang. Sowohl zu wenige als auch zu viele Stellen, sowohl zu kurze als auch zu lange Verweildauern in einer Stelle sind nachteilig. Befragte, die aus ihrer ersten Stelle wechseln, sind zu 93% auf explizite Suche angewiesen. Befragte, die zwischen vier und fünf verschiedene Stellen in ihrer Karriere hinter sich gebracht habe, dagegen nur noch zu 62%.

Tabelle 9.3: Durchschnittliche Beschäftigungsdauer in der Wirkung auf die Bedeutung von Kontakten in der eigenen Karriere, das Auftreten als Vermittler von Jobinformationen und die Länge des Weges, auf dem die für den letzten Stellenwechsel entscheidende Information erhalten wurde. Angaben in %
(Granovetter 1974: Tabellen 22, 23 und 24)

Anteil der Stellen, die durch Kontakte gefunden wurden	Weniger als 2 Jahre	2 bis unter 5 Jahre	5 Jahre und mehr	Insgesamt
Keine	20	20	11,1	16,9
bis zu 66,6%	50	25	48,2	36,4
66,7-99,9%	0	35	14,7	23,4
Alle	30	20	26,0	23,4
N	10	40	27	77
Vermittler von Jobinfos?				
Ja	36,4	70	46,2	52,1
N	10	40	26	77
Weglänge der eigenen Job-Info				
Direkt	25	61,5	31,2	46,0
1 Vermittler	37,5	30,8	56,2	40,0
2 und mehr Vermittler	37,5	7,7	12,5	14,0
N	8	26	16	50

Wer aber schon sechs bis zehn Stellen absolviert hat, der gilt wohl als notorischer Querkopf. „Kostenlose" Tips erhalten solche Befragte seltener, sie sind fast genauso oft (82%) wie die Neulinge auf explizite Suchstrategien angewiesen. Beschäftigungszeiten unter zwei Jahren sind offenbar zu knapp, um die erforderlichen Netzwerke aufzubauen. Zu langes Verweilen auf einer Stelle (= Beschäftigungszeiten von 5 Jahren und mehr) führt dagegen zu unproduktiven Netzwerken. Mittlere Beschäftigungszeiten zwischen 2 und 5 Jahren optimieren das eigene Job-Informationsnetzwerk und machen den Inhaber auch zu einem Vermittler job-relevanter Informationen für andere. Reziprozitätsnormen werden dann so wirken, dass ein wichtiger Hinweis auf eine Stelle bei Gelegenheit erwidert wird. Der Prozess verstärkt sich selbst.

9.1.3 Nachfolgestudien

Die ersten Nachfolgestudien aus den 80er Jahren knüpften weniger an die ökonomischen Theorien des Arbeitsmarktes an als an soziologische Analysen zur intergenerationalen sozialen Mobilität und zur Vererbung sozialer Ungleichheit. Lin et al. (1981a, 1981b, Lin 1982, 1990) entwickelten ein Modell, das an das Duncan-Blau-Modell anknüpft und im Folgenden vergleichend vorgestellt wird. Es erweitert das Duncan-Blau-Modell um die Rolle sozialer Ressourcen (= soziales Kapital). Für die USA wurde das Modell in der sogenannten Albany-Studie (städtische Region im Staat New York) sowie in einer weiteren Studie mit Daten aus dem Staat New York weitgehend bestätigt. Dieses Design wurde von De Graaf und Flap (1988) für die Niederlande und die Bundesrepublik Deutschland repliziert. Auch für die USA gibt es weitere Replikationsstudien (z.B. Marsden/Hurlbert 1988, Überblick in Granovetters Nachwort zur 2. Auflage von „Getting a Job", 1995 und Lin 1999).

Weiterführend im Vergleich zur Originalstudie von Granovetter ist, dass die neuere Studien den Netzwerkeffekt in die *multivariate Analyse* von sozialer Ungleichheit einbringen. Der Beitrag sozialen Kapitals zu Einkommen und Statuserwerb kann so auch bei Kontrolle anderer Faktoren – etwa des Status des Elternhauses oder der erworbenen formalen Qualifikation – überprüft werden. Zum Teil ergibt sich allerdings, dass die bivariat positiven Effekte des Sozialkapitals nach der Kontrolle weiterer Variablen verschwinden. Dies ist vor allem dann der Fall, wenn Merkmale der zuvor bekleideten Stellen (Status der ersten Stelle, Status der Stelle vor dem letzten Stellenwechsel) oder die akkumulierte Arbeitserfahrung des Stellenwechslers kontrolliert werden. Die Interpretation dieses Befundes ist jedoch problematisch. Man kann daraus weder schließen, dass soziales Kapital nicht ursächlich für Mobilitätserfolge und die Reproduktion sozialer Ungleichheit ist, noch kann man auf eine doch vorhandene universalistische Legitimierung dieser Reproduktionsprozesse schließen. Das Problem liegt darin, dass die verwendeten Kontrollvariablen zu einem großen Teil das Gleiche messen wie soziales Kapital. Zwischen Statuszuweisungen und Sozialkapital besteht ein ständiger Wechselwirkungsprozess. Statuszuweisungen zu t_1 enthalten auch die Wirkungen von Sozialkapital zu t_0 und sie bestimmen dann die Informationskanäle zu t_1. Wie Granovetter in seinem Überblick (1995: 149) anmerkt, sind diese Karrieremerkmale Proxy-Variablen für das Sozialkapital der Person. Dieses akkumuliert sich über Zeit und schlägt sich in dem Status der bekleideten Stellen oder der Zahl der bekleideten Stellen nieder (siehe zu diesem Kumulationsargument Tabelle 9.3). Eine Auseinanderdröselung dieses Verursachungsprozesses würde sehr detaillierte, den genauen zeitlichen Verlauf nachzeichnende Erhebungen voraussetzen.

Lin (1982, 1990) hat im Zuge seiner Forschung zur Bedeutung sozialer Ressourcen für soziale Mobilität einen strukturalistischen Erklärungsansatz formuliert, der eine Synthese der traditionellen Mobilitätsforschung mit den strukturalistischen Argumenten Granovetters anstrebt. Seine Theorie besteht im wesentlichen aus drei Hypothesen:

1. *Abhängigkeit des Erfolgs instrumentellen Handelns von sozialen Ressourcen.* Ausgangspunkt ist eine Unterscheidung von zwei Handlungstypen: dem

instrumentellen Handeln und dem expressiven Handeln. Expressives Handeln dient der Selbstversicherung und der Aufrechterhaltung des Status quo, auch was den vorhandenen Ressourcenbesitz anbetrifft. Expressives Handeln gehorcht einem Homophilie-Prinzip: Gleich und Gleich gesellt sich gern. Solche expressiven Interaktionen laufen typischerweise über strong ties ab. Instrumentelles Handeln dient dagegen der Veränderung. Es geht darum, Ressourcen, die man nicht besitzt, zu beschaffen. Als Ressourcen fungieren Geld, Hilfe, Expertise, Bildung, Informationen usw. *Soziale Ressourcen* sind definiert als solche Ressourcen, die eine Person nicht direkt besitzt, sondern zu denen sie Zugang über ihr Kontaktnetzwerk erhält. Solche sozialen Ressourcen sind für instrumentelles Handeln wie die Suche nach einer geeigneten, gut bezahlten Stelle von großer Bedeutung.

2. *Positionsabhängigkeit sozialer Ressourcen.* Sowohl soziale Positionen als auch Ressourcen sind in der Gesellschaft nicht gleichmäßig verteilt. Es gibt relativ viele untergeordnete soziale Positionen, aber wenig hoch bewertete. In diesem *pyramidalen Aufbau der Sozialstruktur* einer Gesellschaft verteilen sich die Ressourcen nun aber genau umgekehrt proportional zur Besetzungshäufigkeit einer Position. Wenige Akteure in den hoch bewerteten Positionen besitzen den größten Teil der Ressourcen, viele Akteure in den unteren Bereichen der Pyramide besitzen wenige Ressourcen. Dies bezieht sich dann aufgrund des Homophilie-Prinzips nicht nur auf die direkt besessenen Ressourcen, sondern auch auf die sozialen Ressourcen. Mit anderen Worten: *das Kontaktnetzwerk eines Managers wird wertvollere und breiter gestreute soziale Ressourcen vermitteln können als das Kontaktnetzwerk eines Arbeiters.* Und: eine Kontaktperson mit hohem Status wird tendenziell wertvollere Ressourcen vermitteln können als eine mit niedrigerem Status.

3. *Abhängigkeit des Zugangs zu sozialen Ressourcen von der Stärke der Beziehung (weak-tie-Argument).* *Weak ties* vermitteln den Zugang zu Ressourcen, die sich außerhalb des eigenen engeren Kreises und außerhalb der eigenen Positionsstufe in der Sozialstrukturpyramide befinden. Sie sind deshalb ein entscheidender *Faktor für die Möglichkeit sozialen Aufstieges.* Statushöhere Kontaktpersonen, die wertvolle Ressourcen vermitteln können, sollten deshalb eher durch weak ties als durch strong ties erreicht werden können. Dies gilt freilich nur für die unteren Positionsstufen. Hiermit wird statistisch ein Interaktionseffekt vorhergesagt: für Stellensuchende mit niedrigem Status sollte ein Kontaktnetzwerk mit weak ties mehr Vorteile haben als für Stellensuchende mit hohem Status.

Abbildung 9.2: Das Modell sozialer Ressourcen und seine Vorhersagekraft bzgl. des Status des ersten und aktuellen Berufes (Lin et al. 1981a: 398)

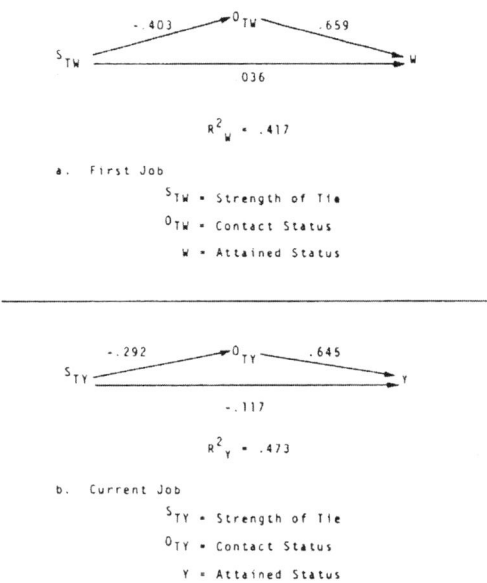

Diese Hypothesen bauen Lin et al. (1981a, 1981b, 1982) in ihrer Albany-Studie in das klassische Duncan-Blau-Modell zum Statuserwerb ein. Die Studie beruht auf einer Zufallsauswahl von männlichen berufstätigen Personen im Alter zwischen 20 und 64 Jahren in der Stadtregion Albany 1975. Von den 399 Befragten fanden 57% ihren ersten Arbeitsplatz über persönliche Kontakte, 59% den zum Zeitpunkt der Befragung bekleideten Arbeitsplatz. Die weiteren Analysen beziehen sich nur auf diese Befragten, deren Kontaktnetzwerk nun weiter untersucht wurde. Hierzu wurden die Befragten nach dem Status der Kontaktperson als Indikator für den „Wert" ihrer sozialen Ressourcen befragt. Die Stärke der Beziehung zur Kontaktperson wurde über die Rollenbeziehung zu ihr operationalisiert. Verwandte, Freunde und Nachbarn wurden als strong ties gewertet, Bekannte als weak ties. Es handelt sich also wieder um ein *Ego-Netzwerk mit nur einer Alter-Person.* Als eine weitere Netzwerkvariable wurde die Stärke der Beziehung zwischen der Kontaktperson und dem Arbeitgeber einbezogen. Es zeigt sich in den Pfadanalysen zur Erklärung des Status der ersten Stelle und der aktuellen Stelle, dass die Variablen zur Messung der sozialen Ressourcen insgesamt 41,7 bzw. 47,3% der Varianz in den beiden abhängigen Variablen erklären können.

Vor allem für den aktuellen Berufsstatus ist auch die Stärke der Beziehung zwischen Kontaktperson und Arbeitgeber wichtig. Je stärker die Beziehung, desto höher der erreichte Berufsstatus. Dies deutet wieder auf die Rolle der Vertrauenswürdigkeit des Informanten. Die erklärte Varianz steigt auf 50,5%. Ebenfalls bestätigt sich der postulierte negative Zusammenhang zwischen Beziehungsstärke und dem Status der Kontaktperson. Über starke Beziehungen erreicht man eher Kontaktpersonen mit niedrigem Status, über schwache Beziehungen dagegen eher höherplazierte Kontakte. Dieser Zusammenhang ist am Karrierebeginn stärker als zum Zeitpunkt der Befragung. Auch dies passt zu den Hypothesen, wenn man unterstellt, dass die Befragten im Schnitt im Verlauf ihres Berufslebens aufgestiegen sind und nun über einen höheren Berufsstatus verfügen. Für schon im oberen Ende in der Sozialstrukturpyramide plazierte Personen ist ja der Vorteil von weak ties schwächer. Die Interaktion zwischen Ausgangsstatus und dem Nutzen von weak ties zeigt sich auch, wenn man als Proxy-Variable für den ersten Status des Stellensuchenden den Status seines Elternhauses verwendet (vgl. Abbildung 9.3).

Grundsätzlich erreichen Befragte aus statushöheren Elternhäusern auch statushöhere Kontaktpersonen. Statusniedrige Befragte können jedoch vom Einsatz von weak ties in ihrem Kontaktnetz stärker profitieren als statushohe Befragte. Für Befragte aus statusniedrigeren Elternhäusern besteht im Status der erreichten Kontaktperson ein Unterschied von 33 Punkten, je nach dem ob man den Kontakt über strong ties oder weak ties erreichte. Auch für die Befragten aus den statushöchsten Elternhäusern führen weak ties immer noch zu statushöheren Kontakten als strong ties (15 Punkte Differenz), allerdings ist der Unterschied nicht mehr so stark und nicht signifikant.

Abbildung 9.3: Herkunftsstatus und Status der Kontaktperson mit differentieller Wirkung von weak ties und strong ties (Interaktionseffekt) (Lin et al. 1981a: 399)

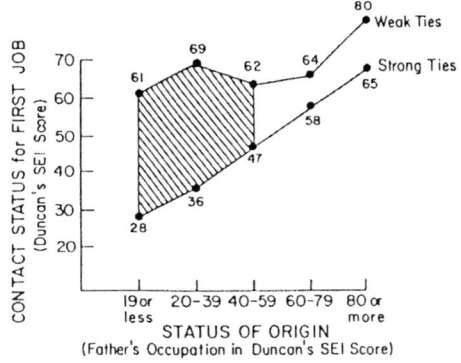

Wenn man diese Variablen in das Duncan-Blau-Modell (erklärende Variablen: Berufsstatus des Vaters, Bildung des Vaters und Bildung des Sohns) aufnimmt, steigt deren Erklärungskraft für den Status des ersten Berufs von 41% auf 53%. Für den aktuellen Beruf steigt der Anteil der durch das Modell erklärten Varianz von 55% auf 65%. Der Status der Kontaktperson ist für den ersten Berufsstatus sogar wichtiger als die Bildungsvariable. Ein großer Teil des Einflusses der Herkunft wird über die strukturellen Variablen vermittelt. Bildung des Vaters und dessen Berufsstatus bestimmen die Bildung des Sohnes. Diese und die Bildung des Vaters sind dafür verantwortlich, ob der Sohn sich eher an Personen niedrigen oder hohen Status bei der Stellensuche wendet. Je höher der Status der Kontaktperson, desto höher ist sowohl der erste als auch der aktuelle Berufsstatus des Sohnes. Dieser strukturelle Effekt ist für den ersten Berufsstatus sogar deutlich größer als der Effekt der Bildung des Sohnes. Für den Berufsstatus des Sohnes zum Zeitpunkt der Befragung liegt der Effekt nur knapp unter dem Effekt der Bildung (b= 0,399 vs. 0,432).

9.1.4 Neue Forschungsfragen

In der Forschung zu sozialer Ungleichheit spielt das Konzept von dualen oder mehrfach gespaltenen Arbeitsmärkten eine immer größere Rolle.[72] Den entscheidenden Einfluss auf die Berufs-, Einkommens- und Lebenschancen hat die Frage, ob man im „ersten" oder „zweiten" Arbeitsmarkt unterkommen kann. Zwischen beiden Märkten gibt es erhebliche, und kaum universalistisch legitimierte Unterschiede. Privilegiert sind die Stammbelegschaften, diskrimiert sind diejenigen, die zur Randbelegschaft zählen. In Normalarbeitsverhältnissen mit Sozialleistungen in großen Unternehmen der prosperierenden Wirtschaftsbranchen gibt es ein hohes Maß an Einkommenschancen, Qualifikationsmöglichkeiten und sozialer Absicherung bei Krankheit und sogar bei Kündigungen. Randbelegschaften, Teilzeitbeschäftigte, Saisonarbeiter oder geringfügig Beschäftigte mit geringer sozialer Absicherung, geringerem Einkommen und geringen Aufstiegschancen, Arbeitnehmer in kleinen Unternehmen und weniger profitablen (oder nicht subventionierten) Wirtschaftsbranchen haben dagegen das Nachsehen. Der Zugang zum ersten oder zweiten Arbeitsmarkt hängt wieder in hohem Maße von der sozialen Einbettung eines Akteurs ab. Diese kann durchaus auch in die Falle führen, so wenn Immigranten Rat und Hilfe bei Leuten aus der eigenen Ethnie suchen und auf ähnlich schlecht bezahlten Arbeitsplätzen landen (Granovetter/Tilly 1988: 192f, Petersen et al. 2000). Zwischen den verschiedenen Arbeitsmarktsegmenten bestehen erhebliche sozialstrukturelle Barrieren (vgl. hierzu z.B. Marsden/Hurlbert 1988, Marsden 2001).

---

72 Vgl. zu Arbeitsmarkttheorien: Sesselmeier/Blauermel 1990; Granovetter/Tilly 1988 aus einer explizit strukturalistischen Perspektive.

Das Interesse an der Analyse von Arbeitsmärkten und den dort ablaufenden Informations- und Matching-Prozessen ist in den letzten Jahren auch in der netzwerkanalytischen Forschungstradition wieder verstärkt zu verzeichnen. Netzwerkanalytische Studien untersuchen dabei die Rolle sozialen Kapitals verstärkt aus der Perspektive der Unternehmen bzw. Arbeitgeber. Dabei werden für einzelne Organisationen oder regional abgegrenzte Branchen die Rekrutierungsmethoden, die Bedeutung der Netzwerkressourcen der Mitarbeiter für die Rekrutierungspraxis des Unternehmens und die relativen Kosten von Rekrutierungsverfahren untersucht.[73] Petersen et al. (2000) untersuchen so die klassische Ungleichheitsfrage, ob zwischen den sozialen Merkmalen des Bewerbers, der von ihm genutzten Bewerbungsmethode und ggf. seinem späteren Einkommen ein Zusammenhang besteht. Hier stellte sich heraus, dass ethnische Minderheiten über weniger Sozialkapital verfügen. Sie bewerben sich seltener mit Referenzen einer dem Unternehmen bekannten Person, über vorhandene Geschäftsbeziehungen oder Personalagenturen. Dies hat Konsequenzen für den weiteren Bewerbungsweg, für den Ort des ersten Vorstellungsgesprächs, die Auswahl für weitere Gespräche, die Chancen auf ein Jobangebot und das angebotene Gehalt.

Einige Studien untersuchen sowohl die Arbeitgeber- als auch die Bewerberseite, also beide Seiten des Matching Prozesses.[74] Die Bedeutung von Sozialkapital des Bewerbers als einem eigenen Rekrutierungskriterium ist am Beispiel der Sicherheitsdienstleistungsbranche nachgezeichnet worden (Erickson 2001). Während für Manager und Verkaufspersonal „gute Kontakte" ein wichtiges Rekrutierungskriterium sind, spielten sie für die Einstellung von Wachleuten oder Technikern aus Arbeitgebersicht keine Rolle. Dies spiegelt sich auch in der Höhe des parallel bei den Beschäftigtentypen für ihre Ego-Netzwerke mit dem Positionsgenerator erhobenen Sozialkapitals. Gemessen wurde, wie viele verschiedene Branchen und Berufsgruppen der Befragte über persönliche Kontakte direkt erreichen kann. Hohes Kapital im Sinne dieser Netzwerkdiversität erhöhte neben Ausbildung und Berufserfahrung die Chancen auf gut bezahlte Managementjobs.

---

73 Vgl. z.B. Fernandez et al. (2000 und 2001) zu den Rekrutierungspraktiken von Call Centern und ihrer Nutzung des Sozialkapitals ihrer Mitarbeiter zur Senkung der Suchkosten.

74 Vgl. Flap/Boxman (2001) zu den Suchstrategien eines Absolventenjahrgangs mit technischer bzw. pädagogischer Hochschulausbildung. Mit einer Panelstudie zum Verbleib der Absolventen und einer nachfolgenden Befragung der Aufnahmeorganisation wurden beide Seiten des Matchings untersucht. Auch die Bedeutung der sozialen Einbettung eines Arbeitnehmers innerhalb seiner Organisation für interne Aufstiegsprozesse wird betrachtet (Seidel et al. 2000).

9.2 Soziales Kapital, unternehmerisches Handeln und die Karrieren von Managern

Im folgenden werden Forschungsergebnisse aus einer Studie zum Funktionieren des bevorzugtesten Arbeitsmarktsegmentes, des internen Arbeitsmarktes in großen Unternehmen, vorgestellt. Sie beruht auf einem explizit netzwerkanalytischen Erhebungsprogramm. Die Netzwerke von Managern wurden als ego-zentrierte Netzwerke erhoben. Netzwerkanalytische Maßzahlen wie die Anzahl der Personen, die Art der Beziehung zu ihnen, die Netzwerkdichte, strukturelle Autonomie und strukturelle Zwänge für die Ego-Personen in ihren Netzwerken können deshalb hier zum Einsatz kommen.

9.2.1 Exkurs: Messung von struktureller Autonomie und strukturellen Zwängen

Das Ausmaß struktureller Zwänge bzw. struktureller Autonomie in Netzwerken ist nach Burt (1992: 51ff) folgendermaßen definiert (vgl. auch nochmals Kapitel 7.4):

1. Ein Akteur hat ein *redundantes Netzwerk* in dem Maße, als er große Anteile seiner Zeit und Ressourcen für Kontaktpersonen j verausgabt, mit denen er auch schon indirekt über andere Kontaktpersonen q verbunden ist. Messen lässt sich dies über einen zusammengesetzten Index der Beziehungsintensitäten im Netzwerk. Die Beziehungsintensität p_{ij} ist die Beziehung von i zu j bezogen auf alle von i ausgehenden Beziehungen. Die zugrunde liegenden Netzwerkdaten können dichotom sein oder auch die Stärke der Beziehung ordinal messen. Die Redundanz in der Beziehung zu j erfasst nun die Summe $\Sigma\, p_{iq}\, p_{qj}$. Sie läuft über alle Akteure q, über die i den j auch indirekt erreichen kann. Zu der Beziehungsintensität zwischen i und j wird nun dieser redundante bzw. „überflüssige" Teil an indirekt verausgabten Netzwerkressourcen hinzu addiert. Der Ausdruck kann maximal den Wert 1 annehmen, dann wenn j für i der einzige Kontakt ist. Je effizienter das Netzwerk von i ist, desto näher bei p_{ij} sind die Werte für die Kontaktakteure j. Je größer das Netzwerk, desto niedriger ist der einzelne p_{ij}-Wert. Niedrige Werte bedeuten also effiziente Netzwerke.
2. Ein Akteur unterliegt *strukturellen Zwängen*, wenn er große Teile seiner Netzwerkressourcen für direkte Kontakte verausgabt, die untereinander eng miteinander verbunden sind (= *wenige oder keine primären strukturellen Löcher*). Für die Messung dieses Konstruktes kann der gleiche Term wie für die Messung der Investitionen in die Beziehung zu j eingesetzt werden. Enge Beziehungen zwischen den beiden Kontakten q und j führen dazu, dass es für Akteur i schwierig wird, den einen gegen den anderen auszuspielen. Das ist vor allem dann ein Problem, wenn i viel in

diese Beziehungen investiert hat. Niedrige Werte bedeuten geringe soziale Zwänge. Werte nahe 1 bedeuten, dass Akteur j erhebliche Zwänge auf die Handlungschancen von Akteur i ausübt.

3. Ein Akteur unterliegt weiter *strukturellen Zwängen*, wenn er große Teile seiner Netzwerkressourcen für das Erreichen indirekter Kontaktpersonen verausgabt, die untereinander eng verbunden sind (= *wenige oder keine sekundären strukturellen Löcher* O_j[75]).

Burt setzt nun diese drei Bestimmungsgrößen für strukturellen Zwang multiplikativ zusammen. Zwang (c_{ij}) für Akteur i, der von Akteur j ausgeht, setzt sich zusammen aus (1) dem Anteil von i's Netzwerkressourcen, die in der Beziehung zu j stecken, multipliziert mit (2) dem Fehlen primärer struktureller Löcher um j, (3) multipliziert mit dem Fehlen struktureller Löcher um die über j erreichten indirekten Kontakte (O_j). Der maximale Wert dieses Produkts beträgt für den von j ausgehenden Zwang 1. Die Netzwerksituation eines Akteurs kann nun durch die über alle seine Netzwerkpersonen j aufsummierten strukturellen Zwänge beschrieben werden und beträgt maximal N (Anzahl der direkten Kontakte). Dieser Zwang ist um so größer, je dichter das Netzwerk des Akteurs ist, und je weniger Netzwerkpersonen es enthält.

Ein differenzierteres Maß für Ego-Netzwerke ist die sogenannte *hole signature* des Netzwerkes einer Person. Sie stellt für alle Netzwerkpersonen die beiden Größen p_{ij} (= Anteil der Ressourcen, die i in den direkten Kontakt zu j investiert) und den von j ausgehenden strukturellen Zwang gegenüber. Dabei werden die Netzwerkpersonen so angeordnet, dass links die Personen stehen, in die (1) am meisten investiert wird und von denen (2) der größte strukturelle Zwang ausgeht. In der hole signature in Abbildung 9.4 hat der Akteur in die Beziehung zu D die meisten Ressourcen investiert (über 0,3). Dies ist gleichzeitig eine Person, von der wenig struktureller Zwang für ihn ausgeht (etwa 0,05). Diese Beziehung ist für den Akteur günstig, die Bandbreite zwischen der oberen und der unteren Linie ist groß. Dagegen ist die Beziehung zu Akteur C problematischer. In C stecken viele Netzwerkressourcen des Akteurs (etwa 0,25), aber C produziert gleichzeitig hohe strukturelle Zwänge (0,2). Die Bandbreite ist gering und verläuft auf hohem Niveau. Für Akteur A verausgabt der Ego-Akteur genauso viele Ressourcen wie für C, aber A produziert weniger strukturellen Zwang. Deshalb ist A rechts von C in der Signatur angeordnet.

---

75 Der Buchstabe O wird für das Fehlen sekundärer struktureller Löcher benutzt, weil das Konzept aus dem Oligopolbegriff abgeleitet ist. Je besser eine Akteurgruppe, der i gegenübersteht, organisiert ist und je kleiner sie ist, desto weniger sekundäre strukturelle Löcher kann der Akteur i nutzen.

Abbildung 9.4: Hole signature für ein Ego-Netzwerk mit fünf Netzwerkpersonen A-E (Burt 1992: 66, siehe Quellenverzeichnis)

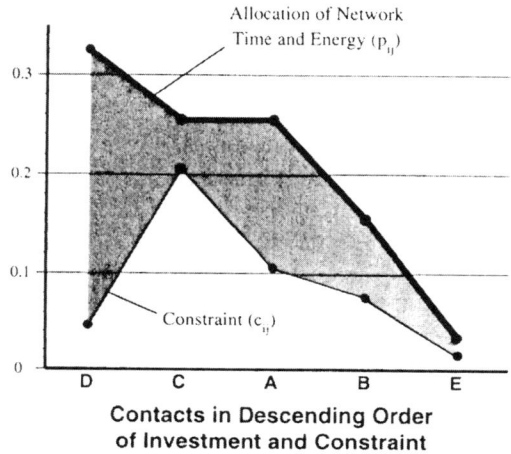

Die schraffierte Fläche in der Signatur misst das unternehmerische Potential im Netzwerk oder die strukturelle Autonomie für den Akteur. Die Fläche unter der unteren Linie misst dagegen, wie weit die Handlungsmöglichkeiten des Akteurs durch strukturelle Zwänge eingeschränkt sind. Unterschiedliche Netzwerkstrukturen führen zu unterschiedlichen Signaturen. Cliquen sind an einem schmalen Band zwischen oberer und unterer Linie ohne Differenzierung zwischen den Netzwerkpersonen zu erkennen. Eine Stern-Struktur um den betrachteten Akteur führt zu einem breiten Band in der Signatur, ebenfalls ohne Differenzierung zwischen den Netzwerkpersonen. Dieses Netzwerk eröffnet die größten unrestringierten Handlungsspielräume. Differenzierungen zwischen den Netzpersonen bedeuten, dass die Attraktivität (obere Linie) und /oder die Sanktionsmöglichkeiten (untere Linie) unter den Netzwerkpersonen ungleich verteilt ist. Eine typische hierarchische Signatur liegt dann vor, wenn Netzpersonen, in die die meisten Ressourcen investiert werden, auch die größten Zwänge ausüben. Das schraffierte Band beginnt dann rechts auf hohem Niveau, ist aber nur schmal: gegenüber dem Vorgesetzten hat man nur wenig Handlungsoptionen. Von rechts nach links wird das Band breiter, sinkt aber im Niveau. Gegenüber Kollegen und unterstelltem Hilfspersonal hat man zwar mehr Handlungsmöglichkeiten, aber für die Beziehung zu ihnen sind relativ weniger Ressourcen übrig.

9.2.2 Zwei Sorten von sozialem Kapital

Burt (1992: Kapitel 4) wendet seine Theorie der Vorteile struktureller Löcher auf eine Analyse von unternehmensinternen Karrieremustern von Managern eines amerikanischen Technologiekonzerns an. Die Häufigkeit und Lage von strukturellen Löchern in den Ego-Netzwerken von Arbeitnehmern sollten danach darüber bestimmen, welchen Ertrag sie aus ihrem Humankapital ziehen können. Dieses Wirken von strukturellen Einbettungen sieht Burt als Ursache dafür, dass der Ertrag aus Humankapital für Manager größer ist als für Arbeiter und auch unter den Managern verschieden. In seiner Analyse untersucht er, wie überproportionale bzw. unterproportionale Erträge aus Humankapital mit der durch strukturelle Löcher produzierten strukturellen Autonomie in den Ego-Netzwerken von Managern zusammenhängen.

Die Grundgesamtheit der Studie sind 3.303 Manager des untersuchten Konzerns, aus denen eine *geschichtete Stichprobe schriftlich befragt* wurden (n= 547). Schichtungskriterien waren Unternehmensbereich/Abteilung, Arbeitsort, Geschlecht, Hierarchieebene und Zugehörigkeitsdauer. Als Anreiz für die Teilnahme wurde den Befragten eine Analyse des eigenen Netzwerkes in Aussicht gestellt, was 94% in Anspruch nahmen. Mit diesem Kunstgriff stellt Burt eine relativ hohe Antwortrate (52%) und eine gute Antwortqualität sicher. Abbildung 9.5 stellt die *für die Erhebung des Ego-Netzwerks benutzten Namensgeneratoren* zusammen. In Klammern sind jeweils die kleinste, größte und durchschnittlich genannte Zahl der Netzwerkpersonen angegeben.

Das durchschnittliche Managernetzwerk umfasst 12,6 Personen. Mehr als 84% der Nennungen sind firmenintern. Familienkontakte machen durchschnittlich nur 6% aus, Freunde außerhalb des Unternehmens knapp 10%. Gut 22% der genannten Netzwerkpersonen sind mit Ego über formale Weisungsbeziehungen im Unternehmen verbunden (solid lines in Burts Terminologie). Ein knappes Drittel davon sind Vorgesetzte. Knapp ein Viertel der Netzwerkpersonen ordnet Burt als „gestrichelte Linien" im Organigramm des Unternehmens ein. Es handelt sich dabei um informale Weisungsbeziehungen, die sich in Unternehmen mit einer Matrixstruktur (=Mischung aus funktionalem und divisionalem Aufbau) ergeben. 37,5% der Netzwerkpersonen sind Angehörige des Unternehmens, die nicht in einer vom Unternehmen formal vorgegebenen Beziehung zu Ego stehen, von diesem aber als relevant für seinen Erfolg und seine Arbeit im Unternehmen genannt wurden (thin lines). Der *Netzwerkaufwand* für die Kontaktpersonen und die *strukturellen Löcher* in Egos Netzwerk wurden ermittelt über die Beziehungsstärke zwischen Ego und jeder genannten Netzwerkperson (Ausprägungen von 1=sehr eng bis 4=distanziert), sowie zwischen den Netzwerkpersonen (1=sehr eng bis 3=distanziert oder Fremde). Da alle Angaben nur über Ego erhoben wurden, sind die Netzwerke symmetrisch.

Abbildung 9.5: Namensgeneratoren der Managerstudie (Burt 1992: 123)

Now to your network. The first step is to identify core relationships in it. The next few questions ask for the names of people with whom you have specific kinds of relations. People with whom you have more than one kind of relation can be listed more than once. To make later questions easier to answer, just list the first names or initials of the people with whom you are most strongly connected by each kind of relation.

1. We'll start with a general question. From time to time, most people discuss important matters with other people, people who they trust. The range of important matters varies form person to person, across work, leisure, family, politics, whatever. The range of relations varies across work, family, friends, and advisors. *If you look back over the last six months, who are the four or five people with whom you discussed important matters to you?* Remember, just list their first names or initials. (Min: 2; Max: 11; Mittel: 4,9)
2. Consider the people with whom you like to spend your free time. *Over the last six months, who are the three people you have been with most often for informal social activities such as going out for lunch, dinner, drinks, films, visiting one another's home, and so on?* (Min: 0; Max: 4; Mittel: 2,9)
3. Do your job responsibilities include assigning work to direct report managers? If YES: *In your opinion, who among them is the most likely to be successful at (THE FIRM)?* (Min: 0; Max: 4; Mittel: 0,7)
4. *Who would be considered your immediate supervisor?* (Min: 0; Max: 2; Mittel: 1)
5. *Of all the people working for (THE FIRM), who are the four or five people who have contributed most to your professional growth within (THE FIRM) – your most valued contacts?* (Min: 0; Max: 6; Mittel: 4,2)
6. Making things happen at (THE FIRM), as in many high technology firms, requires buy-in from people working in other groups within the firm. Suppose you were moving to a new job and wanted to leave behind the best network advice you could for the person moving into your current job. *Who are the three to four people you would name to your replacement as essential sources of buy-in for intiatives coming out of your office?* (Min: 1; Max: 6; Mittel: 3,6)
7. *Of all the people you know at (THE FIRM), whom do you see as your single most important contact for your continued success within the firm?* (Min: 0; Max: 3; Mittel: 1)
8. *At the other extreme, who among the people working for (THE FIRM) has made it the most difficult for you to carry out your job responsibilities?* Again just list the person's first name or intials (and remember that these data will not be released from the Research Program at Columbia except as aggregate statistics of groups of managers). (Min: 0; Max: 2, Mittel: 0,9)
9. *If you decided to find a job with another firm doing the kind of work you do at (THE FIRM), who are the two to three people with whom you would most likely discuss and evaluate your job options?* These could be people who work at (THE FIRM), or people outside the firm such as friends, family, or people who work at other firms. (Min: 0; Max: 5; Mittel: 2,8)

Für die strukturellen Löcher zwischen den indirekten Kontakten gibt es in der Managerstudie keine verwertbaren Informationen. Sie werden deshalb nicht in die Berechnungen einbezogen. Dies ist gleichbedeutend mit der Annahme, O_j sei für alle Netzwerkpersonen j gleich 1. Dies ist dann der Fall, wenn das von j erschlossene Akteurcluster sehr gut organisiert ist. Dann hat Akteur i keine Chance, den aktuellen Kontaktakteur j gegen andere Akteure seines Clusters auszuspielen. In einer anderen Studie über den Einfluss struktureller Einbettungen auf die Profitraten verschiedener Branchen benutzt Burt als eine Hilfsvariable zur Schätzung von O_j den Konzentrationsgrad der Branchen.

Als *Maßzahlen für den Karriereerfolg* der Manager verwendet Burt Daten über das Alter der Manager bei der letzten Beförderung, die Verweildauer in der aktuellen Position und die Hierarchiestufe dieser Position. Diese Daten stammen nicht aus der Befragung, sondern aus den Personalakten des Unternehmens. Seine abhängige Variable ist jedoch nicht die Ausgangsvariable selbst. Um andere Drittvariablen zu kontrollieren, berechnet er die für die verschiedenen Gruppen (Geschlecht, Unternehmensbereich/Abteilung, Arbeitsort, Hierarchiestufe, Zugehörigkeitsdauer) zu erwartenden Mittelwerte im Alter bei der letzten Beförderung und in der Verweildauer in der aktuellen Hierarchiestufe (Varianzanalyse). Was ihn interessiert sind nun die Abweichungen von diesen Mittelwerten, die – so seine Hypothese – auf die strukturellen Löcher in den Managernetzwerken zurückzuführen sind.[76] Abhängige Variable ist also (1) das Ausmaß, in dem Manager vom Normalfall abweichen, weil sie in sehr jungem oder sehr fortgeschrittenem Alter eine Hierarchiestufe erreicht haben, und (2) das Ausmaß, in dem sie vom Normalfall abweichen, weil sie erst kurz oder schon sehr lange in der aktuellen Position sind. Negative Werte bedeuten einen langsameren Karrierefortschritt als nach den Personmerkmalen eigentlich zu erwarten ist, positive Werte bedeuten einen rascheren Karrierefortschritt.

Die ersten *Ergebnisse* zum Zusammenhang zwischen strukturellen Zwängen und Karriereerfolg sind jedoch enttäuschend. Die Korrelationskoeffizienten sind niedrig (r=-0,149 für frühe Beförderung, r=-0,164 für schnelle Beförderung, r=-0,235 für schnelle Beförderung ohne Manager, die erst kürzlich befördert wurden), wenn sie auch signifikant sind und das vermutete Vorzeichen aufweisen. Je weniger strukturelle Löcher bzw. je mehr strukturelle Zwänge das Ego-Netzwerk des Managers enthält, um so schlechter sind seine Karrierechancen.

Eine Suche nach den Ursachen ergibt *große Unterschiede der Wirkung der strukturellen Löcher in den verschiedenen Teilgruppen.* Den größten Vorteil von strukturellen Löchern haben Manager in den höchsten Hierar-

---

76 Zur Normalisierung wird die Abweichung zwischen dem in der Varianzanalyse für eine Person vorhergesagten Wert und ihrem tatsächlichen Wert nochmals auf den vorhergesagten Wert bezogen.

chiestufen und solche in sozialen Frontstellungen. Hierunter fasst Burt Arbeitssituationen mit hohen Unsicherheiten, hoher Neuheit, geringer Kalkulierbarkeit und hoher Beteiligung von Nicht-Firmenpersonal zusammen. Manager, die an peripheren Standorten arbeiten, die nicht vorwiegend mit internen Mitarbeitern, sondern mit externen Geschäftspartnern zu tun haben oder die neu in der Firma sind, profitieren stärker von strukturellen Löchern als Produktionsmanager, alte Hasen und Manager am Kernstandort des Unternehmens.

Es gibt *zwei abweichende Ergebnisse: für Frauen und für Männer auf der untersten Hierarchiestufe* sind die Korrelationen zwischen Karriereerfolg und strukturellen Zwängen nicht negativ, sondern positiv. Für beide Gruppen gilt, dass für sie hierarchische Netzwerke, die sich um ein oder zwei höherrangige Personen im Unternehmen ranken, eher erfolgversprechend sind als die sogenannten unternehmerischen Netzwerke mit vielen strukturellen Löchern und wenig Abhängigkeiten.

Den Besonderheiten der Karrierebedingungen und optimalen Karrierestrategien von Frauen wird im folgenden nachgegangen. Frauen im allgemeinen und solche Männer auf der untersten Hierarchiestufe haben ein gemeinsames Problem, das die unternehmerische Strategie für sie zu einer Sackgasse macht: ihre Position ist nicht unumstritten, sie brauchen intern erhebliche *Legitimation*. Sie müssen beweisen, dass sie dazugehören, dass sie ihre Arbeit gut machen. Sie brauchen Anerkennung von oben. Und solche Legitimation kann man nicht aus strukturellen Löchern beziehen. Hierfür braucht man Beziehungen zu ein oder zwei ranghöheren strategischen Partnern mit Protektionsmöglichkeiten.

Eine Clusteranalyse über die Strukturparameter aller Netzwerke ergab vier verschiedene Netzwerktypen gemessen an den „hole signatures" (Abbildung 9.4). Zwei dieser Netzwerktypen haben einen *unternehmerischen Zuschnitt* (A und B in Abbildung 9.6). Es sind Netzwerke mit vielen Kontaktpersonen, die allesamt eher niedrige Zwänge ausüben können. Die Typen A und B unterscheiden sich nur graduell: das B-Netzwerk ist etwas kleiner und die unternehmerischen Potentiale gegenüber der wichtigsten Netzwerkperson sind etwas geringer. Während es im A-Netzwerk nur zwei Kontakte mit hohen Investitionen gibt, gibt es im B-Netzwerk eine dritte Person mit hoher Wichtigkeit/Nähe für den Ego-Akteur.

Ein dritter Netzwerktyp kommt einem klassischen *Cliquennetzwerk* nahe. Im C-Typ gibt es wenig Differenzierung zwischen den Netzwerkpersonen, die stark untereinander verbunden sind. Der Unterschied zu den unternehmerischen Netzwerken rührt nicht von der Verbundenheit zwischen den Kontaktpersonen per se. In den unternehmerischen Netzen beträgt die mittlere Dichte 0,86, in den Cliquennetzen 0,85. Die geringere strukturelle Autonomie wird vielmehr dadurch verursacht, dass diese Verbindungen in den Cliquennetzen häufiger eng sind als in den unternehmerischen Netzen. Das macht es für Ego schwer, vorteilhafte Geschäfte als Brückenperson einzufädeln: seine Kontakte brauchen ihn dazu nicht. Ein weiterer Unterschied ist die geringere Zahl der Netzwerkpersonen.

Abbildung 9.6: Typen A-C der Managernetzwerke
(Burt 1992: 141, siehe Quellenverzeichnis)

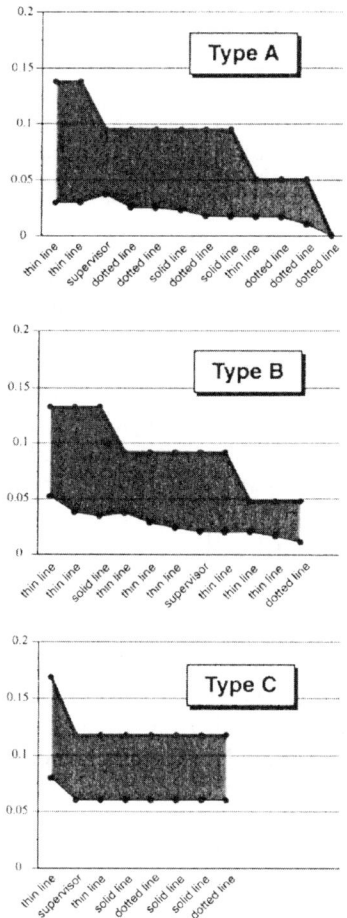

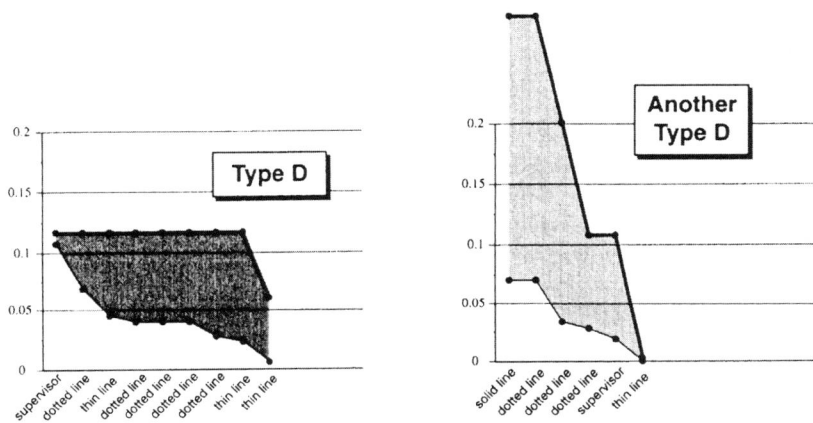

Das Unterscheidungsmerkmal des vierten *Netzwerktyps D* ist der Grad der *Hierarchisierung*: in ihnen gibt es einen oder zwei Netzwerkakteure, die sich von allen anderen im Ausmaß der von ihnen ausgehenden strukturellen Zwänge unterscheiden. Der Umfang ist ebenfalls geringer als in unternehmerischen Netzwerken. Bezüglich der Kontaktintensität sind diese Netzwerk unterdurchschnittlich. Die korrigierte Netzwerkdichte (ohne Ego) beträgt 0,67, auch die durchschnittliche Beziehungsintensität ist niedriger.

In der Abbildung 9.7 sind zwei Typ-D Netzwerke abgebildet, um auf einen wesentlichen strukturellen Unterschied zwischen *Vorgesetzten-Netzwerken* und *Nicht-Vorgesetzten-Netzwerken* hinzuweisen. Das erste Netzwerk ist um den einen wesentlichen Kontakt, den Vorgesetzten, aufgebaut. Das zweite Netzwerk dagegen hat zwei wichtige Kontakte. Einer hiervon ist eine formale Beziehung, der andere eine informale Weisungsbeziehung. Während im ersten Netzwerk der Vorgesetzte die zentrale Rolle spielt, ist dieser im zweiten Netz von untergeordneter Wichtigkeit. Der Aufbau solcher Netzwerke um ein oder zwei vorgesetzte hochrangige Kontaktpersonen, die aber nicht die unmittelbaren Vorgesetzten sein dürfen und möglichst aus verschiedenen Unternehmensabteilungen kommen sollten, ist die richtige Karrierestrategie für Jungmanager und Managerinnen aller Positionsstufen. Sie brauchen hierarchische Protektion, um weiterzukommen. Dies soll gleich mit einigen Ergebnissen aus Burts Studie belegt werden.

Zunächst ist aber nach den strukturellen *Gründen für die Karrieredifferenzen* zwischen den beiden D-Netzwerken zu fragen. Das Ego des zweiten Netzwerks profitiert von sogenannten institutionellen Löchern zwischen zwei hochrangigen Kontakten oder zwischen einem hochrangigen Kontakt und dem unmittelbaren Vorgesetzten. Ein Ego-Akteur, der sowohl Beziehungen zum Chef der Verkaufsabteilung als auch der Entwicklungsabteilung hat, kann auch dann, wenn diese Personen einander kennen, aus den Differenzen in den Handlungslogiken der beiden Abteilungen Vorteile ziehen, um eigene Pläne durchzusetzen. Geht es ihm z.B. um die Einführung eines neuen technisch anspruchsvollen Produkts, so kann mit der Unterstützung des Entwicklungschefs gerechnet werden. Soll dagegen ein „Null-acht-fünfzehn"-Produkt konstruiert werden, so sollte er sich besser an den Verkaufsdirektor wenden.

Ähnlich ist es, wenn der eigene direkte Vorgesetzte nicht zugleich die Quelle hoher struktureller Zwänge ist. Gegen den direkten Vorgesetzten kann man am besten argumentieren nicht mit Hilfe aus der eigenen Abteilung, sondern aus anderen Abteilungen. Der Vorgesetzte des Vorgesetzten ist hier strategisch gut geeignet, aber auch andere Abteilungsleiter usw. Der unmittelbare Vorgesetzte ist auch aus einem weiteren Grund ein schlechter strategischer Partner. Im Alltagsgeschäft hat man mit ihm viel zu tun: es gibt auch mal Ärger. Verstimmungen in der Beziehung sind viel wahrscheinlicher als in Beziehung zu weiter entfernten hochrangigen Partnern. Ein dritter Grund ist das bereits aus der Stellensuche bekannte Argument der Vertrauenswürdigkeit eines Informanten. Ein Chef muss seine Untergegebenen protegieren. Das wird von ihm erwartet, solange es sich nicht um absolute „Nieten" handelt. Protektion durch andere als den Chef ist dagegen wesentlich aussagekräftiger für die guten Fähigkeiten des Protegierten.

Nun zu den Ergebnissen: In dem Entscheidungsbaum in Abbildung 9.8 werden die 288 untersuchten Ego-Netzwerke sukzessive nach drei Kriterien aufgeteilt: (1) nach dem Ausmaß der Hierarchie in der Verteilung der strukturellen Zwänge auf einzelne Kontaktpersonen, (2) nach dem Typus des Netzwerks und (3) nach dem Ausmaß, in dem die Ego-Akteure soziale Beziehungen unterhalten, die über die eigene Arbeitsgruppe hinausgehen. Indikator hierfür waren die Netzwerkgeneratoren 2 und 9 (siehe Abbildung 9.5).

Akteure, die viele ihrer sozialen Beziehungen im Unternehmen, aber außerhalb der eigenen Abteilung unterhalten, haben chancenorientierte soziale Netzwerke. Solche die dagegen auch ihre sozialen Beziehungen auf die eigene Abteilung konzentrieren, haben kurzfristig aufgabenorientierte Netzwerke. Anhand dieser Kriterien lassen sich acht Netzwerktypen oder Netzwerkstrategien unterscheiden. Für diese Typen werden nun die Erfolgsaussichten berechnet, und zwar getrennt für männliche Manager auf der höchsten Hierarchiestufe (rechte Ergebnisspalte), für Frauen und Jungmanager (linke Ergebnisspalte). Erfolg ist bemessen danach, ob man in jüngerem Alter als durchschnittlich zu erwarten ist, eine bestimmte Beförderungsstufe erreicht hat. Ein Wert von Null bedeutet, dass der mittlere Wert für die betrachtete Gruppe genau dem entspricht, was man aufgrund von Geschlecht, Zugehörigkeitsdauer, Arbeitsort, Abteilung und Hierarchiestufe des Managers erwarten würde. Positive Werte bedeuten, dass die aktuelle Beförderungsstufe in jüngeren Jahren erreicht wurde. Negative Werte bedeuten, dass die aktuelle Beförderungsstufe erst in relativ höherem Alter erreicht wurde.

Abbildung 9.8: Entscheidungsbaum für die optimale Netzwerkstrategie eines Managers (Burt 1992: 158, siehe Quellenverzeichnis)

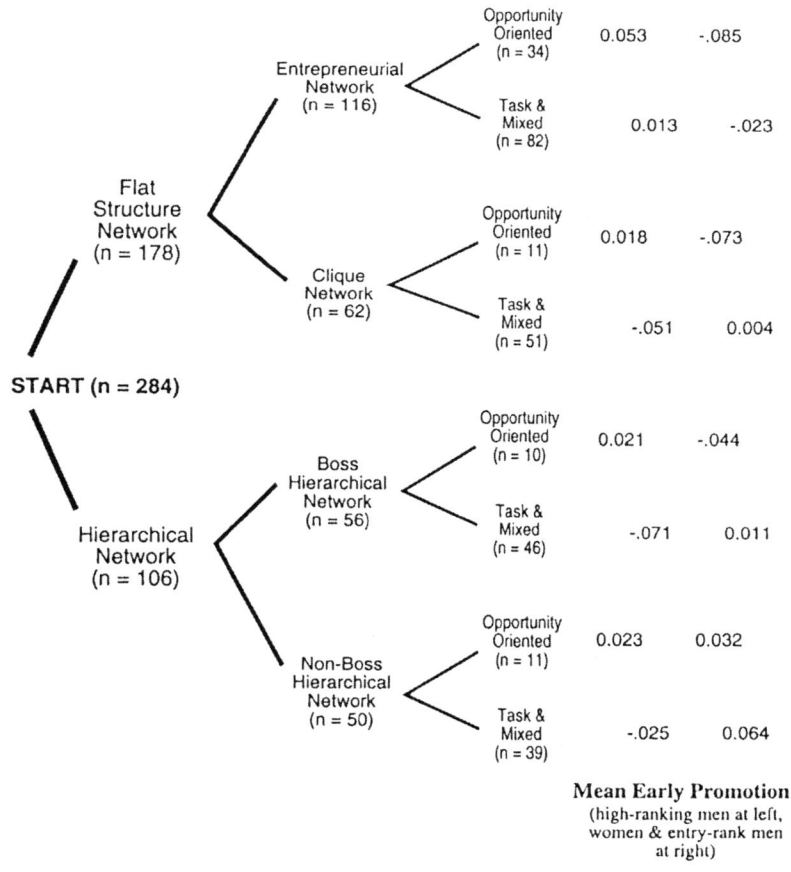

Es zeigt sich nun, dass für hochrangige männliche Manager flache Netzwerkstrukturen und insbesondere unternehmerische Netzwerktypen karriereförderlicher sind als hierarchische Netzwerktypen. Des weiteren wirkt sich in jedem Entscheidungsast ein chancenorientiertes Netzwerk positiv aus. Kurzfristig auf die Aufgaben in der eigenen Abteilung orientierte Netzwerke führen für hochrangige Manager immer zu relativen Verschlechterungen in den

Beförderungschancen. Für Frauen und Jungmanager ist die Situation genau umgekehrt. Eine Beförderung in eher jungen Jahren ist am wahrscheinlichsten, wenn sie ein hierarchisches Netzwerk um einen strategischen Partner aufbauen, der nicht ihr direkter Vorgesetzter ist, und ihre sozialen Beziehungen aufgabenorientiert auf die eigene Abteilung konzentrieren.

Diese höchst verschiedene Wirkung von unternehmerischen vs. hierarchischen Netzwerkstrategien, die Burt selbst herausstellt, lässt sich verbinden mit einer *Kritik von Podolny und Baron (1997) an Burts Konzept des sozialen Kapitals*. Sie problematisieren, dass Burts Konzeption in hohem Maße ökonomisch motiviert sei. Er verkenne die *Bedeutung unterschiedlicher Beziehungsinhalte und unterschiedlicher Netzwerkfunktionen*. Während in aufgabenbezogenen Netzwerken ein Netzwerk mit vielen strukturellen Löchern die beste Informationsbasis und die aussichtsreichsten unternehmerischen Handlungsmöglichkeiten sichert, werden *für die Absicherung von Loyalitäten und die Sozialisation stabiler Identitäten andere Netzwerkstrukturen gebraucht*. In diesem Zusammenhang weisen sie auf das schon in Kapitel 5.3.2 vorgestellte Argument von Coleman hin, dass auch *dichte, homogene und nach außen geschlossene Netzwerke eine Grundlage sozialen Kapitals* sein können.[77] In einer eigenen Untersuchung von Managerkarrieren mit einem der Burt-Studie vergleichbaren Design unterscheiden sie zwischen Beziehungen, die dem aufgabenbezogenen Ressourcen- und Informationsfluss dienen und solchen Relationen, die der Identitätsbildung, Sozialisation und Norminternalisierung dienen. Weak ties und heterogene Netzwerke sind nach ihren Hypothesen nur für den ersten Typus von Beziehungen nützlich. Geht es aber um die Identitätsbildung und die Legitimation von Personen im Unternehmen, so sind divergierende Bezugsnetze im Gegenteil eher hinderlich und können der eigenen Karriere schaden.

Burt (2000, 2001) belegt in späteren Arbeiten sein Argument des positiven Zusammenhangs zwischen Netzwerken mit vielen strukturellen Löchern und der Performanz von Managern mit weiteren Studien. Alle beruhen auf seinem oben beschriebenen Erhebungsverfahren, verwenden jedoch unterschiedliche Performanzkriterien (Bewertung durch das Unternehmen, frühzeitige Beförderung, Einkommen und Bonuszahlungen). Gleichzeitig diskutiert er aber auch Möglichkeiten zur Integration der widersprüchlichen Ergebnisse zum Effekt struktureller Löcher und sozialer Schließung . Dabei

---

[77] Ein ähnliches Argument trägt Wegener (1991) für die allgemeine Statuserwerbsforschung vor. Im Widerspruch zu Lin (vgl. Kapitel 9.2.2) postuliert er, dass nur statushohe Individuen, die sich in ihren dichten Netzwerken an der Statusgrenze nach oben befinden, einen Vorteil von weak ties haben. Für statusniedrigere Individuen bestehe dagegen über strong ties innerhalb des eigenen dichten Netzes der beste Zugang zu Jobinformationen und Vermittlungshilfe. Dabei setzt er voraus, dass die dichten persönlichen Netzwerke immer mehrdimensional stratifiziert sind und eine gewisse Statusbandbreite aufweisen.

kommt er zu einem wesentlichen Unterscheidungskriterium hinsichtlich der Aufgabenstellung eines Managers: es kann darum gehen, neue Werte zu entdecken oder darum, ihren Wert auch zu realisieren. Für die Messung der Balance beider Anforderungen schlägt er vor, zwischen internen und externen strukturellen Löchern z.B. von Arbeitsgruppen zu unterscheiden. Eine Arbeitsgruppe ist – so seine Hypothese – dann am produktivsten, wenn sie bei vielen und nicht-redundanten externen Ties (= gute Entdeckerqualitäten) intern gut integriert (= gute Umsetzungsqualitäten) ist. Hierarchie ist dabei nach seiner Einschätzung eine effizientere Struktur zur Gewährleistung interner Integration als soziale Schließung. Weitere Kontingenzfaktoren, die den Wert von strukturellen Löchern bestimmen, sind der Inhalt der Relation (informale persönliche Kontakte: hoher Wert; Autoritätsbeziehungen: gemischte empirische Evidenzen), Aufgabenunsicherheit (hoher Wert), Wettbewerbsintensität (bei vielen in der Position gleichartigen Akteuren sinkt der Wert) und das Management einer Außenseiterposition (niedriger Wert: starke, hierarchische Ties in die Organisation erforderlich).

9.3 Organisationen zwischen Kooperation und Wettbewerb

Wesentliche Fragestellungen der netzwerkanalytischen Betrachtung des Innenlebens von Organisationen sind Analysen von Autoritäts- und Kontrollprozessen und die Zusammenhänge zwischen Kommunikations- und Kooperationsbeziehungen innerhalb der Organisation und der Leistungsfähigkeit der Organisation. In Analysen von Interorganisationsnetzwerken stehen verschiedene Erfolgsparameter der Organisation wie Überleben, Wachstum, Rentabilität und Innovationsfähigkeit im Mittelpunkt. Von besonderer Bedeutung ist dabei das Verhältnis von Kooperation, Vertrauen und sozialer Schließung einerseits und Konkurrenz, Mißtrauen und arm's-length Beziehungen andererseits. Ein zweiter wachsender Forschungszweig widmet sich der Analyse des Entstehens von Organisationsnetzwerken und Unternehmensallianzen und den Mechanismen, die zu ihrer Veränderung und zu kollektiven emergenten Effekten führen.[78]

9.3.1 Netzwerke als erklärende Variablen

Ein Beispiel für eine Studie eines intraorganisationalen Netzwerks ist Hansens (1999) Forschungsfrage, ob Wissensteilung innerhalb von Organisationen eher durch weak ties oder strong ties zwischen den Organisationseinheiten befördert wird. Er untersuchte 120 Entwicklungsprojekte in einem großen

---

78 Vgl. hierzu ausführlicher Jansen 2003.

Elektronikkonzern. Als Indikator für die abhängige Variable „Innovationsfähigkeit" verwendete er die Entwicklungszeit, die in der Elektronikindustrie von großer Bedeutung für den Erfolg einer Neuentwicklung auf dem Markt ist. Netzwerkknoten waren 41 den Sparten zugeordnete Organisationseinheiten des divisionalisierten Unternehmens mit international verteilten Standorten. Die Studie ist auch ein Beispiel für die parallele Verwendung von relationalen und nicht-relationalen Erklärungsfaktoren und die aufeinander bezogene Verwendung von Daten aus unterschiedlichen Quellen: Netzwerkdaten der Manager der FuE-Abteilungen der 41 Sparten, Projektdaten aus einer Befragung von Projektmanagern von 120 Projekten, die den Organisationseinheiten zugeordnet werden konnten.

Die Daten wurden über zwei Fragebögen erhoben, die über das unternehmensinterne Kommunikationssystem verteilt wurden. Der erste Fragebogen wandte sich an den Forschungs- und Entwicklungsmanager der Organisationseinheit und erfragte deren Netzwerkeinbettung im Unternehmen. Dabei wurden nicht persönliche Beziehungen, sondern regelmäßige informale Kontakte zwischen den Einheiten erfragt. Jeder Tie wurde einem komplexen Validierungsverfahren unterworfen, indem zunächst die Validierung durch die leitenden Forschungsmanager des Unternehmens eingeholt wurde und in einem zweiten Nachfrageverfahren eine Bestätigung eines eingehenden bzw. ausgehenden Ties durch den Sender oder Empfänger erfragt wurde (bestätigte Netzwerkbeziehungen, vgl. Kapitel 4.1.2). Zusätzlich wurden Lizenzierungen zwischen den Abteilungen und gemeinsame Mitgliedschaften in offiziellen Technologiegruppen als Ties gewertet. Die Stärke der Beziehung wurde über zwei Likert-Skalen operationalisiert: Häufigkeit des Austauschs und wahrgenommene Intensität des Ties. Der zweite Fragebogen wandte sich an die Projektmanager in 147 Entwicklungsprojekten aus den letzten drei Jahren, die aufgrund von Aktenanalysen ausgewählt worden waren. In 54 Projekten berichteten die Projektmanager über einen Wissenstransfer von anderen Organisationseinheiten in das Projekt. Der Rücklauf betrug nach einem Nachfassverfahren 100% für die Netzwerkdaten und 85% für die Projektdaten.

Als theoretisch weiterführend erwies sich eine Differenzierung zwischen Such- und Transferprozess und zwischen explizitem, kodifizierten "stand alone" Wissen einerseits und komplexem, oft impliziten Wissen als wesentlichen Kontingenzfaktoren. Die Chance einer Organisationseinheit zur rechtzeitigen und übergreifenden Integration von Wissen in das Projekt[79] stieg nur

---

79 Da sowohl beendete als auch noch laufende (sogenannte rechtszensierte Fälle) Projekte untersucht wurden, wurde als Design eine Ereignisanalyse gewählt. Geschätzt wurde mit einem Piecewise Constant Exponentialmodell die Übergangsrate, d.h. die Chance eines Projektes zum Zeitpunkt t beendet zu werden, gegeben dass es zuvor noch nicht beendet worden war. Die Erklärungsfaktoren zum Wissenstyp konnten nur in den Fällen eingesetzt werden, in denen von einem Transfer berichtet wurde. Parallel

dann mit der mittleren Weakness ihrer Ties zu anderen Organisationseinheiten, wenn es sich dabei nicht um implizites oder komplexes Wissen handelte. Die negativen Interaktionseffekte zwischen Tie-Weakness und den Eigenschaften des Wissens konterkarieren dagegen den positiven Haupteffekt, sobald die Komplexität und Implizitheit des transferierten Wissens in etwa beim Mittelwert liegen. Für höhere Werte ist der Nettoeffekt von Weak Ties auf die Projektdauer deutlich negativ.

Weak Ties könnten das Suchverfahren eines Projekts dadurch verbessern, dass sie zu weniger redundanten Wissensquellen führen, oder dadurch dass mit der schwächeren Kopplung zu den anderen Organisationseinheiten geringere Hilfeverpflichtungen verbunden sind. Die Redundanz der Wissensquellen wurde in Anlehnung an Burt (1992) auf zwei Wegen gemessen: erstens durch die mittlere Beziehungsdichte zwischen den Kontakten der fokalen Organisationseinheit und zweitens durch deren strukturelle Äquivalenz (operationalisiert als euklidische Distanz zwischen den Beziehungsprofilen). Die strukturelle Äquivalenz der Kontakte hatte keinen signifikanten Effekt. Die Kohäsion zwischen den Kontaktpartnern hatte allerdings entgegen der Hypothese der strukturellen Löcher einen positiven Effekt auf die Dauer eines Projektes, wobei jedoch der positive Effekt der Tie-Weakness selbst fast unverändert und signifikant blieb. Die Prüfung der Hypothese, dass Hilfeverpflichtungen zu Projektverzögerungen führen, operationalisiert über den Anteil reziproker Wissensaustauschbeziehungen (nicht signifkant), zeigte ebenfalls keine Veränderung der Wirkung von Tie-Weakness. Die positive Wirkung von Tie-Weakness geht also weder auf ihre Nicht-Redundanz noch auf geringere Hilfeverpflichtungen im Unternehmen zurück.

Zu ähnlichen Ergebnissen kam Ahuja (2000) auf der Basis einer Analyse von technologischen Allianzen zwischen Unternehmen der Chemieindustrie weltweit (interorganisationales Gesamtnetzwerk), die ebenso wie deren Patentanmeldungen zeitbezogen anhand von Sekundärdaten erhoben wurden. Die Anzahl der direkten Beziehungen (Degree-Zentralität) und der in verschiedener Weise gewichteten indirekten Beziehungen wirkten positiv auf den Patentoutput eines Unternehmens in der folgenden Periode. Es gab einen den Effekt der Netzwerkeffizienz bestätigenden Interaktionseffekt zwischen direkten und indirekten Beziehungen, d.h. der zusätzliche Nutzen von weiteren direkten Beziehungen sank mit der Zahl indirekter Beziehungen und vice versa. Aber die Hypothese einer positiven Wirkung struktureller Löcher wurde widerlegt. Im Gegenteil: je besser Beziehungen in ein Netzwerk eingebunden waren, also auch Beziehungen zu den Partnern der Partner bestanden, desto höher war der Patentoutput und umgekehrt: je weniger Schließung die Forschungskooperations-

---

wurden die 66 Fälle ohne einen solchen Transfer bezüglich der Wirkung von mittlerer Tie-Weakness (nicht signifikant) und den Redundanzindikatoren (nicht signifikant) analysiert, um auszuschließen, dass Tie-Weakness in dieser Fallgruppe von Bedeutung ist.

netzwerke eines betrachteten Unternehmens aufwiesen, desto geringer war der Innovationserfolg. Dies lässt sich möglicherweise als ein Effekt der Notwendigkeit von wechselseitiger und interdependenter Anpassung und Verständigung deuten, die über Dyaden hinausgeht (pooled resources). Neben dieser kognitiven Deutung ist aber auch eine Deutung möglich, die die Lösbarkeit des Kollektivgutproblems innerhalb einer solchen Forschungsallianz als vorrangig betrachtet. Erst innerhalb der sozial geschlossenen Gruppe entstehen die Reputationsmechanismen und das Potential an Monitoring und Sanktionierung, dass den offenen Austausch von auch implizitem Wissen der Akteure und die Offenlegung der eigenen Absichten erlaubt.

Diese Interpretation wird gestützt durch Ergebnisse einer experimentellen Studie von Rooks et al. (2000) zu den Faktoren, die die Höhe der für das Management einer Beziehung für erforderlich gehaltenen Ressourcen (= Transaktionskosten) bestimmen. Implizit verwendet die Studie ein Ego-Netzwerk-Design. Befragt wurden Einkaufsmanagern zu dem Verhältnis zwischen dem Unternehmen und dessen Zulieferern. Weiterführend ist ihre Unterscheidung zwischen einem sogenannten Voice-Network – das sind die Kooperationspartner – und einem Exit-Network, hier operationalisiert über die Frage nach alternativ möglichen Produkten/Zulieferern (vgl. zu den Strategien von Voice und Exit: Hirschman 1970). Ein solches Exit-Netzwerk könnte man auch über die Ermittlung von strukturell äquivalenten Positionen zu den aktuellen Partnern im Netzwerk ermitteln. Im Ergebnis zeigte sich, dass neben den ökonomischen Faktoren aus dem Transaktionskostenansatz (vgl. Kapitel 1 zum Netzwerkbegriff der Transaktionskostentheorie), die Faktoren der sozialen Einbettung, d.h. der sozialen Schließung innerhalb des Voice-Netzwerks und eine gemeinsame Geschichte der Partner zu einer signifikanten Senkung der Transaktionskosten führte.

Auch empirische quantitative und qualitative Studien zu Zulieferer-Netzwerken und zu den Beziehungen zwischen Unternehmen und Banken belegen den positiven Effekt von sozialer Einbettung und von Strong Ties für wichtige Erfolgsvariablen wie Kapitalzugang und –kosten[80], die vertrauensvolle Kooperation und der Transfer von implizitem und geschütztem Wissen und das Überleben von kleinen und mittleren Unternehmen.[81] Dieser positive

---

80 Vgl. Baker 1990, Uzzi 1999, Uzzi/Gillespie 1999a und b. Zur Bedeutung legitimer großer Kooperationspartner für den Erfolg des Börsengangs von Biotechnologie-Start-Ups siehe Stuart et al. 1999.

81 Vgl. Uzzi 1996, 1997 und Jansen 2001 zu kleinen bzw. neugegründeten Unternehmen und ihren Überlebenschancen sowie die Ergebnisse der Forschergruppe um Powell zum Zusammenhang von Zentralitätsindikatoren in technologischen Kooperationsnetzwerken in der Biotechnologieindustrie und Patenterfolgen, Einwerbung von Forschungsgeldern und Unternehmenswachstum. Patente ihrerseits ziehen interessante Beteiligungen an und sichern nicht-operatives Einkommen des Unternehmens. Eine zentrale Position im Kooperationsnetzwerk schützt das junge Unternehmen vor Übernahmeversuchen. Patente und insbesondere Patente eines eher generischen Typs zie-

Effekt der Einbettung nimmt aber jenseits eines Schwellenwertes ab und wird dann negativ. Mit Blick auf die Unterscheidung von Voice- und Exit-Netzwerk und das Verhältnis von Kooperation und Konkurrenz ist dies erklärlich: die Unternehmen verlieren dann den Zugang zu Informationen und Optionen außerhalb ihres Voice-Netzwerks. Damit verpassen sie womöglich gute Alternativgelegenheiten und sie büßen auch innerhalb ihre Voice-Netzwerks an Verhandlungsmacht ein.

9.3.2 Entstehung und Erklärung von Netzwerken

In einer dynamischen Perspektivea müssen Netzwerkstrukturen als Institutionen begriffen werden, die aus den Strategien der Akteure und den vorgängigen Strukturen erwachsen. Damit werden Netzwerkvariablen zu abhängigen Variablen, deren Erklärung in aller Regel ein longitudinales Forschungsdesign notwendig macht.

Interorganisationsnetzwerke weisen ebenso wie persönliche Netzwerke eine starke Tendenz zur Homophilie auf. Qualitative Studien zu Kooperationsmustern (Uzzi 1996, 1997) ebenso wie longitudinale Analysen der Entwicklung von Netzwerken technologischer und operativer Allianzen zwischen Unternehmen zeigen, dass die Entscheidung für die Kooperationsbeziehung von Vorerfahrung mit dem Partner oder Partnern des Partners abhängt. Das Passungsverhältnis des Partners und dessen Vertrauenswürdigkeit ist für einen bekannten Partner weniger problematisch als beim Eingehen einer neuen Beziehung. Die Wahl bekannter Partner reduziert Unsicherheit und führt zu tendenziell cliquenhaften Netzwerkstrukturen. Vertrauen wird aufgebaut, kollektive Normen und gegenseitiges Verständnis wächst und damit nehmen die Fähigkeiten zu gemeinsamen Problemlösungen und der Ertrag aus Kooperationen zu. Ein in die Richtung stärkerer Netzwerkheterogenität wirkender Faktor ist dagegen die Notwendigkeit, komplementäre und unterschiedliche Partner einzuwerben. Die Suche nach Komplementariat begrenzt den Effekt der Vertrautheit eines Partners auf die Entstehung neuer Beziehungen (Gulati 1995). Komplementarität und Heterogenität der Partner wirken auch tatsächlich positiv auf wissenschaftlichen und technologischen Erfolg (Stuart/Podolny 1999, Jansen 2000). Gleichzeitig begrenzen sie aber die Chancen der Verständigung (Contractor/Grant 1999; Carley 1999). Dies ist aus der Analyse der Ursachen für das Fehlschlagen von Allianzen und Unternehmensfusionen wohlbekannt (Todeva/Knoke 2003, Stuart 1998).

Eine ganze Reihe von longitudinalen Studien belegen die Bedeutung von Zentralität und Prestige in Interorganisationsnetzwerken oder auch in Patentzitationsnetzwerken für die Auswahl von Kooperationspartnern für strategi-

hen attraktive neue technologische Partner an und erhöhen die Zentralität des Unternehmens in der Folgeperiode (Powell 1996, Smith-Doerr et al. 1999).

sche Allianzen (Stuart 1998 zur Halbleiterbranche; Gulati 1995 und Gulati/ Gargiulo 1999 zur Automobilindustrie, Industrieautomation und Neuen Materialien, Powell et al. 1999 zur Biotechnologieindustrie). Mit der Entwicklung eines interorganisationalen Netzwerks gewinnt das Netzwerk als solches Informationsqualität. Seine Struktur und seine Positionen werden sichtbar und dies verringert die Unsicherheit über die richtige Wahl von Partnern. Diese orientiert sich nicht mehr so sehr an eigenen Erfahrungen oder Erfahrungen von Partnern, sondern an den Positionen potentieller Kandidaten im Netzwerk. Die longitudinalen Analysen von Gulati und Gargiulo (1999) zeigen, dass die Tendenz zur Bildung neuer Allianzen mit dem Grad der Differenzierung des Netzwerks (gemessen an der Streuung der eigenvektorbasierten Zentralitätswerte der Akteure) steigt. Mit der Einführung dieses Stratifikationsindikators sinkt der Effekt der Kontrollvariable „allgemeine Netzwerkdichte", die unspezifisch die Tendenz zu Allianzen misst, auf ein nichtsignifikantes Niveau. Dabei partizipieren die Akteure unterschiedlichen Zentralitätsniveaus verschieden an den neu entstehenden Kooperationsbeziehungen. Je höher die gemeinsame Zentralität der potentiellen Partner, desto größer die Chance der Entstehung eines neuen Ties. Und je ausgeprägter die Stratifizierung des Netzwerks in verschiedenrangige Positionen ist, desto mehr sinken die Chancen weniger zentraler Akteure für neue Allianzen. Die Homophilietendenz gilt hinsichtlich der Zentralität der Unternehmen nur innerhalb der oberen Ränge. Bei den weniger zentralen Unternehmen herrscht dagegen die Suche nach Allianzen mit statushöheren Partnern vor. Netzwerke entwickeln so also eine typische Pfadabhängigkeit, geringe anfängliche Unterschiede in der Position von Akteuren verstärken sich im Zeitverlauf.

Die Netzwerkfähigkeit und Zentralität eines Unternehmens wird dabei zu einem eigenständigen asset, zu sozialem Kapital, das um so wertvoller ist, je komplexer die Produkte und Dienstleistungen der Organisation sind und je schwieriger es ist, diese zu bewerten. Netzwerke von Unternehmen gelten daher in der aktuellen Managementliteratur als eine wichtige Kompetenz von Unternehmen, auch weil sie aufgrund ihrer besonderen Gut-Eigenschaften (vgl. Kapitel 1.2) eine schwer zu beschreibende und erst recht zu imitierende Ressource sind (Galaskiewicz/Zaheer 1999; Nahapiet/Goshal 1998; Maskell 2000).

Unternehmensnetzwerke und Netzwerke im Bereich von Wissenschaft und Technik zeigen überwiegend ein Zentrum-Peripherie-Muster. Die zentralen Akteure richten dabei ihre Beziehungen zum großen Teil aufeinander, während die peripheren Akteurgruppen stärkere Beziehungen auf das Zentrum als aufeinander richten. Intern ist insbesondere die Akteurgruppe am äußersten Rand der Struktur oft unverbunden.[82] Die Anziehungskraft des

---

82 Gulati/Gargiulo 1999 zu Netzwerken in der Automobilindustrie, der Industrieautomation und Neuer Materialien; Walker et al. 1997 zu Biotechnologie; Stuart 1999 zur Halbleiterbranche.

Zentrums produziert dabei über die oben genannten Mechanismen einen sich selbst verstärkenden Prozess der Stratifizierung nach dem schon von Merton identifizierten Matthäus-Prinzip. Dieser Effekt und die Knappheit von Zeit und Ressourcen der Akteure verhindern, dass ein Netzwerk zu einer allumfassenden Clique zusammenwächst. Gleichzeitig bedeuten begrenzte Zeit und Ressourcen und das Management von Unsicherheit für die Akteure aber auch, dass sich relativ kohäsive Subgruppen bilden werden. Moderne Organisationsnetzwerke sind aber ebenso wie die Elitenetzwerke in modernen Gesellschaften nicht polarisiert. Vielmehr stehen den Mechanismen der Einforderung und Durchsetzung von Solidarität und Vertrauen innerhalb engerer Cluster die Mechanismen reziproken Tauschs zwischen den Clustern gegenüber.[83] Dies zeigt sich auch in der paradoxen Gleichzeitigkeit von positiven und negativen Effekten von Netzwerkdichte auf der Ebene von Clustern und ganzen Organisationspopulationen. Talmud und Mesch (1997) konnten zeigen, dass die Stabilität einer Branche, gemessen an Veränderungen der Top-Ten-Unternehmen gleichzeitig von der Existenz struktureller Löcher und der Existenz kohäsiver Subgruppen positiv beeinflusst wird. Eine Zunahme der Gesamtdichte führte aber zu Turbulenz.[84] Dies muss wohl als eine negative Wirkung der Verringerung von Struktur interpretiert werden und kann als ein Effekt abnehmender Erwartungssicherheit gedeutet werden. Ähnliche Ergebnisse liefern Simulationen, die sich mit dem Zusammenhang von Marktvolatilität und Marktstrukturen befassen. Netzwerkgröße und Netzwerkdichte vergrößern die Interdependenzen und damit auch die Volatilität. Je größer die Märkte werden, desto mehr Strukturierung und Differenzierung ist aufgrund der begrenzten Kapazitäten von Menschen notwendig. Diese Strukturierungen stellen sich als dichte Subgruppen und dazwischen liegende strukturelle Löcher dar. Austauschbeziehungen in den Cliquen versprechen Sicherheit und Kooperationsgewinne. Aber die in großen Netzwerken unver-

---

83 Vgl. hierzu z.B. Frank/Yasumoto 1998 mit einer Analyse der Subgruppenstruktur der französischen Elite und der durch diese Struktur geprägten Unterlassung von feindlichen Ausbeutungsakten innerhalb der Gruppen und der Konzentration von unterstützenden Aktionen nach dem Muster reziproken Tauschs zwischen Dyaden aus verschiedenen Gruppen.

84 Dichte innerhalb einer über Patentzitationsnetzwerke abgegrenzten technologischen Nische führte zu einer Intensivierung von technologischen Kooperationen, die der Vermeidung von Doppelforschung, der Schaffung gemeinsamer Standards oder gar der Kartellbildung dienen. Gleichzeitig wird hierdurch allerdings auch der die Stärke des Einflusses von hohem Status im Patenzitationsnetzwerk auf die Wachstumsraten des Unternehmens im Halbleitermarkt reduziert (Podolny et al. 1996). Auch Burt (1997) verweist auf die Abwertung einer Position in einem Netzwerk durch die Existenz von Akteuren mit gleichartigen Positionen hin. Kooperation zwischen Wettbewerbern als eine Strategie der Partnerwahl wird auch aus anderen Branchen, z.B. der Hotelbranche, berichtet (Ingram/Roberts 2000).

meidlichen strukturellen Löcher produzieren Volatilität und Innovations-druck (Baker 1984, Baker/Iyer 1992).

Ob die Akteure im Zentrum einer solchen Struktur dabei die Rolle des la-chenden und unternehmerischen Dritten einnehmen – wie Burt (1992, 2000, 2001) annimmt – ist keinesfalls klar. Wenn man die Modifizierung der Bur-t'schen Überlegungen durch Krackhardt (1999, vgl. Kapitel 6.3) einbezieht, so sind Akteure, die gleichzeitig Mitglieder in mehreren Cliquen sind, in ho-hem Maße sozial gebunden. Und es sind die Zentrumsakteure, die typischer-weise Akteurgruppen aus verschiedenen Schichten der Peripherie miteinan-der verbinden und koordinieren. Gleichzeitig sind sie in hohem Maße sicht-bar und daher starken Reputationseffekten unterworfen. Durch die Beziehung zu mehreren kohäsiven Subgruppen werden die Zentrumsakteure mit unter-schiedlichen normativen und kognitiven Erwartungen konfrontiert. Auf der Ebene von Personen in Organisationen kann sich eine solche Konstellation im Konfliktfall durchaus als double bind auswirken und zur Handlungsblok-kade führen. Für korporative Akteure im Zentrum ist dies offenbar selten der Fall. Vielmehr zählen sie typischerweise zu den erfolgreichen und auch in-novativen Akteuren, die in der Lage sind, Ideen aus der Peripherie aufzugrei-fen und durchzusetzen.[85] Diese Fähigkeit gründet sich vermutlich weniger auf die Ausbeutung ihrer Partner, als vielmehr auf ihre Fähigkeit zur Integration und Koordination von verschiedenen Akteuren. Um diese Frage jedoch end-gültig zu beantworten, bedarf es weiterer Forschung, die einerseits die An-nahme der Parallelität von Bildstrukturen zwischen Positionen und akteurbe-zogenen Strukturen zu prüfen hat. Darüber hinaus sind aber auch die Deu-tungsmuster der Akteure einzubeziehen um zu entscheiden, welchem relatio-nalen und normativem Druck Zentrumsakteure unterliegen und welche Be-deutung legitimes Handeln für sie hat. Der von Frank und Yasumoto (1998) für die Interaktionen zwischen den kohäsiven Subgruppen berichtete Inter-aktionsstil des reziproken Tauschs könnte eine Lösung sein, die gleichzeitig Profit und Legitimität verspricht.

---

85 In einer Fallstudie zu britischen Forschungsorganisationen (Jansen 1995, 2000) führte eine zentrale Position in dem entstehenden Zentrum-Peripherie-Netzwerk zu hoher Forschungsqualität. Die hoch leistungsfähigen Forschungsgruppen zeichneten sich da-bei durch interne Interdisziplinarität aus. Auch die Heterogenität der Akteure im Zen-trum hinsichtlich organisationaler Charakteristika war hoch. Ihre Einbindung in die unterschiedlichen Normsysteme ihrer Peripherie-Partner hat offenbar keinen negativen Effekt auf die wissenschaftlich-technologische Performanz. Allerdings konnte sich diese Zentrumsgruppe mit ihren forschungspolitischen Vorstellungen schlechter als andere Gruppen durchsetzen. Dies ist bisher auf ihre geringere interne Hierarchisie-rung und größere Heterogenität zurückgeführt worden. Überlappende und sich wider-sprechende Simmelsche Ties im Sinne von Krackhardt könnten eine alternative Erklä-rung sein.

10 Perspektiven der Analyse sozialer Netzwerke

Das Ziel dieses Lehrbuches ist es, das Instrumentarium der Netzwerkanalyse einer größeren Gruppe von angehenden SoziologInnen näher zu bringen. Dabei wird keinesfalls behauptet, die Netzwerkanalyse sei für jedes Forschungsproblem die einzige und immer richtige Forschungsstrategie. Sie stellt aber wichtige Fragen nach *systemischen und emergenten Eigenschaften von Sozialstrukturen* und liefert ein Instrumentarium zu ihrer Beschreibung. Sie begreift Sozialstrukturen als zusammengesetzte Einheiten, die aus den konkreten Interaktionen von Akteuren entstehen. Dies erlaubt es ihr, die Eigenschaften und Dynamik der zusammengesetzten Makroeinheiten mit den Aktionen der Primäreinheiten – Individuen oder korporativen Akteuren – zu verbinden.

Insbesondere das Konzept des sozialen Kapitals erlaubt es, den *Doppelcharakter von Sozialstruktur* zu erfassen. Sie ist gleichzeitig Opportunitätsstruktur und äußerer Zwang. Soziales Kapital ist gleichzeitig im Handeln der Akteure strategisch einsetzbar und in gewissem Umfang manipulierbar. Aber es ist auch zu einem erheblichen Teil ererbt, unverfügbar, steckt in den indirekten Beziehungen, deren Manipulation nicht so ohne weiteres möglich ist. Mit diesen Konzepten und Perspektiven auf Sozialstruktur und soziales Handeln gelingt es der Netzwerkanalyse auf dem Weg zur *Integration von Mikro- und Makrosoziologie* einen erheblichen Schritt weiter zu kommen.

Abschließend soll nach der *künftigen Entwicklungsrichtung der Netzwerkanalyse* und nach theoretisch wichtigen, aber *noch fehlenden Instrumentarien und Konzepten* gefragt werden. Ich möchte hier auf drei Aspekte aufmerksam machen, in denen weiterer Analyse- und Integrationsbedarf innerhalb der netzwerkanalytischen Forschungstradition besteht (vgl. hierzu auch den ausgezeichneten Aufsatz von Emirbayer und Goodwin 1994).

1. Netzwerkdynamik und Netzwerkevolution

In methodologischer Hinsicht hat es der Netzwerkanalyse lange Zeit an Instrumenten gefehlt, die dynamische Prozesse und zeitliche Veränderungen kausal erfassen und überprüfbar machen können. Stokman/Doreian (1997b) unterscheiden zwischen der Analyse von *Netzwerkdynamik und Netzwerkevolution*. Während erstere auf die Beschreibung zeitlicher Veränderungen in Netzwerken abzielt, versucht die letztere die Mechanismen zu erfassen, die dem Wandel von Netzwerken zugrunde liegen. Zu den eher beschreibenden Methoden gehören einfache Vergleiche von statistischen Parametern für Akteure und Netzwerke (Suitor et al. 1996, Mizruchi 1982), aber auch Verfahren, die das Auftreten bestimmter netzwerkrelevanter Ereignisse mit den Methoden der Ereignisanalyse untersuchen. Ereignisanalytische Verfahren untersuchen die Wahrscheinlichkeit von Zustandsveränderungen über Zeit, z.B. die Wahrscheinlichkeit, dass eine Organisation A eine Allianz mit Organisation B eingehen wird, in Abhängigkeit von erklärenden Variablen wie z.B. der Branchenzugehörigkeit von A und B, gemeinsamen Netzwerkpartnern oder dem Status der Akteure. Das ereignisanalytische Instrumentarium ist in der Soziologie bisher vor allem in der sogenannten Populationsökologie in der Organisationsforschung (Hannan/Carroll 1992, Baum/Mezias 1992) und von Lebenslaufforschern (vgl. Blossfeld/Rohwer 1995, Meulemann 2001 et al., Meulemann 1979) eingesetzt worden, wird aber zunehmend in netzwerkanalytischen Studien aufgegriffen (z.B. in Hansen 1999, Gulati 1995, Gulati/Gargiulo 1999, Stuart 1999). Auch in inhaltlicher Hinsicht können die verschiedenen Forschungtraditionen voneinander profitieren. Häufig werden durchaus vergleichbare Probleme mit unterschiedlichen Operationalisierungsstrategien angegangen, z.B. in der Analyse sozialer Ungleichheit oder in der Analyse der Voraussetzungen des Erfolgs von Unternehmen oder Unternehmensallianzen. Insbesondere das Konzept der Ressourcenkonkurrenz in begrenzt tragfähigen Nischen aus der Populationsökologie kann gewinnbringend in netzwerkanalytische Organisationsforschung eingebracht werden (vgl. Stuart/Podolny 1999).

Weitere methodische und theoretische Fortschritte sind von Modellierungen zu erwarten, die den Interdependenzen von nicht-relationalen Akteureigenschaften (z.B. Alter, Geschlecht, Delinquenz für Jugendliche in ihren Cliquen oder Größe, Branche und Innovativität von Unternehmen), dem netzwerkrelevanten Handeln der Akteure (Eingehen neuer Ties, Aufrechterhaltung oder Beendigung bestehender Ties) und den Eigenschaften der entstehenden Netzwerkstrukturen und ihren Konsequenzen im Zeitverlauf nachgehen. Hier gibt es eine Reihe von Ansätzen (Leenders 1997, Banks/Carley 1997; Doreian/Stokman 1997, van Duijn et al. 1999, Stokman/Doreian 2001a, Snijders 2001). Dabei geht es sowohl um den Einfluss von Strukturen auf künftige Strukturen, als auch um Selektions- und Matchingeffekten, die von individuellen Eigenschaften der Akteure (Ähnlichkeit, Komplementarität) ausgehen. Schließlich geht es aber auch um „contagion", d.h. um die Frage, ob sich zum Beispiel Freunde ähnlich sind, weil sie sich in ihrer Freundschaftsbeziehung immer ähnlicher werden (= endogener Identitäts- und Präferenzwandel). Leenders (1997) hat ein Modell entwickelt, dass die Abschätzung beider Effekte gleichzeitig erlaubt.

Allerdings kranken analytisch lösbare Modelle oft an inhaltlicher Trivialität. Weitere Fortschritte sind von Simulationsmodellen, insbesondere vom Einsatz von Modellierungen in Mehrebenensystemen (z.b. complex adaptive systems, Multi-Agenten-Systemen) zu erwarten (Levinthal/Warglien 1999; Kappelhoff 2000b, Stokman/Doreian 1997, Snijders/Bosker 1999). Dabei ist eine schrittweise Steigerung von Komplexität auch in Kombination und Absicherung durch analytische Verfahren sinnvoll. Insbesondere müssen Simulationen auch durch longitudinale empirische Daten und die Entwicklung von Verfahren für Parameterschätzungen und Anpassungstests begleitet werden (Stokman/Doreian 1997b: 245). Was Simulationen leisten sollten, ist die Behandlung von zielorientierten und lernfähigen Akteuren, die über lokale Informationen verfügen und lokale, begrenzt rationale und parallel ablaufende Anpassungsprozesse in Gang setzen. Hier gibt es inzwischen eine Reihe von Simulationsstudien, die soziale Nähe und sozialen Austausch in verschiedenen Strukturen betrachten. Die Ergebnisse etwa zur Frage der Abhängigkeit der Stabilität von kooperativen Regimen von Strukturen oder der Frage, ob Innovationen eher innen oder außen in einem Netzwerk entstehen, sind noch sehr uneinheitlich (vgl. Jansen 2003).

2. Stellenwert von Akteuren und Strukturen

In theoretischer Hinsicht ist das Problem, *wie menschliche Aktivitäten und Innovation mit der strukturalistischen Perspektive zu integrieren sind*, immer noch nicht ohne Ambivalenzen gelöst (vgl. Kapitel 1). White (1992) ist zuzustimmen, dass das eigentliche soziologische Problem möglicherweise nicht in der Frage liegt, wie soziale Ordnung möglich ist, sondern in der Frage, wie soziale Innovation entsteht und durchgesetzt wird. Dies zeigt sich auch in der Analyse der Evolution in sozialen Netzwerken. Diese sind oft so stabil, dass kaum Veränderungen und ihre Mechanismen beobachtet werden können (Stokman/Doreian 2001b). Informale Freundschaftsnetzwerke Jugendlicher sind deshalb ein häufiger Untersuchungsgegenstand und in der Organisationsforschung findet die meiste Bewegung in neuen Technologiefeldern und nicht zwischen etablierten Organisationen statt.

Ob der Streit zwischen instrumentellen Relationalisten und relationalen Konstruktivisten letztlich geklärt werden kann, ist eher zu bezweifeln. Aus einer methodologischen Präferenz für eine Modellierung als ein Mehrebenenmodell aus Akteuren und Strukturen/Institutionen folgt jedenfalls nicht notwendig eine theoretische Präferenz dafür, einer der beiden Ebenen die entscheidende Selektionsrolle im Evolutionsprozess zuzusprechen (vgl. hierzu unterschiedliche Positionen bei Robins/Pattison 2001, Kappelhoff 2000b). Dabei verweist die Notwendigkeit, *nicht nur die Reproduktion von Sozialstrukturen, sondern auch ihre Evolution zu erklären*, noch einmal auf das methodische Problem ihrer Modellierung. Wie immer gibt es hier einen Zusammenhang zwischen dem verfügbaren Instrumentarium und den Forschungsfragen, die gestellt und bearbeitet werden. Theorieentwicklung und Methodenentwicklung bedingen einander gegenseitig und von den Fortschritten in den Simulationsmethoden ist möglicherweise eine Relativierung dieses Streitpunktes zu erwarten.

3. Das interpretative Defizit

Das größte theoretische Problem liegt meines Erachtens im noch immer zu wenig reflektierten Verhältnis zwischen konkreten Netzwerken und Interaktionen und *subjektiven Bedeutungszuschreibungen, Normen und Institutionen, Kulturen und Symbolwelten*. Auch dieses Problem steht in enger Interaktion mit dem Streit um die Priorität von Akteuren oder Strukturen. Solange nämlich das Eigenleben von Institutionen, Tauschregeln, Moralitäten nicht modelliert werden kann, werden sich auch hier keine Fortschritte ergeben.

In der Auseinandersetzung mit dem Strukturfunktionalismus Parsons'scher Prägung haben die Netzwerkanalytiker in den 70er Jahren vermutlich das Kind mit dem Bade ausgeschüttet, als sie die absolute Priorität konkreter Interaktionsstrukturen vor jeglichen Normen und Symbolwelten behaupteten. Das Faible der Netzwerkanalytiker für konkrete Interaktion hat ihnen den Zugang zu den Deutungsprozessen, die jeder Interaktion zugrundeliegen, versperrt. Hier gilt es die Ergebnisse der symbolischen Interaktionisten in der Netzwerkanalyse aufzugreifen. Zwischen subjektiver Deutung(-sfreiheit), konkreten Interaktionsstrukturen und institutionalisierten Normen besteht ein *dialektisches Verhältnis*. Konkrete Interaktionen sind ohne Vorentwürfe der Handelnden und ihre Bedeutungszuschreibungen nicht denkbar. Aber selbstverständlich läuft eine Interaktion nicht immer „plangemäß" ab. Subjektive Deutungen sind nicht immer durchsetzbar und dies hängt auch von Sozialstrukturen ab. Wo sie aber dauerhaft durchgesetzt werden, gewinnen sie überindividuelle Form und lösen sich auch von konkreten Interaktionen ab. Deutungen und Zuschreibungen werden institutionalisiert. Und als symbolisches Kapital (Bourdieu 1983) sind sie anschließend in der Lage, konkrete Interaktionen zu legitimieren oder zu delegitimieren. Soziales Kapital wird eingesetzt, um symbolisches Kapital in Form von Klassifkationen, Titeln, Regeln, Normen und Institutionen zu schaffen. Es hängt seinerseits in seiner Verfügbarkeit dann aber auch wieder von diesen Institutionalisierungen ab. Ist symbolisches Kapital erst einmal institutionalisiert, so kann es durchaus auch ein begrenztes Eigenleben führen, etwa wenn nach der Rationalität und systemischen Integration von juristischen Normkodifizierungen oder den wechselseitigen Bezügen von Kunstperioden gefragt wird. Für eine Integration dieser kulturellen, symbolischen Dimension in die Netzwerkanalyse bietet sich der Coleman'sche Begriff des sozialen Kapitals an, der auch das in einer Gesellschaft institutionalisierte Normensystem mitumfasst.

Beispiele dafür, wie kognitive und normative Institutionalisierungen mit einer relationalen Forschungsperspektive verbunden werden können, liefern die auf der Giddenschen (1984) Theorie der Strukturation aufsetzenden Analysen von Unternehmensnetzwerken von Sydow und Windeler (Sydow et al. 1995, Sydow/Windeler 2000, Windeler 2001). Dass und wie man auch qualitative Eigenschaften von Institutionen in einer relationalen Perspektive messbar machen kann, zeigen methodische Ansätze aus der historischen Netzwerkforschung (Mohr 1998, Franzosi/Mohr 1997).

Die blinden Flecken in der Netzwerkanalyse mit Bezug auf überindividuelle Deutungsmuster und Institutionen und mögliche Ansätze zu ihrer Überwindung können an zwei der verwendeten Forschungsbeispiele illustriert werden: an der Bedeutung von subjektiven Deutungsprozessen für die Konstitution sozialer Gruppen und dem Scheitern der Gewerkschaftsabstimmung und an der Bedeutung einer Balance zwischen strong-tie- und weak-tie-Kapital für den Aufstieg der Medici.

Die in Kapitel 8.1 vorgestellten Verfahren der Cliquenidentifizierung stellen darauf ab, soziale Gruppen zu erfassen. Aus der hohen Kohäsion in den Interaktionsstrukturen wird auf kollektive Identitätsbildung, Solidarität und Konsens geschlossen. Vorgängige subjektive Deutungen sind dabei in den meisten Analysen nicht von Interesse: Deutungen und Normen werden von den Interaktionsstrukturen determiniert und nicht umgekehrt. Gruppen werden aus ihren Interaktionsstrukturen abgeleitet, nicht aus Deutungen, normativ oder historisch begründeten Zusammengehörigkeitsgefühlen der Mitglieder. Dass dies allein nicht richtig sein kann, machen zwei Forschungsergebnisse deutlich.

Für den Ablauf des Versuchs einer Gewerkschaft, Silicon Systems zu organisieren (vgl. Kapitel 6.3), waren *kognitive Fehldeutungen* der Akteure von ganz erheblichem Einfluss. Dass es überhaupt zu dem Organisationsversuch kommen konnte, lag vermutlich auch daran, dass die Unternehmensführung noch an das alte „Wir-Gefühl" aus der Gründungszeit glaubte. Unrichtige Einschätzungen über das, was sich auf dem „Shop Floor" unter den Mitarbeitern abspielte, verhinderten, dass es rechtzeitig zu personalpolitischen Maßnahmen etwa in Bezug auf den technischen Leiter Ev gekommen ist. Der Mißerfolg der Gewerkschaft hatte seine Ursache dann in der Auswahl von internen Protagonisten für die Organisation der Abstimmung, die im Freundschaftsnetzwerk weder prominent verankert waren, noch dieses richtig einschätzten. Die Forschungsstrategie von Krackhardt (1992) zeigt auch einen Weg auf, wie die Deutungen der Akteure in die Analyse eingeführt werden können: über die Erhebung kognitiver Netzwerke. Dies ist allerdings eine sehr aufwendige Strategie. Möglicherweise kann man Daten über Deutungen auch „konventionell" über qualitative Interviews mit einigen Gewährspersonen erheben.

Im Beispiel der Oligarchie-Partei der alten Patrizierfamilien in Florenz kann offenbar *aus der Cliquenstruktur ihres Heiratsnetzwerks nicht auf ihre*

Fähigkeit zu kollektiver Aktion geschlossen werden. Vielmehr gab es im nach Nachbarschaftsbezirken organisierten damaligen Florenz eine erhebliche Statuskonkurrenz zwischen den hochrangigen Patrizierfamilien, die jeweils um die Gefolgschaft der niedriger positionierten Familien aus ihrem Viertel konkurrierten. Zwischen Fraktionen aus verschiedenen Vierteln gab es Koalitionen, nach dem Prinzip: der Feind meines Feindes ist mein Freund. Durch den Heiratsboykott der Oligarchie-Partei gegenüber denjenigen verräterischen Patrizierfamilien, die mit dem sogenannten Ciompi-Aufstand der Wollarbeiter 1378 sympathisiert hatten, gewannen diese Feindschaften an Bitterkeit. Historisch gewachsene Loyalitätskonflikte führten dazu, dass sich auf dem Höhepunkt des Konfliktes am vereinbarten Sammlungsort nur wenige kampfbereite Gefolgsleute hinter dem designierten Führer der Oligarchie, Rinaldo Albizzi, einfanden. Angesichts der geringen Zahl der Getreuen suchten viele rasch wieder das Weite. Dies konnte auch durch die Mobilisierung weiterer Familien nicht wettgemacht werden. Schlussendlich fiel die angestrebte militärische Auseinandersetzung aus. Die öffentliche Meinung wandte sich zugunsten der Medici, und Cosimo de Medici, der sich gerade in Venedig befand, wurde als Retter des Vaterlandes im Triumphzug zurückgeholt.

Die Kapitel 6 und 7 zu Zentralität und Macht in Netzwerken haben auf zwei unterschiedliche Grundlagen von Macht aufmerksam gemacht: (1) soziales Kapital, das auf strong ties und Zentralität in positiv verbundenen Einfluss- und Kommunikationsnetzwerken beruht, und (2) soziales Kapital, das eher über weak ties erschlossen wird, die strukturelle Löcher überbrücken und unternehmerische Handlungsmöglichkeiten eröffnen. Es lässt sich nun anhand der Analyse von Padgett und Ansell (1993) zeigen, dass das Changieren zwischen beiden Typen von Netzwerken und Machtgrundlagen die Grundlage für den erstaunlichen Erfolg der Medicis darstellte (vgl. Kapitel 8). Was aber steht dahinter? Es geht hier um die *Frage der Legitimität*, um die *Balance zwischen der Richterrolle und der Rolle des mächtigen Gründers und Staatsführers.*

Die Handlungsweise der Medici bezeichnen Padgett und Ansell als „robust action", die aus verschiedenen Perspektiven verschieden interpretierbar ist. Die isolierten Patrizierfamilien aus der Medici-Partei, die mit den Medici durch Heirat verbunden waren, konnten glauben, dass die ökonomische Koalition mit den „neuen Männern" eine Frage geschickter Taktik auf dem Weg zur Rettung der Republik sei. Die „neuen Männer" vermuteten ihrerseits, dass die exklusive Heiratsstrategie der Medici, die diesen ihr Prestige als alte Patrizier-Familie bewahrte, als notwendiges Übel zur Gewinnung von Ansehen und zum Zugang zu Ämtern in Kauf zu nehmen sei. Weder das Streben der Medicis nach Reichtum, noch ihr Streben nach Ansehen war eindeutig und klar als *pures Eigeninteresse* zu definieren. Es war immer möglich, das *Interesse an der Rettung des Florentinischen Staates* und am Gemeinwohl zu unterstellen. Dass die Legitimität der Medici-Partei schließlich den Umschwung in der öffentlichen Meinung zur Folge hatte, in dessen Folge sich die neutralen Familien auf Cosimos Seite stellte, lässt sich insbesondere an der historischen Attribuierung der gegnerischen Partei als *Oligarchie* ausmachen. Hiermit wird gerade eine Elite ohne Legitimität bezeichnet, die nur ihr kurzfristiges Eigeninteresse verfolgt. Der politische und kulturelle Diskurs über die Fragen der Staatsführung hatte offenbar dazu geführt, dass das, was zu Republikzeiten noch legitim war (Ausschluss der neuen Familien), nun in Frage gestellt wurde. Die polarisierende Politik der alten Elite, die in den ökonomischen Wirren der Kriegszeiten die ihnen unterstellten Viertel (und auch die neuen Familien) mit ruinösen Steuern traktierten, um ihre Macht zu erhalten, hat zu diesen Deutungen sicher das ihre beigetragen. Es zeigt sich hier aber auch, dass der Anspruch zur Erklärung sozialen Wandels nur bei *Rückbezug auf Deutungen, kulturelle und normative Diskurse als eigenständige Erklärungsgrößen* befriedigend eingelöst werden kann.

Anhang: Software zur Netzwerkanalyse

Software zur Netzwerkanalyse bieten die gängigen sozialwissenschaftlichen Statistikprogramme leider nicht. Deshalb ist es erforderlich, sich mit besonderer Software zur Netzwerkanalyse vertraut zu machen, wenn man komplexere Berechnungen durchführen will.

Einen Überblick über die aktuellen Entwicklungen von Netzwerksoftware kann man sich im Internet auf den Seiten des International Network of Social Network Analyse (INSNA) verschaffen. (http://www.heinz.cmu.edu/project/INSNA). Dort gibt es auch für einige Programme die Möglichkeit des kostenfreien Herunterladens, z.B. für das von Burt entwickelte Programm STRUCTURE.

Für den Einsteiger in die Netzwerkanalyse ist das Programmpaket UCINET 5 zu empfehlen. UCINET 5 ist eine Gemeinschaftsproduktion von Borgatti, Everett und Freeman. Es ist der Nachfolger der Programme UCINET 3.0, AL und NETPAC und UCINET IV. Hersteller ist eine universitätsnahe Software-Firma namens Analytic Technologies. UCINET 5 ist nunmehr ein Windows-Programm. Es ist weit verbreitet, einfach zu bedienen und bietet fast alle in diesem Lehrbuch beschriebenen Analyseverfahren an. Auf der obengenannten Webseite der INSNA findet sich ein Link zu UCINET und Analytic Technologies. Die Website (http://eclectic.ss.uci.edu/~lin/ucinet.html) informiert über das Programm und bietet das Programm für Studierende sehr preisgünstig an. Für Hochschulnutzer und gewerbliche Nutzer wird das Programm in Europa von ProGAMMA Bv (9700 VB Groningen, Niederlande, Tel. 0031503636900, E-mail: gamma.post@gamma.rug.nl) vertrieben.

Programmsprache in UCINET ist englisch. Die Steuerung funktioniert mit Ausnahme des Moduls zur Matrizenrechnung über Menues. Die Programm-CD enthält ein Handbuch, das über die Datenformate informiert. Im Programm sind zu den einzelnen Prozeduren ausführliche Erklärungen abrufbar, die man über die Hilfefunktion erreicht.

Die Module fassen Prozeduren zu verschiedenen Aufgabenbereichen zusammen. Das erste Modul „File" enthält Befehle für die Dateiorganisation. Das zweite Modul „Data" vereinigt verschiedene Prozeduren für den Umgang mit den Datenfiles in UCINET. Es enthält z.B. die Routinen für den Im- und Export von Dateien mit anderen Fileformaten, die Display-Funktion zur Ausgabe einzelner Files auf dem Bildschirm, die Join-Funktion zum Aneinandersetzen verschiedener Matrizen zum gleichen Akteurset oder die Permute-Funktion zum Ändern der Reihenfolge der Akteure in der Matrix. Die zentralen netzwerkanalytischen Prozeduren befinden sich in den beiden Modulen „Transform" und „Networks". Das Modul „Transform" enthält verschiedene Möglichkeiten der Transformation von Matrizen, z.B. der Dichotomisierung oder Symmetrisierung. Unter dem Modul „Tools" verbergen sich ein syntaxorientiertes Programm zur Matrixalgebra und Verfahren zur multidimensionalen Skalierung und zur Clusteranalyse. Das Networks-Modul enthält unter „Cohesion" Routinen für die Berechnung von Pfaddistanzen, Dichte und Erreichbarkeit. Unter „Regions" und „Subgroups" finden sich verschiedene Verfahren der Cliquenanalyse und der Abgrenzung von dichten Netzwerkregionen (vgl. Kapitel 8.1). Unter „Centrality" finden sich die in Kapitel 6 beschriebenen Verfahren der Berechnung von Zentralitäts-, Prestige- und Machtindizes an. Verfahren zur Analyse struktureller Äquivalenz befinden sich im Untermodul Roles & Position → Structural. Mit dem Untermodul Network Properties lassen sich Verfahren der Berechnung von Dichte und Transitivität von Netzwerken öffnen.

UCINET arbeitet matrixorientiert, das heißt alle Daten sind in Form von Matrizen gespeichert. Die Eingabe von solchen Matrizen erfolgt am besten über ASCII-Files. Den Netzwerkdaten selbst gehen dabei einige Befehlszeilen voraus, in denen die Größe der Matrix, ihr genaues Format (z.B. fullmatrix, lowerhalf, blockmatrix) und die Bezeichnungen für die Knoten/Akteure stehen. Dies ist das sogenannte DL-Format. Dieses Format und der IMPORT des Files in UCINET ist im ersten Teil des Handbuches ausführlich beschrieben. Wichtig ist, dass man das File ohne Extension als ASCII-File speichern und auch ohne Extension in UCINET aufrufen muss. In der Prozedur Import wird dann ein UCINET-File erstellt. Dieses besteht aus zwei Files mit dem gleichen Namen und den beiden Extensionen ##d und ##h. UCINET-Matrizen sind nicht notwendig Soziomatrizen. Auch Affiliationsnetzwerke oder einzeilige oder einspaltige Matrizen (=Vektoren) mit der Gruppenzugehörigkeit von Akteuren oder ihren Macht-, Zentralitäts- oder Einflusswerten werden so gespeichert.

Mit dem Aufruf einer UCINET-Prozedur erscheint ein Eingabefenster (Ausnahme: Matrixalgebra). Hier wird immer die Angabe eines Eingabefiles verlangt. Dieses File muss ein UCINET-File sein (Angabe ohne Extension (!)). Das voreingestellte File bzw. auch der Pfad kann gegebenenfalls durch Anklicken der Pünktchen rechts neben dem Filefenster geändert werden. Des weiteren wird mit wenigen Ausnahmen ein voreingestellter Name eines Ausgabefiles genannt, in dem die Ergebnisse gespeichert werden, und zwar falls nicht anders verlangt im aktuellen Verzeichnis. Z.B. lautet das Ausgabefile zur Zentralitäts-Prozedur CLOSENESS „Freeman-closeness". Wenn man mehrere Berechnungen durchführt, so sollte man diesen Namen filespezifisch verändern. Des weiteren kann man in verschiedenen Prozeduren einige Parameter setzen, z.b. angeben ob die Diagonalwerte als fehlend zu betrachten sind. Hier gibt es ebenfalls immer Voreinstellungen. Jede Prozedur wird durch Anklicken der Hilfefunktion im Prozedurfenster ausführlich beschrieben.

Jede Prozedur wird ausgeführt, indem man die OK-Taste anklickt. Das Ergebnis der Berechnung erscheint auf dem Bildschirm (Ausnahme: Matrixalgebra). Man kann das Ergebnisse dann ausdrucken zu lassen. Die Ausgabedateien jeder Prozedur kann man – wie alle Dateien – mit Data → Display auf den Bildschirm holen. Sie sind als Matrizen gespeichert, damit man sie als Eingabedaten für weitere Prozeduren verwenden kann.

UCINET enthält vorinstalliert eine ganze Reihe von Netzwerkdaten, die ebenfalls im Anhang des Handbuchs beschrieben sind. Nach der Installation finden sich diese Datensätze in einem Verzeichnis UCIDATA. Einige dieser Datensätze sind sogenannte multiple Matrizen. Dies bedeutet, dass Soziomatrizen für verschiedene Beziehungen, aber den gleichen Akteurset, hintereinander in einer Datei gespeichert sind. Ruft man eine solche Datei mit einer Prozedur auf (z.B. DEGREE unter NETWORKS/CENTRALITY), so werden die Degrees der Akteure für jedes der gespeicherten Netze in einem Arbeitsgang berechnet. Für Prozeduren, die mehrere Datenfiles verlangen, wie z.B. CONCOR, ist es sinnvoll auch für eigene Datensätze solche multiplen Matrizen anzulegen.

Ein zweites umfassendes Programm zur Netzwerkanalyse ist SONIS 3.01. Dieses Programm ist ebenfalls relativ preiswert, aber schwieriger zu bedienen als UCINET. SONIS arbeitet mit einer relationalen Darstellung aller Daten, die sparsam, flexibel aber gewöhnungsbedürftig ist. Außerdem ist das Programm nicht windowsfähig, es scheint auch nicht weiter entwickelt zu werden. Mit anderen Worten: ein Umstieg auf SONIS in der Netzwerkanalyse ist nur Fortgeschrittenen zu empfehlen, die die größeren Möglichkeiten von SONIS ausnutzen wollen.

SONIS gibt es als DOS-Version und als UNIX-Version. Das Programm ist in der Bundesrepublik entwickelt worden und wurde vom Zentrum für europäische Sozialforschung an der Universität Mannheim betreut. Dort kann man es auch bestellen (http://www.mzes.uni-mannheim.de bzw. http://www. mzes.uni-mannheim.de/SONIS/homepage.html; Preis für Studierende 250,-DM)[86]. Von den dortigen Webseiten kann man ebenfalls einige Datensätze, die auch als Beispiele in Wasserman/Faust (1994) benutzt werden, herunter-

---

86 Diese Seite ist zwar noch direkt anzusteuern. Allerdings findet sich auf der Homepage des Mannheimer Zentrums für Europäische Sozialforschung kein Link zu SONIS mehr.

laden. Außerdem enthält das Programm den Datensatz zur Bank Wiring Studie als Demonstrationsbeispiel. Für den Import und Export von Daten im UCINET-Format sowie im SPSS-Format gibt es Routinen. Insbesondere für die Verbindung von relationalen Daten mit „normalen" attributbezogenen Datensätzen ist SONIS gut geeignet.

Es gibt verschiedene Methodenbausteine, die z.B. Cliquen- und Komponentenanalysen erlauben, die Berechnung von verschiedenen Zentralitäts- und Zentralisierungsmaßen, Bonacichs Machtmaß, und verschiedene Verfahren der Analyse struktureller Äquivalenz. Darunter ist neben CONCOR (=ABBW) das Burt-Verfahren (STRUCTUR(e)) und ein sehr flexibler Algorithmus namens COBLOCK. Das Programm bietet außerdem Verfahren der Clusteranalyse an, ein Modul zur Matrixalgebra, und ein Verfahren für den Triaden- und Triplettzensus.

Ein weiteres sehr umfangreiches, flexibles und auch für große Datensätze geeignetes Programm ist PAJEK (Package for Large Network Analysis) von Vlado Batagelj, Andrej Mrvar und Matjaz Zversnik. Pajek läuft unter Windows und kann kostenlos unter der Adresse http://vlado.fmf.uni-lj.si/pub/ networks/pajek/ heruntergeladen werden. Eine Einführung in seine Bedienung liefert Batagelj et al (1998). Dieser Aufsatz ist ebenfalls von der angegebenen Seite herunterzuladen.

Literaturverzeichnis

Alba, Richard D., 1973: A graph theoretic definition of a sociometric clique. Journal of Mathematical sociology 3, 113-126.

Alba, Richard D., 1982: Taking stock of network analysis: A decade's results. Research in the sociology of organizations 1. S. 39-74.

Ardelt, Elisabeth und Anton Laireiter, 1993: Messung sozialer Beziehungen. S. 658-673 in: Erwin Roth und Klaus Heidenreich (Hrsg.): Sozialwissenschaftliche Methoden. München: Oldenbourg.

Arrow, Kenneth W., 1970: Ökonomischer Nutzen und die Allokation von Ressourcen für Erfindung. S. 115-132 in: Jens Naumann (Hrsg): Forschungsökonomie und Forschungspolitik. Stuttgart: Klett.

Barnes, John A., 1954: Class committees in a Norwegian island parish. Human Relations 7, 39-58.

Barnes, John A., 1972: Social networks. S. 1-29. Module of Anthropology, Module 26.

Bavelas, A., 1950: Communication patterns in task-oriented groups. Journal of the Acoustical Society of America 57, 271-282.

Becker, Gary S., 1993: Human capital. A theoretical and empirical analysis with special reference to eduation. Chicago: Chicago University Press.

Berkowitz, Stephen D., 1982: An introduction to structural analysis. The network approach. Toronto: Butterworths.

Berkowitz, Stephen D., 1988: Markets and market areas: Some preliminary formulations. S. 261-303 in: Wellman /Berkowitz 1988.

Bernard, H. Russell, Peter Killworth, D. Kronenfeld, und Lee Sailer, 1985: On the validity of retrospective data: The problem of the informant accuracy. Annual Review of Anthropology 13, 495-517. Palo Alto: Stanford University Press.

Bernard, H. Russell, Peter Killworth, und Lee Sailer, 1982: Informant accuracy and network data V: An experimental attempt to predict communication data from recall data. Social Science Research 11, 30-66.

Blau, Peter, 1964: Exchange and power in social life. New York: Wiley.

Blau, Peter, 1977: Inequality and heterogeneity. A primitive theory of social structure. New York.

Blau, Peter M. und Otis Dudley Duncan, 1967: The American occupational structure, New York: Wiley.

Bonacich, Phillip, 1987: Power and centrality: A family of measures. American Journal of Sociology 92, 1170-1182.

Boorman, Scott A. und Harrison C. White, 1976: Social structure from multiple networks II. Role structures. American Journal of Sociology 81, 1344-1446.

Borgatti, Steve P./Martin G. Everett und Linton C. Freeman, 1996: UCINET V for Windows. Analytic Technologies, Inc. and the University of Greenwich.

Bott, Elizabeth, 1971 (zuerst 1957): Family and social network. London: Tavistock.

Bourdieu, Pierre, 1983: Ökonomisches Kapital, kulturelles Kapital, soziales Kapital. S. 183-198 in: Reinhard Kreckel (Hrsg.): Soziale Ungleichheiten. Soziale Welt Sonderband 2. Göttingen: Schwartz.

Brass, Daniel J. und Marlene E. Burckhardt, 1992: Centrality and power in organizations. S. 191-215 in: Nohria/Eccles 1992.

Breiger, Ronald L., 1974: The duality of persons and groups. Social Forces 53, 181-190.

Breiger, Ronald L., 1979: Toward an operational theory of community elite structures. Quality and Quantity 13, 21-57.

Breiger, Ronald L. (Hrsg.), 1990: Social mobility and social structure. New York: Cambridge University Press.

Breiger, Ronald, L. und Phillipa E. Pattison, 1978: The joint role structure of two community elites. Sociological Method and Research 7, 213-226.

Burt, Ronald S., 1976: Positions in networks. Social Forces 55, 93-122.

Burt, Ronald S., 1977a: Positions in multiple network systems, Part One: A general conception of stratification and prestige in a system of actors cast as a social topology. Social Forces 56, 106-131.

Burt, Ronald S., 1977b: Power in a social topology. Social Science Research 6, 1-83.

Burt, Ronald S., 1980: Models of network structure. Annual Review of Sociology 6, 79-141.

Burt, Ronald S., 1982: Towards a structural theory of action. New York: Academic Press.

Burt, Ronald S., 1983a: Range. S. 176-194 in: Burt/Minor 1983.

Burt, Ronald S., 1983b: Studying status/role sets using mass surveys. S. 100-118 in: Burt/Minor 1983.

Burt, Ronald S., 1983c: Corporate profits and cooptation. New York: Academic Press.

Burt, Ronald S., 1984: Network items and the general social survey. Social Networks 6, 293-229.

Burt, Ronald S. 1992: Structural holes. The social structure of competition. Cambridge, Mass.: Harvard University Press.

Burt, Ronald S. und Michael J. Minor (Hrsg.), 1983: Applied network analysis. Beverly Hills: Sage.

Carrington, Peter J., G. H. Heil und Stephen D. Berkowitz, 1980: A goodness-of-fit index for blockmodels. Social Networks 2, 219-234.

Cartwright, Dorwin und Frank Harary, 1956: Structural balance. A generalization of Heider's theory. Psychological Review 63, 277-293.

Coleman, James S., 1958: Relational analysis. The study of social organizations with survey methods. Human Organization 17, 28-36. Abgedruckt in Etzioni 1961/1969, S. 517-528.

Coleman, James S. 1986: Social theory, social research, and a theory of action. American Journal of Sociology 91, 1309-1335.

Coleman, James S., 1988: Social capital in the creation of human capital. American Journal of Sociology 94, Supplement, 95-120.

Coleman, James, S., 1990: Foundations of social theory. Cambridge, Mass.: Belknap Press. Deutsch: 3 Bände. 1991-1993. München: Oldenbourg.

Coleman, James S., Elihu Katz und Herbert Menzel, 1966: Medical innovation: A diffusion study. Indianapolis: Bobbs-Merrill.

Cook, Karen S., 1982: Network structures from an exchange perspective. S. 177-200 in: Marsden/Lin 1982.

Cook, Karen S., Richard M. Emerson, /Mary L. Gillmore, und Toshio Yamagishi, 1983: The distribution of power in exchange networks: Theory and experimental results. American Journal of Sociology 89, 275-305.

Cook, Karen S., and Toshio Yamagishi, 1992: Power in exchange networks: A power-dependence formulation. Social Networks 14, 245-265.

Czepiel, J.A., 1974: Word of mouth processes in the diffusion of a major technological innovation. Journal of Marketing Research 11, 172-180.

Dahrendorf, Ralf, 1964: Homo sociologicus: ein Versuch zur Geschichte, Bedeutung und Kritik der Kategorie der sozialen Rolle. 4. Auflage. Köln: Westdeutscher Verlag.

Dahrendorf, Ralf, 1967: Pfade aus Utopia: Arbeiten zur Theorie und Methode der Soziologie. München: Piper.

Davis, A., B.B. Gardner und M.R. Gardner, 1941: Deep south. Chicago: University of Chicago Press.

Davis, J.A. und Samuel Leinhardt, 1972: The structure of positive interpersonal relations in small groups. S. 218-251 in: J. Berger (Hrsg.), Sociological Theory in Progress. Band 2. Boston: Houghton Mifflin.

De Graaf, Nan Dirk und Hendrik Derk Flap, 1988: With a little help from my friends: Social resources as an explanation of occupations status and income in West Germany, The Netherlands, and the United States. Social Forces 67, 452-472.

Diaz-Bone, Rainer, 1997: Ego-zentrierte Netzwerkanalyse und familiale Beziehungssysteme. Wiesbaden: Deutscher Universitätsverlag.

Diekmann, Andreas, 1991: Empirische Sozialforschung. Reinbek: rororo.

Diewald, Martin, 1991: Soziale Beziehungen: Verlust oder Liberalisierung? Soziale Unterstützung in informalen Netzwerken. Berlin: Sigma.

Durkheim, Emile, 1961 (zuerst 1895): Die Regeln der soziologischen Methode. Frankfurt am Main: Suhrkamp.

Ebers, Mark, und Winfried Gotsch, 1994: Institutionenökonomische Theorie der Organisation. S. 193-242 in: Kieser, Alfred (Hrsg.), Organisationstheorien. Stuttgart: Kohlhammer.

Emerson, Richard M., 1962: Power-dependence relations. American Sociological Review 27, 31-41.

Emirbayer, Mustafa und Jeff Goodwin, 1994: Network analysis, culture, and the problem of agency. American Journal of Sociology 99, 1411-1454.

Erickson, Bonny H., 1978: Some problems of inference from chain data. S. 276-302 in: Karl F. Schuessler (Hrsg.), Sociological Methodology 1979. San Francisco: Jossey Bass.

Erickson, Bonnie H., T. A. Nosanchuk und Edward Lee, 1981: Network sampling in practice. Some second steps. Social Networks 3, 127-136.

Erickson, Bonnie H., und T. A. Nosanchuk, 1983: Applied network sampling. Social Networks 5, 367-382.

Esser, Hartmut, 1987: Zum Verhältnis von qualitativen und quantitativen Methoden in der Sozialforschung, oder: Über den Nutzen methodologischer Regeln bei der Diskussion von Scheinkontroversen. S. 87-101 in: Wolfgang Voges (Hrsg.), Methoden der Biographie- und Lebenslaufforschung. Opladen: Leske + Budrich.

Etzioni, Amitai (Hrsg.), 1969/1961: A sociological reader on complex organizations. New York: Holt, Rinehart und Winston. (1. Aufl. u.d.T.: Complex organizations.)

Featherman, David L., und Robert M. Hauser, 1978: Opportunity and change, New York: Academic Press.

Fischer, Claude, 1982: To dwell among friends. Chicago: Chicago University Press.

Fischer, Claude S., Robert Max Jackson, C. Ann Stueve, Kathleen Gerson, Lynne McCallister Jones und Mark Baldassare, 1977: Networks and places. Social relations in the urban setting. New York: Free Press.

Foster, Caxton, Anatol Rapoport, und Carol J. Orwant, 1963: A study of a large sociogram II. Behavioral Science 8, 56-65.

Frank, Ove, 1971: Statistical inferences in graphs. Stockholm: Forsvarets Forskininanstalt.

Frank, Ove, 1981: A survey of statistical methods for graph analysis. S. 110-155 in: Leinhardt, Samuel (Hrsg.), 1981: Sociological Methodology. San Francisco: Jossey-Bass.

Frank, Ove, 1988: Random sampling and social networks. A survey of various approaches. Mathematiques, Informatique, et Sciences Humaines 26, 19-33.

Freeman, Linton C., 1979: Centrality in social networks. Conceptual clarification. Social Networks 1, 215-239.

Freeman, Linton C., 1992: The sociological concept of "group": An empirical test of two models. American Journal of Sociology 98, 152-166.

Freeman, Linton C., A. Kimball Romney, 1987: Word, deeds and social structure: A preliminary study of the reliability of informants. Human Organization 46, 330-334.

Freeman, Linton C., A.Kimball Romney, und Sue C. Freeman, 1987: Cognitive structure and informant accuracy. American Anthropologist 89, 310-325.

Friedkin, Noah E., 1986: A formal theory of social power. Journal of Mathematical Sociology 12, 215-139.

Friedkin, Noah E., 1991: Theoretical foundations for centrality measures. American Journal of Sociology 96, 1478-1504.

Friedkin, Noah E., 1992: An expected value model of social power: predictions for selected exchange networks. Social Networks 14, 213-229.

Gabler, Siegfried, 1992: Schneeballverfahren und verwandte Stichprobendesigns. ZUMA-Nachrichten 31, 47-69.

Galaskiewicz, Joseph, 1985: Interorganizational relations. Annual Review of Sociology 11, 281-304.

Galaskiewicz, Joseph, und Stanley Wasserman, 1993: Social network analysis. Concepts, methodology, and directions for the 1990. Sociological Methods & Research 22, 3-22.

Gluckman, Max, 1955: The juridical process among the Barotse of Northern Rhodesia. Manchester: Manchester University Press.

Grabher, Gernot, 1990: On the weakness of strong ties: The ambivalent role of inter-firm relations in the decline and reorganization of the Ruhr. WZB-papers FS I-90-4.

Granovetter, Mark, 1973: The strength of weak ties. American Journal of Sociology 78, 1360-1380.

Granovetter, Mark, 1974: Getting a job. A study of contacts and carreers. Cambridge, Mass.: Harvard University Press. (2. Auflage 1995, Chicago University Press).

Granovetter, Mark, 1976: Network sampling. Some first steps. American Journal of Sociology 81, 1287-1303.

Granovetter, Mark, 1982: The strength of weak ties: A network theory revisited. S. 105-130 in: Marsden/Lin 1982.

Granovetter, Mark, 1985: Economic action and social structure. The problem of embeddedness. American Journal of Sociology, 91, 481-510.

Granovetter, Mark, und Charles Tilly, 1988: Inequality and labor processes. S. 175-221 in: Smelser, Neil J. (Hrsg.), Handbook of sociology. Sage: London.

Hammer, M., 1985: Implications of behavioral and cognitive reciprocity in social network data. Social Networks 7, 189-201.

Heider, Fritz, 1946: Attitudes and cognitive organization. Journal of Psychology 21, 107-112.

Heider, Fritz, 1958: The psychology of interpersonal relations. New York: Wiley and Sons.

Hill, Paul B., 1988: Unterschiedliche Operationalisierungen von egozentrierten Netzwerken und ihr Erklärungsbeitrag in Kausalmodellen. ZUMA-Nachrichten 22, 45-57.

Hoffmeyer-Zlotnik, Jürgen, Michael Schneid, Peter Ph. Mohler und Uwe Pfenning, 1986: Egozentrierte Netzwerke in Massenumfragen: Ein ZUMA-Methodenforschungsprojekt. ZUMA-Nachrichten 20, 37-56.

Holland, Paul W., und Samuel Leinhardt, 1977: Social structure as a network process. Zeitschrift für Soziologie 6, 368-402.

Holland, Paul W., und Samuel Leinhardt (Hrsg.), 1979: Perspectives on social network research. New York: Academic Press.

Holland, Paul W., K.B. Laskey, und Samuel Leinhardt, 1983: Stochastic blockmodels: Some first steps. Social networks 5, 109-137.

Homans, George Caspar, 1950: The human group. New York: Harcourt. In Deutsch: Theorie der sozialen Gruppe. Opladen: Westdeutscher Verlag 1960.

Homans, George Caspar, 1972: Grundfragen soziologischer Theorie. Opladen: Westdeutscher Verlag.

Hubbell, Charles. H., 1965: An input-output approach to clique detection. Sociometry 28, 227-299.

Hummell, Hans-Joachim, und Karl-Dieter Opp, 1972: Die Reduzierbarkeit der Soziologie auf Psychologie. Braunschweig: Vieweg.

Hummell, Hans-Joachim, und Wolfgang Sodeur, 1984: Interpersonelle Beziehungen und Netzwerkstrukturen. Bericht über ein Projekt zur Analyse der Strukturentwicklung unter Studienanfängern. Kölner Zeitschrift für Soziologie und Sozialpsychologie 36, 511-556.

Hummell, Hans-Joachim, und Wolfgang Sodeur, 1987: Triaden- und Triplettzensus als Mittel der Strukturbeschreibung. S. 177-201 in: Pappi 1987b.

Hummell, Hans-Joachim, und Wolfgang Sodeur, 1992: Multivariate Analyse von Struktureigenschaften auf mehreren Ebenen. Netzwerkanalyse als "Messtheoretisches" Konzept. S. 269-294 in: Hans-Jürgen Andreß, Johannes Huinink, Holger Meinken, Dorothea Rumianek, Wolfgang Sodeur und Gabriele Sturm. Theorie – Daten – Methoden. Neue Modelle und Verfahrensweisen in den Sozialwissenschaften. München: Oldenbourg.

Jansen, Dorothea, 1995: Forschungspolitik nach einem wissenschaftlichen Durchbruch: Die Entstehung des 'National Programme' zur Supraleitungsforschung in Großbritannien. S. 132-159 in: Jansen/Schubert 1995.

Jansen, Dorothea, 1997a: Das Problem der Akteurqualität korporativer Akteure. S. 193-235 in: Arthur Benz/Wolfgang Seibel (Hrsg.), 1997: Theorieentwicklung in der Politikwissenschaft - eine Zwischenbilanz. Baden-Baden: Nomos.

Jansen, Dorothea, 1997b: Rezension zu: Franz Urban Pappi/Thomas König/David Knoke: Entscheidungsprozesse in der Arbeits- und Sozialpolitik. Der Zugang der Interessengruppen zum Regierungssystem über Politikfeldnetze. Ein deutsch-amerikanischer Vergleich. Frankfurt/New York 1995. Kölner Zeitschrift für Soziologie und Sozialpsychologie 48, S. 347f.

Jansen, Dorothea und Klaus Schubert (Hrsg.), 1995: Netzwerke und Politikproduktion. Konzepte, Methoden, Perspektiven. Marburg: Schüren.

Jencks, Christopher, 1972: Inequality: a reassessment of the effect of family and schooling in America. New York: Basic Books.

Johnson, Jeffrey C., 1994: Anthropological contributions to the study of social networks: A review. S. 113-151 in: Wasserman/Galaskiewicz 1994.

Kadushin, Charles, 1966: The friends and supporters of psychotherapy: on social circles in urban life. American Sociological Review 31, 786-802.

Kadushin, Charles, 1982: Social density and mental health. S. 147-158 in: Marsden/Lin 1982.

Kappelhoff, Peter, 1987a: Cliquenanalyse. S. 39-63 in: Pappi 1987b.

Kappelhoff, Peter, 1987b: Blockmodellanalysen. S. 101-128 in: Pappi 1987b.

Kappelhoff, Peter, 1995: Macht in Politiknetzwerken. Modellvergleich und Entwurf eines allgemeinen Entscheidungsmodells. S. 24-51 in: Jansen/Schubert 1995.

Keupp, Heiner, und Bernd Röhrle (Hrsg.), 1987: Soziale Netzwerke. Frankfurt am Main: Campus.

Knoke, David, 1993: Networks of elite structure and decision making. Sociological Methods & Research 22, 23-45.

Knoke, David, und Ronald S. Burt, 1983: Prominence. S. 195-224 in: Burt/Minor 1983.

Knoke, David, und James Kuklinski, 1982: Network analysis. Beverly Hills: Sage.

Köhler, Wolfgang, 1963 (zuerst 1921): Intelligenzprüfungen an Menschenaffen. Berlin: Springer.

Krackhardt, David, 1992: The strength of strong ties: The importance of philos in organizations. S. 216-239 in: Nohria/Eccles 1992.

Krackhardt, David 1999: Emails mit Attachments vom 9.2.1999 und 11.2.1999.

Laireiter, Anton (Hrsg.), 1993: Soziales Netzwerk und soziale Unterstützung: Konzepte, Methoden, Befunde. Bern: Huber.

Laumann, Edward O., 1973: Bonds of pluralism. New York: Wiley.

Laumann, Edward O., Joseph Galaskiewicz und Peter Marsden, 1978: Community structures as interorganizational linkages. Annual Review of Sociology 4, 455-484.

Laumann, Edward O., und David Knoke, 1989: Policy networks of the organizational state: Collective action in the national energy and health domains. S. 17-56 in: Perrucci/Potter 1989.

Laumann, Edward O., Peter Marsden und David Prensky, 1983: The boundary specification problem in network analysis. S. 18-34 in: Burt/Minor 1983.

Laumann, Edward O., und Franz Urban Pappi, 1976: Networks of collective action. New York: Academic Press.

Lazarsfeld, Paul F., und Herbert Menzel, 1969 (zuerst 1961): On the relation between individual and collective properties. S. 499-516 in: Etzioni 1969/1961.

Leavitt, H.J., 1951: Some effects of communication patterns of group performance. Journal of Abnormal and Social Psychology 46, 38-50.

Lévi-Strauss, Claude, 1967: Strukturale Anthropologie I. Frankfurt am Main: Suhrkamp.

Lewin, Kurt, 1936: Principles of topological psychology. New York: Mc Graw Hill.

Lewin, Kurt, 1951: Field theory in the social sciences. New York: Harper. (Deutsch: Feldtheorie in den Sozialwissenschaften. Bern 1963).

Lieberson, Stanley, 1969: Measuring population diversity. American Sociological Review 34, 850-862.

Lin, Nan, 1982: Social resources and instrumental action. S. 131-145 in: Marsden/Lin 1982.

Lin, Nan 1990: Social resources and mobility: a structural theory of status attainment. S. 247-271 in: Breiger, Ronald L. (Hrsg.), 1990: Social mobility and social structure. New York: Cambridge University Press.

Lin, Nan, Walter M. Ensel und John C. Vaughn, 1981a: Social resources and strength of ties. Structural factors in occupation status attainment. American Sociological Review 46, 396-405.

Lin, Nan, John E. Vaughn und Walter Ensel, 1981b: Social resources and status attainment. Social Forces 59, 1163-1181.

Lin, Nan, Alfred Dean und Walter Ensel (Hrsg.), 1986: Social support, life events and depression. Orlando: Academic Press.

March, James G., und Herbert A. Simon, 1976 (1958): Organisation und Individuum. Wiesbaden: Gabler.

Marin, Bernd, und Renate Mayntz (Hrsg.), 1991: Policy Networks. Frankfurt am Main: Campus.

Marsden, Peter V., 1981: Introducing influence processes into a system of collective decisions. American Journal of Sociology 86, 1203-1235.

Marsden, Peter V., 1983: Restricted access in networks and models of power. American Journal of Sociology 88, 686-716.

Marsden, Peter V., 1990: Network data and measurement. Annual Review of Sociology 16, 435-463.

Marsden, Peter V., und Noah E. Friedkin, 1993: Network studies of social influence. Sociological Methods & Research 22, 127-151.

Marsden, Peter V., und Jeanne S. Hurlbert, 1988: Social resources and mobility outcomes: A replication and extension. Social Forces 66, 1038-59.

Marsden, Peter V., und Nan Lin (Hrsg.), 1982: Social structure and network analysis. Beverly Hills: Sage.

McPherson, J. Miller, 1982: Hypernetwork sampling: Duality and differentiation among voluntary organizations. Social Networks 3, 235-249.

Melbeck, Christian 1995: SONIS 3.0. Benutzerhandbuch. Mannheimer Zentrum für Europäische Sozialforschung.

Milgram, Stanley, 1967: The small world problem. Psychology Today 1, 62-67.

Mitchell, Clyde (Hrsg.), 1969: Social networks in urban situations: Analysis of personal relationships in central African towns. Manchester: Manchester University Press.

Mitchell, Clyde, 1989: Ethnography and network analysis. S. 77-92 in: Schweizer 1989.

Mizruchi, Mark S., 1994: Social network analysis: Recent achievements and current controversies. Acta Sociologica 37, 329-344.

Mizruchi, Mark S., und Joseph Galaskiewicz, 1993: Networks of interorganizational relations. Sociological Methods & Research 22, 46-70.

Moreno, Jacob L., 1934: Who shall survive? New York: Beacon Press.

Moreno, Jacob L., 1954: Die Grundlagen der Soziometrie. Opladen: Westdeutscher Verlag.

Müller, Walter, 1976: Bildung und Mobilitätsprozess – eine Anwendung der Pfadanalyse. S. 292-312 in: Hummell, Hans J./Rolf Ziegler (Hrsg,), 1977: Korrelation und Kausalität, Bd. 2. Stuttgart: Enke.

Mueller, John, Karl F. Schuessler und Herbert L. Costner, 1977: Statistical reasoning in sociology. Boston: Houghton Mifflin Company.

Nadel, Siegfried F., 1957: The theory of social structure. London: Cohen & West.

Newcomb, Theodore M., 1961: The acquaintance process. New York: Holt, Rinehart & Winston.

Nohria, Nitin, und Robert G. Eccles (Hrsg.), 1992: Networks and organizations: structure, form, and action. Boston, Mass.: Harvard Business School Press.

Padgett, John F., und Christopher K. Ansell, 1993: Robust action and the rise of the Medici. American Journal of Sociology 98, 1259-1319.

Pappi, Franz Urban, 1981: The petite bourgeoisie and the new middle class: differentiation or homogenisation of the middle strata in Germany. S. 105-120 in: Berghofer, Frank, und Brian Elliot (Hrsg.), 1981: The petite bourgeoisie. London: MacMillan.

Pappi, Franz Urban, 1987a: Die Netzwerkanalyse aus soziologischer Perspektive. S. 11-37 in: Pappi 1987b.

Pappi, Franz Urban (Hrsg.), 1987b: Methoden der Netzwerkanalyse. München: Oldenbourg.

Pappi, Franz Urban, und Christian Melbeck, 1984: Das Machtpotential von Organisationen in der Gemeindepolitik. Kölner Zeitschrift für Soziologie und Sozialpsychologie 36, 557-584.

Pappi, Franz Urban, und Gunter Wolf, 1984: Wahrnehmung und Realität sozialer Netzwerke. Zuverlässigkeit und Gültigkeit der Angaben über beste Freunde im Interview. S. 281-300 in: Heiner Meulemann und Karl-Heinz Reuband (Hrsg.), Soziale Realität im Interview. Frankfurt am Main: Campus.

Pappi, Franz Urban, und Thomas König, 1995: Informationsaustausch in politischen Netzwerken. S. 111-131 in: Jansen/Schubert 1995.

Pappi, Franz Urban, Thomas König und David Knoke, 1995: Entscheidungsprozesse in der Arbeits- und Sozialpolitik. Frankfurt am Main: Campus

Parkin, Frank, 1983: Strategien sozialer Schließung und Klassenbildung. In: Kreckel, Reinhard (Hrsg.), 1983: Soziale Ungleichheiten. Soziale Welt Sonderband 2. Göttingen: Schwartz.

Parsons, Talcott T., 1976: Zur Theorie sozialer Systeme. Opladen: Westdeutscher Verlag.

Perrucci, Robert, und Harry R. Potter (Hrsg.), 1989: Networks of power. Organizational actors at the national, corporate, and community levels. New York: Aldine de Gruyter.

Pfenning, Astrid, und Uwe Pfenning, 1987: Egozentrierte Netzwerke: Verschiedene Instrumente - verschiedene Ergebnisse. ZUMA-Nachrichten 21, 64-77.

Pfenning, Astrid, Uwe Pfenning und Peter Mohler, 1989: Parteipräferenz in sozialen Netzwerken. ZUMA-Nachrichten 24, 73-86.

Pfenning, Astrid, Uwe Pfenning und Peter Mohler, 1991: Zur Reliabilität von egozentrierten Netzwerken in Massenumfragen. ZUMA-Nachrichten 28, 92-108.

Podolny, Joel M. und James Baron, 1987: Resources and relationships: social networks and mobility in the workplace. American Sociological Review 62, 673-693.

Portes, Alejandro, und Julia Sensenbrenner, 1993: Embeddedness and immigration: Notes on the social determinants of economic action. American Journal of Sociology 98, 1320-1350.

Radcliffe-Brown, A. R., 1940: On social structure. Journal of the Royal Anthropological Society of Great Britain and Ireland 70, 1-12.

Rapoport, Anatol, und William J. Horvath; 1961: A study of a large sociogram. Behavioral Science 5, 279-291.

Rasmusen, Eric, 1991: Games and information. Oxford UK: Blackwell.

Roethlisberger, F.J., und W. J. Dickson, 1939: Management and the worker. Cambridge, Mass.: Cambridge University Press.

Schelsky, Helmut, 1979: Auf der Suche nach der Wirklichkeit. München: Goldmann.

Schenk, Michael, 1983: Meinungsführer und Netzwerke persönlicher Kommunikation. Rundfunk und Fernsehen 31, 326-336.

Schenk, Michael, 1984: Soziale Netzwerke und Kommunikation. Tübingen: Mohr.

Schenk, Michael, 1993: Die ego-zentrierten Netzwerke von Meinungsbildnern („Opinion Leaders"). Kölner Zeitschrift für Soziologie und Sozialpsychologie 45, 254-269.

Schenk, Michael, 1995: Soziale Netzwerke und Massenmedien. Tübingen: Mohr.

Schenk, Michael, Peter Ph. Mohler, Uwe Pfenning und Renate Ell, 1992: Egozentrierte Netzwerke in der Forschungspraxis. ZUMA-Nachrichten 31: 87-120.

Schenk, Michael, Hermann Dahm und Deziderio Sonje, 1997: Die Bedeutung sozialer Netzwerke bei der Diffusion neuer Kommunikationstechniken. Kölner Zeitschrift für Soziologie und Sozialpsychologie 49, 35-52.

Schneider, Volker 1988: Politiknetzwerke in der Chemikalienkontrolle. Berlin: De Gruyter.

Schneider, Volker, und Raymund Werle, 1991: Policy networks in the German telecommunications domain. S. 97-136 in: Marin/Mayntz 1991.

Schnell, Rainer, Paul B. Hill und Elke Esser, 1992: Methoden der empirischen Sozialforschung. München: Oldenbourg.

Schweizer, Thomas (Hrsg.), 1989: Netzwerkanalyse. Ethnologische Perspektiven. Berlin: Reimer.

Schweizer, Thomas, 1996: Muster sozialer Ordnung: Netzwerkanalyse als Fundament der Sozialethnologie. Berlin: Reimer.

Scott, John, 1991: Social network analysis. A handbook. London: Sage. (Neuabdruck 1994).

Sesselmeier, Werner, und Gregor Blauermel, 1990: Arbeitsmarkttheorien. Heidelberg: Physica.

Seidman, Steven B., 1983: Network structure and minimum degree. Social networks 5, 269-287.

Seidman, Steven B. und B.L. Foster, 1978: A graph-theoretic generalization of the clique concept. Journal of Mathematical Sociology 6, 139-154.

Simon, Herbert A., 1955: A behavioral model of rational choice. Quarterly Journal of Economics 69, 99-118.

Simmel, Georg, 1992: Soziologie. Untersuchungen über die Formen der Vergesellschaftung. Bd. 11 der Gesamtausgabe Hrsg. von Ottfried Rammstedt. Frankfurt am Main: Suhrkamp.

Stokman, Frans N., 1995: Entscheidungsansätze in politischen Netzwerken. S. 160-184 in: Jansen/Schubert 1995.

Stokman, Frans N., Rolf Ziegler und John Scott, 1985: Networks of corporate power. Cambridge: Polity Press.

Walker, Michael E., Stanley Wasserman, und Barry Wellman, 1994: Statistical models for support networks. S. 53-78 in: Wasserman/Galaskiewicz 1994.

Warner, W. Lloyd, und P.S. Lunt, 1941: The social life of a modern community. New Haven, Conn.: Yale University Press.

Warner, W. Lloyd, und P.S. Lunt, 1942: The status system of a modern community. New Haven, Conn.: Yale University Press.

Wasserman, Stanley, und C. Anderson, 1987: Stochastic a posteriori blockmodels: construction and assessment. Social Networks 9, 1-36.

Wasserman, Stanley, und Katherine Faust, 1994: Social network analysis: Methods and applications. Cambridge: Cambridge University Press.

Wasserman, Stanley, und Joseph Galaskiewicz (Hrsg.), 1994: Advances in social network analysis. Thousand Oaks u.a.: Sage.

Weber, Max, 1972: Wirtschaft und Gesellschaft. 5. Auflage, Kapitel 1 Grundbegriffe. Tübingen: Mohr.

Wegener, Bernd, 1987: Vom Nutzen entfernter Bekannter. Kölner Zeitschrift für Soziologie und Sozialpsychologie 39, 278-302.

Wegener, Bernd, 1991: Job mobility and social ties. Social resources, prior jobs, and status attainment. American Sociological Review 56, 60-71.

Wellman, Barry, 1988: Structural analysis: From method and metaphor to theory and substance. S. 19-61 in: Wellman/Berkowitz 1988.

Wellman, Barry, 1993: An egocentric network tale. Social Networks 15, 423-436.

Wellman, Barry, und Stephen D. Berkowitz (Hrsg.), 1988: Social structures: A network approach. Cambridge: Cambridge University Press. (2. Auflage 1998).

Wellman, Barry, Peter A. Carrington und Alan Hall, 1988: Networks as personal communities. S. 130-184 in: Wellman/Berkowitz 1988.

Wellman, Barry, und Scot Wortley, 1990: Different strokes from different folks: Community ties and social support. American Journal of Sociology 96, 558-588.

Wilson, Thomas P., 1973: Theorien der Interaktion und Modelle soziologischer Erklärung. S. 54-79 in: Arbeitsgruppe Bielefelder Soziologen (Hrsg.), Alltagswissen, Interaktion und gesellschaftliche Wirklichkeit. Bd. 1. Reinbek: Rororo.

Wilson, Thomas P: 1982: Qualitative „oder" quantitative Methoden in der Sozialforschung. Kölner Zeitschrift für Soziologie und Sozialpsychologie 34, 469-486.

White, Harrison C., 1968: An introduction to social relations. Harvard University. Social Relations 10. First Lecture. (Zitiert nach Wellman 1988: 34)

White, Harrison C., 1970: Chains of opportunity. System models of mobility in organizations. Cambridge Mass.: Harvard University Press.

White, Harricon C, 1992: Identity and control. A structural theory of social action. Princeton N.J.: Princeton University Press.

White, Harrison C., A. Scott und Ronald L. Breiger, 1976: Social structures from multiple networks. I: Blockmodels and roles and positions. American Journal of Sociology 81, 730-780.

Wolf, Christof, 1993: Egozentrierte Netzwerke: Datenorganisation und Datenanalyse. ZA-Informationen 32, 72-94.

Wolff, Birgitta, und Rahild Neuburger, 1995: Zur theoretischen Begründung von Netzwerken aus der Sicht der Neuen Institutionenökonomie. S. 74-94 in: Jansen/Schubert 1995.

Wrong, Dennis, 1961: The oversocialized conception of man in modern sociology. American Sociological Review 25, 183-193.

Ziegler, Rolf, 1984: Das Netz der Personen- und Kapitalverflechtungen deutscher und österreichischer Wirtschaftsunternehmen. Kölner Zeitschrift für Soziologie und Sozialpsychologie 36, 585-614.

Ziegler, Rolf, 1987: Positionen in sozialen Räumen. S. 64-100 in: Pappi 1987b.

Ergänzte Literatur

Ahuja, Gautam, 2000: Collaboration networks, structural holes, and innovation. A longitudinal study. Administrative Science Quarterly 45, 425-455.

Andrews, Steven B. und David Knoke (Hrsg.), 1999: Networks in and around organizations. Research in the Sociology of Organizations, Vol. 16. Stamford, Co.: JAI Press.

Baker, Wayne E., 1984: The social structure of a national security market. American Journal of Sociology 89, 775-811.

Baker, Wayne E. und Ananth V. Iyer, 1992: Information networks and market behavior. Journal of Mathematical Sociology 16, 305-332.

Batagelj, Vlado und Andrej Mrvar, 1998: Pajek – programme for large networks analysis. Conncetions 21, 47-57.

Baum, Joel A. C und Stephen Mezias, 1992: Localized competition and organizational failure in the Manhattan hotel industry, 1898-1990. Administrative Science Quarterly 31, 580-604.

Blossfeld, Hans-Peter und Götz Rohwer, 1995: Techniques of event history modeling. New approaches to causal analysis. Mahwah, New Jersey: Lawrence Erlbaum Associates, Publishers.

Borgatti, Stephen P., Candace Jones und Martin G. Everett, 1998: Network measures of social capital. Connections 21 (2), 27-36.

Braczyk, Hans-Joachim, Philip Cooke und Martin Heidenreich (Hrsg.), 1998: Regional innovation systems. London: UCL Press.

Burt, Ronald S., 1997: The Contingent Value of Social Capital, Administrative Science Quarterly 42, 339-365.

Burt, Ronald S., 2000: The network structure of social capital. Research in Organizational Behavior, 22, 345-423.

Burt, Ronald S., 2001: Structural holes versus network closure as social capital. S. 31-56 in: Lin et al. 2001.

Carley, Kathleen M., 1999: On the evolution of social and organizational networks. S. 3-30 in: Andrews/Knoke 1999.

Cohen, W. und D. A. Levinthal, 1990. Absorptive capacity. A new perspective on learning and innovation. Administrative Science Quarterly 35, 128-152.

Contractor, Noshir und Susan S. Grant 1996: The Emergence of Shared Interpretations in Organizations. S. 215-230 in: James H. Watt/C. Arthur VanLear (Hrsg.), 1996: Dynamic Patterns in Communications Processes. Thousand Oaks u.a.: Sage.

Crouch, Colin, Patrick Le Galés, Carlo Trigilia und Helmut Voelzkow (Hrsg.), 2001: Local production systems in europe: Rise or demise? Oxford: Oxford University Press.

Doreian, Patrick und Frans N. Stokman (Hrsg.), 1997: Evolution of social networks. Amsterdam: Gordon and Breach Publishers.

Emirbayer, Mustafa, 1997: Manifesto for a relational sociology. American Journal of Sociology 103, 281-317.

Erickson, Bonnie, 2001: Good networks and good jobs: The value of social capital to employers and employees. S. 127-158 in: Lin et al. 2001.

Esser, Hartmut, 1999: Soziologie. Spezielle Grundlagen. Band 1: Situationslogik und Handeln. Frankfurt am Main: Campus.

Fernandez, Roberto M., Emilio Castilla und Paul Moore, 2000: Social capital at work: Networks and employment at a phone center. American Journal of Sociology 105, (5) 1288-356.

Fernandez, Roberto M. und Emilio J. Castilla, 2001: How much is that network worth? Social capital in Employee referral networks. S. 85-104 in: Lin et al. 2001.

Flap, Henk und Ed Boxman, 2001: Getting started: The influence of social capital on the start of the occupational career. S. 159-181 in: Lin et al. 2001.

Flap, Henk und Ed Boxmann, 1999: Getting a job as a manager. S. 197-216 in: Leenders/Gabbay 1999.

Frank, Kenneth A. und Jeffrey Y. Yasumoto, 1998: Linking action to social structure within a system: Social capital within and between subgroups. American Journal of Sociology 104, 642-86.

Franzosi, Roberto und John W. Mohr, 1997: New directions in formalization and historical analysis. Theory and Society 26, 133-160.

Fukuyama, Francis, 1995: Trust: The social virtues and the creation of prosperity. New York: Free Press.

Fukuyama, Francis, 2000: Social capital and civil society. IMF Working paper WP/00/74.

Gabbay, Shaul, M., 1997: Social capital in the creation of financial capital. The case of network marketing. Champaign, Ill.: Stipes Publishing.

Gabbay, Shaul M. und Roger Th. A. Leenders, 1999: CSC: The structure for advantage and disadvantage. S. 1-14 in: Leenders/Gabbay 1999a.

Galaskiewicz, Joseph und Akbar Zaheer, 1999: Networks of competitive advantage. S. 237-261 in: Andrews/Knoke 1999.

Gambetta, Diego, 1988: Mafia: the price of distrust. S.158-175, in: Gambetta, Diego (Hrsg.): Trust Making and Breaking Cooperative Relations. Oxford: Basil Blackwell

Giddens, Anthony, 1984: The constitution of society. Outline of the theory of structuration. Cambridge: Polity Press. Deutsch 1988: Die Konstitution der Gesellschaft. Frankfurt am Main u.a.: Campus.

Glasmeier, Amy, 1991: Technological discontinuities and flexible production networks: The case of Switzerland and the world watch industry. Research Policy 20, 469-485.

Gould, Roger V., 1987: Measures of betweenness in non-symmetric networks. Social Networks 9, 277-282.

Grabher, Gernot (Hrsg.), 1993: The embedded firm: On the socioeconomics of industrial networks. London: Routledge.

Gulati, Ranjav, 1995: Social structure and alliance formation: a longitudinal analysis. Administrative Science Quarterly 40, 619-652.

Gulati, Ranjay und Martin Gargiulo, 1999: Where do interorganizational networks come from? American Journal of Sociology 104, 1439-1493.

Hagedoorn, John, Albert N. Link und Nicholas S. Vonortas, 2000: Research partnerships. Research Policy 29, 567-586.

Hannan, Michael T. und Glenn R. Carroll, 1992: Dynamics of Organizational Populations. New York/Oxford: Oxford University Press.

Hansen, Morten T., 1999: The search-transfer problem: The role of weak ties in sharing knowledge across organization subunits. Administrative Science Quarterly 44, 82-111.

Haug, Sonja, 2000: Soziales Kapital und Kettenmigration. Italienische Migranten in Deutschland. Schriftenreihe des Bundesinstituts für Bevölkerungsforschung, Band 31. Opladen: Leske + Budrich.

Hirschman, Albert O. 1970: Exit, voice and loyalty. Cambridge: Harvard University Press.

Ingram, Paul und Peter W. Roberts, 2000: Friendships among competitors in the Sydney hotel industry. American Journal of Sociology 106, 387-423.

Jansen, Dorothea, 2000: Netzwerke und soziales Kapital. Methoden zur Analyse struktureller Einbettung. S. 35-62 in: Weyer 2000.

Jansen, Dorothea, 2001: Soziales Kapital von Unternehmensgründern – Theoretische Überlegungen und erste empirische Ergebnisse. Techniksoziologisches Kolloquium an der Technische Universität Berlin, 14.06.2001.

Jansen, Dorothea, 2003: Netzwerkansätze in der Organisationsforschung. Erscheint in: Soziologie der Organisation. Sonderband der Kölner Zeitschrift für Soziologie und Sozialpsychologie. Opladen: Westdeutscher Verlag. Hrsg. von Jutta Allmendinger and Thomas Hinz.

Kappelhoff, Peter, 1993: Soziale Tauschsystem. Strukturelle und dynamische Erweiterungen des Marktmodells. München: Oldenbourg.

Kappelhoff, Peter, 2000a: Der Netzwerkansatz als konzeptueller Rahmen für eine Theorie interorganisationaler Netzwerke. S. 25-57 in: Sydow/Windeler 2000.

Kappelhoff, Peter, 2000b: Komplexitätstheorie und Steuerung von Netzwerken. S. 347-389 in: Sydow/Windeler 2000.

Kenis, Patrick und Volker Schneider (Hrsg.): Organisation und Netzwerk. Frankfurt/ Main: Campus.

Kern, Horst, 1998: Lack of trust, surveit of trust. Some causes of the innovation crisis in German industry. S. 201-215 in: Christel Lane und Reinhard Bachmann (Hrsg.), 1998: Trust Within And Between Organizations. Oxford: Oxford University Press.

Kim, Ana, 2001: Familie und soziale Netzwerke. Eine komparative Analyse persönlicher Beziehungen in Deutschland und Südkorea. Opladen: Leske + Budrich.

Kohler-Koch, Beate et al., 1998: Interaktive Politik in Europa. Regionen im Netzwerk der Integration. Opladen: Leske + Budrich.

Kokku, Emmanuel, Nancy Nazer und Barry Wellman, 2001: Netting scholars. Online and offline. American Behavioral Scientist 44, 1752-1774.

Krackhardt, David, 1999: The ties that torture: Simmelian tie analysis in organizations. S. 183-210 in: Andrews/Knoke 1999.

Leenders, Roger Th. A., 1997: Longitudinal behavior of network structure and actor attributes: modeling interdependence of contagion and selection. S. 165-184 in: Doreian/Stokman 1997.

Leenders, Roger Th. A.J. und Shaul Gabbay (Hrsg.), 1999a: Corporate social capital and liability. Boston u.a.: Kluwer.

Leenders, Roger Th. A. und Shaul M. Gabbay, 1999b: CSC: An agenda for the future. S. 483-494 in: Leenders/Gabbay 1999a.

Levinthal, Daniel A.und Massimo Warglien, 1999: Landscape Design: Designing for local action in complex worlds. Organization Science 10, 342-357.

Lin, Nan, 2001: Social capital. A theory of structure and action. Structural Analysis in the Social Sciences 19. Cambridge Mass.: Cambridge University Press.

Lin, Nan, Karen S. Cook und Ronald S. Burt (Hrsg.), 2001: Social capital. Theory and research. New York: de Gruyter.

Lin, Nan und Mary Dumin, 1986: Access to occupations through social ties. Social Networks 8, 365-385.

Lin, Nan, Yang-chih Fu und Ray-May Hsung, 2001: The position generator: Measurement techniques for investigations of social capital. S. 51-81 in: Lin et al. 2001.

Lindenberg, Siegwart, 1989: Choice and culture: The behavioral basis of cultural impact on transactions. S. 175-200 in: Haferkamp, Hans (Hrsg.), 1989: Social structure and culture. Berlin: De Gruyter.

Marsden, Peter V., 2001: Interpersonal ties, social capital, and employer staffing practices. S. 105-125 in: Lin et al. 2001.

Maskell, P., 2000: Social Capital, Innovation, and Competitiveness. S. 111-123, in: S. Baron, J. Field und T. Schuller (Hrsg.). Social Capital. Critical Perspectives. Oxford University Press. Oxford.

Meulemann, Heiner 1979: Soziale Herkunft und Schullaufbahn. Frankfurt am Main: Campus.

Meulemann, Heiner, Klaus Birkelbach und Jörg Otto Hellwig (Hrsg.), 2001: Ankunft im Erwachsenenleben: Lebenserfolg und Erfolgsdeutung in einer Kohorte ehemaliger Gymnasiasten zwischen 16 und 43. Opladen: Leske + Budrich.

Mizruchi, Mark, 1982: The American corporate networks. 1904-1974. London u.a. Sage.

Mohr, John W. 1998: Measuring meaning structures. Annual Review of Sociology 24, 345-370.

Nahapiet, Janine und Sumantra Ghoshal, 1998: Social Capital, Intellectual Capital, and the Organizational Advantage. Academy of Management Review 23, 242-266.

Nowicki, Krzysztof und Tom A.B. Snijders, 2001: Estimation and prediction for stochastic blockstructures. Journal of the American Statistical Association 96, No. 455, Theory and Methods, S. 1077-1087.

Ohlemacher, Thomas, 1993: Brücken der Mobilisierung. Soziale Relais und persönliche Netzwerke in Bürgerinitiativen gegen militärischen Tiefflug. Wiesbaden: DUV.

Palloni, Alberto, Douglas S. Massey, Miguel Ceballos, Kristin Espinosa und Michael Spittel, 2001: Social Capital and international migration: A text using information on family networks. American Journal of Sociology, 106, 1262-1298.

Pappi, Franz Urban, 1999: Netzwerke zwischen Staat und Markt und zwischen Theorie und Methode. Sammelbesprechung. Soziologische Revue 22. 293-300.

Perrow, Charles, 2000: An organizational analysis of organizational theory. Contemporary Sociology Vol. 29, 469-476.

Podolny, Joel M., 2001: Networks as the pipes and prisms of the market. American Journal of Sociology, 107, 33-60.

Podolny, Joel M., Toby E. Stuart und Michael T. Hannan, 1996: Networks, Knowledge and niches: Competition in the worldwide gemiconductor industry, 1984-1991. American Journal of Sociology 102, 659-689.

Podolny, Joel M. und Karen L. Page, 1998: Network forms of organization. Annual Review of Sociology 24, 57-76.

Portes, A., 1998: Social capital: Its origins and applications in modern sociology. Annual Review of Sociology 24, 1-24.

Powell, Walter W., 1990: Neither market nor hierarchy. Network forms of organization. Research in Organizational Behavior 12, 295-336.

Powell, Walter W., 1996. Interorganizational Collaboration in Biotechnology Industry. Journal of Institutional and Theoretical Economics 120, 197-215.

Powell, Walter W. und Laurel Smith-Doerr, 1994: Networks in economic life. S. 368-402 in: Smelser/Swedberg 1994.

Powell, Walter W., Kenneth W. Koput, Laurel Smith-Doerr und Jason Owen-Smith, 1999: Network Position and Firm Performance: Organizational Returns to Collaboration in the Biotechnology Industry. S. 129-160 in: Andrews/Knoke 1999

Putnam, Robert D., 2000: Bowling alone: The collapse and revival of American community. New York: Simon & Schuster.

Putnam, Robert D., 1993: Making democracy work. Civic traditions in modern Italy, Princeton: Princeton University Press.

Robins, Garry und Philippa Pattison, 2001: Random graph model for temporal processes in social networks. S. 5-42 in: Stokman/Doreian 2001a.

Rooks, Gerrit, Werner Raub, Robert Selten und Frits Tazehaar, 2000: How inter-firm co-operation depends on social embeddedness: A vignette study. Acta Sociologica 43, 123-137.

Sabel, Charles F., 1994: Learning by monitoring: The institutions of economic development. S. 137-165 in: Smelser/Swedberg 1994.

Salancik, Gerald R., 1995: Wanted: a good network theory of organization. Administrative Science Quarterly 40, 345-349.

Sandefur, R. L. und Laumann, Edward O., 1998: A paradigm for social capital. Rationality and Society 10, 481-501.

Saxenian, AnnaLee, 1994: Regional Advantage: Culture and Competition in Silicon Valley and Route 128. Cambridge, MA: Harvard University Press.

Seidel, Marc-David L., Jeffrey T. Polzer und Katherine J. Stewart, 2000: Friends in high places: The effects of social networks on discrimination in salary negotiations. Administrative Science Quarterly 45, 1-24.

Smelser, Neil J. und Richard Swedberg (Hrsg.), 1994: The Handbook of Economic Sociology. New York: Princeton University Press.

Smith-Doerr, Laurel, Jason Owen-Smith, Kenneth W. Koput und Walter W. Powell, 1999: Networks and knowledge production: collaborating and patenting in biotechnology. S. 390-408 in: Leenders/Gabbay 1999a.

Snijders, Tom A.B. 2001: The statistical evaluation of social network dynamics. P. 361-395 in: Sociological Methodology. Boston, Mass.

Snijders, Tom A.B. und Roel Bosker, 1999: Multilevel analysis. An introduction to basic and advanced multilevel modeling. London u.a.: Sage.

Stokman, Frans N. und Patrick Doreian, 1997: Evolution of social networks: Processes and principles. S. 233-250 in: Doreian/Stokman 1997.

Stokman Frans N. und Patrick Doreian (Hrsg.), 2001a: Evolution of social networks part II. Special Issue of Journal of Mathematical Sociology, 25 (1).

Stokman, Frans N. und Patrick Doreian, 2001b: Introduction. S. 1-4 in: Stokman/Doreian 2001a.

Stork, Diane und William R. Richards, 1992: Nonrespondents in communication networks studies. Group & Organization Management 17, 193-209.

Stuart, Toby E., 1998: Networks positions and propensities to collaborate: An investigation of strategic alliance formation in a High-technology industry. Administrative Science Quarterly 43, 668-698.

Stuart, Toby E. 1999: Technological Prestige and the Accumulation of Alliance Capital. S. 376-389 in: Leenders/Gabbay 1999a.

Stuart, Toby E. und Joel M. Podolny, 1999: Positional Consequences of Strategic Alliances in the Semiconductor Industry. S. 161-182 in: Andrews/Knoke 1999.

Suitor, J. Jill, Barry Wellman und David L. Morgan (Hrsg.) 1996: Special Issue: Change in Networks. Social Networks 19, 1996, VI.

Sydow, Jörg, Arnold Windeler, M. Krebs, Achim Loose und B. van Well, 1995: Organisation von Netzwerken. Strukturationstheoretische Analysen der Vermittlungspraxis in Versicherungsnetzwerken. Wiesbaden: Westdeutscher Verlag.

Sydow, Jörg und Arnold Windeler (Hrsg.), 2000: Steuerung von Netzwerken. Konzepte und Praktiken. Wiesbaden: Westdeutscher Verlag.

Talmud, Ian und Gustavo S. Mesch, 1997: Market embeddedness and corporate instability: the ecology of inter-industrial networks. Social Science Research 26, 419-441.

Todeva, Emanuela/und David Knoke, 2003: Strategic alliances and corporate social capital. Sonderband der Kölner Zeitschrift für Soziologie und Sozialpsychologie zur „Soziologie der Organisation" , hrsg. von Jutta Allmendinger und Thomas Hintz. Wiesbaden: Westdeutscher Verlag.

Uzzi, Brian, 1996: The sources and consequences of embeddedness for the economic performance of organizations: The network effect. American Sociological Review 61, 674-698.

Uzzi, Brian, 1997: Social structure and competition in interfirm networks: The paradox of embeddedness. Adminstrative Science Quarterly 42, 35-67.

Uzzi, Brian, 1999: Embeddedness in the Making of Financial Capital: How Social Relations and Networks Benefit Firms Seeking Finance. American Sociological Review 64, 482-505.

Uzzi, Brian und James J. Gillespie, 1999: Corporate Social Capital and the Cost of Financial Capital: An Embeddedness Approach. S. 446-459, in: Leenders/Gabbay 1999.

Uzzi, Brian und James J. Gillespie, 1999: Interfirm Relationships and the Firm's Financial Capital Structure: The Case of the Middle Market, S. 107-128, Andrews/Knoke 1999.

Van Duihn, Marijtje A. J, Jooske T. van Busschbach, und Tom A. B. Snijders, 1999: Multilevel analysis of personal networks as dependent variables. Social Networks 21, 187-209.

Völker, Beate und Henk Flap, 1999: Getting ahead in the GDR. Acta Sociologica 37, 17-34.

Walker, Gordon, Bruce Kogut und Weijian Shan, 1997: Social Capital, Structural Holes and the Formation of an Industry Network. Organization Science 8, 109-125.

Weesie, Jeeroen und Werner Raub (Hrsg.) 2000: The management of durable relations. Amsterdam: Thela Thesis.

Weyer, Johannes (Hrsg.), 2000: Soziale Netzwerke. Konzepte und Methoden der sozialwissenschaftlichen Netzwerkforschung, München/Wien: Oldenbourg Verlag

White, D. R. und Borgatti, Steve P. 1994. Betweenness centrality measures for directed graphs. Social Networks, 16 (4): 335-346.

Williamson, Oliver, 1991: Comparative economic organization: The analysis of discrete structural alternatives. Administrative Science Quarterly 36, 269-296. Deutsch in Kenis/Schneider 1996.

Williamson, Oliver E., 1994: Transaction cost economics and organization theory. S. 77-107 in: Smelser/Swedberg 1994.

Windeler, Arnold, 2001: Unternehmensnetzwerke: Konstitution und Strukturation. Wiesbaden: Westdeutscher Verlag.

Windolf, Paul und Michael Nollert, 2001: Institutionen, Interessen, Netzwerke. Unternehmensverflechtung im internationalen Vergleich. Politische Vierteljahresschrift 42, 51-78.

Windolf, Paul und S. Wood, 1988: Recruitment and selection in the labour market: a comparative study of Britain and West Germany. Aveburg: Aldershot.

Zucker, Lynne G. und Michael R. Darby, 1997: Present at the biotechnological revolution. Transformation of technical identity for a large incumbent pharmaceutical firm. Research Policy 26, 429-446.

Quellenverzeichnis

Abbildung 1.1: Abgedruckt mit Genehmigung des Oldenbourg Verlags aus: James S. Coleman, 1991: Grundlagen der Sozialtheorie Bd. 1, S. 10. München: Oldenbourg. Copyright © 1991: Oldenbourg.

Abbildung 2.2: Abgedruckt mit Genehmigung des Verlags Cambridge University Press aus: Stanley Wasserman und Katherine Faust, 1994: Social Network Analysis. Methods and Applications. Cambridge: Cambridge University Press. S. 224. Copyright © 1994: Cambridge University Press.

Abbildung 3.1: Abgedruckt mit Genehmigung des Verlags Cambridge University Press aus: Stanley Wasserman und Katherine Faust, 1994: Social Network Analysis. Methods and Applications. Cambridge: Cambridge University Press. S. 511. Copyright © 1994: Cambridge University Press.

Abbildung 3.2: Abgedruckt mit Genehmigung des Verlags Cambridge University Press aus: Stanley Wasserman und Katherine Faust, 1994: Social Network Analysis. Methods and Applications. Cambridge: Cambridge University Press. S. 566. Copyright © 1994: Cambridge University Press.

Abbildung 4.6: Abgedruckt mit Genehmigung des Verlags Jossey-Bass aus: Bonnie Erickson, 1978: Some problems of inferences from chain data. S. 276-302 in: Sociological Methodology. Hrsg. von Karl F. Schuessler. San Francisco: Jossey-Bass. Copyright © 1978: Jossey-Bass.

Abbildung 5.1: Abgedruckt mit Genehmigung des Westdeutschen Verlags aus: George C. Homans, 1960: Theorie der sozialen Gruppe. Opladen: Westdeutscher Verlag, S. 87. Copyright © 1960: Westdeutscher Verlag.

Abbildung 5.2: Abgedruckt mit Genehmigung des Westdeutschen Verlags aus: George C. Homans, 1960: Theorie der sozialen Gruppe. Opladen: Westdeutscher Verlag, S. 90. Copyright © 1960: Westdeutscher Verlag.

Abbildung 7.2: Abgedruckt mit Genehmigung von Harvard University Press aus: Ronald S. Burt, 1992: Structural holes. The social structure of competition. Cambridge, Mass.: Harvard University Press, S. 27. Copyright © 1992 by the President and Fellows of Harvard College.

Abbildung 7.3: Abgedruckt mit Genehmigung von Harvard University Press aus: Ronald S. Burt, 1992: Structural holes. The social structure of competition. Cambridge, Mass.: Harvard University Press, S. 17. Copyright © 1992 by the President and Fellows of Harvard College.

Abbildung 7.4: Abgedruckt mit Genehmigung von Harvard University Press aus: Ronald S. Burt, 1992: Structural holes. The social structure of competition. Cambridge, Mass.: Harvard University Press, S. 39. Copyright © 1992 by the President and Fellows of Harvard College.

Abbildung 8.2. Abgedruckt mit Genehmigung des Verlages Sage aus: John Scott, 1991: Social network analysis. A handbook. London: Sage, S. 121. Copyright © 1991: Sage.

Abbildung 8.3: Abgedruckt mit Genehmigung des Oldenbourg Verlags aus: Kappelhoff, Peter, 1987: Cliquenanalyse. S. 39-63 in: Franz Urban Pappi (Hrsg.) 1987: Methoden der Netzwerkanalyse. München: Oldenbourg, S. 45. Copyright © 1987: Oldenbourg.

Abbildung 8.4: Abgedruckt mit Genehmigung des Oldenbourg Verlags aus: Kappelhoff, Peter, 1987: Cliquenanalyse. S. 39-63 in: Franz Urban Pappi (Hrsg.) 1987: Methoden der Netzwerkanalyse. München: Oldenbourg, S. 60. Copyright © 1987: Oldenbourg.

Abbildung 8.5: Abgedruckt mit Genehmigung des Verlags Cambridge University Press aus: Stanley Wasserman und Katherine Faust, 1994: Social Network Analysis. Methods and Applications. Cambridge: Cambridge University Press. S. 119. Copyright © 1994: Cambridge University Press.

Abbildung 8.6. Abgedruckt mit Genehmigung des Oldenbourg Verlags aus: Kappelhoff, Peter, 1987: Cliquenanalyse. S. 39-63 in: Franz Urban Pappi (Hrsg.) 1987: Methoden der Netzwerkanalyse. München: Oldenbourg, S. 61. Copyright © 1987: Oldenbourg.

Abbildung 8.7a: Abgedruckt mit Genehmigung von American Journal of Sociology aus: Mark Granovetter 1973: The strength of weak ties. American Journal of Sociology 78: 1360-1380, S. 1363. Copyright © 1973: University of Chicago Press.

Abbildung 8.9: Abgedruckt mit Genehmigung von American Journal of Sociology aus: John F. Padgett und Christopher K. Ansell. 1993: Robust action and the rise of the Medici. American Journal of Sociology, 98: 1259-1319, S. 1276. Copyright © 1993: University of Chicago Press.

Abbildung 9.1: Abgedruckt mit Genehmigung des Verlags Wiley aus: Peter M. Blau und Otis D. Duncan, 1967: The American occupational structure. New York: Wiley, S. 170. Copyright © 1967: Wiley.

Abbildung 9.5a: Abgedruckt mit Genehmigung von Harvard University Press aus: Ronald S. Burt, 1992: Structural holes. The social structure of competition. Cambridge, Mass.: Harvard University Press, S. 66. Copyright © 1992 by the President and Fellows of Harvard College.

Abbildung 9.6. Abgedruckt mit Genehmigung von Harvard University Press aus: Ronald S. Burt, 1992: Structural holes. The social structure of competition. Cambridge, Mass.: Harvard University Press, S. 141, nur Type A-C von Figure 4.7. Copyright © 1992 by the President and Fellows of Harvard College.

Abbildung 9.7: Abgedruckt mit Genehmigung von Harvard University Press aus: Ronald S. Burt, 1992: Structural holes. The social structure of competition. Cambridge, Mass.: Harvard University Press, S. 141, nur Type D von Figure 4.7. Copyright © 1992 by the President and Fellows of Harvard College.

Abbildung 9.8. Abgedruckt mit Genehmigung von Harvard University Press aus: Ronald S. Burt, 1992: Structural holes. The social structure of competition. Cambridge, Mass.: Harvard University Press, S. 158. Copyright © 1992 by the President and Fellows of Harvard College.

Register